国家社科基金重大委托项目
中国社会科学院创新工程学术出版资助项目

中国民族地区
经济社会调查报告

总顾问　陈奎元
总主编　王伟光

贵州三都水族自治县卷

本卷主编　张昌东　韦学纯

中国社会科学出版社

图书在版编目（CIP）数据

中国民族地区经济社会调查报告·贵州三都水族自治县卷／王延中主编；
张昌东，韦学纯分册主编．—北京：中国社会科学出版社，2015.5
ISBN 978 - 7 - 5161 - 6516 - 4

Ⅰ.①中…　Ⅱ.①王…②张…③韦…　Ⅲ.①水族 - 民族地区经济 - 经济
发展 - 调查报告 - 三都水族自治县②水族 - 民族地区 - 社会发展 - 调查报告 -
三都水族自治县　Ⅳ.①F127.8

中国版本图书馆 CIP 数据核字（2015）第 159969 号

出 版 人	赵剑英
策划编辑	宫京蕾
责任编辑	宫京蕾
特约编辑	芮　信
责任校对	张依婧
责任印制	李寡寡

出　　版	中国社会科学出版社
社　　址	北京鼓楼西大街甲 158 号
邮　　编	100720
网　　址	http://www.csspw.cn
发 行 部	010 - 84083685
门 市 部	010 - 84029450
经　　销	新华书店及其他书店

印刷装订	北京市兴怀印刷厂
版　　次	2015 年 5 月第 1 版
印　　次	2015 年 5 月第 1 次印刷

开　　本	710×1000　1/16
印　　张	27.25
插　　页	2
字　　数	457 千字
定　　价	98.00 元

凡购买中国社会科学出版社图书，如有质量问题请与本社联系调换
电话：010 - 84083683

《21 世纪中国少数民族地区经济社会发展综合调查》
项目委员会

顾问委员会
总 顾 问 陈奎元

学术指导委员会
主 任 王伟光

委 员（按姓氏笔画为序）

丹珠昂奔 李 扬 李培林 李 捷 陈改户 武 寅
赵胜轩 郝时远 高 翔 黄浩涛 斯 塔

专家委员会
首席专家 王延中

委 员（按姓氏笔画为序）

丁卫东 丁 宏 丁 赛 马 援 王 平 王希恩
王 锋 开 哇 车明怀 扎 洛 方 勇 方素梅
尹虎彬 石玉钢 龙远蔚 卢献匾 田卫疆 包智明
吐尔干·皮达 朱 伦 色 音 刘正寅 刘世哲
刘 泓 江 荻 赤列多吉 李云兵 李红杰 李克强
吴大华 吴 军 何星亮 张若璞 张昌东 张继焦
陈建樾 青 觉 郑 堆 赵立雄 赵明鸣 赵宗福
赵剑英 段小燕 姜培茂 聂鸿音 晋保平 特古斯
俸代瑜 徐 平 徐畅江 高建龙 黄 行 曹宏举
曾少聪 管彦波 毅 松

项目工作组
组 长 扎 洛 孙 懿

成 员（按姓氏笔画为序）

丁 赛 孔 敬 刘文远 刘 真 李凤荣 李益志
宋 军 陈 杰 周学文 程阿美 管彦波

总　序

　　实践的观点是马克思主义哲学最基本的观点，实事求是是马克思主义的活的灵魂。坚持一切从实际出发、理论联系实际、实事求是的思想路线，是中国共产党人把马克思主义基本原理与中国实际相结合，领导中国人民进行社会主义革命和社会主义建设不断取得胜利的基本经验。改革开放以来，在实事求是、与时俱进思想路线指导下，中国特色社会主义伟大事业取得了举世瞩目的伟大成就，中国道路、中国经验在世界上赢得广泛赞誉。丰富多彩的成功实践推进了中国化马克思主义的理论创新，也为哲学社会科学各学科的繁荣发展提供了坚实沃土。时代呼唤理论创新，实践需要哲学社会科学为中国特色社会主义理论体系的创新发展做出更大的贡献。在中国这样一个统一的多民族的社会主义国家，中国特色的民族理论、民族政策、民族工作，构成了中国特色社会主义的重要组成部分。经济快速发展和剧烈社会转型，民族地区全面建成小康社会，进而实现中华民族的伟大复兴，迫切需要中国特色民族理论和民族工作的创新，而扎扎实实开展调查研究则是推进民族研究事业适应时代要求、实现理论创新、服务发展需要的基本途径。

　　早在 20 世纪 50 年代，应民族地区的民主改革和民族识别之需，我国进行了全国规模的少数民族社会历史与语言调查，今称"民族大调查"。这次大调查搜集获取了大量的有关民族地区社会历史的丰富资料，形成300 多个调查报告。在此次调查的基础上，整理出版了 400 余种、6000 多万字的民族社会历史建设的巨大系统工程——《民族问题五种丛书》，为党和政府制定民族政策和民族工作方针，在民族地区开展民主改革和推动少数民族经济社会的全面发展提供了重要的依据，也为新中国民族研究事业的发展奠定了坚实的基础。

半个多世纪过去了，如今我国边疆民族地区发生了巨大而深刻的变化，各民族逐渐摆脱了贫困落后的生产生活状态，正在向文明富裕的现代化社会迈进。但同时我们也要看到，由于历史和现实的原因，各民族之间以及不同民族地区之间经济社会的发展依然存在着很大的差距，民族地区经济发展不平衡性问题以及各种社会问题、民族问题、宗教问题、生态问题，日益成为推动民族地区经济社会发展必须着力解决的紧迫问题。深入民族地区开展长期、广泛而深入的调查研究，全面了解各民族地区经济社会发展面临的新情况、新问题，科学把握各民族地区经济社会发展趋势，是时代赋予民族学工作者的使命。

半个多世纪以来，中国社会科学院民族学与人类学研究所一直把调查研究作为立所之本。1956 年成立的少数民族语言研究所和 1958 年成立的民族研究所（1962 年两所合并），从某种意义上讲，就是第一次民族大调查催生的结果。作为我国多学科、综合性、国家级的民族问题专业研究机构，民族所非常重视田野调查，几代学人已在中国各民族地区近 1000 个点进行过田野调研。20 世纪 90 年代，民族所进行了第二次民族地区典型调查，积数年之功完成了 20 余部调研专著。进入新的历史时期，为了更好地贯彻党中央对我院"三个定位"的要求，进一步明确今后一个时期的发展目标和主攻方向，民族所集思广益，经过反复酝酿、周密论证，组织实施了"21 世纪初中国少数民族地区经济社会发展综合调查"。这是我国民族学研究事业发展的迫切需要，也是做好新时期民族工作的前提和基础。

在充分利用自 20 世纪 50 年代以来开展的少数民族社会历史与语言调查相关研究成果的基础上，本次民族大调查将选择 60—70 个民族区域自治地方（包括城市、县旗或民族乡）作为调查点，围绕民族地区政治、经济、社会、文化、生态五大文明建设而展开，计划用 4—5 年的时间，形成 60—70 个田野调查报告，出版 50 部左右的田野民族志专著。民族调查是一种专业性、学科性的调查，但在学科分化与整合均非常明显的当代学术背景下，要通过调查研究获得开拓性的成果，除了运用民族学、人类学的田野调查方法外，还需结合社会学问卷调查方式和国情调研、社会调查方式，把静态与动态、微观与宏观、定量分析与定性分析、典型与一般有机结合起来，突出调查研究的时代性、民族性和区域性。这是新时期开展民族大调查的新要求。

　　立足当代、立足中国的"民族国情"，妥善处理民族问题，促进各民族平等团结，促进各民族地区繁荣发展，是中国特色社会主义的重要任务。"21世纪初中国少数民族地区经济社会发展综合调查"作为国家社科基金特别委托项目和中国社会科学院创新工程重大项目，希望立足改革开放以来少数民族地区的发展变化，围绕少数民族地区经济社会发展，有针对性地开展如下调查研究：（1）民族地区经济发展现状与存在问题调查研究；（2）民族地区社会转型、进步与发展调查研究；（3）西部大开发战略与民族问题调查研究；（4）坚持和完善民族区域自治制度调查研究；（5）民族地区宗教问题调查研究；（6）民族地区教育与科技调查研究；（7）少数民族传统文化与现代化调查研究。

　　调查研究是加强学科建设、队伍建设和切实发挥智库作用的重要保障。基础研究与应用对策研究是现代社会科学不可分割的有机统一的整体。通过全面深入系统的调查研究，我们冀望努力达成以下几个目标：一是全面考察中国特色民族理论、民族政策的探索和实践过程，凝练和总结中国解决民族地区发展问题、确立和谐民族关系、促进各民族共同繁荣发展的经验，把握民族工作的一般规律，为未来的民族工作提供坚实的理论支撑，为丰富和发展中国特色社会主义理论体系做出贡献。二是全面展示改革开放特别是进入21世纪以来民族地区经济社会发展的辉煌成就，展示以"平等、团结、互助、和谐"为核心内容的新型民族关系的当代发展状况，反映各族人民社会生活的深刻变化，增强各民族的自豪感、自信心，建设中华民族共同体，增强中华民族凝聚力。三是深入调查探寻边疆民族地区经济社会发展中存在的问题，准确把握未来发展面临的困难与挑战，为党和国家全面了解各民族发展现状、把握发展趋势、制定未来发展规划提供可靠依据。四是通过深入民族地区进行扎实系统的调研，搜集丰富翔实的第一手资料，构筑我国民族地区社会发展的基础信息平台，夯实民族研究的基础，训练培养一支新时代的民族问题研究骨干队伍，为民族学研究和民族地区未来发展奠定坚实的人才基础。

　　我们深信，参与调查研究的每一个专家和项目组成员，秉承民族学人类学界前辈学人脚踏实地、不怕吃苦、勤于田野、精于思考的学风，真正深入民族地区、深入田野，广泛汇集干部群众的意见、倾听干部群众的呼声，通过多种方式方法取得丰富的数据资料，通过科学严谨的数据分析和系统深入的理论研究，一定会取得丰硕的成果。这不仅会成为新世纪我国民族学与人类学学科建设的一个重要里程碑，也一定会为党和政府提供重要决策参考，为促进我国民族理论和民族工作的新发展，为在民族地区全面建成小康社会，为实现中华民族的伟大复兴做出应有的贡献。

王伟光

前　言

　　中国社会科学院民族学与人类学研究所是多学科、综合性、国家级的民族问题专业研究机构。其前身是 1956 年成立的中国科学院少数民族语言研究所和 1958 年成立的中国科学院民族研究所，1962 年两所合并为中国科学院民族研究所，1977 年归属新成立的中国社会科学院，2002 年更名为中国社会科学院民族学与人类学研究所。建所以来，先后参与组织完成了大规模的民族识别、少数民族社会历史和语言调查，围绕民族区域自治制度和民族地区经济社会发展，进行了大量实地调查和科学研究，编写出版了《民族问题五种丛书》、《中国新发现语言研究丛书》、《中国少数民族现状与发展调查丛书》、《中国少数民族分布图集》、《中国少数民族语言使用情况》、《中国民族史》、《中国民族关系史》等具有影响的著作。2013 年我所承担了国家社科基金特别委托、中国社会科学院创新工程的重大专项课题《21 世纪初中国少数民族地区经济社会发展综合调查》这一重要任务。《21 世纪初中国少数民族地区经济社会发展综合调查》项目的最终成果为"21 世纪初中国少数民族经济社会发展调查报告丛书"。其中，"贵州省三都水族自治县经济社会发展综合调查"是 2013 年立项并实施的 16 个子课题中的一项子课题。本书《中国民族地区经济社会调查报告——贵州三都水族自治县卷》是这项子课题的一个最终研究成果。

　　《21 世纪初中国少数民族地区经济社会发展综合调查》项目由中国社会科学院陈奎元院长担任总顾问，中国社会科学院常务副院长王伟光担任学术指导委员会主任，全面指导项目研究工作，民族学与人类学研究所所长王延中具体负责项目的调查与成果编撰等领导工作。项目依托中国社会科学院民族学与人类学研究所组织实施，由研究所科研骨干人员主持，同时适当吸收国内民族研究领域优秀中青年科研人员参与。调查内容主要包括：（一）民族地区经济发展现状与存在问题调查研究；（二）民族地区社会转型、进步与发展调查研究；（三）西部大开发战略与民族问题的调查研究；（四）坚持和完善民族区域自治制度的调查研究；（五）民族地区教育与科技的调查研究；（六）少数民族传统文化与现代化调查研究；（七）民族地区民间宗教信仰状况及变化趋势的调查研究等。项目实施的主要目标是展示处理民族问题的"中国道路"；展现少数民族地区发展成就；回顾总结中国特色民族理论、民族政策的探索和形成过程，全面展示改革开放尤其是21世纪以来民族地区经济社会发展的辉煌成就，准确把握未来发展面临的困难与挑战，为全面建成小康社会，实现中华民族伟大复兴建言献策。

《21世纪初中国少数民族地区经济社会发展综合调查》项目立项之后，"贵州省三都水族自治县经济社会综合调查"子项目进入2013年首批项目，该项目由中国社会科学院民族学与人类学研究所党委书记、副所长张昌东书记牵头负责，并任子项目负责人，同时由研究所南方民族语言研究室韦学纯副研究员具体负责项目的实施。子项目的实施进度与写作要求由项目办公室总体负责安排。通过项目的实施，不仅要对民族地区的经济社会综合发展情况有比较充分的了解和把握，同时也要在项目过程中，锻炼一批年轻的民族研究人才队伍。在子项目设立之初，我们就充分吸收了中央院校和地方院校的年轻研究力量，组织了中央民族大学、贵州民族研究院、贵州民族大学和黔南民族师范学院等单位的中青年民族研究力量，组成强有力的子课题调研队伍，希望能够按期完成调研任务并高质量完成《中国民族地区经济社会调查报告——贵州三都水族自治县卷》一书。

项目立项之后，为了项目顺利的实施，中国社会科学院民族学与人类学研究所聘请了国内的有关专家并组织他们进行了大量的有关民族理论、民族政策以及民族田野调查的知识培训和讲座，课题组的负责人和研究成员积极参加学习，对项目实施的基本思路、调查内容、撰写质量要求以及调查过程中可能遇到的问题作了比较充分的知识储备。

水族是中华民族56个民族之一，贵州省三都水族自治县是我国唯一的水族自治县，水族不仅有悠久的历史，同时也具有灿烂的文化。通过"贵州省三都水族自治县经济社会综合调查"子项目的调查研究，可以使人们了解贵州省三都水族自治县在政治、经济、社会、文化以及生态环境建设过程中的基本成就，同时也使人们了解自治县在建设过程遇到的主要问题和需要解决的难题，以及要解决这些问题的基本方法和手段。《中国民族地区经济社会调查报告——贵州三都水族自治县卷》一书，基于以上的综合考虑，分别从十一个方面进行阐述，也就是说，本书共分十一章。其中，第一章为概述部分，同时说明调查以及资料情况。第二章是政治建设部分，向读者展现的是水族地方的行政建制、行政区划结构性重组情况、党政组织的发展、公检法机构及其发展以及民族区域自治制度的实践与完善情况。第三章和第四章是经济建设部分，向读者展现的是自治县21世纪以来在农业、林业、工业、社会扶贫以及城镇建设与交通的发展等经济建设方面的基本成就，重点介绍传统农业经济的发展与变化以及变化带来的环境变化的深度思考。新中国成立以后，特别是进入21世纪以后，中国的社会变革翻天覆地，水族聚居地同样发生巨大的变化，本书的第五章到第八章，分别从民族教育与语言文字、宗教信仰与岁时习俗、婚姻家庭、医疗卫生和科学技术几个方面，对水族聚居地三都的社会变化进行了考察，梳理这些变化给水族地区带来的进步，同时也描述了进步中所遇到的困惑以及应该进一步努力的方向。语言、信仰、教育、家庭以及医疗等方面与社会中的每个人息息相关，这些变化带来的社会进步，当然也使整个水族社会随之进步，使人人享受到社会变化带来的好处。在调查研究过程中，我们发现水族社会正在发生可喜的变化，人民追求进步，这种社会正面力量，使人们积极参与到整个社会建设之中，使水族社会更加健康地向前发展。第九章"水族民族文学与民族艺术"和第十章"民族文化遗产保护与民族文化旅游"分别从文学与艺术、文化遗产保护几个方面考察水族地方的文化建设以及面临的诸多问题。第十一章是生态建设和环境保护的问题。经济发展和环境保护的问题，是目前三都发展面临的首要问题。三都水族自治县处在珠江源头，在全县各族人民的不断努力下，目前森林覆盖率65.86%。三都是珠江上游生态的安全屏障，建议应该充分挖掘三都丰富的民族文化和旅游资源优势，在目前周边相关县市都已列入国家重点生态功能区的情况下，把三都水族自治县列入国家重点生态功能区，同时享受生态转移支付政策，依法保护现有生态保护成果，确保民族地区的经济发展，使人民脱贫致富，与全国人民一起进入小康社会，同时以不牺牲生态环境为代价。

　　需要说明的是，《中国民族地区经济社会调查报告——贵州三都水族自治县卷》一书是集体合作的成果，课题组成员多半是水族和其他民族的中青年科研教学人员，行文风格各有差异，虽然极尽努力，但书中不成熟之处仍然很多，有些问题我们也无法及时解决，有些问题研究深度不够，还需要进一步做详细的研究，才能得出令人满意的研究成果。这些不足，期待读者提出宝贵建议和意见，使我们在进一步研究的过程中，逐步得到完善和提高。

中国社会科学院民族学与人类学研究所

贵州省三都水族自治县经济社会综合调查课题组

2014 年 12 月 6 日　于北京

三都水族自治县地图

目　录

第一章

概　述

　　三都水族自治县是我国唯一的水族自治县，隶属于贵州省黔南布依族苗族自治州。

　　贵州简称"黔"或"贵"，辖6个地级市、3个自治州，共有88个县（市、区、特区），国土面积17.6万平方千米，其中民族自治地方占全省总面积的55.5%，据第六次人口普查，全省常住人口3475万人，少数民族人口占全省总人口的36.1%，有253个民族乡。千百年来，各民族和睦相处，共同创造了多姿多彩的贵州文化。省府所在市贵阳。贵州是一个山川秀丽、气候宜人、资源丰富、人民勤劳、少数民族聚集、发展潜力很大的省份。

　　贵州是一个多民族共居的省份，全省共有民族成分56个，其中世居民族有汉族、苗族、布依族、侗族、土家族、彝族、仡佬族、水族、回族、白族、瑶族、壮族、畲族、毛南族、满族、蒙古族、仫佬族、羌族等18个民族。据全国第五次人口普查，全省人口超过10万的有汉族（2191.17万，占62.2%）、苗族（429.99万，占12.2%）、布依族（279.82万，占7.9%）、侗族（162.86万，占4.6%）、土家族（143.03万，占4.1%）、彝族（84.36万，占2.4%）、仡佬族（55.9万，占1.6%）、水族（36.97万，占1.0%）、白族（18.74万，占0.53%）和回族（16.87万，占0.5%）。

　　黔南布依族苗族自治州位于贵州省中南部，东与黔东南州相连，南与广西壮族自治区毗邻，西与安顺市、黔西南州接壤，北靠省会贵阳市。全州辖都匀、福泉二市和瓮安、贵定、龙里、惠水、长顺、罗甸、平塘、独山、荔波、三都水族自治县十个县。南北长249.5千米，东西宽207.6千米，总面积26197平方千米，有汉、布依、苗、水、壮、侗、毛南、仡佬等 37 个民族。总人口 370 万，少数民族占 54%。黔南布依族苗族自治州成立于 1956 年。首府所在地都匀市，是全州政治、经济、文化中心。

三都水族自治县是黔南布依族苗族自治州十个县之一，贵州省唯一自治州下的一个自治县，也是黔南布依族苗族自治州中的唯一自治县。全县总人口为 36 万人，全县总面积约 2400 平方千米。三都县位于黔南州东南部，自从夏蓉高速公路修通之后，从贵州省府贵阳市到三都县城 120 千米，约需 1 小时 40 分钟的车程，从黔南州州府都匀市到三都县城 42 千米，约需 50 分钟的车程。

第一节　行政区划与民族人口分布

一　行政区划

三都水族自治县，县政府驻三合镇。位于贵州省南部，黔南布依族苗族自治州东南部，地跨东经 107°40′47″—108°14′10″、北纬 25°30′50″—26°10′50″。东、北邻黔东南苗族侗族自治州榕江县、雷山县、丹寨县，西面接本州的都匀市、独山县，南面接本州的荔波县。东西宽 56 千米，南北长 78 千米。境内山峦重叠，丘陵起伏，溪流交错。都柳江、樟江 42 条支流纵横交错。2013 年上半年，有林地面积 235.5 万亩，森林覆盖率 65.86%。都柳江沿岸素有"百里林海"之称，是贵州省 10 个重点林业县之一。全县辖 10 个镇、11 个乡、270 个行政村、4 个居委会，县人民政府驻三合镇。2013 年，县辖 10 个镇即三合镇、大河镇、丰乐镇、合江镇、普安镇、都江镇、中和镇、廷牌镇、周覃镇、九阡镇；11 个乡即交梨乡、拉揽乡、打鱼乡、坝街乡、羊福乡、巫不乡、水龙乡、塘州乡、三洞乡、恒丰乡、扬拱乡。下辖 270 个村、4 个居民委员会、2153 个村民小组。

行政区划可以分为北、东、南三大块。北面有三合镇、大河镇、合江镇、丰乐镇、普安镇、交梨乡 5 镇 1 乡，以布依族、苗族和水族为主；东面有拉揽乡、打鱼乡、都江镇、羊福乡、巫不乡、坝街乡 1 镇 5 乡，以苗族、水族为主；南面有水龙乡、中和镇、三洞乡、周覃镇、廷牌镇、恒丰乡、塘州乡、九阡镇、扬拱乡 4 镇 5 乡，是中国水族的主要聚居区。

三合镇政府驻县城，辖土地面积 157 平方千米，22 个行政村，4 个居民委员会，143 个村民小组；大河镇政府驻大河村，辖土地面积 72 平方千米，10 个行政村，90 个村民小组；合江镇政府驻合江村，辖土地面积 127 平方千米，20 个行政村，157 个村民小组；丰乐镇政府驻交同村，辖土地面积 100 平方千米，22 个行政村，170 个村民小组；普安镇政府驻普屯村，辖土地面积 84 平方千米，19 个行政村，128 个村民小组；都江镇政府驻上江村，辖土地面积 182 平方千米，14 个行政村，93 个村民小组；中和镇政府驻中和村，辖土地面积 75 平方千米，11 个行政村，70 个村民小组；周覃镇政府驻场坝村，辖土地面积 143 平方千米，17 个行政村，128 个村民小组；廷牌镇政府驻廷牌村，辖土地面积 74 平方千米，20 个行政村，156 个村民小组；九阡镇政府驻姑赏村，辖土地面积 318 平方千米，12 个行政村，161 个村民小组；交梨乡政府驻新联村，辖土地面积 79 平方千米，15 个行政村，120 个村民小组；拉揽乡政府驻拉揽村，辖土地面积 113 平方千米，5 个行政村，29 个村民小组；打鱼乡政府驻打鱼村，辖土地面积 153 平方千米，10 个行政村，76 个村民小组；坝街乡政府驻坝街村，辖土地面积 155 平方千米，6 个行政村，66 个村民小组；羊福乡政府驻达荣村，辖土地面积 55 平方千米，6 个行政村，42 个村民小组；巫不乡政府驻大脑村，辖土地面积 63 平方千米，4 个行政村，33 个村民小组；水龙乡政府驻水龙村，辖土地面积 97 平方千米，9 个行政村，99 个村民小组；塘州乡政府驻梅育村，辖土地面积 74 平方千米，18 个行政村，151 个村民小组；三洞乡政府驻下街村，辖土地面积 121 平方千米，17 个行政村，121 个村民小组；恒丰乡政府驻丰来村，辖土地面积 62 平方千米，8 个行政村，77 个村民小组；扬拱乡政府驻永阳村，辖土地面积 119 平方千米，5 个行政村，43 个村民小组。

乡镇和行政村，三合镇（四社区）有三合、中街、交杠、三郎、晨光、猴场、巫塘、中纳、牛场、龙台、姑挂、中乐、夭寨、顺河、行偿、苗龙场、下排正、上排正、落椿、排招、排偷、巫孟等村和四个社区；大河镇有大河、拉江、龙场、怀所、打锄、营寨、民主、山勤、甲排、苗草等村；合江镇有合江、五星、胜利、岩江、茂阳、后山、平荡、三利、庸寨、甲照、联江、一心、电塘、奇江、屯桥、麻拱、中江、甲岛、尧吕、石奇等村；丰乐镇有平寨、高庄、高原、江叶、敖寨、轿山、相坪、荅寨、凉山、蕊抹、交然、尧基、新江、巴若、冗京、交同、沃屯、巴线、马场、巴林、新立、鼠场等村；普安镇有普屯、星光、燕高、双江、新华、建华、岩寨、燎原、展望、甲揽、羊吾、巫昔、崩寨、的刁、鸡照、光华、总奖、小河、平和等村；都江镇有上江、怎雷、柳排、小脑、甲找、甲雄、千秋、塔石、交德、摆鸟、里基、柳叠、大坝、控抗等村；中和镇有中和、姑引、甲化、庙良、务朝、姑坡、拉旦、姑劳、松寨、庞寨、西洋等村；周覃镇有场坝、水蒙、板料、和周、三院、板引、的查、板党、洞揽、新各、板光、水便、播花、新合、三江、拉近、水备等村；廷牌镇有廷牌、化贤、板奇、廷新、的空、板老、甘坤、本托、新仰、甲王、拉外、石安、良桥、高潮、羊楼、甲约、同心、引虽、甲乃、板料等村；九阡镇有姑偿、白庙、水各、水条、水昔、板高、水梅、母改、石板、水懂、板甲、甲才等村；交梨乡有新联、阳冬、前进、梁家沟、平冲、高硐、望结、排月、羊送、高屯、王家寨、永兴、野记、排代、高戎等村；拉揽乡有拉揽、排烧、高寨、来楼、懂术等村；打鱼乡有打鱼、平甲、打略、巫捞、岩捞、来术、盖赖、排抱、河坝、排怪等村；坝街乡有坝街、羊瓮、坝辉、光明、中明、高平等村；羊福乡有达荣、羊甲、小昔、排外、孔荣、里勇等村；巫不乡有大脑、高尧、尧排、怎雅等村；水龙乡有水龙、地寨、孟寨、马联、祥寨、伟寨、科寨、拉佑、独寨等村；塘州乡有梅育、水平、中化、拉海、拉下、高本、阳猛、阳乐、板良、石望、雄寨、塘州、梅花、安塘、丁寨、灯光、下岳、塘赖等村；三洞乡有下街、板闷、寨罗、板劳、达便、乔村、板告、善哄、水根、古城、良村、定城、板龙、群力、岜炮、板南、板厘等村；恒丰乡有丰来、塘党、板孔、留联、板力、景奎、和勇、务条等村；扬拱乡有兰懂、水昂、新阳、扬拱、永阳等村。

二　历史沿革

三都水族自治县的历史沿革。夏朝属梁州东南裔；商朝属荆州西南裔；周朝属越，领牂牁国地；秦朝属象郡且兰地；汉朝属牂牁郡；晋至南朝宋属牂牁郡的东南部和武陵郡的西南部等地交界处；南朝齐属牂牁郡东南部和齐熙郡西北部等地交界处；梁、陈和隋朝都属牂牁郡。唐朝初年开始在三都境内设治，贞观三年（629 年），置婆览县（今三都恒丰、塘州、合江一带）、都尚县（今三都都江一带），属应州管辖，州治在都尚县。宋朝（960—1279 年）属夔州路绍庆府（今四川彭水县）所辖五十六羁縻州的南部东段边地。元朝至元二十六年（1289 年）六月，西南夷中下烂土等处洞长忽带等人，以三百洞一百一十寨内附。至元二十八年（1291 年）十月，将洞蛮烂土改建定云府，改陈蒙洞为陈蒙州，合江为合江州。至元二十九年正月，设陈蒙烂土军民安抚司。明朝洪武十九年（1386 年），改都匀定云安抚司为都匀安抚司。洪武二十四年三月，授张均为合江州陈蒙烂土长官，隶都匀卫。弘治七年（1494 年）五月，长官司改属独山州，隶新设的都匀府。雍正九年（1731 年）七月，置都江厅通判（今三都都江），隶都匀府。雍正十二年（1734 年），以烂土司地置三脚屯州同（今三合、大河、普安、中和等乡镇）。民国二年（1913 年）十二月，都江厅改称都江县，三脚屯州同改称三合县。民国三十年（1941 年）二月，贵州省政府将都江、三合两县合并，易名为三都县，县治设在三合镇，都江县署改为区署。

中华人民共和国成立后，1949 年 12 月 6 日三都解放，1950 年 1 月 14 日三都县人民政府成立。1957 年 1 月 2 日，三都水族自治县正式成立，三合镇为县政府驻地，隶属黔南布依族苗族自治州。

成立自治县时的行政区划以原三都县为基础，包括原荔波县的周覃、九阡两个区，原独山县的林桥乡、翁台乡，原榕江县的新华乡、水尾乡，原都匀县的基场、潘洞（今阳和）、富河乡。自治县共辖 6 区 2 镇 40 乡。三合镇直隶县人民委员会；大河区辖大河、烂土、巴佑、丰乐、基场、潘洞、富河、翁台等 8 个乡；普安区辖普安镇、羊鸡、交梨、落椰、高洞等 1 镇 4 乡；水龙区辖水龙、尧麓、地祥、中和、塘州、天堂、林桥等 7 乡；都江区辖上江、拉揽、甲雄、坝街、兴华等 5 个乡；周覃区辖周覃、洞甲、恒丰、阳安、三洞、水东等 6 个乡；九阡区辖板叶、水各、扬拱、板甲、岜鲜、拉威、水维、水碰、水庆、水尾等 10 个乡。

1961 年，原属都匀县的基场、潘洞、富河等 3 个乡，原属独山县的翁台、林桥等 2 个乡，原属荔波县的拉威、岜鲜、水碰、水维等 4 个乡，因距县治较远，交通不便等原因，拨回原县；1963 年，原属榕江县的新华、水尾等 2 个乡拨回原县。

今三都水族自治县的行政区划包含大多数的水族地区，尤其是原荔波县的水族主要聚居区划归自治县后，为自治县的水族人口提高了很大比率。在自治县水族聚居的乡镇中，中和镇、九阡镇、扬拱乡、恒丰乡、塘州乡、三洞乡原属荔波县管辖范围，均划归属三都水族自治县。

三 人口分布

三都是一个以水族为主体的多民族自治县，境内还居住有布依、苗、汉、侗、瑶、彝、壮、回、拉祜、土家、仡佬、满、毛南、黎、畲、蒙古、傣、高山、藏等22个民族。主要世居民族有水族、布依族、苗族、侗族、瑶族、汉族等，其他人口较少民族大多是新中国成立后引进的教师、干部、职工或因婚姻迁移进入三都的。

2012年末，根据公安部门统计，全县总人口为360101人，其中少数民族人口348954人，占总人口的96.9%。在少数民族人口中，水族237524人，占总人口的65.96%，布依族58208人，占总人口的16.16%，苗族49909人，占总人口的13.86%，侗族1656人、瑶族733人、彝族322人、壮族240人、回族199人、仡佬族12人、土家族42人、满族23人，其他民族86人，约占总人口的1%。

其中各乡镇的人口为三合镇40623人，大河镇14152人，普安镇22096人，中和镇14036人，都江镇17011人，周覃镇16685人，九阡镇23835人，丰乐镇22670人，合江镇20174人，廷牌镇25589人，拉揽乡5010人，交梨乡20926人，水龙乡17233人，塘州乡22149人，坝街乡12133人，打鱼乡12143人，羊福乡7386人，巫不乡4946人，三洞乡23868人，恒丰乡10999人，扬拱乡6437人。

全县人口密度平均为150人/平方千米，其中县境北部、西部、中南部、西南部人口密度在200人/平方千米以上，其他地方为50人/平方千米左右。

在人口问题上，自治县始终坚定不移地贯彻落实国家人口政策，人口总量得到了有效控制，人口结构趋于合理，人口素质得到显著提高。实行计划生育政策以来，全县少生10万人左右，人口增长过快的势头得到有效遏制，基本实现人口增长从高出生、高增长到低出生、低增长的转变。已婚育龄妇女生育率从未实行计划生育时的4.5孩下降到2005年末的2.1孩，人口出生率由20世纪70年代的34‰下降至2005年末的15.6‰，2010年所有人口出生率为13.32‰，常住人口出生率为14.10‰。2012年出生人口5089人，死亡人口3757人，人口出生率为14.13‰，死亡率为10.43‰，自然增长率为3.70‰。

四　人口分布和民族历史来源

下面是县境内主要民族的基本情况。

（一）水族

水族是三都县的主体民族，人口占全县总人口的数量接近 66%。水族也是我们这次调查的主要对象。关于水族的来源问题，目前仍然没有公认的一致说法，贵州新近出版的《贵州世居民族迁徙史》研究认为水族最先发祥于今陕西周至西南骆谷水的骆人群体，上古时代，骆人群体先迁北洛水，然后由北洛水东迁进入河南的洛河流域，居住在河流两岸以渔猎为生，并于此时孕育创造了自己的文字——水书。到大禹时代，因曾助禹治水有功而被封于今河南商丘一带，群居于商地西南的睢水流域。这与水族口传古歌"饮睢水，成睢人；饮睢河水，成睢人"相印证；殷商王朝建立后，水族人为其提供占卜服务成为文化贞人。商代中后期至周初，水族先民为躲避因文化贞人这一特殊身份而遭受"活埋"和追杀，不得不举族南迁，进入岭南地区的今广东东南沿海一带，在这里，水族先民广泛接触了百越民族的稻作农业文明。随后，正像水族迁徙古歌所唱的那样："古父老，住在西雅；从西雅，上到广东。在广东，做不成吃；在广西，积不起钱。哥沿浑水上去，弟沿清水下去，中间公渡过了河，过浑水来到丹州。"在从广东沿海西迁广西后，曾在邕江上游左江流域的"岜虽山"一带停留很长时间，岜虽山即今广西壮族自治区宁明县至崇左市一带，在与骆越族系接触融合的过程中，使得今天的水族语言与壮族、侗族等百越民族后裔的语言比较接近。近年在广西壮族自治区平果县的感桑出土的石刻文字与水族的水书水字的字形颇为相似。到了公元前 3 世纪，秦始皇统一六国后，发兵 50 万征剿岭南，水族先民离开岜虽山，涉红水河到广西南丹地区，南丹即水族歌里的"丹州"。随后又溯龙江而上定居黔桂边境繁衍生息。历经两汉、魏晋南北朝至隋唐 800 余年的缓慢发展，到唐宋时期逐步形成了单一民族，在宋代史籍中被载以"抚水州蛮"或"抚水蛮"。由于宋朝战乱频仍，水族群体为躲避杀戮逐渐向外扩散，经过元、明、清三代之后，形成了今天水族分布的格局。不管历史如何变换，生活如何颠沛流离，水书成为水族人民重要的精神支柱，是维系水族人心理认同的文化纽带。

水族自称"suic"，先民在历史上曾被称为"僚"、"苗"、"蛮"、"百越"等。即汉代史学家司马迁《史记》中所谓的"西南夷"之属。明代以来的相关文献记载中，均相沿成习地写"水"为"犭+水"或"亻+水"；清代之后则更多地被称为"水家"、"水家苗"。新中国成立后中央政务院在鉴别确定各民族族别、族称之时，亦曾初定为"水家族"，1956年9月16日国务院全体会议第37次会议通过《中华人民共和国国务院关于撤销三都县、松桃县设置三都水家族自治县和松桃苗族自治县的决议》，之后根据大多数水族代表与地方领袖的意见，因水家族名沿用旧有之称谓，或有引起民族歧视之嫌，将水家族更名水族。

1956年12月28日至1957年1月2日，随着三都水族自治县第一次人民代表大会的胜利召开，水族得到党和国家的认可，得到社会的认同。

我们在调查中有人士反映，现在的水族族称存在一定的瑕疵，水族这一族称容易与水产动物相混淆而产生歧义。1989年经上级批准，成立了以水族公民为主体的、从事水家学研究的群众性民间学术团体——贵州省水家学会，其会刊为"水家学研究"。

三都县水族人口主要分布在三合、大河、合江、都江、中和、九阡、廷牌、坝街、三洞、水龙、塘州、恒丰、扬拱等乡镇，其中南片区中的水龙、中和、三洞、廷牌、塘州、扬拱等乡镇的水族人口占该乡镇总人口的99％以上。水族多居丘陵和高山台地地带，主要从事农业，种植水稻、玉米等粮食作物和黄豆、棉花、辣椒等经济作物。

（二）布依族

布依族族源可上溯至古代殷商时期的古越人，在历史上由于居住地域以及文化方面的差异，形成种姓繁多的"百越"体系，布依族就是从"百越"族群中的"骆越"一支发展形成的单一民族，县境内的布依族是长期生息繁衍于此的世居民族之一。在民族融合中，民情风俗互有影响和吸收，城郊、大河、丰乐、普安等地布依族的风俗已与汉族无异，周覃、九阡一带的布依族还保留有自己的语言和习俗。

布依族自称为"布依"，"布"在布依语里是"人"、"族"或"民族"的意思，"依"是古越人对自己的称谓。过去对布依族的称谓有多种说法，元至民国时称"仲家"、"仲蛮"、"布蛮"、"夷蛮"、"夷家"、"夷族"等，三都一带把布依族称为"本地"。1953年11月，中央人民政府根据民族识别情况及本民族意愿，统一称为"布依族"。

县境内布依族主要分布在三合、丰乐、周覃、合江、大河等乡镇，多居田地广阔的坝子，土层深厚，土壤肥沃，灌溉条件优越，是农业生产的重要基地。

（三）苗族

三都水族自治县境内的苗族和远古时代的"九黎"、"三苗"、"南蛮"有密切的渊源关系。根据古歌记载，三都的苗族是从江西大帽山、横峰、广丰等地迁徙过来。共有三支，一支由丹寨排调一带迁至交梨、羊冬一带；一支深入都江，定居于羊福千家寨一带；一支定居于三合排正及高洞、羊善一带。

县境内苗族主要分布在三合、普安、都江、交梨、拉揽、打鱼、羊福、巫不等乡镇。历史上，为躲避战乱和遭受统治者迫害，大多居住在高山深谷地带。这些地区具有发展农、林、牧的优厚条件。

（四）侗族瑶族

侗族瑶族主要居住在与榕江县接壤的巫不乡，侗族主要聚居在该乡的高尧村九内组、中寨组、排内组，即大脑、巫不、怎东、摆约、上麻力、下麻力、排榜、党益上寨、党益中寨、九内、排内等 11 个寨子。瑶族主要聚居在该乡的尧排村尧排组及尧帅组。侗族、瑶族是县境内除水族、布依族、苗族之外形成一定村落的人口较少的民族，主要从事农业生产。

（五）汉族

汉族主要居住在都柳江沿岸的三合镇和合江镇，也有少数散居在乡镇的中心村寨。一般从事农业生产，也有少数从事手工业经营商业。汉族入境定居，有成批征调来的，有经商做手艺来的，也有逃荒逃难来的。同时，因战乱逃散，或奉令调离，或自行迁居境外等，也不在少数。其中汉族较大规模的入境有四次。第一批是明洪武二十三年（1390 年），明王朝建立陈蒙烂土长官司前后，随军征南而来的士兵。第二批是清朝雍正九年（1731 年），清廷设都江厅，驻兵千余人；咸同农民起义失败后，同治十年（1871 年），清政府恢复境内绿营建制，调入部分外省籍士兵及家属。第三批是民国初年，湖南、广西、广东、四川等省商人、工匠等次第迁入县境。第四批是中华人民共和国成立后，在三都建立三都县人民政府，主要是随军南下的地方工作干部，分配到县属各级党政部门工作。

三都水族自治县民族分布基本情况，参见图 1－1 三都水族自治县民族分布。

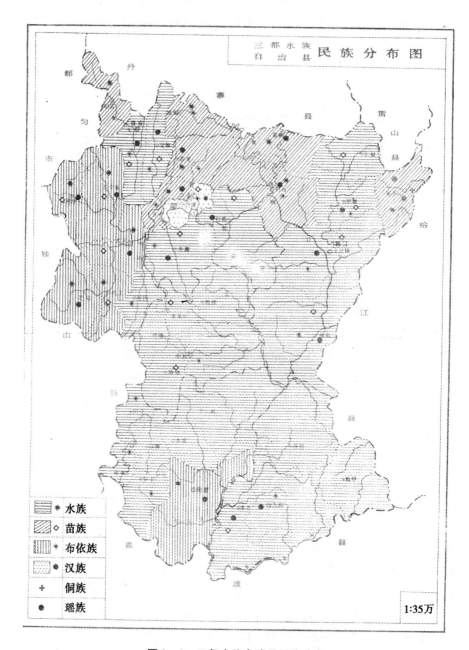

图1-1　三都水族自治县民族分布

第二节　本次调查及资料基本情况

一　本次调查的基本情况

本课题"贵州省三都水族自治县经济社会发展综合调查"是《21 世纪初中国少数民族地区经济社会发展综合调查》子课题之一。《21 世纪初中国少数民族地区经济社会发展综合调查》是国家社会科学基金特别委托项目（批准号 13@ZH001）、中国社会科学院"创新工程"重大专项课题，由中国社会科学院管理、民族学与人类学研究所组织实施。项目计划于 2013—2017 年选择 60—70 个民族区域自治地方开展多学科综合调查。项目旨在回顾总结中国特色民族理论、民族政策的探索和形成过程，全面展示改革开放尤其是 21 世纪以来民族地区经济社会发展的辉煌成就，准确把握未来发展面临的困难与挑战，为全面建成小康社会，实现中华民族伟大复兴建言献策。本课题是 2013 年第一批《21 世纪初中国少数民族地区经济社会发展综合调查》之一。

在调查之前，课题组对本次调查的基本内容做了基本的框定，同时对调查的任务进行了必要的分工。本次调查的基本内容如下：一是生态与社会环境：行政区划与民族人口分布、生态建设实践与社会环境。二是经济结构与经济发展问题：经济体制转型发展、产业结构变迁与经济发展、经济发展态势与新问题、收入增长与生活水平、就业与社会保障。三是社会结构与政治发展：建国以来政治的结构性重组、民族区域自治制度的实践与完善、乡村基层组织的建立与发展。四是民族教育与语言文字：民族教育、语言文字。五是宗教信仰与民俗文化：宗教信仰、民俗文化。六是婚姻传统家庭及其习俗的时代变迁：婚姻制度与婚俗的发展变化、家庭结构与亲属称谓。七是医疗卫生与科学技术：医疗卫生、科学技术。八是民族文学与艺术：民间文学、音乐、舞蹈、书法绘画、雕刻等。九是文化遗产保护与文化发展：物质文化遗产保护、非物质文化遗产保护、旅游业与民族文化保护等。调查后再按指定撰写任务，最终分为政治、经济、社会、文化、生态五大基本板块分别梳理，最终形成本报告《中国民族地区经济社会调查报告——贵州三都水族自治县卷》一书。

调查组一共十多人，于 2013 年 7 月至 8 月在三都水族自治县就上述相关调查内容做了为期一个月的实地调查，同时还做了必要的补充调查。调查组深入机关、乡镇和农村，采用个体采访、开座谈会等方式，并进行了入户调查，获得了极为丰富的调查资料。

二　资料基本情况

（一）已经出版的涉及水族及三都县情况的文献

在进入实地调查之前，我们从多方面了解到关于水族和三都的出版参考资料，不仅内容丰富，而且数量众多，但这些资料除了几本较新之外，大多比较陈旧，不能完全反映水族目前发展的最新状况。下面不妨按出版的基本时间顺序列出。它们是：

贵州省民族事务委员会、中国民间文艺研究会贵州分会编：民间文学资料第46集《水族双歌单歌集》，贵州省民族事务委员会、中国民间文艺研究会贵州分会编印，1981年8月出版。

潘一志编著：《水族社会历史资料稿》（内部资料），三都水族自治县民族文史研究组1981年编印，该资料全部收入2009年12月出版的《水族学者潘一志文集》（贵州民族学院、贵州水书文化研究院编，成都：巴蜀书社）。

《三都水族自治县概况》编写组编：《三都水族自治县概况资料汇编》，1984年印。该资料集主要收集三都县的基本概况文章资料，全书568页，分为六编：第一编：自然地理之部；第二编：政治之部；第三编：经济之部；第四编：教卫科技之部；第五编：民族之部；第六编：名胜古迹之部；书末附有三都水族自治县大事年表（1949—1983年）。

岱年、世杰主编：《水族民间故事》，贵阳：贵州人民出版社1984年出版。

《水族简史》编写组：《水族简史》，贵阳：贵州民族出版社1985年12月出版。《水族简史》编写组编写：《水族简史》（修订版），北京：民族出版社2008年4月出版。修订版对原来的《水族简史》进行了必要的补充和修订，扩充了有关章节，但就水族历史而言，其观点仍然是原书的基本观点，对近年水族的历史研究的发展，该书没有论及。本书的有关材料和数据特别是历史沿革部分也参考了该书。

《三都水族自治县概况》编写组编：《三都水族自治县概况》，贵阳：贵州人民出版社1986年出版。内容包括地理环境、历史沿革与社会变革、民族区域自治的实施、农业、工业、财政金融、旅游、社会事业、城乡建设等。该书对各民族间的互相了解，互相学习，进一步增强民族团结，巩固祖国统一，将发挥重要的作用。

范禹等主编：《水族文学史》，贵阳：贵州人民出版社 1987 年出版。全书分五编，分为远古文学、古代文学、近代文学、现代文学和当代文学几个部分，对水族文学的发展加以梳理和阐述。

周隆渊编：《明珠撒遍月亮山 水族的故事》，贵阳：贵州人民出版社 1988 年出版。本书共收有贵州省水族的民间故事 16 篇。

祖岱年、周隆渊编：《水族民间故事选》，上海：上海文艺出版社 1988 年 7 月出版。

中国曲艺志贵州卷编辑部、中国曲艺音乐集成贵州卷编辑部、黔南布依族苗族自治州文艺集成办公室等编著：《水族曲艺旭早研究》，贵阳：贵州人民出版社 1989 年 10 月出版。

黄桂秋著：《水族故事研究》，南宁：广西人民出版社 1991 年 12 月出版。本书对节日文化与传说、民间传说、创世女神、原始鱼崇拜、风物传说、民俗故事、爱情故事、金贵机智故事、民间童话等内容进行了分析和研究。

何积全主编：《水族民俗探幽》，成都：四川民族出版社 1992 年 4 月出版。全书 30 万字，对水族的经济民俗、社会民俗、信仰民俗和游艺民俗进了系统研究和总结。该书的出版，对之后的水族民俗研究产生过重要的影响，很多水族民族文化方面的研究论文和著作都或多或少参考了该书对水族民俗文化的论述，该书对水族民俗的研究具有很高的学术价值和社会价值，是一部水族传统文化研究的全面总结，是一本值得向读者推荐的水族重要文献。

三都水族自治县志编纂委员会编：《三都水族自治县志》，贵阳：贵州人民出版社 1992 年 8 月出版。该志以三都水族自治县所辖地域为记述范围，上限时间因事而异，下限为 1987 年底。记述了境内自然和社会的历史与现状。

陈国安著：《水族》，北京：民族出版社 1993 年第 1 版。本书介绍了水族在新中国成立后，多方面发生的巨大变化，其中包括家庭、生活、婚姻、信仰、文化等。

刘之侠、潘朝霖编：《水族双歌》，贵阳：贵州人民出版社 1997 年出版。

王厚安主编，贵州省民委文教处等编：《水族医药》，贵阳：贵州民族出版社1997年出版。该书系统总结了水族医药的资源和医药理论，药物名称采用水语标注。

刘之侠、石国义著：《水族文化研究》，贵阳：贵州人民出版社1999年9月出版。该书是民族文化研究丛书之一，是国家社会基金"七五"重点资助项目课题之一，该书对水族的物质文化、社会文化、精神文化进行了必要的研究和阐述。

张巨成主编、水族调查组编写：《云南民族村寨调查　水族　富源古敢乡都章村》，昆明：云南大学出版社2001年出版。该书选择云南省富源县古敢水族乡补掌村公所都章村作为调查点，从人口、经济、历史沿革、政治、习惯法及其变迁、文化、教育、宗教等方面，介绍了云南富源水族生活的变化与发展。

高发元主编、杨庭硕著：《三都水族人家》，昆明：云南人民出版社、云南大学出版社2003年12月出版。该书从多个角度描写了三都水族韦玉秋一家的生活、工作、家庭关系等，是水族家庭的真实记录。

潘朝霖、韦宗林主编：《中国水族文化研究》，贵阳：贵州人民出版社2004年1月出版。全书大16开本，80万字。该书是由相对独立的八个分卷组合而成的专著。全书较为全面、准确、客观地反映了水族社会历史、经济文化、民间信仰等诸多的文化现象，能使读者从各个不同的角度深入地了解水族的文化概貌。

陈稠彪主编：《走进神秘三都》，贵阳：贵州人民出版社2005年9月出版。该书对三都县及其民族等情况进行了介绍。

刘世彬著：《中国水族文化散论》，贵阳：贵州人民出版社2005年9月出版。该书由黔南民族师范学院科研基金资助出版，收入了《水族文化和我国传统文化》等30余篇文章。

杨德勇主编、中共三都水族自治县委党史研究室编著：《中共三都水族自治县历史》第1卷（1949—1978年），北京：中共党史出版社2006年出版，该书阐述了1978年前中国共产党在三都的历史，总结了中共三都水族自治县委员会在三都执政二十多年的成绩和经验。

石国义编著：《水族村落家族文化》，贵阳：贵州民族出版社2007年10月出版。该书从人类学的角度，深入细致地研究了水族村落家族文化的背景、历史形成与习俗惯制，家庭与家族的关系、水族村落家族的结构、基质、功能及水族村落家族文化的嬗变。

司有奇、陆龙辉主编：《中国水族医药宝典》（全彩集），贵阳：贵州民族出版社 2007 年出版。该书总结出医治各种疾病配方 200 多种。书中对每种药的药物名称、水药名、形态特征、性味、功用、如何采集加工等都作了详细描述。

韦绍凯主编，由《贵州三都水族自治县概况》编写组及修订本编写组编写：《贵州三都水族自治县概况》（修订本），北京：民族出版社 2007 年出版。该书是"中国少数民族自治地方概况丛书"之一，该书是为介绍三都水族的基本情况，宣传党和国家的民族政策，促进三都水族地区的四化建设所编写的。该书对各民族间的互相了解，互相学习，进一步增强民族团结，发挥了重要的作用，该书的资料收集到 2005 年为止。本次调查中本书的电子版由县志办提供，本次调查 2005 年前的数据多处参考该书，在此特向该书编者致谢。

程瑜主编：《三都水族：贵州三都水族自治县塘党水乡调查与研究》，知识产权出版社 2008 年出版，该书是"中国田野调查丛书"之一。该书叙述了贵州三都水族自治县塘党寨生活的方方面面，包括经济生产、婚姻与家庭结构、教育、社会结构、饮食文化、精神文化生活、乡土医学等各个层面。

贵州省民族事务委员会和贵州省民族研究所编，李平凡、颜勇主编：《贵州"六山六水"民族调查资料选编　水族卷》，贵阳：贵州民族出版社 2008 年 6 月出版。该书对贵州各县水族的社会历史、文化习俗、经济发展、民族自治开发、生态保护、宗教习俗等状况进行了调查分析，本课题组成员韩荣培副研究员主持了该书的编辑出版工作。

玉时阶等著：《现代化进程中的岭南水族：广西南丹县六寨龙马水族调查研究》，北京：民族出版社 2008 年 11 月出版。内容包括：历史概要、生态环境与自然资源的变化、土地制度变迁与经济发展、社会结构与民族政治、地方法规与乡村建设、婚姻家庭制度的嬗变等。另外，广西壮族自治区编辑组和《中国少数民族社会历史调查资料丛刊》修订编辑委员会编：《广西彝族仡佬族水族社会历史调查》，北京：民族出版社 2009 年 6 月出版。该书是 20 世纪五六十年代对广西的民族调查的再版，内容包括隆林各族自治县彝族社会历史调查和广西水族调查等。

张振江主编：《荔波水尧水族：贵州荔波水尧乡调查与研究》，知识产权出版社 2008 年 11 月出版。该书是中山大学人类学系师生深入西南少数民族地区调查研究的"中国田野调查丛书"之一。该书从水族体质人类学研究，对水族文字、语言、教育、饮食、经济、节日习俗、社会和权力结构等方面展开调查，叙述了荔波县水尧水族乡持续经年、目前依然鲜活的物质文化、制度文化和精神文化。

荔波县政协文史委员会编，何羡坤主编：《荔波水族》，中国文史出版社 2009 年 1 月出版。该书是《水族百年实录》的荔波卷，全书 51 万字，题材广泛，内容翔实，该书是专门为记录荔波水族的各方面的文集，主要是荔波百年以来的历史、地方新貌、文化习俗、优秀儿女及人物传略等。

周崇启等编著：《水族教育史》，贵阳：贵州教育出版社 2009 年出版。该书阐述了两千多年来水族教育的萌芽、发展、壮大的过程及其原因，将研究的重点放在近现代，以丰富的史料为基础，以历史大背景为舞台，梳理水族教育在近现代的演进历程。

贵州民族学院、贵州水书文化研究院编：《水族学者潘一志文集》，成都：巴蜀书社 2009 年 12 月出版。本书由《水族社会历史资料稿》和《潘一志诗词》汇集而成，是水族学者潘一志先生为社会、为水族人民留下的丰厚的精神财富。

党秀云、周晓丽著：《水族水各村调查》，北京：中国经济出版社 2010 年 8 月出版。该书通过实地考察、问卷调查、个人访谈等形式，对贵州省三都水族自治县九阡镇水各村村民的政治、经济、社会、文化等各方面进行相应的展现，通过调查走访了解了村庄发展的状况与存在的问题。

蒙爱军著：《水族经济行为的文化解释》，北京：人民出版社 2010 年 12 月出版。该书从水族的宗族社会结构、经济结构和文化体系等几个层面，对水族的经济行为进行了分析和解释。

王学文著：《规束与共享：一个水族村寨的生活文化考察》，北京：民族出版社 2010 年 7 月出版。该书以一种相对微观、具体、整体性的考察方式，调查记载了贵州省荔波县的一个水族村寨——水利大寨的生活文化。

贵州省档案馆、贵州省史学会编：《揭秘水书：水书先生访谈录》

（上、下册），贵阳：贵州民族出版社 2010 年 4 月出版，该书通过对水书先生的访谈，对水书习俗进行了全程采访记录。

杨俊著：《水族墓葬石雕》，四川美术出版社 2010 年 12 月出版。水族墓葬石雕是水族艺术的重要载体，该书图文并茂，详细记载了水族墓葬石雕的各种艺术形式，为读者了解水族石雕艺术提供了丰富的素材。

李平凡、颜勇主编：《贵州世居民族迁徙史》，贵阳：贵州人民出版社 2011 年 12 月出版。该书是第一部系统研究贵州世居民族迁徙的专著，贵州省民族研究所组织专家，耗时十余年，完成此工程。该书水族迁徙史部分由本课题组成员韩荣培副研究员负责，对水族的迁徙情况进行了认真梳理，阐述了水族的形成及其迁徙过程。

杨俊、蒙锡彭、王思民著：《贵州水族艺术研究》，贵州民族出版社 2012 年 3 月出版。该书对水族马尾绣艺术、剪纸艺术、服饰艺术、石雕艺术、建筑艺术等民间艺术进行了阐述，同时对水族民间舞蹈和民间音乐等进行了充分的论述，是研究水族艺术的最新成果，也是了解水族艺术的重要读物。

张振江主编：《三都三洞水族：贵州三都三洞乡调查与研究》（上、下），知识产权出版社 2012 年 1 月出版。该书是中山大学人类学系师生深入西南少数民族地区调查研究的"中国田野调查丛书"之一。该书从水族体质人类学研究和水族文字、语言、教育、饮食等方面展开调查。

张振江主编：《双星水族：贵州独山双星水族调查与研究》，知识产权出版社 2012 年 2 月出版。该书是中山大学人类学系师生深入西南少数民族地区调查研究的"中国田野调查丛书"之一。该书以专题论文的形式对贵州省黔南布依族自治州独山县本寨乡双星村水族居民的医药、建筑、风俗、信仰、婚姻、妇女地位、消费习惯等多个方面进行了详细考察。

贵州省文物考古研究所编著：《水族墓群调查发掘报告》，科学出版社 2012 年 8 月出版。水族墓群是指明清时期大量分布在水族地区，地下部分采用竖穴土坑，地上部分用加工整齐的石料构成一层至多层、平面呈长方形、外部形状类似于房屋建筑结构式样的一种极富地方性、民族性特色的墓葬群体。该书是对该墓群发掘、调查的系统报告。

韦学纯编著：《中国水族》，黄河出版传媒集团宁夏人民出版社 2012 年 12 月出版。该书是黄河出版传媒集团出版的中国民族全书之一。该书包括水族概况、水族的物质文化、水族的民间文化、水族的社会文化、水族的信仰文化、水族的信仰文化与水书习俗、水族对伟大祖国的贡献、水族的文化传承与发展、水族的族际交往和民族文化交流、水族有影响的文化人物、水族的重要文献、水族有影响的文化人物和水族大事记等内容。

（二）调查过程中获得的已经出版的涉及水族及三都县情况的文献

课题组在当地调查过程中获得了以下已经出版的资料：

潘朝霖教授赠送课题组潘朝霖、唐建荣主编：《水书文化研究》（第一辑），贵州民族出版社 2009 年 10 月出版；潘朝霖、唐建荣主编：《水书文化研究》（第二辑），中国言实出版社 2012 年 10 月出版；潘朝霖、韦成念主编：《水书文化研究》（第三辑），中国言实出版社 2012 年 10 月出版；潘朝霖、唐建荣主编：《水书文化研究》（第四辑），中国言实出版社 2012 年 10 月出版。

韦宗林著：《解读旁落的文明——水族文字研究》，北京：民族出版社 2012 年 5 月出版。该书是作者国家社科基金课题的一个研究成果，分源流篇、释读篇、本体篇和传承篇，对水族文字进行了研究。

梁光华等著：《水族水书语音语料库系统研究》，贵州民族出版社 2012 年 6 月出版。该书是梁光华教授主持的国家社会科学基金项目《水族水书语音语料库系统研究》的研究成果，课题成员为董芳、蒙耀远、罗刚、蒙景村、韦光荣、韦学纯、欧阳大霖和王崇刚。该书利用民族学、民俗学、文化学、语言学与计算机科学的理论和方法，对水书水语语料进行了交叉的综合研究。

三都县志办赠送课题组多套《三都年鉴》（2006 年，2007 年，2008 年，2009 年，2010 年），2011 年以后的年鉴在我们调查时尚未出版。三都县志办还向课题组赠送了《三都年鉴》（2007 年）和《三都年鉴》（2008 年）的电子版。《三都年鉴》忠实记录了三都县各行各业当年发展的状况，下面简要作些介绍。

三都水族自治县年鉴编纂委员会编：《三都年鉴》（2006 年），中国文化出版社 2007 年 9 月出版。该书是贵州省三都水族自治县第一部年鉴。该书是全面了解三都水族自治县并具有地方性、综合性、权威性特点的大型综合资料工具书。旨在全面、系统、翔实地反映三都水族自治县国民经济和社会发展情况，为党、政领导决策和制订计划提供可靠依据，为科研、企事业单位研究事业发展提供翔实史料，为各界人士了解三都、研究三都、建设三都服务。该年鉴主要收录三都水族自治县 2006 年度党、政领导机关的重要文件、地方自治性法规、规章、领导讲话、工作报告、主要工作和重要活动等以及各单位（部门）、乡镇、在三都水族自治县的省、州直属单位、人民武装部、武警中队、公安消防等的基本情况和发展变化。资料收录时间为 2006 年 1 月至 2006 年 12 月，个别事物有所追溯。

三都水族自治县史志编纂委员会编：《三都年鉴》（2007 年），中国文史出版社 2009 年 1 月出版。该书全面、系统地记述了三都水族自治县在 2007 年政治、经济、文化等各个方面和各个行业的发展情况，汇集了全县经济和社会发展的基本资料和重要信息；深入反映了全县党的建设、精神文明建设、民主法制建设和党风廉政建设等方面取得的新进展。

由三都县委、县人民政府主管主办，《三都年鉴》编纂委员会编辑，县委党研室、县史志办具体承办的《三都年鉴（2008 卷）》2009 年 1 月由中国文化出版社出版，全书共 637 千字，特色鲜明、装帧精美、图文并茂。全面、系统地记述了三都水族自治县在 2008 年政治、经济、文化等各个方面和各个行业的发展情况，汇集了全县经济和社会发展的基本资料和重要信息；深入反映了全县党的建设、精神文明建设、民主法制建设和党风廉政建设等方面取得的新进展；详细记述了全县国民经济部门和社会各领域深化改革、扩大开放、解放思想、开拓进取的新举措、新经验、新成果，并以彩色图片的形式多层面、多视角地反映了各行各业、各条战线艰苦创业、开拓创新，推动地方经济、政治、文化、社会建设所取得的突出成就。为广大读者了解三都、认识三都提供重要史料。

由中共三都县委、三都县人民政府主办，三都县史志编纂委员会办公室承编的地方综合性《三都年鉴》（2009 年）由中国文化出版社于 2011 年 1 月出版。本年鉴主要记述 2009 年 1 月至 12 月三都水族自治县经济建设、社会事业的基本面貌和发展状况，着重反映各个方面、各条战线的新成效、新经验、新面貌和新问题。该卷共设 26 个类目，105 个分目，1141 个条目，全书共计 70 万字。该年鉴全面、系统、翔实地记载了 2009 年三都在政治、经济、军事、文化、科技、社会等方面的基本情况和发展态势，旨在为各级领导决策和管理提供可靠的参考依据，为社会各界了解三都、建设三都提供最新的信息和情报。它具有三个方面的特点：一是框架设计分类科学、重点突出。二是内容记述全面，表现形式多样。内容全面，突出经济转型、节能减排、环境保护、招商引资、关注民生、重点工程等内容。三是彩版内容突出创新，特色鲜明。公益性彩版采用7大篇章重点宣传介绍三都，如领导视察、三都风光、民生工程、民族与旅游、"两快"建设等。全书彩版有百余幅图片，是历届公益性图片最多的一本。充分彰显了三都悠久的历史、深厚的文化底蕴和取得的辉煌成绩。

三都水族自治县史志编纂委员会编：《三都年鉴》（2010年），中国文化出版社2012年4月出版。该年鉴是《三都年鉴》的第5部，其编撰宗旨是在全面、系统、翔实地反映三都水族自治县国民经济和社会发展情况，为党政领导作出决策和制订计划提供可靠依据，为科研、企事业单位提供翔实研究史料，为各界人士了解三都、研究三都、建设三都服务。该年鉴资料收录时间为2010年1—12月。

三都水族自治县史志编纂委员会编：《中国共产党三都水族自治县历史大事记（1949.12—2001.12）》，2002年8月编印，该书以时间为线索，记录了三都党史发生的重要历史事件。

三都水族自治县第三次文物普查工作领导小组办公室编：《三都文物——第三次文物普查成果》，2011年6月编印。该书按照古遗址、古墓葬、古建筑、石窟寺及石刻、近现代重要史迹及代表性建筑等，记录了县境内的不可移动珍贵文物111处。

（三）调查过程中获得的其他三都县重要资料和数据

统计材料和数据：三都水族自治县统计局提供的《三都统计年鉴》，包括2006—2012年7年的电子版和3年的纸质版。同时还有《贵州统计年鉴》（2013年），由贵州省统计局国家统计局贵州调查总队编，中国统计出版社2013年9月出版的第1版（光盘版）；黔南统计局编的《黔南统计年鉴》（2013年）一册。本书全文的相关数据，除了特别说明之外，均以统计局统计数据为主要参考数据。

政府工作报告和工作总结：包括2010年来三都水族自治县的党代会报告、政府工作报告、政府公报、人大工作报告和政协工作报告及相关文件汇编，各部门近3—5年来的工作总结，包括环保局、科技局、教育局、旅游局、农业局、农村工作局、城乡建设局、法院、检察院以及各乡镇等。

规划和项目建议书：贵州省实施教育"9＋3"计划工作领导小组编写的《贵州省教育"9＋3"计划资料汇编》，2013年4月印制。县政府办印发的《三都水族自治县2011—2015年区域卫生规划》，三都水族自治县旅游事业管理局编的《三都县旅游发展重点项目项目建议书汇编》，2012 年 9 月印制。2009 年 2 月三都水族自治县鹏城希望学校编的《三都水族自治县鹏城希望学校 2007—2011 年民族民间文化教育工作五年发展规划》。2011 年 3 月三都水族自治县人民政府编印的《三都水族自治县国民经济和社会发展第十二个五年规划纲要》等。

音视频资料和数据：本次调查采集的音视频资料包括调查组的采访录音录像、《都柳江》杂志等民间文学、水族文化录音录像及照片等相关文件和数据内容 350GB。这些丰富的资料为我们今后的继续研究特别是水族政治、经济、文化、生态的研究积累了很好的资料基础。

收集到的其他资料，在下面的相关章节我们将随文注释。

第二章

政治文明在三都的建设与发展

政治文明是人们改造社会所获得的政治有益成果的历史总结，是社会文明的主要部分。自 1949 年 12 月 6 日，中国人民解放军 51 师 151 团解放三都县城接管旧政权至今，在中国共产党的正确领导下，各族人民排除干扰，克服困难，自力更生，艰苦奋斗，使三都的政治文明、物质文明和精神文明建设都取得了辉煌的成就，社会面貌焕然一新。几十年来，三都发生了翻天覆地的变化，特别是自 1993 年以来的二十多年的变化尤其值得我们总结和大书特书。如今全县呈现出经济快速发展、社会全面进步、民族团结和谐、人民安居乐业的良好局面。如今，在以习近平同志为总书记的党中央领导下，在中共贵州省委、州委和县委领导的正确领导下，三都各族人民奋力拼搏，锐意进取，攻坚克难，在三都打好最后的扶贫攻坚战，逐步摆脱贫穷落后的面貌，实施自治县提出的"工业强县、城镇化带动和民族文化旅游带动"的三大发展战略，实现跨越式的发展，与全国各族人民一道，为实现社会的全面小康而迈进。

关于政治文明在三都的建设和发展，目前没有专著介绍，但历年的《三都年鉴》都设有政治专题栏目，包括县委、县人民政府、政协等部门的重要会议、重要发文、纪检监察、组织工作、教育活动、统战工作、机构编制、群众团体、军事、法制司法等相关内容。2007 年民族出版社出版的《三都水族自治县概况》设有历史沿革与社会变革、民族区域自治的实施等章节，对历代行政区划设置、人民政权的建立、民族区域自治等内容进行了基本的阐述。1992 年贵州人民出版社出版的《三都水族自治县志》专门设立党政群篇共十章、公安司法篇共五章、军事篇共六章，做了详细的介绍和充分的阐述。2002 年三都水族自治县史志编撰委员会编的《中国共产党三都水族自治县历史大事记（1949.12—2001.12）》记载了 2002 年中国共产党组织在三都水族自治县活动的历史大事。2006 年中共党史出版社出版的《中共三都水族自治县历史》（第一卷）（1949—1978），介绍了 1949 年到 1978 年中国共产党在三都的历史，总结了中共三都水族自治县委员会在三都近 30 年的执政经验和成绩，是三都水族自治县地方党史研究和编写工作方面的重要成果。另外，根据三都县党史研究室给我们提供的中国共产党三都水族自治县委组织部、中国共产党三都水族自治县委党史研究室编撰的《中国共产党贵州省三都水族自治县组织史资料·贵州省三都水族自治县政权、军事、统战、群团（简称党、政、军、统、群）系统组织史资料》（续编本二）（1993.1—2012.12）电子文稿，我们了解到，《中国共产党贵州省三都水族自治县组织史资料·贵州省三都水族自治县政权、军事、统战、群团（简称党、政、军、统、群）系统组织史资料》和其续编本（续编本一、二）是一部专门的地方组织史资料，该资料详细介绍了三都水族自治县政权、军事、统战、群团（简称党、政、军、统、群）系统组织的情况。本章我们将根据以上资料和这次调查资料，分别从历代行政建制、行政区划结构性重组、党政组织的发展以及民族区域自治几个方面来阐述政治文明在三都的建设和发展情况，力图展示三都县的政治建设的历史，展望政治建设进步带来的社会进步。

第一节　1949 年以前水族地方的行政建制

水族聚居地贵州省三都水族自治县及其周边相邻县市的行政建制在历史发展的过程中，不断经过重新组合和发展，逐渐形成今天我们所见到的行政建制格局。

一　水族地方清代以前的建制

唐朝初年开始在三都境内设治，贞观三年（629 年），置婆览县（今三都恒丰、塘州、合江一带）、都尚县（今三都都江一带），属应州管辖，州治在都尚县。当时应州为下州，领五县，除在今三都县境的婆览、都尚两县外，还有应江县（今榕江），罗恭县（今雷山），陑隆县（今台江）。应州刺史为当地的大姓豪族谢元深。天宝三年（744 年），应州降为羁縻州。

　　宋朝（960—1279 年）属夔州路绍庆府（今四川彭水县）所辖五十六羁縻州的南部东段边地。元朝至元二十六年（1289 年）六月，西南夷中下烂土等处洞长忽带等人，以三百洞一百一十寨内附。至元二十八年（1291 年）十月，将洞蛮烂土改建定云府，改陈蒙洞为陈蒙州，合江为合江州。至元二十九年正月，设陈蒙烂土军民安抚司。明朝洪武十九年（1386 年），改都匀定云安抚司为都匀安抚司。洪武二十四年三月，授张均为合江州陈蒙烂土长官，隶都匀卫。弘治七年（1494 年）五月，长官司改属独山州，隶新设的都匀府。

　　雍正九年（1731 年）七月，置都江厅通判（今三都都江），隶都匀府。据《黔南识略》记载，都江通判其境东至黎平府古州同知平宇塘界四十里，西至独山打略汛界四十里，南至荔波县小河塘界七十五里，北至独山州三脚屯平甲界三十里，东南至古州同知高排寨界五十里，西南至荔波县河西界一百一十里，东北至丹江通判乌迭界一百六十里，西北至八寨同知排寨界八十里。宽七十里，长一百八十里。统属苗寨 106 个，设 2 汛 11 塘。乾隆初，以顺德营土千总所辖 18 股，编为福德、全德、尚德等 14 保；以归仁营土千总所辖 53 寨，编为仁字 9 保，即树仁、建仁、咸仁、熙仁、治仁、同仁、怀仁、里仁、庆仁。共计 23 保。

　　雍正十二年（1734 年），以烂土司地置三脚屯州同（今三合、大河、普安、中和等乡镇），隶独山州。据《黔南识略》记载，三脚屯州同其境东至八寨同知羊甲塘界四十里，西至荔波县扁家梁界一百二十里，南至都江通判柳迭界四十五里，北至古州平宇界一百五十里，广袤二百余里。又据乾隆三十三年（1768 年）《独山州志》记载，三脚屯州同原有烂土司和普安土舍辖地如下。

　　烂土司辖尧辉寨、尧瓦寨、罕塘四寨、靠寨五寨、拉右六寨、天星屯三寨、打物寨、水板五寨、计赖四寨、董岭寨、关上寨、宁寨、中安三寨、教寨三寨、交卧三寨、克偕寨、排扫寨、蒙寨三寨、蛮乏寨、羊脚三寨、阳乐四寨、唐志寨、器寨三寨、拉号寨、拉过壤五寨、罗家寨、拉浪三寨、蛮穷寨、蛮整寨、唐力寨、大良寨、蛮岩寨、蛮拱寨、助上寨、蛮漫寨、者然六寨、蛮存寨、丙法寨、巴右寨、架桥寨、者凉寨、骡马寨、破曲寨、王香寨、慕陶寨、打锄二寨、巴索寨、巴堕寨、赛帽寨、蛮蒙寨、拉要寨、巴外寨、拉怀寨、蛮因寨、李家寨、明寨、豪寨、尧平寨、丙条寨、抗谷寨、董蒙寨、巴卜寨、蛮阳寨、巴棉寨、三脚四寨、姑娄寨、行尝寨、姑卦寨、牌稍寨、拉揽寨、大略三寨、右切寨、营寨、拉罢寨、巴架寨、落马寨、巴才寨、塘右寨、拉芒寨、打桃寨、茂桃寨、贯者寨、董丙寨、羊脚寨、羊猛寨、羊落寨、拉洒寨、拉墙寨、沙纳寨、旺寨、沙叶寨、巴平寨、乌劳寨、排洒寨、董熟寨、山冲寨、排埲寨、洒地寨、漫孔寨、巴开寨等153寨。

普安土舍辖交然三寨、尧基二寨、巴若二寨、冘斤寨、交同寨、平寨二寨、冘羊寨、巴念寨、沃屯三寨、马场三寨、巴林二寨、尧平寨、洒从寨、张家冲二寨、交赖寨、蛮兰寨、巴艾五寨、打剑三寨、班台四寨、羊伦二寨、夜高四寨、苗基七寨、普屯六寨、苦竹寨、甲腊四寨、的刁四寨、总奖五寨、乌工二寨、知照二寨、羊东三寨、羊勇五寨、高然三寨、排月寨、翁基三寨、以济三寨、高同五寨、摆残二寨、乌拉寨、摆招二寨、亚工寨、排都寨、拉览二寨、岩锄二寨、羊忙寨、底到寨、交梨四寨、打孟三寨、高屯三寨、大塘寨、者残四寨、梨岩寨、莪蒲二寨、巴孟寨、牛皮二寨、留寨二寨、洛价寨、外朋寨、囊坝寨、拉高寨、募上寨、四十寨、卢未寨、巴潭寨、新寨、慕岗寨、羊能寨、拉厌寨、印塘寨、巴棉寨、王家寨、拉毫寨、高要寨、也足寨、使牛寨、乌控寨、也非寨、同是寨等159寨。

现辖原属荔波周覃、九阡地区的有莪蒲、从善、恒丰、羊安、周覃、三洞等六里。

二　水族地方民国时期的行政建制

民国二年（1913年）十二月，贵州行政公署奉大总统令将各省之各府、各直隶州及散厅州，一体改县。都江厅改称都江县，三脚屯州同改称三合县，均列为小县。

民国四年（1915年）八月，三合与独山分县划界结束，将原烂土司管辖的中安、坝寨、本寨、拉芒、左右小河、姐良、巴佑等地拨归独山，将原独山司管辖的江中寨、上夜寨、中夜寨、下夜寨拨归三合。三合县分为东南西北中五区，后改中区为第一区，驻县城；东区为二区，驻水潘即今塘州；南区为三区，驻烂土；西区为四区，驻马场；北区为五区，驻普屯。

民国二十一年（1932年），三合、都江两县区、乡、镇变化为：

三合县辖5区37乡14镇。第一区驻县城三合，辖古榕乡、连都乡、护城乡、大营乡、坝桥乡、排照乡、姑鲁乡、排正乡、烊峒镇、莪蒲镇、合江镇、维新镇、猴岭镇、瑶岭镇、两江镇等8乡7镇。第二区驻安海乡，辖孟民乡、安海乡、地祥乡、杨乐乡、石盘乡、东旺乡、物阜乡、东角乡、七星乡、庆祥乡等10乡。第三区驻烂土镇，辖崇明乡、凤梧乡、茂桃乡、归化乡、营寨乡、从化乡、烂土镇、大河镇等6乡2镇。第四区驻西丰镇，辖新仁乡、新礼乡、新义乡、新智乡、新信乡、新德乡、西丰镇、西乐镇等6乡2镇。第五区驻普屯镇，辖平昭乡、乌阳乡、甲昭乡、高能乡、简土乡、高月乡、记结乡、普屯镇、杨勇镇、交梨镇等7乡3镇。

都江县辖5区18乡6镇。第一区驻治仁镇即今上江，辖建仁乡、树仁乡、震雷乡、咸仁乡、里昔乡、治仁镇、坝街镇等5乡2镇。第二区驻怀仁镇即今打鱼，辖同仁乡、庆仁乡、里仁乡、怀仁镇等3乡1镇。第三区驻文明镇即今夺鸟，辖智德乡、仁德乡、勇德乡、文明镇等3乡1镇。第四区驻三民镇即今乔桑，辖进步乡、自由乡、大同乡、平等乡、三民镇等4乡1镇。第五区驻自安镇即今怎贝，辖自理乡、仁和乡、振益乡、自安镇等3乡1镇。

现辖三都原属荔波的周覃、九阡地区有2区20乡，第一区水角乡即原莪蒲里。第四区驻泰来乡，辖泰来乡、塘党乡、坡花乡、周封乡、洗旧乡、杨楼乡、鲁训乡、化贤乡、朝阳乡、金桃乡等10乡。第五区驻三洞，辖上三洞乡、下三洞乡、水围乡、水东乡、杨柳乡、水扒乡、寨磨乡、杨拱乡、水龙乡等9乡。

民国二十七年（1938年）推行联保制，三合县分为4个区15联保89保917甲。其中，第一区驻地县城，辖合榕、大连、尧鲁、正龙等4联保22保。第二区驻地打物，辖东阳、新安、物石、庆东、祥明等5联保25保。第三区驻地大河，辖崇茂、营凤、丰乐等3联保22保。第四区驻地普屯，辖普阳、槐能、高梨等3联保20保。

现辖三都原属荔波的周覃、九阡地区有杨善、板南、恒丰、廷牌、阳安、三洞、下东、周覃等8个联保。

民国三十年（1941年）二月，贵州省政府将都江、三合两县合并，易名为三都县，县治设在三合镇，都江县署改为区署。民国三十一年（1942年）实行新县制，裁撤联保办公处，成立两个区署，即都江、打物。设一个镇即三合镇，15个乡即尧麓乡、拉揽乡、交梨乡、普安乡、丰乐乡、烂土乡、新东乡、庆阳乡、阜祥乡、甲找乡、坝街乡、甲雄乡、雅灰乡、达地乡、宰勇乡，共 131 保。三都县升格为二等县。

现辖三都原属荔波县的周覃、九阡地区，有恒丰乡、阳安乡、三洞乡、周覃乡、莪蒲乡等乡。

民国三十六年（1947 年），三都县增设直辖区，为 3 区 1 镇 15 乡 127保 1077 甲。其中，直辖区驻县城三合，辖三合镇、拉揽乡、尧麓乡、交梨乡、普安乡、丰乐乡、烂土乡等 1 镇 6 乡。中和区驻中和，辖新东乡、庆阳乡、阜祥乡等 3 乡。都江区驻上江，辖上江乡、坝街乡、雅灰乡、甲雄乡、达地乡、盘石乡即宰勇等 6 乡。

现辖三都原属荔波县的周覃、九阡地区，为 2 区 6 乡。即三区恒丰乡、阳安乡、三洞乡、周覃乡、莪蒲乡，四区有从善乡。

民国三十八年（1949 年），三都县辖 3 区 1 镇 15 乡 120 保 981 甲。

第二节　中华人民共和国成立以来的行政区划结构性重组

中华人民共和国成立后，1949 年 12 月 6 日三都解放，1950 年 1 月 14日三都县人民政府成立。1950 年 5 月，县人民政府对全县行政区划作了调整，将原 3 个区增设为 4 个区，辖 1 镇 15 乡，旧保甲改为行政村和村民小组。第一区驻三合镇，辖三合镇、丰乐乡、烂土乡。第二区驻普屯，辖普安乡、交梨乡、落榔乡（原拉揽乡）、雅灰乡。第三区驻水龙，辖尧麓乡、阜祥乡、庆阳乡、新东乡。第四区驻上江，辖上江乡、坝街乡、甲雄乡、达地乡、盘石乡。

1952 年 12 月，撤销第二区，建立普安苗族自治区，撤销普安乡，建立普安镇。同月，独山专区改称都匀专区，三都县隶属都匀专区。

同月，将盘石乡划归榕江县，将达地乡和雅灰乡的雅灰、瓮邦、杀一、上崇、夺弄、廷同、羊高、夺鸟、排路等村划归丹寨县，余下雅灰半个乡仍属三都县，置打鱼乡，将原属独山县巴维乡的巴佑、五星、屯桥、一心、平荡、合一、茂光、三利、联江、中江、岩江等 11 个村划归三都县，置巴佑乡和小河乡。

1953 年 2 月，为了适应农业互助合作发展形势的需要，将大乡划为小乡，全县计 4 区 2 镇 42 乡。其中，大河区辖三合镇、三郎乡、大河乡、马场乡、鼠场乡、巴若乡、烂土乡、尧吕乡、巴佑乡、小河乡等1镇9乡；普安区辖普安镇、排昭乡、落榔乡、高谭乡、交梨乡、高洞乡、王简乡、甲昭乡、燕高乡、羊鸡乡、总奖乡等1镇10乡；水龙区辖水龙乡、牛场乡、姑挂乡、行偿乡、中和乡、甲化乡、安塘乡、天星乡、梅花乡、阳乐乡、地祥乡、孟明乡、水潘乡等13乡；都江区辖上江乡、打鱼乡、拉揽乡、介赖乡、巫不乡、甲雄乡、羊福乡、交平乡、坝街乡、坝灰乡等10乡。

周覃、九阡属荔波县的两个区，辖18乡。第三区辖恒丰乡、甘坤乡、廷牌乡、和勇乡、阳安乡、板仰乡、中心乡、达便乡、新阳乡、水东乡、洞甲乡、板考乡、拉近乡等13乡；第四区辖水各乡、板闷乡、水叶乡、扬拱乡、板甲乡等5乡。

1954年12月，将独山县定台乡相巴、敖巴两村划归三都县巴若乡。

1955年12月，又将小乡并为大乡，全县为4区2镇18乡。其中，大河区驻大河，辖三合镇、大河乡、烂土乡、巴佑乡、丰乐乡等1镇4乡；普安区驻普安，辖普安镇、落榔乡、交梨乡、高洞乡、羊鸡乡等1镇4乡；水龙区驻水龙，辖尧麓乡、水龙乡、地祥乡、中和乡、塘州乡、天堂乡等6乡；都江区驻上江，辖上江乡、打鱼乡、甲雄乡、坝街乡等4乡。

1957年1月2日，三都水族自治县正式成立，三合镇为县政府驻地，隶属黔南布依族苗族自治州。成立自治县时的行政区划以原三都县为基础，包括原荔波县的周覃、九阡两个区，原独山县的林桥乡、翁台乡，原榕江县的新华乡、水尾乡，原都匀县的基场、潘洞（今阳和）、富河乡。自治县共辖6区2镇40乡。三合镇直隶县人民委员会；大河区辖大河、烂土、巴佑、丰乐、基场、潘洞、富河、翁台等8个乡；普安区辖普安镇、羊鸡、交梨、落榔、高洞等1镇4乡；水龙区辖水龙、尧麓、地祥、中和、塘州、天堂、林桥等7乡；都江区辖上江、拉揽、甲雄、坝街、兴华等5个乡；周覃区辖周覃、洞甲、恒丰、阳安、三洞、水东等6个乡；九阡区辖板叶、水各、扬拱、板甲、岜鲜、拉威、水维、水碰、水庆、水尾等10个乡。

1961年，原属都匀县的基场、潘洞、富河等3个乡，原属独山县的翁台、林桥等2个乡，原属荔波县的拉威、岜鲜、水碰、水维等4个乡，因距县治较远，交通不便等原因，拨回原县；1963年，原属榕江县的新华、水尾等2个乡拨回原县。

1963年县人民委员会第十三次会议讨论通过，将25个公社划为40个小公社，257个生产大队，1742个生产队。城关区辖三合、苗龙、拉揽、尧麓等4个公社，大河区辖丰乐、和平、大河、烂土、尧吕、巴佑、小河等7个公社，普安区辖高洞、交梨、普安、羊基等4个公社，水龙区辖水龙、地祥、中和、尧贯、塘州、安塘等6个公社，都江区辖打鱼、介赖、羊福、甲雄、巫不、上江、坝街等7个公社，周覃区辖周覃、水东、三洞、新阳、阳安、廷牌、恒丰、和勇等8个公社，九阡区辖板叶、扬拱、水各、板甲等4个公社。

1965年，将小河公社并入巴佑公社，将尧贯公社并入塘州公社，将新阳公社并入三洞公社，全县为7个区37个公社。

1966年，从三合公社划出三合镇，全县为7个区，1个镇，37个公社，263个大队，2101个生产队。其中：城关区驻三合镇，辖三合镇、苗龙、牛场、拉揽、三合等公社；大河区驻大河，辖大河、烂土、巴佑、尧吕、丰乐、和平等公社；普安区驻普安，辖普安、羊基、交梨、高洞等公社；水龙区驻中和，辖中和、水龙、地祥、安塘、塘州等公社；都江区驻上江，辖上江、打鱼、介赖、甲雄、羊福、巫不、坝街等公社；周覃区驻周覃，辖周覃、水东、三洞、廷牌、阳安、恒丰、和勇等公社；九阡区驻九阡，辖九阡、水各、扬拱、板甲等公社。

1983年，经省人民政府批准，将城关区更名为三合区；水龙区更名为中和区；牛场公社更名为尧麓公社；和平公社更名为河坪公社。

1984年5月，经省人民政府批准，将三合镇升格为区级镇。同年六月，全县实行政社分开，建立乡人民政府。同年10月5日，经省人民政府批准，将大河、普安、上江、周覃等4个乡改为乡级镇。全县共为7个区、1个区级镇、33个乡、4个乡级镇、2个居民委员会、268个行政村、18个居民小组、2108个村民小组。

如今三都水族自治县的行政区划包含大多数的水族地区，尤其是原荔波县的水族主要聚居区划归自治县后，为自治县的水族人口提高了很大比率。

第三节　二十多年来党政组织的发展

1993年1月至现在的二十多年的时间，是三都水族自治县改革开放后经济社会全面迅速发展的历史时期。在这二十多年里，中共三都水族自治县委员会坚持党的"一个中心，两个基本点"的基本路线，坚持以邓小平理论、"三个代表"重要思想和科学发展观为指导，紧紧围绕党的十四大、十五大、十六大、十七大、十八大精神，团结和带领全县各族人民，围绕"农业稳县、工业强县、科教文化兴县、城建旅游活县、民族文化塑县"的发展战略，按照"加速发展、加快转型、推动跨越"主基调，破解发展难题，全面推进经济建设、政治建设、文化建设、社会建设、生态文明建设，实现了经济社会的和谐发展，民生福祉显著改善，各项社会事业取得明显进步，安定团结的政治局面更加巩固，城乡面貌发生了巨大的变化。

二十多年来，全县各级党组织积极贯彻落实党中央的路线、方针、政策，加快改革开放和经济发展步伐，进一步明确深化改革是促进经济社会全面发展的强大动力，狠抓党的自身建设，加强了各级领导班子建设和农村基层组织建设，创先争优活动和学习型党组织建设深入进行，基层党组织不断壮大，党风廉政建设和反腐败斗争取得新成效，组织工作为全县经济社会发展提供了有力的组织保障。各级党组织面对新的形势和任务，加强领导班子建设和农村基层组织建设，全县分期分批培训共产党员干部。通过开展"三讲"、"三个代表"、"保持共产党员先进性教育"、"深入学习实践科学发展观"等学习教育活动，把广大党员的思想认识统一到了建设中国特色社会主义的理论上来。农村广泛开展了党员带头致富和带领群众共同致富的"双带"活动，认真抓好农村后进党支部的转化工作，进一步建立和健全了规章制度，坚持党的民主集中制原则，促进了党内民主生活的制度化和正常化。1993 年到 2012 年 20 年间，培训入党积极分子，新发展党员 3336 名。按照干部"四化"方针和德才兼备的原则，一大批中青年干部、少数民族干部和非党干部走上领导岗位，领导班子的年龄、文化和知识结构逐步优化。党内生活制度进一步完善，重大问题集体决策的程度进一步提高，党领导和驾驭全局的能力进一步增强。精神文明建设已纳入目标管理，形成了各级领导负总责，各部门分工协作、齐抓共管的局面。同时选送了一大批中青年干部去清华大学、上海财经大学、浙江大学等高等学府学习深造以及到深圳、贵阳等地挂职锻炼，提高了民族干部队伍的政治素质和业务素质，为加快全县经济社会的全面发展奠定了坚实的组织基础。

一　县党委和党员干部队伍的建设和发展

根据《中国共产党章程》规定，县委和县纪委于 1996 年 10 月、2001 年 6 月、2006 年 10 月、2011 年 10 月分别在县城召开了中共三都水族自治县第八次、第九次、第十次、第十一次党员代表大会，选举产生了县第八届、第九届、第十届和第十一届党委会和纪律检查委员会。1996 年 10 月召开的中共三都水族自治县第八次党员代表大会，选出了中共三都水族自治县第八届委员会委员 33 人和候补委员 4 人，县委常务委员 11 人；选出中共三都水族自治县纪律检查委员会委员 15 人，常务委员 7 人。2001 年 6 月召开的中共三都水族自治县第九次党员代表大会，选出了中共三都水族自治县第九届委员会委员 33 人和候补委员 5 人，县委常务委员 11 人；选出中共三都水族自治县纪律检查委员会委员 15 人，常务委员 7 人。2006 年 10 月召开的中共三都水族自治县第十次党员代表大会，选出了中共三都水族自治县第十届委员会委员 37 人和候补委员 8 人，县委常务委员 10 人；选出中共三都水族自治县纪律检查委员会委员 23 人，常务委员 7 人。2011 年 10 月召开的中共三都水族自治县第十一次党员代表大会，选出了中共三都水族自治县第十一届委员会委员 37 人和候补委员 8 人，县委常务委员 10 人；选出中共三都水族自治县纪律检查委员会委员 23 人，常务委员 7 人。

二十多年间，随着机构改革步伐的加快和各项工作的不断深入，县委相关工作机构通过调整、精减、撤销、合并、更名及内设机构增设等方式，到 2012 年 12 月，县委工作部门有 9 个，县委直属事业单位有 2 个；县级政、军、统、群系统各部门设的党组（党委），由原来 23 个党组、2 个党委增加到 34 个党组、2 个党委、28 个纪检组、2 个纪委、5 个专职党支部、1 个党总支、4 个党工委。

二十多年间，基层党组织和党员队伍都有较大的变化。1993 年 1 月，全县有基层党支部 470 个，党员共 6208 人，其中女党员 691 人，少数民族党员 5527 人。2002 年 12 月，全县有基层党支部 494 个，党总支 3 个，基层党委 24 个，党员共 7454 人，其中女党员 1026 人，少数民族党员 6847 人，分别占党员总数的 13.76% 和 91.86%。同时，通过党支部民主评议，上级党委审批，对 138 名不合格党员作了开除党籍的处理，劝退和除名 6 人，取消预备党员资格 50 名，自行脱党除名 26 名。受纪律处分的

13 名，其中警告处分 9 名、严重警告处分 3 名、撤销党内职务 1 名、留党察看 6 名。到 2012 年 12 月，全县有基层党支部 418 个，党总支 7 个，基层党委 21 个，地方政府工作部门党委（公安局党委）1 个，派出工委有 4 个，其中机关工委 1 个、教育工委 1 个、非公有制经济组织工委 1 个、社会组织工委 1 个，党员共 9544 人，其中女党员 1683 人，少数民族党员 8857 人，分别占党员总数的 17.63% 和 92.80%。

二　县人大常委会和县人民政府

二十多年间，经历 6 届县人大常委会和县人民政府，5 次换届选举。1993 年 4 月，召开三都水族自治县第十一届人民代表大会第一次会议，189 名代表出席会议。会议听取和审议了县人大常委会及"一府两院"工作报告，选出县人大常委会主任 1 人，副主任 5 人，委员 14 人；选出县人民政府县长 1 人，副县长 5 人。同时选出县人民法院院长和检察院检察长。1998 年 3 月，召开三都水族自治县第十二届人民代表大会第一次会议，186 名代表出席会议。会议听取和审议了县人大常委会及"一府两院"工作报告，选出县人大常委会主任 1 人，副主任 5 人，委员 13 人，共 19 人；选出县人民政府县长 1 人，副县长 6 人。同时选出县人民法院院长和检察院检察长。2003 年 2 月，召开三都水族自治县第十三届人民代表大会第一次会议，183 名代表出席会议。会议听取和审议了县人大常委会及"一府两院"工作报告，选出县人大常委会主任 1 人，副主任 6 人，委员 12 人；选出县人民政府县长 1 人，副县长 5 人。同时选出县人民法院院长和检察院检察长。2006 年 12 月，召开三都水族自治县第十四届人民代表大会第一次会议，186 名代表出席会议。会议听取和审议了县人大常委会及"一府两院"工作报告，选出县人大常委会主任 1 人，副主任 5 人，委员 17 人；选出县人民政府县长 1 人，副县长 5 人。同时选出县人民法院院长和检察院检察长。2012 年 1 月，召开三都水族自治县第十五届人民代表大会第一次会议，186 名代表出席会议。会议听取和审议了县人大常委会及"一府两院"工作报告，并选举产生县人大常委会主任 1 人，副主任 6 人，委员 15 人；选举产生县人民政府县长 1 人，副县长 6 人。同时选出县人民法院院长和人民检察院检察长。

县人大工作机构：1993 年 1 月，县人大常委会工作机构有 6 个；到 2012 年 12 月，县人大常委会工作机构有 7 个。

县人民政府工作机构：1993 年 1 月，县人民政府共有工作机构 67 个（包括州垂直管理单位）；1994 年机构改革，减少到 28 个，领导干部由原来的 149 人减少到 119 人；到 2012 年 12 月，县人民政府工作机构精减到 26 个，其中政府工作部门 23 个、政府直属事业机构 2 个、其他机构 1 个。

乡镇政权组织：到 2012 年 12 月，全县设 10 镇 11 乡。全县 21 个乡镇设立有党政机构和事业机构，其中，党政机构设有党政办公室、社会事务办公室、经济发展办公室（加挂规划建设环保办公室牌子）、社会治安综合治理办公室、人口和计划生育办公室；事业机构设有农业服务中心（农业技术综合服务中心、畜牧兽医站）、人力资源和社会保障服务中心、科技宣传文化信息服务中心、村镇建设服务中心、人口和计划生育技术服务站、水利站、林业站、财政所、卫生院、安全生产监督管理站等，这些办、所、站、中心的设立，使各乡镇的服务功能得以完善和加强，有利于综合开发各乡镇资源，促进地方经济社会健康全面发展。

三 地方军事系统：三都水族自治县人民武装部和警察部队的发展

1996 年 3 月 27 日以前，三都水族自治县人民武装部为地方建制，接受县委、县人民政府和都匀军分区的双重领导，工作机构设有办公室、军事科和政工科。县人民武装部第一书记由县委书记兼任，县人民武装部领导担任书记。21 个乡镇均设有人民武装部。

1996 年 3 月 27 日，根据中发〔1995〕12 号文件《中共中央、国务院、中央军委关于县（市、区）人民武装部收归军队建制的通知》精神，县人武部正式移交都匀军分区接管。移交后的县人武部编制 12 人，设军事科、政工科、后勤科三个工作机构。移交后的县人武部第一书记仍由县委书记兼任，县人民武装部领导担任书记。21 个乡镇仍设有人民武装部。

中国人民武装警察部队三都水族自治县中队和三都水族自治县消防中队，分别直属中国人民武装警察部队黔南支队和黔南消防支队，业务上受三都水族自治县公安局领导。1997 年 9 月"三都水族自治县消防中队"更名为"中国人民武装警察部队三都水族自治县消防大队"，正营职建制。1999 年消防大队归公安部门管辖，更名为"三都水族自治县公安消防大队"。2004 年 10 月，根据《贵州省军区体制编制调整改革命令》，改称"中国人民武装警察部队三都水族自治县消防大队"。

四　政协三都水族自治县委员会

1993 年 4 月，召开政协三都水族自治县第八届委员会第一次会议进行换届选举。出席本届会议的政协委员 148 人，选出县政协主席、副主席、秘书长及常务委员共 28 人组成政协三都水族自治县第八届常务委员会。1998 年 3 月，召开政协三都水族自治县第九届委员会第一次会议。出席本届会议的政协委员共有 157 人，会议选举产生了政协三都水族自治县第九届委员会主席、副主席、秘书长及常务委员共 29 人组成政协三都水族自治县第九届常务委员会。政协三都水族自治县第八届、第九届委员会都由 17 个界别组成，其中：第八届继续留任第七届委员 83 名，新进委员 65 名；第九届继续留任第八届委员 46 名，新进委员 111 名。2003 年 2 月，召开政协三都水族自治县第十届委员会第一次会议。出席本届会议的政协委员共有 151 人，会议选举产生了政协三都水族自治县第十届委员会主席、副主席、秘书长及常务委员共 25 人组成政协三都水族自治县第十届常务委员会。2006 年 12 月，召开政协三都水族自治县第十一届委员会第一次会议。出席本届会议的政协委员共有 159 人，会议选举产生了政协三都水族自治县第十一届委员会主席、副主席、秘书长及常务委员共 29 人组成政协三都水族自治县第十一届常务委员会。2012 年 1 月 2 日至 5 日，召开政协三都水族自治县第十二届委员会第一次会议。出席本届会议的政协委员共有 167 人，会议选举产生了政协三都水族自治县第十二届委员会主席、副主席、秘书长及常务委员共 31 人组成政协三都水族自治县第十二届常务委员会。

政协工作机构：1993 年 1 月，政协三都水族自治县第七届委员会设有工作机构 8 个。1993 年 4 月，政协三都水族自治县第八届委员会增设智力支边办公室，政协工作机构增加到 9 个。1998 年 7 月 3 日，政协三都水族自治县第九届一次会议通过决定，将原有的 9 个工作机构调整为办公室、提案法制委员会、教卫文体委员会、经济科技委员会、学习文史委员会、社会联谊委员会、县政府智力支边办公室（挂靠县政协）等共 7 个工作机构。到 2012 年 12 月，政协三都水族自治县第十二届委员会仍然保持 7 个工作机构的格局。

五　群团组织系统

群团组织原有三都水族自治县工会、共青团、妇女联合会、科学技术协会等4个。后增加三都水族自治县残疾人联合会、县文学艺术界联合会、县红十字会和县计划生育协会等组织。二十年中，1993年1月至1994年8月为三都水族自治县总工会第五届委员会的继续，1994年8月至1999年9月为三都水族自治县总工会第六届委员会，1999年9月至2005年9月为三都水族自治县总工会第七次代表大会及第七届委员会，2005年9月至2011年8月为三都水族自治县总工会第八次代表大会及第八届委员会，2011年8月至2012年12月为三都水族自治县总工会第九次代表大会及第九届委员会。

共青团三都水族自治县委员会在这二十年中经历了四届委员会3次换届选举。1993年1月至1997年12月为共青团三都水族自治县第十二届委员会的继续，1997年12月至2005年6月为共青团三都水族自治县第十三届委员会；2005年6月至2011年9月，为共青团三都水族自治县第十四届委员会；2011年9月至2012年12月，为共青团三都水族自治县第十五届委员会，到2012年12月，共青团三都水族自治县第十五届委员会任期未满。共青团三都水族自治县各乡镇委员会于1997年下半年分别召开了代表大会，换届选举产生了新一届领导班子。其后，在2002年12月至2012年12月期间，共青团三都水族自治县各乡镇委员会基本上没有召开代表大会进行换届选举，有些乡镇的团委书记是由乡镇中层干部或是"改非"（注：由于年龄等原因，不再担任领导职务的领导，保留其工资级别不变，简称改非）的领导担任，没有团委书记的乡镇安排由团委工作临时负责人担任。

三都水族自治县妇女联合会在这二十年间，经历了四届3次换届选举。1993年1月至1997年12月，为三都水族自治县妇女联合会第五届委员会的继续；三都水族自治县妇女联合会第六次代表大会于1997年12月召开，会议选举产生了三都水族自治县妇女联合会第六届执行委员会；2003年11月至2009年12月为三都水族自治县妇女联合会第七届执行委员会；2009年12月至2012年12月，为三都水族自治县妇女联合会第八届执行委员会，截至2012年12月，三都水族自治县妇女联合会第八届执行委员会任期未满。同时，三都水族自治县各乡镇妇女联合会第二届委员会在 1997 年下半年相继召开，分别选举产生了三都水族自治县各乡镇妇女联合会第二届委员会委员、主席、副主席。其后，在 2002 年 12 月至 2012 年 12 月期间，三都水族自治县各乡镇妇女联合会基本上没有召开代表大会进行换届选举，有些乡镇的妇联主席是由乡镇中层干部或者是改非的领导担任，没有妇联主席的乡镇安排妇联工作临时负责人。

三都水族自治县科学技术协会在这二十年中，为适应工作需要，进行了相应调整。1993 年 1 月，三都水族自治县科学技术协会第二届委员会继续主持工作。1994 年机构改革时，曾与县科技局合并。2004 年 8 月，县科学技术协会第三次代表大会召开，选举产生县科协委员会第三届委员、常务委员、主席、副主席。

三都水族自治县残疾人联合会于 1991 年 6 月设立，为群众团体组织，配备专职领导干部。1991 年 6 月 21 日，三都水族自治县残疾人联合会召开第一次代表大会；2000 年 4 月，召开三都水族自治县残疾人联合会第二次代表大会；2007 年 7 月召开三都水族自治县残疾人联合会第五次代表大会；2012 年 12 月 20 日，召开三都水族自治县残疾人联合会第六次代表大会。

1999 年 5 月 28 日，经县委常委研究，决定建立“三都水族自治县文学艺术界联合会”，同年 6 月 29 日召开第一次代表大会，选举产生了第一届委员会主席、副主席和秘书长；2009 年 7 月三都水族自治县文学艺术界联合会第二次代表大会召开，并召开三都水族自治县文学艺术界联合会第二次代表大会第一次全体会议选举产生第二届联合会主席、副主席。

1987 年 10 月，恢复了三都水族自治县工商业联合会（商会），在 1993 年至 2012 年 12 月这二十年中，三都水族自治县工商业联合会（商会）进行了 5 次换届选举。1993 年 1 月至 1993 年 3 月，三都水族自治县工商业联合会（商会）第五届执委常务委员会继续主持工作；1993 年 3 月至 1997 年 4 月为三都水族自治县工商业联合会（商会）第六次会员代表大会及第六届执委常务委员会；1997 年 4 月至 2001 年 10 月为三都水族自治县工商业联合会（商会）第七次会员代表大会及第七届执委常务委员会；2001 年 10 月至 2006 年 7 月为三都水族自治县工商业联合会（商会）第八次会员代表大会及第八届执委常务委员会；2006 年 7 月至 2011 年 11 月为三都水族自治县工商业联合会（商会）第九次会员代表大会及第九届执委常务委员会；2011 年 11 月至 2012 年 12 月为三都水族自治县工商业联合会（商会）第十次会员代表大会及第十届执委常务委员会。

1988 年 8 月，县红十字会成立，属卫生局一个科室。2003 年 12 月，根据三编〔2003〕2 号文件精神从卫生局单列，明确为副科级单位。2011 年根据三编〔2011〕19 号文件精神明确为正科级单位。

三都水族自治县计划生育协会成立于 1997 年 8 月，会长一般由县委或县政府分管领导兼任，副会长由县人口计生局局长兼任，下设计划生育协会办公室，为股级事业机构，隶属县人口计生局管理，与县人口计生局实行两块牌子、一套人马。2006 年 12 月，省委组织部、省人事厅将省级计划生育协会列入贵州省参照公务员管理的 14 家人民团体之一。2007 年 12 月，省编办对省级计划生育协会"三定方案"进行规定之后，根据省、州组织和人事部门要求，在县委、县政府高度重视下，将县计划生育协会列入群团组织，参照公务员法管理。2010 年 10 月，按照省、州规定，县编委下文明确县计划生育协会为县委领导下的群团组织，设专职副会长 1 人（正科级）、秘书长 1 人（副科级），参照公务员管理事业编制 5 人。2011 年，在中共贵州省委、贵州省人民政府《关于加强人口和计划生育工作确保"双降"目标实施意见》（黔党发〔2011〕17 号）中，明确各级计划生育协会工作的职能职责，给新时期各级计划生育协会工作注入新的血液。2012 年 7—8 月完成了乡、村两级协会换届，8 月 23 日在县城召开三都水族自治县第二次计划生育协会会员代表大会，选举产生了三都水族自治县计划生育协会第二届理事会、会长、名誉会长、副会长、专职副会长（正科级），聘任三都水族自治县计划生育协会第二届理事会秘书长（副科级），至此，三都水族自治县计划生育协会工作逐步走上了正常轨道。

第四节　公检法机构及其近年的发展

一　公安系统及其机构的发展

2008 年 7 月经县人民政府批准，三都水族自治县公安局为科级机构，设局长 1 名、政委 1 名，副局长 4 名、纪委书记 1 名。县公安局副职高配为正科级。下设机构 34 个，其中：执法勤务机构 8 个，综合管理机构 3 个，派出机构 21 个，监管场所 2 个。执法勤务机构为：指挥中心、国内安全保卫大队、治安管理大队、刑事侦查大队、交通警察大队、禁毒大队、巡逻特警大队、公共信息网络安全监察大队；综合管理机构为：政工监督室、法制室、警备保障室；派出机构为全县 21 个乡镇派出所；监管场所设置看守所、行政拘留所。2010 年全局在编在职民警为 182 人。

2013 年以来，三都县公安局面对错综复杂的形势和艰巨繁重的任务，紧紧围绕创造和谐稳定社会环境的总目标，紧紧围绕局党委确定的"以党的十八大和各级公安政法会议精神为指针，以科学发展观为统领，围绕提升群众安全感和满意度的主线，突出继续深化公安'三级一网考'和城乡警务战略的重点，盯紧社会稳定、基础巩固、群众满意的目标，夯实稳定、平安、群众、队伍四大基础，开创维护稳定、效能警务、基层基础、队伍建设新局面，力争各项工作再有新突破，再上新台阶"的全年工作思路，突出十八届三中全会维稳安保工作重心，深入推进"雷霆行动"、"肃毒害创平安"等专项行动，践行"为民、务实、清廉"承诺，有效维护了全县社会政治稳定和治安局势的平稳，为全县经济发展创造了良好的社会发展环境。

三都县公安局 2013 年共组织民警开展和参加县级以上各类培训 7 次，共培训人员 446 人次；组织全局体能测试 1 次，参加测试 195 人；共组织 46 人参加全国执法资格考试。结合党建扶贫、计生帮扶工作，三都县公安局深入开展"千警千村，认门入户连亲"活动，2013 年共出动民警 2549 人次，走访单位 161 个，走访家庭 3466 户，召开各类座谈会、汇报会和恳谈会 14 次，举办警民相约警务室活动 16 次，发放问卷调查 1500 份，征求到意见建议 236 条，走访慰问群众的物品折款 8 万余元。同时，三都县公安局加大公安宣传力度，全年共制作宣传板块 103 块，宣传横幅 200 余条，利用赶集日开展宣传活动 80 余次，发放各种宣传图册 7000 余份，各部门共编写工作简报 600 余期，地州级媒体播报刊发三都县公安局新闻报道 22 条、省级媒体 35 条、中央级媒体 15 条。

全年共审批炸药 474 吨，雷管 14.95 万发，先后出动警力 320 余人次，清查检查涉爆、涉危等单位 212 家次，排查安全隐患 29 处，督促落实整改 29 处，下发《限期整改通知书》19 份，责令停业整顿 19 家，培训爆破员、库管员 87 人次。全年未发生一起安全生产事故。

在交通管理方面共查处各类交通违法行为 14048 起，其中无证驾驶 72 起、饮酒驾车 2 起、客车超员 3 起、超速行驶 2466 起、暂扣驾驶证

231 本、行政拘留 23 人。全年共发生交通事故 21 起，同期下降了 13%。

在消防安全方面：2013 年消防部门共开展消防宣传 40 场次，发放宣传资料近万份，检查单位 900 家，排查火灾隐患 1710 处，下发责令整改通知书 800 份，督促整改隐患 1710 处，责令停业整改 3 家，立案查处 12 起。

2013 年共破获刑事案件 524 起，抓获犯罪嫌疑人 329 人，抓获在逃人员 129 人，追回群众被盗被骗的各类财物价值 200 余万元；破获涉毒案件 43 起，抓获涉毒违法犯罪嫌疑人 82 人，缴获各类毒品 15.8 千克，创下三都历史缉毒量新高；查处治安案件 1677 起，查处违法人员 1858 人。查处行政案件 10646 起，查处违法人员 10646 人。共发生命案 5 起，破获 5 起，破案率连续两年实现 100%，同时破获命案积案 1 起，抓获犯罪嫌疑人 1 人。抓获现行命案犯罪嫌疑人 9 人。并抓获省厅督捕命案逃犯 1 人，协助外省公安机关抓获命案逃犯 1 人。巡警部门集中力量侦破"两抢一盗"等多发性侵财犯罪活动。行动中破获"两抢一盗"案件 288 起，打击处理盗窃、抢劫、抢夺犯罪嫌疑人 67 人，打掉盗窃团伙 5 个，侦破系列、团伙盗窃案件 112 起；破获涉枪案件 41 起（其中非法制造枪支 1 起、非法买卖枪支案 9 起、非法持有枪支 31 起），抓获涉案人员 39 人，收缴枪支 49 支。

二 检察院系统的近年发展

三都水族自治县人民检察院内设反贪污贿赂局、反渎职侵权局、侦查监督科、公诉科、控告申诉检察科、职务犯罪预防科、民事行政检察科、技术科、监所检察科、政工科、办公室、法警队等 12 个科室、局、队。2010 年共有干警 35 人，其中：检察官 20 人，司法警察 3 人，其他工作人员 12 人。

2007 年以来，认真实践"强化法律监督，维护公平正义"的检察工作主题，全面贯彻落实"加大工作力度，提高执法水平和办案质量"的总体要求，以奋发有为的精神状态，团结拼搏，真抓实干，忠实履行法律赋予检察机关的监督职责，努力提高法律监督能力。深入推进社会矛盾化解、社会管理创新和公正廉洁执法，各项检察工作取得了显著成绩，为三都县的经济社会发展与社会和谐稳定做出了贡献。

1. 依法履行法律监督职能，全面推进各项检察工作

2007 年以来，三都水族自治县人民检察院始终把检察工作放在全县工作大局中来谋划、来推进，自觉地把人民群众关注的稳定、廉政和公正作为检察工作重点，认真履行法律监督职能，扎实推进各项检察工作稳步健康发展。

第一，依法履行批捕起诉职责，全力保障社会和谐稳定。

坚定不移地把维护社会稳定作为检察工作的首要任务，积极与政法部门配合，充分运用检察职能，认真履行刑事案件的审查批捕、起诉职责，严把事实关、证据关和法律适用关，及时、准确、有力地惩治各类刑事犯罪。2007 年以来，共受理公安机关提请批准逮捕的各类刑事案件 533 件 950 人。经审查后，批准逮捕 447 件 766 人；不批准逮捕 86 件 184 人。共受理公安机关和本院自侦部门移送审查起诉的各类刑事案件 578 件 889 人。经审查，向同级人民法院提起公诉的刑事案件 495 件 718 人，不起诉 30 件 46 人，移送上级检察院审查起诉 24 件 46 人，移送其他检察院审查起诉 15 件 38 人，退回公安机关补充侦查 10 件 36 人，公安机关撤回移送起诉 4 件 5 人。所有的刑事案件在审查批捕和审查起诉阶段均在法定期限内审结，无积存案件，无错捕、错诉，准确率和结案率均达 100%。

依法严厉打击严重刑事犯罪。三都水族自治县人民检察院始终保持对严重刑事犯罪打击的高压态势，依法严厉打击严重暴力犯罪和多发性侵财犯罪，共批准逮捕涉嫌故意伤害、杀人、抢劫、强奸、盗窃、诈骗等严重侵害人民群众人身权利和财产权益的犯罪案件 326 件 476 人，向同级人民法院提起公诉 276 件 398 人。先后批捕、公诉了一批党委、政府关心，社会关注的非法买卖枪支、贩卖毒品、故意杀人、敲诈勒索、抢劫、拐卖妇女儿童等典型的严重刑事犯罪案件。这些案件的办理有力地打击了犯罪分子的嚣张气焰，维护了人民群众的正常生活秩序，增加了人民群众的安全感。

坚持宽严相济，促进社会和谐。认真贯彻宽严相济的刑事司法政策，对严重刑事犯罪坚决予以严惩，保持"严打"态势。对主观恶性较小、犯罪情节轻微的未成年人犯罪以及初犯、偶犯、过失犯罪等依法从宽处理，可捕可不捕的不捕，可诉可不诉的不诉。五年来，经三都水族自治县人民检察院审查的此类案件不批准逮捕 52 人，不起诉 34 人。开展专题调研，制定实施意见，推行轻微刑事案件快速办理、未成年人与成年人共同

犯罪分案处理和刑事和解等工作机制，使宽严相济的刑事司法政策切实得到依法正确执行。

第二，切实加大查办和预防职务犯罪工作力度，营造廉洁高效的政务环境。

坚决贯彻中共中央关于推进新形势下反腐倡廉建设的决策部署，针对职务犯罪的新特点、新变化，加强侦查工作的统一指挥和协调，提高发现案件线索和侦破案件的能力，实现了办案工作平稳健康发展。五年来三都水族自治县人民检察院查处了一批社会影响大、群众反映好的职务犯罪案件，还圆满完成了黔南州人民检察院交办的案件。2007年以来共受理国家工作人员职务犯罪案件线索78件，初查78件，初查率100%，经初查后立案侦查国家工作人员职务犯罪案件30件34人，其中贪污贿赂犯罪案件25件29人，渎职侵权犯罪案件5件5人。通过办案为国家和集体挽回经济损失1020万余元。

始终保持查办职务犯罪的高压态势。一是注重对重大案的查处力度，共立案查处职务犯罪大案9件13人，科级以上国家工作人员7人，大案率为38.24%。例如：县供销社原主任石某某贪污、受贿和私分国有资产103万余元案（石某某被县人民法院判处有期徒刑十五年）；大河镇原副镇长吴某某贪污21万元案（吴某某被县人民法院判处有期徒刑十年）；三都县驻深圳办事处原工作人员李某某挪用公款24万元案（李某某被县人民法院判处有期徒刑十一年零六个月）。二是紧紧围绕保障和改善民生，依法查办侵害人民群众切身利益的职务犯罪案件。立案查处发生在基层组织工作人员贪污、挪用扶贫、救灾、救济、土地征用补偿款等职务犯罪案件5人。例如：都江镇柳叠村原主任邓某某在"7·26"洪灾房屋恢复重建过程中，贪污救灾款13万元案（邓某某被县人民法院判处有期徒刑五年）。三是加强与黔南州人民检察院专项查处行动的配合，充分发挥检察机关侦查一体化的职能作用，五年来检察院配合黔南州人民检察院在专项行动中查处贪污贿赂案件6件7人。

积极抓好职务犯罪预防工作。认真贯彻实施《贵州省预防职务犯罪工作条例》，坚持"标本兼治，打防并举，注重预防"的方针。一是调整充实全县预防职务犯罪工作领导小组，加强对预防工作的领导力度和组织保障；二是在全县重点行业、部门和领域设立了"职务犯罪预防联系点"，对重点工程建设实施全程监督，从源头上预防职务犯罪，确保工程优质、干部廉洁;三是主动深入机关、企业、农村、社区和学校举办"职务犯罪预防"和"法律知识"讲座。五年来共开展预防调研、警示教育、法制讲座和法律咨询等活动270余次,发放宣传资料3万余份,向发案单位和有关部门发出检察建议36件。积极与县纪委、县委组织部组织三都县在职领导干部到三都县看守所和都匀监狱听取职务犯罪服刑人员的现身说法,接受警示教育,筑牢思想防线;四是认真开展行贿犯罪档案查询工作,为工程招投标提供行贿犯罪档案查询499次;五是介入国有土地和国有资产等项目的拍卖活动,规范拍卖行为,避免国有资产流失。如2008年12月,通过介入对三都县原食品公司五间门面的拍卖,为国家挽回经济损失260万余元。

第三,加强诉讼监督工作,全力维护司法公正。

切实加强对诉讼活动的监督,坚决纠正在诉讼活动中执法不严,司法不公的问题,维护司法权威和公正。

加强对刑事立案、侦查、审判诉讼活动的监督。健全行政执法与刑事司法的衔接机制,完善重大、疑难、复杂案件提前介入引导侦查取证机制。重点监督纠正有案不立、有罪不究、违法立案、以罚代刑以及刑讯逼供等问题。2007年以来,对侦查机关应当立案而不立案的依法监督立案72件;对不应当立案而立案的提出纠正意见10件。对应当逮捕而未提请逮捕的决定依法追捕57人,对应当起诉而未移送起诉的依法追诉38人、追漏罪14个、追漏犯罪事实42起;对不符合法定逮捕、起诉条件的经审查作出不批准逮捕132人、不起诉12人。对同级人民法院适用法律不当、量刑畸轻畸重的刑事判决提出抗诉6件8人。

加强民事审判和行政诉讼活动的监督。建立与人民法院的沟通协调机制,充分运用法律赋予检察机关的抗诉、检察建议等监督职能,开展对人民法院民事审判、行政诉讼活动的法律监督。2007年以来,共受理当事人不服人民法院生效的民事、行政判决、裁定申诉案件68件,依法立案审查22件,提请上级人民检察院抗诉5件。向有关单位和部门发出《督促起诉意见书》19件。办理刑事附带民事诉讼案件4件。成功调解拖欠农民工工资兑现纠纷案件2件,为农民工追回工资3万余元。对不服人民法院正确判决的申诉案件,主动做好释法说理工作,让当事人息诉服判,努力化解社会矛盾,五年来共息诉当事人申诉案件46件,有效地维护了司法权威和化解了社会矛盾。

加强对刑罚执行和监管活动的监督。依法维护监管场所在押人员的合法权益，切实维护监管场所秩序。按照最高人民检察院的要求，投入 50 万元完善三都水族自治县人民检察院监所检察科办公环境和监管场所的硬件设施，建成了三都水族自治县人民检察院与三都县看守所监控系统联网的同步监控系统，可以同步 24 小时监控看守所监区、提审室、讯问室、家属会见室等安全执法规范情况。同时，强化对看守所在押人员收押出所、羁押期限、管理教育等监管活动的监督；强化对缓刑、假释、暂予监外执行的监督，每年均对辖区内监外执行罪犯进行考察、核查，有效防止出现脱管、漏管以及重新犯罪。2007 年至今三都水族自治县人民检察院驻所检察室均较好地保持二级规范化标准，受到上级检察院的好评。

2. 夯实检察发展基础，着力强化三大建设

第一，加强自身建设，检察队伍整体素质得到提升。

建设"团结、勤政、廉洁、高效"的领导班子。始终坚持把加强理论武装、统一思想认识摆在加强班子建设的首位，着力夯实班子团结的思想基础。党组中心学习组紧紧围绕县委和省、州检察机关的重大决策、全县工作重点加强理论学习，提高班子成员的政治理论水平和业务水平，提高班子成员的执政理念和执政能力，把"团结"作为凝聚力量的基础，以"勤政"作为带领干警创先争优的榜样，用"廉政"作为集体魅力树立权威，将"高效"作为推动检察工作发展的动力。在加强自身建设和真抓实干中，不断强化班子成员的团结、勤政、廉洁、高效意识。

加强队伍建设，提高检察队伍整体素质。认真开展"发扬传统、坚定信念、执法为民"、"恪守检察职业道德、促进公正廉洁执法"、"反特权思想、反霸道作风"、"忠实践行宗旨、勤政廉政为民"等专项教育活动和主题实践活动，扎实推进社会主义法治理念教育，统一执法思想。完善《岗位管理办法》《考勤办法》和《检察业务考核奖励办法》等规章制度。认真执行诫勉谈话、竞争上岗、检察干警八小时以外重大事项报告等制度，做到以制度管人，三都水族自治县人民检察院自恢复重建三十多年来均保持干警无违法违纪案件发生。五年来通过对中层干部竞争上岗，一批政治素质好、业务能力强的年轻干警走上了中层领导岗位。按照最高人民检察院大规模进行检察教育培训的要求，加大了专业培训和岗位练兵的力度，提高检察队伍执法办案的综合素质和专业技能。五年来，三都检察院共投入教育培训经费 45 万余元，组织干警参加各种教育培训 375 人

（次）。有13名干警通过国家司法考试取得初任检察官任职资格。

第二，全力促进检察基础设施建设。

在上级有关部门和县委、县人民政府的大力支持与帮助下，为三都水族自治县人民检察院解决"两房"建设缺口资金120万元，同时完成了检察办案用房和侦查技术用房的改造任务。相继建成并投入使用电子阅览室、视频会议室、党员活动室、五室一间的办案工作区、小区综治室等一批基础设施，较好地改善了办公办案条件。基础设施的日益完善，为三都检察事业的长远发展奠定了坚实的基础。

第三，切实加强信息化建设。

按照最高人民检察院提出的"科技强检"和检察业务建设、队伍管理建设、信息化建设"三位一体"的要求，建成并完善了三级检察专线网、局域网、检察办公网、看守所分支网、机要通道、审讯指挥系统、视频会议系统。购置了电脑、复印机、办案全程同步录音录像设备、技术侦察设备和办公区域视频监控设备等一批现代化检察办公办案技术装备。检察信息化应用水平的不断提高，增强了执法办案的科技含量，使办公办案安全得到良好的保障。

3. 坚持党的领导，自觉接受人大监督，保障检察权依法正确行使

2007年以来三都水族自治县人民检察院专题向人大常委会报告刑事检察工作、职务犯罪预防工作、反贪污贿赂工作、反渎职侵权工作和执行《中华人民共和国检察官法》等情况。主动邀请人大代表、政协委员检查、视察检察工作，认真听取人大代表、政协委员对检察工作的意见和建议。继续深化人民监督员制度试点工作，对检察院办理的"三类案件"进行监督，认真听取人民监督员的意见和建议。为进一步深化"检务公开"，切实加强检察工作宣传的力度，增强检察工作的透明度。五年来编写《检察信息》278期，上级检察院采用113篇；《调查与研究》161期，上级检察院采用37期。在各类刊物发表检察宣传文章133篇（条）。其中：国家级报刊33篇（条），省级38篇（条），地级62篇（条）；县级电视新闻77条；其他网络新闻225条。通过上述各种渠道的及时宣传和报道反映检察院在执法活动、班子建设、队伍建设及完成县委和县人民政府布置的服务人民群众的中心工作等方面的情况。拓宽了检察院接受社会各界和人民群众监督的渠道，保障人民群众的知情权、参与权和监督权，使检察院各项检察职能的运行逐步走向规范化和科学化。

2007 年以来，三都水族自治县人民检察院多次被省、州检察院评为先进基层检察院、全州检察机关目标管理先进基层检察院；被省、州、县命名为"精神文明单位"和"五好"基层党组织；2009 年和 2010 年获"全县目标考核一等奖"；先后被县评为先进党建扶贫工作队、机关党建工作先进党组和禁毒、消防、依法普法、平安建设、学习科学发展观等先进集体。30 名干警被省、州、县有关部门评为先进个人，其中 1 名干警被评为"国务院第五次全国民族团结进步模范个人"和黔南州第四届"民族团结先进个人"、6 名干警荣立个人三等功；1 名干警被评为全州"勤政廉政先进个人"等。

三　人民法院近年的发展

三都水族自治县人民法院内设机构共 13 个庭室，即办公室、政工科、政策研究室、立案庭、书记官室、刑事审判庭、民事审判庭第一庭、民事审判庭第二庭、行政审判庭、审判监督庭、执行工作局、法警大队、技术科。2010 年县法院在编干警共 63 人，其中法官 33 人，司法警察 7 人，其他工作人员 23 人。下辖大河、普安、中和、周覃、都江五个基层法庭。

2008 年以来，三都水族自治县法院紧紧围绕政法机关"社会矛盾化解、社会管理创新、公正廉洁执法"三项重点工作，大力加强队伍建设和法院管理，全面推进审判和执行工作，为三都县和谐稳定和经济发展发挥了积极作用。2008 年至 2012 年五年共受理各类案件 4287 件，审（执）结 4198 件，结案率 97.9%。

1. 保持严打方针不动摇，严惩严重的刑事犯罪，全力维护社会稳定。运用刑事审判职能，严厉打击了危害国家安全、危害社会治安、破坏社会稳定、贪污渎职等各类犯罪。五年来共受理各类刑事案件 536 件，审结 536 件，结案率 100%。生效判决被告人 786 人，其中判处十年以上有期徒刑的 63 人，三年至十年有期徒刑 318 人，三年以下、管制、拘役 401 人，免于刑事处分 4 人。有效发挥了刑罚打击、教育、震慑作用，增强了人民群众的安全感，为推进三都县社会治安状况根本好转发挥了积极作用。

第一，坚持"罪刑法定"原则、积极推进量刑规范化工作，强化铁案意识，确保案件质量。在刑事审判工作中，三都水族自治县法院对审理的每一起刑事案件，坚持案件事实清楚，证据确实充分，严把案件的事实关、证据关、程序关和适用法律关，强化铁案意识，确保案件质量，高效、快速地打击各类刑事犯罪。积极推进量刑规范化工作，通过规范量刑刑罚行为、总结固化科学的量刑方法，确保量刑结果均衡和过程公开透明。注重案件的审理期限，依法保护犯罪嫌疑人的合法权益，对极个别不能在法定期限内审结的案件，及时报请上级法院批准延长审理期限，有效防止了超期羁押现象的发生。

第二，坚持惩罚与教育相结合，全面落实"宽严相济"的刑事司法政策。三都水族自治县法院以维护社会稳定为己任，坚持"严打"方针不动摇，依法严厉打击各类刑事犯罪，维护社会稳定。五年来依法从重判处一批故意杀人、故意伤害、抢劫、强奸、强制猥亵妇女儿童、拐卖妇女儿童、制造、贩卖、持有枪支、贩卖毒品的犯罪分子。同时，高度重视未成年人犯罪案件审理工作，坚持"教育、感化、挽救"的方针，五年来依法妥善审理未成年人犯罪案件 28 件 37 人，根据犯罪情节和认罪态度，依法予以从轻、减轻处罚，给未成年犯罪分子以改过自新、重新做人的机会，收到了较好的法律效果和社会效果。

第三，坚决依法严惩严重职务犯罪，保持惩治腐败的高压态势。坚持依法从严惩处的方针，打击截留、挤占、侵占、贪污国家涉农财政补贴、农业补贴等犯罪，同时，重点惩处了在党政机关、事业单位、金融部门等国家机关工作人员贪污、受贿、挪用公款等严重职务犯罪。五年来共审结各类贪污、贿赂、挪用公款等案件 23 件，依法惩处犯罪分子 23 人，有力地推动了反腐败斗争的深入开展。

2. 扎实推进社会矛盾化解，依法调节和规范社会关系。在民商事审判工作中，三都水族自治县法院以"保民生、保稳定、保发展"为着力点，以服务群众，关注民生为根本，扎扎实实做好化解社会矛盾，满足人民群众司法需求的各项审判工作。五年来共受理民商事案件 2118 件，审结 2076 件，结案率 98%。通过审判活动，依法保护了合法的民事权益，制裁了违法侵权行为。发挥了民事审判调节社会关系，维护经济秩序，促进经济发展的积极作用。

同时，牢固树立和谐司法理念，加大民商事案件调解力度，坚持"调解优先，调判结合"的民事审判原则，以及实行"三调联动"的有效衔接，妥善处理和解决了大量的矛盾纠纷。五年来调解结案和经做工作当事人主动撤诉结案的案件 1494 件，调撤率达 70.54%，取得了较好的审判效果和社会效果。

3. 加强行政审判，支持依法行政。坚持"维护与监督并举，支持与保护并重"的方针，积极开展行政审判工作，通过对行政案件的审判，监督和支持行政主体的具体行政行为，维护行政相对方的合法权益，促使行政主体不断改进行政管理方法，提高行政管理水平，增强依法行政的能力。五年来共受理行政案件34件，共审结行政案件33件，结案率97%。

积极探索行政案件协调处理机制，把协调机制纳入"大调解"格局，作为一种解决行政争议的方法和程序要求，妥善化解行政争议，取得了"定纷止争，案结事了"的较好的办案效果。五年来调解结案和撤诉的行政案件11件，占总案的24.4%。

为支持行政机关依法行政，及时受理和审查各类非诉行政执行案件，五年来共受理土地、计生等非诉行政执行案件165件，经审查裁定准予进入执行程序的95件，维护了社会主义法制权威。

4. 加大执行工作力度，维护司法权威。在执行工作中，三都水族自治县法院以"创无积案法院活动"和"反规避执行专项活动"为契机，力争在破解"执行难"上有新作为。全院执行干警坚持能动司法，为大局服务，满足人民群众的司法需求，自觉加快办案进度，提高执行效率，通过集中执行、突击执行、联运执行，执结了一批疑难复杂案件。五年来共受理执行案件597件，执结501件，执结率达84%。

三都水族自治县法院在执行工作中自觉把和谐执行的司法理念贯穿在执行工作全过程，通过耐心细致的思想工作和疏导教育，促使当事人执行和解和自动履行义务。对于有执行能力拒不履行的，坚决采取强制措施执行。依法保护当事人的合法权益，维护了司法权威。

5. 重视和加强信访接待工作，维护社会政治局面稳定。信访无小事，件件系民生。三都水族自治县法院始终把涉法涉诉信访工作摆在重要位置，进一步加大对涉诉信访案件的调处力度。五年来，共受理涉诉信访案件13件，已结13件，结案率达100%。其中12件做到息诉息访，取得较好的稳控效果。为从根本上减少信访案件发生，有效化解社会矛盾，三都水族自治县法院通过加强申诉复查和再审案件审判工作，开展信访案件质量评查等，依法纠错，维护司法公正，维护社会稳定。

第五节　民族区域自治制度的实践与完善

民族区域自治是中国共产党根据马克思列宁主义关于民族问题的理论，结合中国国情制定的一项基本政策。党的民族区域自治政策在水族地区的实施，使水族人民充分实现了当家做主、平等地参与管理国家和本民族事务的权利。在统一的祖国大家庭里，各民族人民亲密团结，共同努力，在中国共产党和人民政府的领导下，沿着中国特色社会主义道路胜利前进。

一　三都水族自治县和自治机关的建立和发展

根据《中华人民共和国民族区域自治实施纲要》中的规定："以一个大的少数民族聚居区为基础，并包括个别人口很少的其他少数民族聚居区的自治区，包括在此种自治区内的各个人口很少的其他少数民族聚居区，均应实行民族区域自治。"1956 年 9 月 11 日，国务院全体会议第 37 次会议，根据三都水族人民的要求和愿望，以及水族人民聚居的情况，作出了"撤销三都县，设置三都水家族自治县"的决定。把三都周边邻近县水族聚居的乡村，划归三都水家族自治县管辖。1956 年 11 月 1 日，贵州省人民委员会转发国务院的这一决定至三都县人民委员会。中共三都县委、县人委根据国务院的决定，报经州、省同意，成立三都水族自治县筹备工作委员会。

1956 年 11 月 27 日至 12 月 1 日，召开筹备工作委员会成立大会。筹委会对自治县的名称、县人民政府驻地、行政区划、代表名额的分配等问题作了商讨。会议认为："水家族"应该改为"水族"为宜，自治县的名称应定为"三都水族自治县"（后转报国务院获准）。一致同意国务院批准的行政区域，自治县所辖各乡选举县人民代表名额大体与境内各民族所占的比例相适应，既有利于水族人民行使自治权利，同时也保障了境内各民族都享有民族平等的权利，进一步巩固了各民族的团结。

三都水族自治县筹备工作委员会经过一个多月的积极工作，自治县第一届人民代表大会于 1956 年 12 月 28 日隆重开幕，1957 年 1 月 2 日胜利结束，正式宣告三都水族自治县成立。它是全国唯一的水族自治县。

在三都水族自治县周围的其他水族聚居的县（市）还相继建立了水

族乡，如都匀市有奉合、阳和、基场 3 个水族乡，独山县有本寨、甲定、翁台 3 个水族乡，荔波县有水利、水尧、永康、佳荣 4 个水族乡，榕江县有兴华、定威、水尾、仁里、三江、塔石 6 个水族乡。此外，还有云南省富源县古敢水族乡。但随着社会的发展，有的撤乡并镇，有的水族乡也随之被撤销。

水族自治县、水族乡的成立，是水族人民政治生活中具有历史意义的大事，开创了新的历史纪元。自治县、民族乡成立后，民族团结进一步加强，民族间的隔阂逐步消除，民族内部的一些纠纷也通过协商得到解决，社会主义的民族关系得到不断地发展；民族干部也随着管理自己内部事务发展的需要，得到了大力的培养和提拔，使党和政府与人民群众的关系更加密切。自治县、民族乡的成立调动了水族人民的积极性，充分照顾了民族特点和民族形式，尊重各民族的风俗习惯，获得了水族人民的爱戴和拥护。水族人民不仅在自治县、乡管理着本民族、本地区的事务，而且作为全国 56 个民族中的平等一员，参与管理国家大事。在中国共产党全国代表大会、全国人民代表大会等重大会议中都有水族代表，这充分体现各民族一律平等，都有当家做主的权利。

三都水族自治县的自治机关是县人民代表大会和县人民政府。1956 年 12 月 28 日，召开三都水族自治县第一届人民代表大会第一次会议，参加会议的代表 172 名，其中水族 100 人，占 58.1%；苗族 28 人，占 16.3%；布依族 26 人，占 15.1%；汉族 15 人，占 8.7%；瑶、侗、壮族各 1 人，占 1.8%。会议制定和通过了《三都水族自治县人民代表大会和人民委员会组织条例（草案）》，选举蒙开江（水族）为自治县县长，潘一志（水族）、韦国奇（水族）、王老四（苗族）、蒙世花（女，水族）、王元（布依族）、韦佐臣（水族）为副县长，杨胜述（水族）为县人民法院院长。县人民委员会委员 27 人，其中水族 16 人，占 59.3%；苗族 4 人，占 14.8%；布依族 4 人，占 14.8%；汉族 3 人，占 11.1%。

从 1956 年 12 月至 1970 年，召开了三都水族自治县第一届至第六届人民代表大会。

1980 年 1 月 31 日至 2 月 6 日，召开第七届县人民代表大会。根据《中华人民共和国地方各级人民代表大会和地方各级人民政府组织法》的有关规定，建立人民代表大会常务委员会常设机构。三都水族自治县人民代表大会常务委员会办事机构自 1980 年 2 月正式成立以来，截至 2013

年，历经第七、八、九、十、十一、十二、十三、十四、十五届人民代表大会，依法开展各项工作，认真履行宪法和法律赋予的职权，切实行使立法权、监督权、任免权。

自治县成立以来的历届自治县人大常委会主任、人民政府县长及其主要领导职务均由水族公民担任。

总之，党的民族区域自治政策得到落实，三都水族自治县自治机关的建设不断得以巩固和加强，民族比例在原来的基础上更趋合理，为行使自治权提供了保障。

二 民族自治权利的行使

三都水族自治县建立以后，根据《中华人民共和国宪法》《民族区域自治实施纲要》和《民族区域自治法》的规定，在中央的统一领导下，自治县既可行使一般地方国家机关的职权，同时也可行使自治权，也叫自主权。自治县的自治机关，可以根据本地方各民族的政治、经济、文化特点，制定自治条例和单行条例，发展本地方的政治、经济、文化建设事业，处理本民族的行政事务。

1957年1月，三都水族自治县召开第一届人民代表大会，根据宪法及有关法律规定，从本县的实际出发，制定了《三都水族自治县人民代表大会及人民委员会组织条例》，报请全国人民代表大会常务委员会批准实行。但是，随着"大跃进"、"文化大革命"等一系列政治运动推行极"左"路线的影响，党的民族政策受到极大的干扰和破坏，"文革"期间，民族区域自治虚有其名，政治上不能自治，经济上不能自主，甚至出现强迫改变民族风俗习惯和宗教信仰的极"左"行为，如不准过民族节日、收缴民族乐器铜鼓和民族古籍《水书》、取消民族学校待遇等。

党的十一届三中全会以后，经过拨乱反正，民族区域自治政策重新得到贯彻落实。中共三都水族自治县委员会和县人民政府把落实民族政策和加强民族团结当作头等大事来抓。

1980年8月23日，成立县民族事务委员会，具体处理民族事务；8月27日，县人民政府发出"撤销水族人民统一过端节的决议，恢复传统习惯按地区分期分批过端节"的通知；1981年9月4日，县人民政府决定：水族过端节、卯节，苗族和瑶族过吃新节，布依族过小年等民族节日期间，自宰自食牲畜和自酿自食的土酒给予免税照顾。

为了进一步发扬各民族团结的优良传统，巩固和发展平等、团结、互助的社会主义民族关系，逐步引导民族团结走上法制化轨道，1981 年开始起草《三都水族自治县自治条例》，经过广泛征求意见和多次修改，几易其稿，经贵州省人民代表大会常务委员会批准，于 1993 年 1 月 1 日颁布实施。2002 年 3 月又对其进行修改，2006 年 3 月 30 日，经贵州省人民代表大会常务委员会批准实施。《三都水族自治县自治条例》的实施，对保障三都水族自治县行使自治权，巩固和发展平等、团结、互助的社会主义民族关系，促进改革开放、经济发展、社会进步发挥了重要作用。2005 年 10 月 1 日《三都水族自治县城镇管理条例》颁布施行。2006 年 1 月 1 日《三都水族自治县乡村公路条例》颁布施行；2008 年 10 月 1 日《三都水族自治县水书文化保护条例》颁布施行。2011 年 5 月 31 日颁布施行了《三都水族自治县都柳江渔业条例》，2014 年 5 月 1 日颁布施行了《三都水族自治县水库保护管理条例》。通过这些条例的实施，有效地促进了自治县经济、社会的发展。

自治县的财政管理比一般县享有较多的机动权利。国家为了帮助三都水族自治县发展经济文化事业，对每年县财政支大于收的差额部分，全部由国家给予补助。同时还享受国家增加自治县机动财力的三项照顾，即自治县的财政预备费按照预算总支出的 5% 计算，比一般县高出 2%；国家按上年各项事业费支出决算数额，拨出 5% 的专款设置民族机动金，发展各项事业；国家每年拨有一定数额的民族地区补助费。1980 年后，全国实行"划分收支，分级包干"的财政管理体制，对自治地方除保留原来的特殊照顾外，又新增加了扩大民族地区机动财力的规定，即自治县每年增加收入的增长部分全部留给自治县使用；国家对自治县的定额补助每年递增 10%；国家每年还拨给支援不发达地区的发展资金和扶持贫困县专项资金以及其他各项补助专款，帮助解决其发展经济文化事业的特殊需要。1985 年实行"划分税种，核定收支，分级包干"的财政新体制，自治县除中央税外，其余各种地方税金全部划归地方财政收入。这些对于自治县结合实际情况，办各项事业，起到了极大的扶持作用。

三　民族干部队伍建设和发展

培养造就大批民族干部，是党和政府的一项重要任务，是改善民族关系，增进民族团结，实施民族区域自治，发展少数民族地区政治、经济和文化教育等事业的关键。少数民族干部来自本民族群众之中，同本民族有着血肉的联系和深厚的感情，熟知本民族的风俗习惯和生活方式，通晓本民族语言，是党和政府联系少数民族群众的桥梁和纽带，是少数民族地区贯彻执行党的路线、方针、政策的骨干力量。新中国成立60多年来，在党的民族政策的指引下，大批的少数民族干部不断成长起来，为实行民族区域自治，发展各项经济文化建设事业，创造了最重要的条件。

三都是以水族为主体，布依、苗、汉等民族杂居的自治县，少数民族人口占总人口的92.5%。1956年建立自治县前，全县有干部439人，其中少数民族干部157人（水族58人，苗族44人，布依族9人，其他少数民族46人），占干部总数的36%。

自治县成立以后，县委认真执行党中央关于普遍和大量地培养各少数民族干部的方针，制定了培养少数民族干部的规划，通过多种渠道，采取各种办法培养民族干部。一方面，在实际工作中，通过经常性的马克思列宁主义理论、毛泽东思想以及各种科学文化知识的学习，提高其实际工作的能力；另一方面，采取在职学习与离职学习相结合的办法，将民族干部分期分批地输送到各级党校、民族院校和其他各种学校或训练班进行学习和轮训，提高他们的政治理论水平和文化知识水平。在党的培养教育下，少数民族干部迅速地成长起来。到1965年全县干部增加到1034人，比1955年增加1.35倍。其中少数民族干部增加到497人（水族234人，苗族87人，布依族162人，其他少数民族14人），比1955年增加2.16倍。县委正副书记10人中，有水族副书记1人，布依族副书记1人。正副县长11人中，水族县长1人，副县长4人，苗族副县长1人，布依族副县长1人。县委部办领导干部41人，其中少数民族干部10人（水族5人，苗族2人，布依族3人）。政府科局领导干部149人，其中少数民族干部29人（水族6人，苗族14人，布依族9人）。

"文化大革命""十年动乱"时期，由于"左"倾路线的干扰，党的民族干部政策和民族干部工作受到很大的破坏。

党的十一届三中全会以后，通过拨乱反正，党的民族干部政策得以逐步贯彻和开展。通过落实干部政策，平反冤假错案，使一批少数民族干部重新走上领导岗位。同时采取各种有效措施，重视培养选拔少数民族干部。比如，采取在职学习和离职进修等办法，提高少数民族干部的理论、政策水平；坚持在实践中培养，在实践中提高。自治县选拔一批有一定文化基础的优秀青年到基层工作，经过实际锻炼，把成熟的人员提拔到领导岗位上来；从大专以上毕业生中选拔了一批品学兼优的少数民族学生进行培养。通过这些办法，使少数民族干部队伍得到较快增长。

据调查资料我们了解到，2009 年全县干部增加到 5945 人，其中，水族干部 2936 人，占干部总数的 49.39%。

我们的问题是，水族是三都水族自治县的主体民族，而且在水族自治县中人口占全县总人口约 66%，按人口比例来说，当地的水族干部的培养仍然具有很大的提升和培养空间。民族人才的比例问题在我们访谈中，就有当地干部提出过，认为外来人才由于当地条件限制，往往留不住，这个问题不仅涉及民族人才的培养，也涉及民族人才的使用，我们认为应该多途径地加以培养和使用，同时在招录干部时应该尽可能多地录用一些当地民族人才加以解决。

第三章

经济发展世纪跨越

　　进入 21 世纪以来，特别是近几年来，三都水族自治县以深化改革为动力，强化农业基础设施建设，积极实施科教兴农、工业强县、城市化带动、民族文化旅游带动等发展战略，大力推进农业产业化经营，调整农业种植产业结构，使农村经济社会不断跃上新的台阶，积极引进工业企业，发展民族文化旅游。以下是三都县近年经济发展的基本情况。

　　农民人均粮食和农民人均纯收入有了大幅度增长。自治县紧紧围绕"粮食增产，农业增效，农民增收"为目标，做好农业农村各项工作，2005 年农林牧渔业总产值完成 57201 万元，比 1949 年的 1120 万元实际增长 5.61 倍，年均增长 3.43%；粮食总产量达 94048 吨，比 1949 年的 29088 吨，增长 64960 吨。2006 年农业产业结构调整取得重要进展，扎实推进社会主义新农村建设，促进全县农业增效和农民增收。农林牧渔业总产值完成 61866 万元，比上年增长 5.58%，主要农产品获得丰收。粮食总产量 97553 吨，比上年增长 3.73%；油菜籽产量 6216 吨，比上年增长 6.6%；蔬菜产量 74067 吨，比上年增长 12.88%。到 2012 年农民人均纯收入由 2000 年的 1059 元增加到 4962 元，比上年增长 17.14%。农民人均生活消费支出 3981 元，占总支出 55.21%。从支出类别看，食品消费占 27.86%，衣着消费占 2.5%，居住消费占 9.66%，家庭设备用品消费占 2.69%，医疗保健消费占 1.87%，交通和通信消费占 7.74%，文化体育和娱乐服务消费占 1.89%，其他商品和服务消费占 1.0%。农村居民家庭拥有热水器、移动电话、电冰箱、家用汽车等耐用消费品的数量也快速增长。农村居民人均住房面积 26.41 平方米，比上年增长 3%。新中国成立以来农民人均收入情况参见图 3 - 1。

　　全县生产总值连年增长，2006 年全县生产总值 83634 万元，全县人

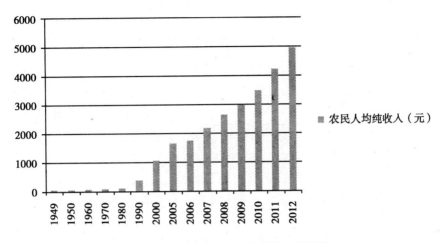

图 3 - 1　新中国成立以来农民收入的增长

均生产总值为 2509 元，比上年增长 8.7%。2007 年全县国内生产总值 100803 万元，经济总量迈上新台阶，首次突破 10 亿元大关，全县人均生产总值为 3005 元，比上年增长 12.11%。2008 年全县生产总值（GDP）实现 118119 万元，人均 GDP 为 3925 元。2009 年全县生产总值（GDP）完成 132413 万元，人均 GDP 为 4379 元。

2011 年全县生产总值完成 190007 万元，比上年增长 14.1%。其中，第一产业完成 57162 万元，增长 8.1%；第二产业完成 34182 万元，增长 24.8%；第三产业完成 98663 万元，增长 18.1%。2012 年全县地区生产总值完成 279098 万元，比上年增长 16.8%，上升 2.7 个百分点，其中，第一产业完成 66866 万元，增长 9.1%；第二产业完成 45860 万元，增长 4.1%；第三产业完成 166372 万元，增长 25.2%。第一产业、第二产业、第三产业占生产总值的比重分别为 23.96%、16.43% 和 59.61%。新中国成立以来三都县历年生产总值见图 3 - 2。

全县人均生产总值连年增长。1949 年，人均生产总值 60 元；1950 年，人均生产总值 64 元；2000 年，人均生产总值 1319 元；2001 年，人均生产总值 1369 元；2010 年，人均生产总值 5554 元；2011 年，人均生产总值 6726 元；2012 年，人均生产总值 9795 元。新中国成立以来三都县历年人均生产总值见图 3 - 3。

工业和建筑业快速发展。2006 年以来，全县立足资源、面向市场，

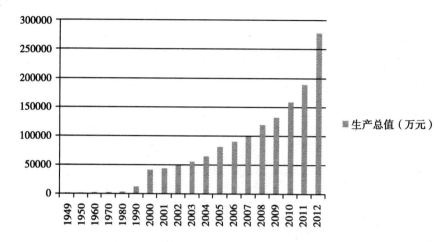

图3-2　新中国成立以来三都县历年生产总值

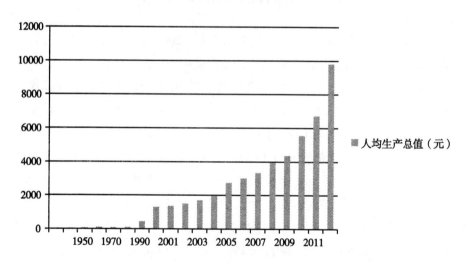

图3-3　新中国成立以来三都县历年人均生产总值

　　加快推进资源优势向经济优势的转化，加快了工业经济的发展，工业在优势行业带动下实现快速发展。2006年全部国有及年产品销售收入在500万元以上非国有工业企业（以下简称规模以上工业企业）总产值15525万元，完成增加值4345万元。2008年全年工业完成总产值34732万元。2010年以后，随着工业企业进一步深化改革、强化管理，增强活力，企业总体效益有所提高。全县工业企业以市场为主体，紧随市场走向确定企业自身的发展，生产效益取得明显效果。2010年规模以上工业企业完成总产值51178万元，完成增加值10891万元，比上年增长28.2%。2011

年全年规模以上工业企业总产值完成增加值 25706 万元，比上年增长
50%。其中，轻工业增加值 2979 万元，重工业增加值 22727 万元。

建筑业稳步发展。2006 年，全县独立核算建筑企业个数 1 个，年末
从业人员 300 人，完成产值 1360 万元，房屋建筑施工面积 4.67 万平方
米，房屋建筑竣工面积 3.04 万平方米，实现利润总额 39.8 万元。之后，
建筑业企业生产稳步发展，到 2011 年完成建筑业总产值 30000 万元，全
年房屋施工面积 40162 平方米。2011 年全年建筑业增加值 15018 万元，
比上年增长 38.8%。具有资质等级的总承包和专业承包建筑企业实现工
程结算收入 2497.6 万元，比上年下降 16.75%；房屋建筑施工面积 27751
平方米。

全社会固定资产投资连年增长。2006 年，固定资产投资持续增长。
三都县加大了农田水利、交通、电力、城镇建筑等基础设施的投资力度，
使全县固定资产投资保持较快发展。2006 年，全社会固定资产投资完成
25619 万元，比上年增长 41.22%，其中：城镇固定资产投资 20870 万元，
比上年增长 63.42%；农村固定资产投资 4749 万元，比上年减
少 11.56%。

2007 年，三都县加大农村固定资产投资力度，固定资产增长较快。
全年全社会固定资产投资 40331 万元，比上年增长 57.43%。分城乡看，
城镇投资 11951 万元，下降 42.7%；农村投资 17113 万元，增长
260.3%。跨地区投资 11267 万元。

2008 年，全社会固定资产投资完成 97370 万元；2009 年，全社会固
定资产投资完成 42109 万元（不含跨地区投资），增长 26.2%，保持快速
发展态势。2010 年，因受跨地区投资下降的影响，全社会固定资产投资
有所下降，全社会固定资产投资完成 221857 万元，比上年下降 29.85%。
2011 年，全年全社会固定资产投资完成 280311 万元，比上年增长
26.35%，其中，固定资产投资 188808 万元，增长 253.14%。

2012 年，全社会固定资产投资完成 420468 万元，比上年增长 50%。
新中国成立以来全社会固定资产投资见图 3－4。

全县财政总收入逐年增加。2006 年，全县财政总收入 4515 万元，比
上年增长 23.5%；2006 年，金融机构各项存款余额 81208 万元，比上年
增长 31.52%，人均储蓄存款为 1510 元。2007 年全县财政总收入 5128 万
元，人均居民储蓄存款余额 1820 元。2008 年，全年财政收入达 6128 万

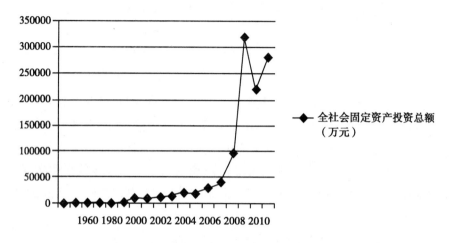

图3－4　新中国成立以来全社会固定资产投资

元，增长 19.5%；2009 年，全县财政总收入完成 8536 万元，增长
39.3%。2010 年，全县财政总收入 11896 万元，比上年增长 39.4%。
2010 年，全部金融机构贷款余额 117060 万元，比上年增长 46.68%；全
部金融机构存款余额 200656 万元，比上年增长 17.6%，其中城乡居民储
蓄存款余额 119455 万元，比上年增长 21.8%。2011 年，全年财政总收入
17126 万元，比上年增长 43.96%；个人储蓄存款 150917 万元，同比增长
26.34%，各项贷款余额 144655 万元，同比增长 23.57%。

　　2012 年财政总收入 22370 万元，比上年增长 30.62%；全县金融机构
人民币各项存款余额 296658 万元，同比增长 19.64%，其中个人储蓄存
款 185564 万元，同比增长 22.96%，各项贷款余额 192030 万元，同比增
长 32.75%。新中国成立以来县财政收支情况见表 3－1。

表3－1　　　　　　　　新中国成立以来财政收支情况

年份	财政总收入（万元）	地方财政收入（万元）	地方财政支出（万元）
1950	77	77	25
1960	165	165	179
1970	139	139	247
1980	102	102	696
1990	690	507	1601
2000	1992	1533	7438
2001	2139	1722	12409

续表

年份	财政总收入（万元）	地方财政收入（万元）	地方财政支出（万元）
2002	2338	1770	14533
2003	2768	2031	16711
2004	3198	2308	19069
2005	3656	2639	25136
2006	4515	3209	31595
2007	5128	3463	42470
2008	6128	4059	56796
2009	8536	5620	65237
2010	11896	7911	90209
2011	17126	12772	115819
2012	22370	11418（税收收入）	143422

在岗职工工资收入不断提高。2006 年，全县全部从业人员年末人数为 18.83 万人，比上年增长 0.18%，其中单位在岗职工 7879 人，比上年增长 3.25%。单位从业人员劳动报酬总额 11251.4 万元，比上年增长 0.79%，其中单位在岗职工工资总额为 10934.4 万元，比上年增长 0.55%。从业人员平均工资 12736 元，比上年下降 1.29%，其中在岗职工年平均工资 14027 元，比上年下降 1.64%。年末城镇登记失业人数为 558 人，城镇登记失业率为 3.73%。2006 年，社会保障体系逐步完善。基本养老、基本医疗、失业、工伤等社会保险制度基本建立，各项有关政策得到落实，社会保险的社会化管理服务全面推进。社会救济对象总人数 13568 人，比上年增长 10.65%，其中：农村定期救济人数 9860 人；城乡居民低保人数 3708 人，得到最低生活保障金 304.75 万元，保障金比上年增长 46.06%。2006 年三都县参加社会养老保险职工人数 2705 人，比上年减少 64.26%，参加社会失业保险人数 4611 人，比上年增长 1.01%，参加医疗保险职工人数 6969 人，比上年增长 8.81%，全县企业离退休人员纳入社会化管理服务人数 798 人，比上年增长 4.59%。

2007 年，单位在岗职工工资总额为 16153.3 万元，单位从业人员年平均工资 18077 元。2008 年，从业人员平均劳动报酬 20149 元。2009 年，在职职工年平均工资 25603 元。2010 年，在岗职工年平均工资为 29041 元。2010 年以后社会保障水平不断提高。社会福利事业稳定发展，基本养老、基本医疗、失业保险覆盖面进一步扩大。2010 年全县城乡居民低保人数91702 人，得到最低生活保障金共5743 万元，其中：城市居民低保人数7422 人，得到最低生活保障金1243 万元，农村居民低保人数84280 人，得到最低生活保障金4500 万元，年末参加基本养老保险人数0.35 万人，比上年增长6.1%，参加失业保险的人数0.49 万人，比上年增长2.1%，参加基本医疗保险职工人数1.95 人，比上年增长0.51%。

2011 年，城镇新增就业人数11107 人，城镇登记失业人数782 人，年末城镇登记失业率3.6%。全县参加社会保险人数38122 人，比上年增长19.03%，其中：基本医疗保险参保人数20001 人，比上年增长2.56%，基本养老保险参保人数3729 人，比上年增长7.74%，失业保险4930 人，比上年增长1.42%，新型农村合作医疗参合率达97.13%，比上年提高1.85 个百分点。城市居民最低生活保障人数6551 人，比上年下降11.74%。农村居民最低生活保障人数83987 人，比上年下降0.35%。在岗职工平均工资32934 元。

2012 年城镇新增就业人数1605 人，城镇登记失业人数509 人，年末城镇登记失业率3.38%。全县参加各类社会保险人数42365 人次，比上年增长11.21%，其中：基本医疗保险参保人数20782 人，比上年增长3.9%，基本养老保险参保人数3902 人，比上年增长4.5%，失业保险508 人，比上年增长3.04%，新型农村合作医疗参合率达96.03%，比上年下降1.1 个百分点。城市居民最低生活保障人数6225 人，比上年下降4.98%。农村居民最低生活保障人数74779 人，比上年下降10.96%。在岗职工平均工资36754 元。

第一节　传统农业经济的发展与变化

农业是三都各族人民赖以生存和发展的主要经济部门，这一节我们将重点阐述传统农业的变化及其带来的影响。新中国成立时，全县农林牧渔业总产值为1120 万元，粮食总产量2.91 万吨，平均亩产185.3 公斤。新中国成立以后，特别是1980 年以后，落实了农业生产责任制，激发了广大农民的劳动热情。到2005 年年底，全县农林牧渔业总产值由新中国成立初期的1120 万元增长至57201 万元，实际增长了5.6 倍多；粮食总产量由新中国成立初的2.91 万吨增长至9.4 万吨，增长2.23 倍；农民人均纯收入增长至 1651 元。自 2006 年以来，全县以粮食增产、农业增效、农民增收为目标，在重点确保粮食生产的基础上，围绕"竹、畜、菜、果"等相关产业，抓好产业结构调整和农业产业化经营，在切实推进农民脱贫致富奔小康的同时，扎实推进社会主义新农村建设。2006 年至 2012 年，主要农业经济发展见表 3 - 2 "农业经济 2006—2012 年发展情况简表"。

表 3 - 2　　　　　　　　农业经济 2006—2012 年发展情况简表

年份	粮食总播种面积（万亩）	粮食总产量（万吨）	农林牧渔总产值（亿元）	农民人均纯收入（元）
2006	35.05	9.70	6.20	1759
2007	35.20	10.05	7.02	2186
2008	35.40	10.65	7.61	2641
2009	36.00	11.01	8.10	2974
2010	36.40	11.69	8.03	3478
2011	36.70	7.65	9.00	4236
2012	36.44	8.97	9.59	4962

一　传统农业种植业的当今发展

自治县种植业覆盖的范围较广，除了粮食作物以外，还有副食作物、油料作物和林副产品的生产。

自治县的粮食生产以水稻为主，其次为小麦、玉米、马铃薯。

水稻是自治县主要的粮食作物，栽培历史悠久。随着农业新技术的推广使用，种子更新，良种普及面积占水稻播种面积的 98.7%，单位面积产量增长很大，目前，水稻平均单产达 407.6 公斤，比新中国成立初平均单产 185.3 公斤提高 222.3 公斤，增长 1.2 倍。县境水稻品种改良，从 1965 年小面积引种珍珠矮品种获得成功到 70 年代大面积推广开始；20 世纪 80 年代前后，则大面积推广杂交水稻和桂潮二号等高产品种；90 年代后基本普及杂稻生产。在水稻生产中普遍运用了温室两段育秧、规范化宽窄行栽培、抛秧及免耕栽培、旱育浅育、规范化栽培、半旱式垄作栽培等技术。

2005 年以后又引进推广"准两优"超级稻、优质香米等产量高或市场价格高的新品种，超级稻单产达 707 公斤，显现出巨大的增产潜力。因此，尽管粮食的总播种面积变化不大，但粮食总产量却一直保持稳定增长的势头。

三都县的农业耕作制度多表现为稻—麦、稻—油（菜）或菜—稻—菜的一年两熟制或二年三熟制。

稻作农耕是水族社会传统的生计方式。新中国成立以来，尽管三都县的行政区划几经变动，耕地面积也相应变动，但水田与旱地的比例，一直稳定在8∶2的比例水平，自2000年国家实施"退耕还林（还草）"工程以后，三都县水田与旱地更达到9∶1的比例，这足以表明水稻农业生产在人们生活中的重要性。

根据相关研究，水族社会的稻作农业生产，起源于水族先民生活在骆越社会的时代。其时，水族先民从事"骆田农业"生产。《水经注》引《交州外域记》云："交趾昔未有郡县之时，土地有雒田，其田从潮水上下，民垦食其田，因名骆民。"《广州记》亦云："交趾有骆田，仰潮水上下，人食其田名为骆人。""雒"通"骆"，"骆"源于骆田，而耕垦骆田的人，则被称为"骆民"。"骆田"的特点是"从潮水上下"或"仰潮水上下"，依河道分布，踞水而成，是"潮水"两边的洼地或沼泽之地，这些淤泥之地富含随潮水冲刷而来的大量腐蚀质和有机养分，土质肥沃，特别适宜于稻作农业的生产。流行于三都南部一带的水族古歌，这样描述骆田的情景："山坡少，田地无边，四周开成田，中间让水淌，多条江流到这里，平地边就是海洋。""骆田"农业，在那个时代是一种比"火耕水耨"更加节约劳动力和减小劳动强度的生产模式。骆越时期的水族先民先在雷州半岛一带作过一段时间的停留，随后沿珠江流域的西江水系溯流而上进入广西西部的邕江流域，居住在左江流域以"岜虽山"为中心的江河沿岸台地。从事"骆田"农业生产，使水族先民获得了土地开发的丰富经验，这为后来他们迁徙定居黔桂边境之后从事山区梯田稻作农业生产，积累了厚重的文化智慧。

骆越时代水族先民是"稻田养鱼"文化的积极先行者。渔猎经济时代水族先民学会了营造鱼类习性觅食和产卵的人工环境。骆田农业产生之后，稻作农业生产所附生的大量微生物和水草，正好是鱼类最佳的饵料，成为鱼类觅食最佳的人工环境。利用骆田"从潮水"或"仰潮水"的人工浅水环境，驯养随潮水而来的野生鱼类，孕育了水族"稻田养鱼"文化的雏形。

历史研究表明，水族先民曾受秦伐岭南的战乱影响，于公元前218年离开"邑虽山"向黔桂边境迁移，告别了左江流域地势平坦、水源丰富、土地丰腴的稻作农业生产之地。面对黔桂边境高山大岭和青山密林，他们实际上有许多重新选择生计方式的机会，但骆田农业的经历，使水族先民义无反顾地开疆辟土，在山地生境中"畲山为田"，创造出独树一帜又特别适宜山地环境的集"稻鱼一体、鱼稻共生"的山区梯田稻作农业文明。宋代史籍记载，水族先民"抚水州蛮"的农业生产分为两种模式，深居大山腹地的人们，主要经营"畲田农业"，"不以牛耕"，是一种劳动强度极大的"锄耕"农业，而居于河流两岸台地或低洼平旷之地"夹龙江居"的人们则"种稻似湖湘"。宋代的湖广是中国经济发展的中心地带，而"湖湘"正是湖广的重心之地，也是当时中国稻作农业的主产区。这一时期，也是我国古代精耕细作农业的扩展时期，其农业技术最重大的成就是南方水田精耕细作技术体系的形成和推广。史载"夹龙江居"的水族先民"种稻似湖湘"，说明当时这一地区的农业生产技术已经达到了中国最先进的水平，并延续至今。

今天，水稻种植与干栏形式建筑的完美结合，仍然是三都水族自治县广大农村稻作文化的特点，而这一特点曾是古代百越民族稻作农业普遍的文化特征。在三都这样的山地环境中经营平坦之地并满足以水源充沛为先决条件的稻作农业生产，需要人们付出更加艰辛的劳动并赋予更多的生存智慧。正是这样的生态环境，使水族社会在土地开发利用和农业生产方面形成了诸多的原则与分类。

适度原则。"八山一水一分田"，这是山地环境条件下，水族耕地适度开发的经验总结。有人类学家指出，"月亮山及都柳江流域地区的侗、水、苗、布依等民族，只需要开垦他们土地总面积中的5%—10%作为耕地，就足以养活这块土地上所有人口对于食物的需求，这是一种具有典范性的尊重自然并修理地球的农业，其土地适度开发的生态智慧，令许多荒漠沙地的人们因之而汗颜"。

霜降线原则。霜降线指立秋之后第一次霜降的海拔等高线。月亮山及都柳江流域的高海拔地带，受高地气候及森林植被的影响，海拔每升高100米，气温则下降0.5℃，稻类生长所需的积温期要比河谷坝区长。高海拔地带的稻谷灌浆期多在立秋前后，稻米灌浆期间，如果受霜降的侵袭，则稻米的成胀率低。因此，水稻农业被自然规律限制在霜降线的等高位置下。

林粮生态分界线。耕地的适度规模开发，使山地环境中的水族社会只在山坡最高出水位置海拔线下开发梯田，受霜降线的影响，不同独立山体分布的最高梯田，均处在同一海拔位置线上，使水源涵养林与农业生产带之间形成一条明显的生态分界线，分界线之上是天然的水源涵养林带，间或有少量人工针叶林地，但绝无耕地；分界线以下则是成片的梯田，多数村庄正好位于生态分界线上，形成依山面田的住居分布格局。农业生产带内，山地的缓坡面是梯田，陡峭面是天然植被，粮地和林地之间形成条块分明的布局。这种带状明显、条块分明的生态田园文化格局，是水族传统文化适应自然的结果，也是文化调适之后，水族农业生态文化智慧对自然模塑的必然。

作为稻作民族，水族的稻田经营管理也有着丰富的内涵分类。

坝上田与山岭田。这是梯田与非梯田的分类标准。坝上田，也称"岭下田"，是指河谷台地两岸和山间小盆地的水田，地势平坦，耕作便利，是稻作农业生产首选之地，灌溉主要以江河引流或提水灌溉为主。由于水资源丰富，坝上田成为"稻田养鱼"的富产区。山岭田即梯田，也称"岭上田"，位处山坡之上，其周围多为天然植被环绕，以就近的森林水源实施自流灌溉。

炕冬田与泡冬田。这种分类是农田休耕期的管理方式。炕冬田是秋收之后不进行翻犁过冬的"板田"，"炕冬"亦称"晒田"。泡冬田是秋收后进行翻犁并注水泡冬的稻田。"泡冬"是水族对稻田进行保养的一种方式，主要针对土质较易板结的稻田进行。泡冬期间，稻田要施放一定的农家肥或第二年春耕时施以秧青肥，以改变土壤板结的状况。

塘田与干田。村寨附近的稻田分类法。塘田是秋收后加高水位用以养鱼的水田。水族家庭，一般在住屋附近或村寨旁边开挖一口小鱼塘，用以囤养"稻田养鱼"收获中的大尾鱼类，以方便捕取。小鱼放入塘田养殖，作为次年放养的鱼苗。没有鱼塘的人家，则大小鱼均放入塘田之中混养。塘田在囤养鱼类期间，多施以适量农家肥或作物秸秆，以保证鱼类过冬的觅食之需。干田是稻米泛黄之后就开沟放干水源的稻田，秋收后翻犁碎土，然后开沟起垄种植小麦、油菜、冬季蔬菜、春洋芋，有的则种植萝卜、青草作冬季牲畜的青饲料。

向阳田与背阴田。梯田分类法。向阳田位处山体缓坡面，由于受阳光照射的时间较长，水体温度较高，多以种植粘稻为主。背阴田位处山谷或山坳之中，由于受山体和山林的双重遮挡，受阳光照射的时间较短，水体温度较低，只能种植糯稻。

三都县境内种植的水稻属籼型品种，分粘稻和糯稻两大类，半高山地区兼有少量旱稻品种。自中华人民共和国成立到改革开放之前，水族民间多经营地方性品种。

粘稻。主要种植于低海拔地带的坝上田或岭上田的向阳田中。传统品种计有50多个。主要种植品种为小广谷、百日粘、八月白、大红谷、小红谷、小红脚、七月谷、撒拉红米、冷水红、拐龙米、二广谷、麻谷、旱麻谷和烂杆麻等20多个。每个家庭每年有选择性地种植3—5个品种。并经常地轮换种植，以保证不同品种的有效传承和单位土地面积的粮食产量。

糯稻。传统糯稻品种主要有麻谷糯、黑壳糯、大园粒糯、大糯、黄壳糯、香根糯、长芒糯、光头糯、香禾糯、高脚糯、虾糯、黑芒糯等40多个。最近的田野人类学调查表明，截至2007年，在扬拱、中和、水龙、拉揽、打鱼、都江、坝街、巫不、羊福等月亮山腹地乡镇的中高海拔地带，仍有各种传统糯稻品种42个，其中摘糯29种、打糯13种。

选种。"好种出好苗"是水族社会总结出的地方性选种知识。"瘠地选种、肥地育秧"是普遍的选种原则。"瘠地选种"指在没有稻瘟病、没有病虫害、稻穗成胀率好的土质稍显贫瘠的稻田中，选取那些成胀率特别饱满的稻穗作种子。同等条件下，选用海拔位置最高的稻谷作为种子，也是选种过程普遍遵循的原则。传统农耕时代，这一选种原则维系了水族稻作农业的传承与发展。就文化多样性而言，这也是水族社会的稻作农业智慧，是对中国农耕文化传承发展的贡献。

自治县1965年开始小面积引种珍珠矮品种并获得成功，20世纪70年代县境内大面积推广种植水稻珍珠矮，20世纪80年代，开始大面积推广杂交水稻和桂潮二号等高产品种，到20世纪90年代以后全县基本普及杂交水稻的生产。到2012年，累计推广杂交水稻品种近40个。在县境的中低海拔地区，杂交水稻的增产效果十分明显，这为贫困农户的脱贫致富作出了十分明显的贡献。但在月亮山腹地800米以上的高海拔地带，由于山大林深，无法满足杂交水稻生产所需的总积温、日照和水源条件，故杂交水稻的增产效果并不好，在有些地方杂交水稻的单位面积产量，甚至不如地方传统老品种。这也提醒我们，山地自然条件下农业实用技术的推广，必须考虑技术与环境之间的适应问题。受杂交水稻种植的这种环境影响，高海拔地区成了三都县贫困人口最为集中的地区，也是新时期三都县扶贫开发攻坚的重点目标。

三都县的水稻农业生产以一年一熟制为主，大致经过以下主要流程和技术环节。

春耕。传统农耕时代，水族社会大多流行"活路头"制的农耕习俗。在盛行"活路头"的地方，村社的民间纠纷，主要由寨老调解和裁决，并组织议事、祭祖、节日庆典等村寨的大型活动，但农事生产须由"活路头"来率先进行。"活路头"是农事生产的率先示范执行者，在动土、下种、插秧等重要生产环节，由他带头开工。水族村寨可以有一个或几个的寨老，但寨老不世袭，通过村民的自然选择而产生。"活路头"则每个村寨只有一人，并实行世袭制，可以子承父职代代相传。"活路头"是当地的最早迁来者或开发者，民间认为，他们比别人更了解和掌握当地的气候变化和季节更换。因此，由其率先示范执行农事生产，可以不误农时。山区环境条件下，不同海拔高度的同一物候变化不一样，不同海拔地带的农事季节时间也有先有后。"活路头"大多根据居住周围和生产环境中最稳定的物候规律来判断气候变化和农事季节的更替，从而指导当地的农业生产。有的地方以鱼塘中聚群过冬的鱼群离散自由觅食为翻犁泡冬田的开始，有的地方根据油桐花苞吐蕊作为水稻制秧的开始。

田土翻犁。水族地区的田土翻犁有两犁两耙、三犁两耙、四犁三耙、两犁一耙和一挖一耙等形式。所有的稻田每次犁耙后均沿田埂内侧进行糊埂，以防漏水。一挖一耙主要针对锈水田进行，锈水田主要栽种摘糯，秋收时人们只摘走稻穗，而稻秆留于田中。锈水田不翻犁越冬，第二年栽插之前，用木锄或木钉耙，将稻秆及杂草全部挖翻深埋于田泥中，秒转之后，不用施肥或少量施肥，将泥面抹平后即行栽种。这种耕作方式是水族骆田农业时代在后世的文化遗留。

水稻施肥。水族稻作农业生产传统上主要以农家肥和秧青肥为主。粘稻的施肥量一般比糯稻施肥量大。

农家肥包括牲畜厩肥和人畜粪便混合草木灰肥两种。都柳江流域自县城以下的中下游和扬拱、九阡、中和、水龙等乡镇的月亮山水族地区，多在耕地相对集中的野外建立单体的牛房，这种牛房也叫"工棚"或"粪房"，它是生产劳动期间人们暂时的歇息和炊饮之所，也是大牲畜厩圈，为人们就近耕地积肥和施肥提供方便。建好牛房后，在耕地的周围辟出一片浅草地，面积为耕地面积的一倍至两倍左右。这样的青草地上每年产出的青草数量与作物秸秆一起所形成的农家肥，刚好足够对耕地进行施肥的需要。这在生态层面上反映了水族传统稻作农业生产在开发自然方面的适度原则。夏季为牲畜喂养积肥期间，人们待青草丰茂之后，将耕畜牵入牛房之中，就近割草喂畜和积肥，割完这片青草之后，又将耕畜赶到下一个牛房喂养。多数人家在秋收时也将粮食就近储存于牛房内，食用时才运回村寨。这种模式，特别适宜于山区环境中的稻作农业生产经营，在人类学的意义上是水族传统稻作农耕文化适应自然环境的结果。

混合草木灰肥。这是农家肥中的精肥，一般施放在水稻秧田、菜园、秧苗地、辣椒地、花生地及红稗地中。精肥的制作流程是先在村寨附近搭建一个通风的草棚，从野外收集而来的大牲畜干粪，堆积于草棚中，再从厕圈中挖出生厕肥覆盖于干粪之上，将每日炊饮所产生的草木灰撒于粪堆上并淋以粪便，使粪堆充分高温发酵氨化，每隔 10—15 天进行一次翻秒，并重复撒放草木灰和淋以的粪便。这样，经 3—5 次翻秒之后形成精肥。精肥不仅重量轻且肥效高，特别适宜于生产过程的远距离运输，既可作底肥也可作追肥的肥源使用，是水族农耕生产的经验总结与发明。

秧青肥。春季草木初发时，将草木嫩枝青叶一同割下，直接撒于水田中后翻犁，将秧青埋入水田泥底浸泡 7—10 日左右，进行一次犁耙后即插秧。施放秧青肥多发生在梯田稻作生产中，由于梯田土壤偏酸性，黏性大，易板结，通过施放秧青肥来改良和综合土壤的酸碱度，使之易于耕作并保持耕地的粮食产量。新开垦出来的稻田，连续施放两三季秧青肥，也利于加速新田水稻土壤的熟化速度。传统农耕时代，水族砍割秧青，有着一整套技术规范：先在耕地附近选择马桑、青杠、泡木等阔叶树灌木集中分布的地方，第一年的秋季时，将全部植被砍倒后放火焚烧，将干枯荆棘和冬眠的虫茧一并烧掉，以利于第二年的秧青砍割，又避免秧青将病虫卵茧带入稻田之中产生病虫害，焚烧后的灰烬对催生灌木林地上的秧青更加繁茂也极有益处。每块秧青地在连续使用 2—3 年后，便丢荒以恢复生态植被。自国家实施天然林保护工程以后，"秧青肥"已全面退出了三都县的农业生产领域。

绿肥种植。水族地区的绿肥种植始于民国年间。主要绿肥品种有紫云英（当地俗称"阳雀花"，主要起增加水稻泥的有机质作用）、苕子（也叫"肥田草",主要起增加水稻泥的氮元素作用)、萝卜花(也叫"肥田萝卜"或"满园花",主要起增加水稻泥的有机质作用)和油菜青(油菜青主要针对秧田种植,具有很好的有机综合肥力作用),秋收之后将稻田翻犁晾晒至泥土半干时,将田泥耙碎耖平撒上绿肥种。出苗之后既不施肥,也不中耕除草,任其生长。冬季收割几茬青料,开春后翻犁将绿肥埋于泥土中作生产的底肥。春耕时略施少量农家肥进行补肥,就可以使稻谷生产获得较好的收成。现在,坝区及河岸农田在冬春季节多实行早熟蔬菜种植,休闲地不多,绿肥种植面积较小;但中高海拔地带的休闲农田仍大量种植绿肥。上述的绿肥种植在当地有着非常重要的生态意义,冬春二季绿肥地是猪、牛、马等大牲畜青饲料的主要来源,孟春撒园时将绿肥埋于泥土中作生产的底肥,由于增加了农田土壤的有机腐蚀质,使土壤的酸碱度始终处于平衡状态,不但避免了土壤的板结,而且有机腐蚀质的增加,使土壤滋生大量的微生物,为黄鳝、泥鳅、田螺等野生的水产提供了丰富的食物来源。还有效地保护了当地农田的生物多样性环境,成为当地农田休闲保养的重要生态方式。夏季与水稻生产(主要是糯稻田)同时种植的绿肥品种有水葫芦(也叫"水仙花"或"水浮莲")、红萍(俗称"水葫漂")两种,水葫芦和红萍对水分的吸附能力极强,又生长于水面之上,夏季将之与水稻同时种植,不但可以有效地防止水分蒸发,而且其根部滋生的氮元素对水稻农业生产具有很好的生态补肥作用。水葫芦和红萍,不但是夏季生猪重要的青饲料,同时也是当地"稻田养鱼"和"稻田养鸭"的重要食源。

秧苗培植。选择向阳、通风条件好、土体温度高的稻田作秧田,是水族制秧的技术规范。山地环境条件下,受阳光照射时间长的稻田是首选的制秧田,为了达到"肥地"制秧的标准,须对秧田加以人工管理。一是在稻谷泛黄时将田中的水放干,秋收后翻犁碎土,施足厩圈农家肥耙耖后撒以绿肥或种植油菜,开春时不待油菜成熟将油菜秆和绿肥全部砍碎于田中翻犁耙耖,3—5天后追施一定量的农家肥,然后进行三道犁耙成秧田;二是当年翻犁板田并耙耖后拉箱起垄,垄上泼洒大粪,使泥土充分晒垄,春来时施以精肥后犁耙四道成秧田。

制秧。传统农耕时代,在瘠地选留的种子,秋收时单独收割、晾晒和存放。制秧时,以清水滤种,将漂浮的空壳滤出,留下饱满的稻谷作种子。滤种后,在大木桶中用清水浸种1—2天,让种子吸饱水分后取出盛于可渗水的谷箩中加盖湿透的布袋进行催芽，至谷粒破胸时撒于秧田里育秧。水族地区播种期一般在谷雨前后，以农历三月为上时，四月为中时。播种量每亩50公斤左右，成活率较差的高海拔地带，最高播种75公斤。育秧期在35—42天左右。

传统农耕时代，水族社会大多采取大块水田育秧方式，不开沟拉箱，且秧田水位也较高。新中国成立之后，水族地区引进"合式秧田"育苗法：犁耙并待泥浆沉淀后，放掉水，于田中规则性开出一条宽50—100厘米的宽沟，使田泥呈箱式泥面，将谷种撒于泥面上，再在宽沟注满水，水位与泥面平齐，使谷种获得较高的温度利于催苗，随着秧苗的生长，再逐次加高水位。推广水稻杂交优质良种后，普通实施"两段育秧"技术育苗制秧。"两段育秧"可使育秧期缩短10—15天左右。秧苗根系较野外秧田直接制秧更为发达，分蘖早，成穗率高，穗大粒多，比一般的湿润育秧和水田直接播种育秧要增产5%—15%左右，而且能使水稻早熟，已成为水族地区普遍采用的育秧技术规范。

栽插。由于海拔高低及气候的不同，传统农耕时代，水族地区的栽秧期一般于三月下旬开始，至五月中上旬的"端午"节前结束。若"端午节"后才插秧，被认为是耽误农时。现在，由于杂交水稻成熟期缩短，一些高海拔地区或因缺水而等待降雨的地方，在"六月六"之前，能够栽插，仍然不算耽误农时。

田间管理。水族地区水稻生产的田间管理，由于附加有"稻田养鱼"和"稻田养鸭"的生产环节，故田间管理除中耕除草、追肥和病虫害防治以外，最主要的是水源灌溉管理。

水族地区"稻田养鱼"的农业生产经营方式，使同一生产场域在同一季节进行稻作农业和鱼类养殖紧密结合的两种生产，这两种生产均需要以充沛的水资源作为先决条件。传统农耕时代，由于地方水稻品种茎秆较高，栽秧之后，稻田可保持较高的水位，既不影响秧苗生长，又可保证鱼类的生长。但种植杂交水稻后，原先的灌溉方式，已不适应生产的需要。因之，水族地区发明了逐次加高水位的农田灌溉新法：秧苗刚栽下时，由于茎叶矮小以及杂交水稻对温度的较高需求，过高的水位会降低稻田的水体温度，水位只能保持在一个较低的水平，标准水位是能保证鱼自由觅食。以后随着秧苗的和鱼的生长逐次加高水位，至稻米扬花灌浆之际水位才达到最高点，并保持到稻谷成熟。

分水口。水族社会认为水资源是公共资源和生产资料。传统农耕时代，三都县的所有山区梯田都没有水利工程，因此，通过"分水口"制度使有限的水资源得到公平的分配，是农业生产的重要措施。

只在有水源的山坡下开垦稻田，并按照"林、粮"生态分界线实施严格的生态保护，以保证稻作农业和"稻田养鱼"获得生产的水源，是水族社会的土地开发模式。但这并不意味着耕地可以无限制开发，水流量的大小，是耕地面积开发的重要参数。分水的方法是将耕地面积十等分来确定"分水口"分水的刻度，"分水口"一经确定之后，不再更改，新增的耕地面积不能再从"分水口"那里获得水源分配。"分水口"是梯田稻作民族在应对水资源紧缺方面的文化发明。这一制度昭示着生态保护的重要性并警示人类在土地开发方面必须要有节制性。

在通常情况下，一片梯田只属于一个家庭所有并拥有可自行支配的单独水源，则不存在分水的情况。如果梯田分属两个或两个家庭以上并共享一处水源，则必须设立分水口进行水源分配。通过分水口进行水源分配，如果发生在不同村寨之间，涉及多方利益，那么当事双方或多方会邀请地方头人和寨老参与共同设立分水口，来表示水源分配的公正性和权威性。

三都县由于溪流江河纵横，所以河谷、坝区地带极易筑坝修堤引水灌溉农田。县境最早的引水工程是元代（1291 年）合江州修建的巴开拦河坝（今大河镇怀所村和马场村境），引马场河水灌溉农田。明代，陈蒙烂土长官司境由于引进了江南汉族地区的水稻农耕技术，又相继修建了许多引水工程。到新中国成立时，全县有引水工程 720 处，灌溉面积 24600 亩，其中灌溉面积在 300 亩以上的引水工程 18 处，最大的引水工程是丰乐乡西厢村的西厢水沟，灌溉面积 1300 亩。新中国成立以后，除继续修建引水、提水工程外，自治县在夏旱较严重的县境南部和西部地区修建了大量的蓄水工程，其中库容 100 万立方米以上的蓄水工程 4 座，最大的芒勇水库灌溉工程总库容 2049 万立方米，有效库容 1080 万立方米，渠系总长超过 131 千米，为贵州南部著名的中型水利工程；实现灌溉面积 43300 亩，改善人畜饮水困难 2.55 万人、大牲畜 2.77 万头（匹）。截至 2005 年年底，全县共有引水工程 174 处，设计灌溉面积 5.27 万亩；蓄水工程 59 处，设计灌溉面积 6.69 万亩。但在县境东面和南部的月亮山腹地，仍然没有蓄水灌溉工程，县境海拔 650 米以上的地区甚至没有像样的引水工程，除天然降雨外，当地主要凭森林涵养水源实施水稻农业生产的灌溉。

因此，"分水口"仍然是调节生产用水重要的制度。

中耕。民间俗称"薅秧"。水族地区多数进行3—4次中耕。在月亮山腹地，过去中耕多以踏耕的方式进行。踏耕需要集体行动，协作性很强，两人相对站立，双手搭住对方腰肩为一组，每组只负责两路秧苗。踏耕不用秧耙，以脚代耙，一人先将草根踩翻，茎叶部分踏入泥底，第二人再将翻出的草根踩入泥中，并抹平泥面，每完成一组动作两人便互换方位。这种踏耕只需进行一次即可完成水稻的中耕除草。踏耕在过去主要由村寨或家族中的青年男女以集体互助合作进行，踏耕时，未婚青年男女也可邀约外村外姓的青年男女一起参与。大家一边进行生产劳动，一边对唱山歌，情投意合者，在众人的撮合下，往往走到一起，喜结良缘。现在由于打工潮的出现，年轻人大都外出务工，"踏耕"已不多见，加之农药除草剂的大量推广使用，正在改变三都农村原有的中耕模式。除草剂的利用虽然极大地减轻了人们中耕除草的劳动强度，但它的大量使用，也一并杀灭了农田中的大量微生物和其他有用的野生植物，不但使"稻田养鱼"和"稻田养鸭"生产无以为继，更带来了许多生态问题。因此，热衷"稻田养鱼"和"稻田养鸭"的农户，仍然坚守着传统的中耕除草模式，只是中耕次数较原先少了一些。

卯节。卯节是水族社会四大年节之一，虽然现在被旅游业界人为包装成了所谓的"东方情人节"，但卯节的原意是祈祷水稻丰产丰收的农业祭祀节日，过节时间在农历的五月至六月。三都县的卯节主要流行于九阡、扬拱、周覃等乡镇的水族村寨，并多以六月辛卯为节。水族民间观念和"水书习俗"文化认为，"卯节"是绿色生命最旺盛的季节，其时也正是水族地区水稻栽插完毕、秧苗返青拔节、分蘖结穗的时节，人们选择在这一时期欢庆水稻栽插完成、农忙告一段落，祭祀田神，祈祷风调雨顺，意在提醒大家，要使水稻农业生产获得丰收，必须勤于田间管理。

尝新节。意即"尝新米"或"吃新谷子"。水族尝新节明显受苗族"吃新节"的影响，但水族"尝新节"的文化寓意与苗族"吃新节"完全不同。苗族的"吃新节"实为"过苗年"，而水族的"尝新节"只是水稻生产田间管理的手段。水族社会在"尝新节"之前，严禁提前取食田间新谷，其目的是保证庄稼的正常生长和获得好收成。"尝新节"，由水书先生择日进行，节日的清晨，由主妇到田中采来少许新谷，部分煮成新米稀饭，部分与陈米一起蒸熟；男主人则从稻田中捉来肥美的稻田鱼，用酸汤煮熟之后，将鱼和新谷饭食一起摆在火塘边上，由男主人恭请祖宗享用新年的新谷肥鱼，并祈祷风调雨顺。之后一家人一起享用肥鱼美食，是为"尝新"。"尝新"后粮食无以为继的困难家庭，可开镰取食新谷。过"尝新节"的水族地区，习惯上人们要在种植粘谷的稻田里沿田埂一线栽上两行"早四香"摘糯，"早四香"味美而香，成熟期比同时栽插的粘谷提前5—7天左右，因此，"尝新"节期以"早四香"的成熟为标准。

从寓意上看，卯节和"尝新节"都是水稻农耕生产的文化节点，是水族社会田间管理重要的文化制度。

秋收与农业收获。水族的稻作农业生产，由于增加了"稻田养鱼"的养殖内容，故其秋收生产工序较为复杂。在稻谷收割之前，提前15天左右放掉稻田水源，先将鱼类收获囤养于鱼塘之中，放水后干燥的田间环境也有利于收割生产。收获时打糯和粘稻直接脱粒，摘糯用摘刀将禾穗割下捆成禾把，直接挂在禾晾上或屋檐下的通风处，风干之后移入粮仓储藏。

谷物晾晒与储藏。过去水族社会普遍实行住屋与粮仓分离的粮食储藏方式。以避免干栏式木屋发生火灾时，粮食被火损毁。现在多数地区将粮仓建在干栏式住屋内，但月亮山腹地及都柳江流域中下游地区，人粮分离仍是主要的储藏方式。这些地方多选择村寨旁边的水沟溪流或水井周边，集中修建单体式的粮仓，这种粮仓可以一家独建或父子、兄弟几家合建一个多层或多间的大粮仓，人们或左右分隔，或上下分层，各自管理自己的收获物。粮仓在距地面2.5米左右的地方铺设木板建仓，底层空敞，在每根柱子的中部镶以阻隔木板或陶坛，以达到防鼠进仓之目的。有的粮仓则建在鱼塘水面上，既防火也防鼠。

禾晾。悬挂和晾晒摘糯的禾架，多建于粮仓附近，通高约5米，单排扇木架，顶部覆盖杉木皮或小青瓦，在距地面2米左右成排横穿一些手臂粗细的木棒，间距0.5米，收获的禾把、小米把及连茎秆收获的作物，全部悬挂在禾晾上，不需专人管理，待晒干之后再收入粮仓中储藏。

将粮仓设置在住屋内的地区，多数家庭会在住屋二楼的向阳一侧搭建晒台，每年收获的粮食作物，需在晒台上晒干之后再收入粮仓储藏。

祭谷魂。水族信仰观念认为，任何一种生命的生长、消亡、转化皆由其灵魂左右，供养人类食物之源的水稻更不例外，而谷物的灵魂随水稻生长于野外，护佑了庄稼的生长和成熟，秋收完毕，鱼归鱼塘、粮归粮仓之后，要进行"祭谷魂"仪式，将谷魂与收获的谷物一同收归粮仓之中，才算一个稻作生产周期的完美收工。祭谷魂须待所有稻谷全部收归粮仓之后，才可举行，主祭物是当年生产的一盆糯米饭和一钵酸汤肥鱼。在粮仓内先置放一个簸箕摆放祭品，另置一升大米于一边，米升上点燃三炷香，并插入一根扁担，扁担上端悬挂一把糯米穗把，户主双手最初扶住扁担，使其不倒，待水书先生念咒，请米魂入仓时，双手放开扁担，若扁担竖立于米升中不倒，暗示米魂已归仓，仪式便告结束；若扁担即刻倾倒，则认为米魂尚未完全入仓，需重燃香炷，并重复念咒，直至扁担竖立为止。

　　视水稻为有灵魂的生命之物，对其生产赋予全部的劳动热情并施以"开秧门"、"卯节"、"尝新节"到"祭谷魂"等整个生产环节的多重祭祀，表明了水族社会对水稻农业生产的重视程度。唯其如此，自新中国成立以来，三都县一直都是贵州省水稻生产大县和粮食调出大县。自1953年有准确统计数字以来，三都县平均年销粮均在300万公斤以上，最高的1959、1960、1982、1986年，达到了500万公斤以上。进入21世纪，随着农业产业结构的调整，部分农田转化为非粮食生产用地，水稻粮食总产量有所减少；加之粮油市场的全面开放，民间集贸市场活跃，使大部分民间集市交易不在粮食购销部门的统计之列，使粮食外销统计数据减少。即便如此，仅以粮油储备而言，自2005年到2009年，三都县的县级粮油储备每年的保有量仍在100万公斤以上，2010年至今，国家为了提高粮食的储备水平，三都县的储备保有量标准为200万公斤，三都县每年都出色地完成了粮食储备的任务。

　　稻田养鱼。水族社会的稻田养鱼，产生于骆田农业文明时期，由于骆田据水而成，多分布于河流两岸及河流三角洲的湿地地带。骆田农业的浅水环境，既适宜于水稻作物的生长，也有利于众多鱼类觅食和产卵繁衍。而上古水族先民长期的渔猎经济生活，使他们产生了对鱼类的活态囤养和驯化技术。骆田农业时期最初的稻田养鱼，因骆田的人工浅水环境，吸引了江河之中的野生鱼群进入，成为生产收获的意外之喜，而这样的意外之喜伴随着稻作农业生产的季节更替，总是收获颇丰，从而促使人们加以有意识地利用，将囤养驯化过的鱼类放养于骆田之中，形成稻谷和鱼类在同一生产季节和同一生产场域双丰收的局面，久而久之，便形成了"稻田养鱼"的稻作农业文化传统。

　　"稻田养鱼"在生产操作中包含两方面的内容：一是稻田放养；二是

鱼塘囤养。二者是相互交替的生产环节。

水族放养的大宗的鱼类计有高背鲤、草鱼、鲫鱼、河鲤、鳊鲤等品种，野生的黄鳝、泥鳅、七星鱼及螺蚌等，虽不有意放养，但也是附带的收获物。与其他民族当年繁殖鱼苗、当年放养、当年收获食用的做法不同，水族社会不进行人工繁育鱼苗，而是在稻田养鱼的生产过程中按3∶5或5∶8的雌雄比例，将种鱼和小鱼一起放入稻田中，靠种鱼在稻田中自然繁衍出来的小鱼，作为第二年再生产之需。人们认为，自然繁衍出来的小鱼，在鱼塘越冬之后其种性更加适宜第二年放养，另外，跨年生长的鱼尾在食用之时，味道亦更加鲜美。故水族社会通过吃大留小的办法来实现鱼类的种性传承。每年收获之后，将大鱼放入鱼塘中囤养，随时可以捕捞取食，小鱼则放入塘田中作为第二年稻田放养的鱼苗加以细心管理。

鱼苗的放养。水族稻田养鱼生产在春夏二季，开春后鱼塘中冬季群居的鱼群离散时就进入放养季节（放养季节多在清明前后，因此也称"放清明鱼"）。放养时，容易滋生虫害的稻田以主要放养鲤鱼为主，其他鱼类为辅。这样，鱼类会随时吃掉稻田中滋生的虫害，尤其是蝗虫的幼虫；容易滋生杂草的稻田则以放养草鱼为主，其他鱼类为辅，草鱼在生长过程中会吃掉田中的杂草，利于水稻的生长。在水稻分蘖、发苞之际，通常要对那些滋长蝗虫的稻田进行多次除虫活动，除虫在清晨太阳东升之前或傍晚太阳落山之后进行，这是对稻田鱼料的生态补充。正常情况下，稻田养鱼期内每尾鱼可增重0.25—0.5公斤，高产区每亩稻田每年收鱼15—25公斤。由于不投放专门饵料，所产鱼类不但属于生态食品而且味道鲜美。

水稻扬花季节，稻花成为鱼类最丰富的食料。鱼类吸食稻花后进入肥美季节，其时也正是收获鱼类的季节，因此，多数地方也把稻田鱼称为"稻花鱼"。

鱼塘。用鱼塘活态囤养鱼类是水族社会稻田养鱼的重要生产环节，将秋冬二季当年稻田养鱼所获囤养于鱼塘之中，食用时随时捕捞。春夏二季稻作农业和稻田养鱼生产期，鱼塘又输出生产所需的鱼苗和种鱼，囤入与输出，循环不已，鱼塘与稻田共同构成"稻田养鱼"的生产技术体系。

水族村寨，每户人家均拥有一个或几个大小不一的鱼塘，三都水族自治县三洞乡的达便村，就因村寨周围密布大小100多个鱼塘，而成为水族地区一道绚丽的稻鱼文化风景。没有鱼塘的人家，也会选择水源丰富、靠近村庄的水田作塘田。秋收后塘田被加高田埂，增高水位，以大量囤养各种鱼类。与稻田养鱼不投入专门鱼料不同，鱼塘囤养鱼类，由于鱼群密度高，必须定期投放一些鱼料。塘田还需在水位较深处搭建鱼窝，以便于鱼群冬季聚拢于窝中越冬。

专用鱼塘由于鱼群密度大，淤泥一厚积，就易产生缺氧的现象，故每隔3—5年要进行一次清淤，水语直译"烧塘"，清淤时先放干塘水，挖出淤泥后让鱼塘暴晒3—5天，将稻草和一些干树枝堆集于塘中点火燃烧，以清水冲洗鱼塘后再重新蓄水养鱼。

水族村寨，多数均有公共鱼塘，公共鱼塘所囤养和繁殖的鱼类，属全村公有财产，平时严禁任何个人捕取，只有村寨的大型祭祀活动需要才可以按量捕取。原则上公共鱼塘每年进行一次全面的捕取，所获鱼类除种鱼和小鱼外，按户平均分配。过端节的水族村寨，一般多于节前开塘捕鱼，分配的产品多作节日的祭祀供品；不过端节的村寨，多数于秋后开塘捕鱼。

在"稻田养鱼"的同时，都柳江及其支流沿岸低海拔的河谷坝区和九阡、周覃、扬拱等乡镇，人们多附加有"稻田养鸭"的生产经营，尤其是盛行以"卯节"为年节的九阡、周覃、扬拱等乡镇的水族农户，更是热衷"稻田养鸭"的生产。在水族社会最盛大的年节——端节中，人们以"稻田养鱼"所获加工的"鱼包韭菜"为祭祖的必供品和待客佳肴，而卯节则以稻田鸭为待客的必须礼俗，故"卯节"人家多行"稻田养鸭"以满足节日饮食需求。"稻田养鸭"一般以农户的水稻田为生产场域，户均养殖规模多在几十只到100只左右，以本地麻鸭为主要养殖品种，开春之后即孵化鸭苗抚育以待，到插秧之后，白天将鸭群赶入稻田中觅食，晚间收于鸭棚中喂以饲料。鸭群以水稻生产附生的田中野草和微生物为食，不但清洁了水稻的生长环境，而且它们不断搅动稻田水体，也有利于水稻根部吸收养分，保证秧苗的苗壮生长。到水稻结穗时，鸭子也到了肥美的宰杀食用季节，成为人们卯节的待客上品。

"稻田养鱼"是水族社会的一道独特的农业风景，稻作生产与鱼类养殖的巧妙结合，催生了水族社会鱼稻共生的农业生产模式，不但使人们在田间管理中倾注更多的劳动热情，也凸显了水族社会综合利用土地、水源等生产资料的生态文化智慧。

"稻田养鱼"长期以来一直是三都县渔业生产的主要方式，新中国成立以后的调查统计显示，全县可资利用的稻田养鱼面积为80000亩左右，实际实施"稻田养鱼"面积常年保持在65000亩左右，年产稻田鱼1000万公斤左右。以2012年为例，全年实施"稻田养鱼"面积68000亩，但同期水库养鱼面积仅6500亩，池塘养鱼面积400亩，坑塘和山塘养鱼面积300亩。稻田养鱼由于不投放饵料，虽然单位亩产量很低，但所产鱼类品质优良，为纯绿色生态食品，现在以"稻花鱼"为品牌的"稻田养鱼"产品已成为三都县的旅游特色食品。

二　杂交水稻推广及农药的使用对水族传统水稻种植文化的影响

截至20世纪50年代初，三都水族地区的水稻品种共有72个，其中籼稻品种48个，粳稻品种5个，糯稻品种17个，旱稻品种2个。

籼稻品种中的种植大宗品种为：小广谷、大红谷、大白谷、小红脚、拐龙米、撒拉红米、撒拉麻、大白粘、三百棒、小白粘、矮脚白、麻壳白、烂杆麻、白壳红、小麻谷、大麻谷、齐头广等17种；零星种植的有沙子白、红粘、撒金白、撒金麻、大脚白、三道筒等31种。

粳稻品种有泡木子、长毛晚米、晚米、粘晚米、粳稻5种。

糯稻主要种植品种为：麻谷糯、黑壳糯、园粒白糯、小种糯、长芒糯、大种糯、红壳糯、半边糯、旱熟香糯、江口糯等10种；零星种植的品种有旱四香、小香糯、长毛糯、鸟不吃和冷水糯等7种。

旱稻品种有糯早稻和野地香两种。

上述这些地方品种均存在节间长、茎秆高、株型松散、抗逆性差的特点，导致不耐肥、易倒伏和分蘖少，而且单产不高，一般亩产只在200公斤左右；其优点是对当地的气候等自然条件具有很高的适应性，根系对水分具有较强的吸附性，生长期间可以催生大量的附生物，既有效阻挡稻田的水分蒸发，亦较少生成虫害，对稻田总体生态环境的可塑性强，而且，由于传统稻作品种的高茎秆性状，可以使稻田拥有较高的积蓄雨水的水位，使"稻田养鱼"可以在大部分的稻田中进行并获得很好的收成。

当然，和其他民族一样，追求更好的单位面积产量，一直是水族社会水稻农耕生产的重要目标。新中国成立以后，三都水族地区开始实施大范围串换种植本地优良品种，并实现了亩产量的较大提高。1966年，三都全县以提高水稻单产为目标，进行了水稻品种结构的调整，把高秆品种改为矮秆品种，在河谷及坝区推广珍珠矮和11号籼稻良种，同时在高山半高山的温凉地区梯田试种川大粳、西农 175、农育 1744 等粳稻品种，到 1967 年，全县水稻矮秆良种的推广面积达到 40%，这成为水族地区引进良种和大面积推广种植的开始。此后又陆续引进黄金糯、广谷粘、南特粘、双桂一号、桂朝二号等矮秆水稻良种。桂朝二号的引进，对水族地区的水稻品种改良具有很重要的意义，它对水族地区的低地、河谷、坝区乃至高山、半高山梯田的不同气候条件和自然环境，均具有高度的生物适应性，产量稳定；虽然食味口感一般，但出饭率高，故深受人们的欢迎。现在在很多地方，桂朝二号仍是人们首选的大宗种植品种，桂朝米现在也是南部贵州制作米粉小吃的首选原材料。

1976 年，三都县开始引进杂交水稻良种南优二号，在河谷坝区试种就获得成功，它比一般常规矮秆稻增产 50—100 公斤，比当时本地高秆传统品种增产 100—150 公斤，并具有省工、省种、产量高的特点，深受广大群众的欢迎。农民对杂交水稻优良品种的欢迎和接纳，为此后其他杂交水稻品种以及与之配套的实用技术的引进和大面积推广，提供了良好的群众基础。到 1987 年，三都全县的杂交水稻良种良法种植面积达到了 75%。进入 21 世纪，随着高级水稻的引进，这一比例更是达到了 90% 以上，作为传统农业型的山区贫困县，杂交水稻的稳产和增产，在提高三都农民的人均吃粮水平和加快人们脱贫致富方面，起到了不可或缺的关键作用。在良种良法方面，以 2010 年为例，全县粮食增产项目工程为 9.15 万亩；其中，水稻实施面积 5.625 万亩，验收平均单产 491.48 公斤，比当年非项目区常规栽培稻的 425.1 公斤，每亩多增产 66.38 公斤，增长 12.41%。项目区杂交良种、旱育稀植、病虫害综合防治覆盖率均为 100%，平衡配方施肥覆盖率为 92%，规范化栽插覆盖率为 96%，生态旱式育秧覆盖率为 43.2%；每亩为农户创造新增纯收入 72.64 元，全县在水稻增产工程实施上，新增总纯收入 408.6 万元。

所有上述这些，都为全县农民的脱贫致富和增加农民纯收入作出了应有的贡献，但杂交水稻种植，在生态方面的负面影响也同样明显。在杂交水稻未大面积推广种植之前，水族地区粘、糯两种水稻品种的种植比例大约为 5：5，在月亮山腹地及都柳江上游支流的一些深山箐林地区，粘、糯的种植比例甚至为 4：6 或 3：7，杂交水稻大面积推广种植之后，粘、糯的种植比例迅速演变为 9：1。由于杂交水稻种植要求施放一定数量的化学肥料，加之农药杀虫剂和除草剂的广泛使用，从根本上改变了水族社会传统的"稻田养鱼"的生态环境。作为以"饭稻羹鱼"为生计追求主题的稻作民族而言，"稻田养鱼"文化的消失，引发了水族传统文化的诸多变迁。

毫无疑问，时代的发展与社会的进步，总是伴随着文化的变迁进行，工业化与城镇化，对于根植于传统农业社会的民族文化而言，流失、变迁在所难免。然而，21世纪全球人类所追求的生活方式和目标，却是低碳和生态，毋庸讳言，这种生活方式，离不开原先传统农业社会所积累的乡村文化经验。因此，城镇化、工业化进程中，民族文化的保护与创新发展，也将是21世纪人类的始终话题。事实上，对广大的少数民族和民族地区而言，城镇化即意味着农村人口非农化，工业化则意味着人们的劳动从田间地头走向厂房和生产线，工业化背景下的传统农业则将产生农业产业化、适度规模化和高效利用现代技术的发展态势。无论是城镇化还是工业化，都会因为人们的关注热点和劳动场域远离传统农业的视界，从而使传统民族文化发生顺应时代发展和社会进步的文化变迁。

既然传统民族文化根植于传统农（牧）业，那么，探查民族传统文化的流失问题也应从传统种植业的流变开始，考察这样的农业流变，有助于我们对民族文化变迁的多种理解。

三都县的广大地区在20世纪70年代中期开始推广杂交水稻优良品种的种植，但最初仍使用传统的生产方法，大约在20世纪90年代初实现良种良法合一生产。杂交优良水稻品种的推广使用，在河谷坝区、低山缓丘梯田和多数中低海拔地带的梯田，确实取得了丰产的效果，但在月亮山的深山密林区和高海拔地区，增产效果并不明显，政府不遗余力地积极倡导和政策"一刀切"的结果，使这些地区的原先适应自然环境的传统种植业发生了变化。在这些地区，杂交水稻的推广使用，使原先高度适应自然的水稻种植业乡土知识体系产生了传承断层。以三都县东部的拉揽、打鱼、都江、巫不、羊福、坝街等乡镇为例，由于位处月亮山腹地，山高林密，自然植被良好。传统种植业时代，人们根据当地自然地理及气候条件，形成了一整套高山坡地梯田的分类利用管理知识体系，在不同的海拔高度和不同的日照条件下，哪些梯田应该"炕冬"、哪些应作"泡冬"处理；耕作时，哪些梯田要多犁耙几道、哪些可以少犁几道，不同泥土的梯田应施用什么样的农家底肥、施肥量多少；春耕生产时，什么样的梯田应该栽种什么样的品种、不同的水稻品种应如何进行灌溉和水位管理，并采用什么样的中耕方法；针对不同品种容易滋生的病虫害，采用什么样的生物防治方法；稻田养鱼中，根据不同稻田的水体生物状况、确定放养什么鱼类为主等，都有相应的传统农业乡土知识和技能作指导。在杂交水稻品种推广实施之后，由于其生产过程中一味追求更高的总积温，为提高生产过程中的水体温度，秋冬休闲期的"干田法炕冬"和春夏生产过程中很低的所谓"适度水位"，成了梯田管理的唯一模式，单一的水浆管理手段和过分依赖化肥、农药的结果，使人们在突发性的干旱和病虫害面前，显得束手无策，人们赖以生存的水稻农业生产亦因之而变成科学实验尝试的风险投入。

站在文化交流（或交往）、借鉴的角度，我们可以发现，实际上这样的生产方式和管理模式，是无视环境差异、直接将平原水稻农耕技术模式植入山地梯田农耕生产的结果。比较而言，平原农耕技术如果适用于山地梯田农耕，其效果自然不言而喻，是既简单又可叠加相应的实用农业技术。问题是，山地梯田稻作农耕与平原水稻农耕，是两种生态环境差异性很大的水稻农耕生产，而中国现代的杂交水稻农耕技术，从制种、育秧、生产到化肥、农药的使用以及一些附加的农用技术都是以平原生态为背景去加以研究的，平原地区土壤、生物、气候等自然环境的同质性显然有利于这种耕作技术的推广。而山地环境的生物、气候、土壤、海拔高度乃至水资源都具有多样性的特点，这就要求山地梯田农耕应相应具备技术的多样性，因此，简单套用平原农耕技术去服务于山区梯田农耕生产，其后果是增产效果既不明显，又导致当地传统乡土知识和技能的严重流失。

从事水稻农耕，水资源的丰沛是生产的先决条件，平原地区的生产可以在广阔的范围内，坐拥江河灌溉的有利条件，并做到调剂与排灌自如；而山区梯田农耕生产则首先要通过自身生产小环境的生态维护，获取生产所需的水资源条件。"生态维护"就其结果而言，是环境保护的技术手段，但其过程却是一种文化，不但蕴含山地人利用自然的生态智慧，也与他们的价值观和诸多传统观念文化休戚相关。

过去，水族地区的稻作农耕生产过程，同时也是稻田养鱼和稻田养鸭的养殖生产过程，农耕生产中水稻田所附生的鸭舌草、水鸡脚菜、浮萍等杂草，既是稻田养鱼和稻田养鸭不可缺少的天然饵料，过于繁茂的部分通过人工采集也转而成为生猪的青饲料；稻田养鱼过程中，与放养的大宗鱼类伴生的田虾、螺蚌、泥鳅、黄鳝、七星鱼等，同时也是人们秋季的养殖收获。水族的稻田养鱼与都柳江流域的苗、侗、布依、壮、瑶等其他民族一样，养殖过程中并不投放专门的饵料，鱼类主要靠觅食水稻附生的田中各种水草以及稻根和田泥中的各种幼虫为生，至稻米扬花时以稻花为食而成肥鱼。现在的杂交水稻种植，由于大量使用化肥和农药，尤其是灭草剂农药的使用，虽然净化了水稻的生长环境，抑制了杂草的生长，减少或省却了人们中耕除草的劳动投入，但也使稻田的生物多样性环境彻底消失殆尽。因此，在许多地方，稻田养鱼多已难以为继。而这种因杂交水稻种植和大量使用化肥、农药的结果所造成的稻田养鱼文化的缺失，使建立在稻鱼文化基础之上的水族传统文化的生态系统遭到了严重的侵蚀，从而促发水族传统文化发生变迁和流失。

就种植业的意义而言，杂交水稻品种的输入性，使每个家庭的种植意愿受制于市场供应的影响。人们只能在市场有限的几个品种中做出更加有限度的品种选择，种植过程的模式化实际上也把人们过去创造性的生产劳动趋于简单化，粮食亩产成为人们生产追求的唯一目标。但由于对这些外来品种习性缺乏必要的了解，每次换种种植都是一种生产冒险，或因品种对环境的不适应而面临颗粒无收的局面，加之由于杂交水稻种植需与化肥和农药进行配套，受市场价格上涨因素的影响，使水稻种植者多数落入"增产不增收"的生产怪圈，从而打击了人们的生产积极性和劳动创造性。传统种植时代，水族地区的村村寨寨都有若干个地方水稻品种，虽然产量较杂交品种要差一些，但这些地方品种都具有高度适应地方小环境的生物能力，农民对这些品种的生物习性也了如指掌，这保证了人们生产收入的稳定性。事实上现在种植地方老品种，对山地梯田地区的人们而言，由于较少使用或基本不使用化肥农药，不但减少了生产成本的投入，而且产品的有机性态使其具有很高的市场交易价格，再加之稻田养鱼和稻田养鸭方面的收益，其综合收入水平有时甚至超过杂交水稻的单一收入水平。在三都县的都江镇、羊福乡、拉揽乡等很多乡镇，由于山大林深，在传统种植时代，人们培育出了很多适应地方小环境的水稻品种，如适宜洼地淤泥田种植的高秆摘糯和高秆麻谷；适宜高地种植抗风的撒拉小红米；适宜高海拔地带种植并有利避开霜降侵害的"百日谷"；适宜阴山环境缺少阳光直射条件种植的"冷水谷"以及宜于半山地带种植的中秆麻谷和圆粒糯谷等。据不完全统计，直到 20 世纪末，上述乡镇仍有地方水稻品种 53种，但到我们作此次调查时，除在羊福乡的里勇、党虾和都江镇的甲雄等几个村寨尚存少数地方品种外，其余各地均以杂交水稻品种为种植大宗。水族地区种植的杂交水稻品种主要有珍珠矮、双桂一号、桂朝二号、扬稻二号、黄金糯、北京糯等几个品种。种植杂交水稻要使用大量的化肥作为底肥和追加肥料，并以农药灭虫和除草，化肥和农药的双重作用使稻田中的各种水草和水稻泥中的各种微生物几乎消失殆尽，这不但使稻田养鱼无以为继，而且由于小田虾、蚌螺、黄鳝、泥鳅、七星鱼等的减少或消失，也使水族社会的诸多与传统种植业相关联的民族传统文化发生了大量流失现象。

利用灭草利等农药除草，是在插秧之前将除草剂撒入水田中进行最后一道犁耙，有的人家也同时将除草剂撒于田坎四周杀灭田边杂草，清洁稻田的周边环境，形成插秧之后草死而只有水稻生长的环境。按理说这样的技术处理，既获得了水稻生产的良好生长环境，又省却了中耕除草的劳动投入，降低了人力成本，是水稻生产过程的技术创新。但水族社会的稻作农业生产与其诸多的文化事项相互关联，种稻并不是人们劳动生产的唯一目标，而是诸多生产的牵引性劳动行为。因此，除草剂的使用，引发了诸多的文化流失与文化变迁。施用除草剂，虽然净化了水稻的生长环境，但也杀灭了水族地区原先的稻田生物多样性环境。

在拉揽乡的懂术村、排笛村和水龙乡的拉旦村一带，在传统种植业时代，春夏两季家庭生猪饲养的青饲料有1/2或1/3来自稻田中的鸭舌草和浮萍，不足的部分再采挖野菜和采摘树木及藤蔓嫩叶补充。现在由于稻田杂草的消失，人们只能一味采掘野菜和树叶为生猪青饲料，一定程度上抑制了当地天然林木的生长，也增加了人们家庭饲养业的更多劳动投入，一些家庭因缺乏采掘野菜的劳动力而减少或放弃生猪的饲养。在水稻生产和稻田养鱼季，除草剂的提前介入使用，彻底改变了人们放养"清明鱼"的传统。过去，水族社会普遍盛行放养"清明鱼"的稻田养鱼技术：清明前后在犁耙过的水田中投放适量的鱼苗，利用鱼类巡游觅食的习性去熟稔水体环境，以使高山半高山的梯田水体更加适宜随后的水稻农作生产，放养"清明鱼"也是人们稻田养鱼文化中追求鱼类更加肥美的一个重要技术环节，现在，由于受除草剂提前介入的影响，稻田养鱼生产只能待到插秧之后才能将鱼苗放入稻田之中，不但缩短了稻田养鱼的生产季，也影响了鱼类的生长速度和收获的产量。在尧人山自然保护区，当地许多村民说，是除草剂使稻田鱼类生长僵化，而化肥的使用又改变了原先稻田鱼的美味。在除草剂和化肥、农药的共同影响下，小田虾、田螺、黄鳝、泥鳅、七星鱼等在稻田中多已不见踪迹。在合江镇、廷牌镇、塘州乡和中和镇的广大水族地区，过去，每至秋收过后，妇女和儿童都要在收割过的田野水沟中用捞扒捕捞小田虾，小田虾是当地酿造"虾酸"的重要原材料。用小田虾酿造虾酸，过去是当地重要的饮食传统，人们在食用牛肉类菜肴时都习惯用虾酸进行烹饪和调味，"虾酸蘸芋牛肉"是当地民族的传统美食，鲜香开胃，入口生津，回味悠长。现在稻田中小田虾的消失，使人们失去了制作虾酸的重要原材料，多数人家已经不再酿制虾酸，少数仍在酿制虾酸的人家，则从市场上购买外来的干虾作为代用品，用外来干虾酿制的虾酸，其鲜香味已大大低于传统虾酸，入口也多带凉苦味。传统农耕时代，春夏季节摸田螺、捉黄鳝泥鳅，是水族广大地区少年儿童的一项重要活动，这种活动人们并不在乎收获物的多少，其主要目的是通过这样的活动，使少年儿童获得亲近大自然的机会，并在这样的劳动过程中，了解和掌握各类稻田生物的习性，并培养他们的农业生产热情。事实上，现在很多水族家庭的小孩，稍一长大即入校读书，初、高中一毕业，若不能继续深造，就义无反顾地加入打工者的行列，已经没有了对土地和农业种植业的一丝热情，这虽然与学校教育的某种缺位和中国社会的就业大环境有关，但显然也与杂交水稻种植后除草剂、农药、化肥的使用所造成的稻田生物多样性环境消失有关。小田虾、田螺、黄鳝、泥鳅及稻田中野生杂鱼的消失，使少年儿童们失去了他们孩提时代的鱼戏对象、环境和机会，资源缺失和教育失位，从小就阻断了少年儿童向往土地和渴望劳动的热情。与这样的生产劳动相关的民族生态乡土智慧和传统文化，自然也就失去了传承和发展的机会。大量使用化肥和农药的结果，还引发了其他生物性的问题，在水龙乡的拉旦等很多村寨，人们普遍反映，一些适应化肥和农药环境状态下生存的黄鳝和泥鳅，体态变化明显，体形变粗、变短，以致很多农家不敢捕获食用，而且这些变形的黄鳝、泥鳅，为了获得较好的生存环境，它们会钻进更深的田泥泥底，由此而造成了梯田田坎的千疮百孔，漏水严重，这给农业生产造成了极大的麻烦。

　　稻田生物多样性环境的消失，还引发了更多的民族传统文化的流失问题，稻田中浮萍、鸭舌草、水浮芦、水鸡脚菜等草类的消失，直接导致了稻田养鸭文化的彻底消失。传统种植业时代，水族家庭的稻田养鸭，虽然饲养量不大，但却具有多重生态文化内涵。每个家庭在春季会根据自家稻田面积的大小，购买或孵化一定数量雏鸭，栽秧之后将这些雏鸭赶到稻田中觅食，鸭子是杂食性动物，稻田中的杂草、浮萍，水稻泥中的微生物、田螺，水体中的小田虾，以及水稻生长期附生的蝗虫幼虫等各种害虫，都是鸭子的觅食对象。由于鸭子觅食会在每块稻田中经常性地重复进行，从而达到最大限度的生物防治水稻病虫害的效果；鸭子在稻田中不断秒动泥层觅食，也同时翻动了水稻根部的营养摄入根须，在有效防止田泥板结的同时，也使水稻的营养根须获得了足够的吸氧量，特别有利于稻秧的发育与分蘖。由于在放鸭的同时，赶鸭人也顺带在稻田中采收鸭舌草、浮萍等杂草作为生猪青饲料，更多的时候，这些放鸭、赶鸭的孩童会与鸭子一起走入稻田中，鸭子觅食的同时，孩童们则进行摸田螺、捉黄鳝泥鳅等鱼戏活动。固然，稻田养鸭的目的在于增加家庭的多种经营收入，但从实际效能上看，这样的生产劳动既达到了水稻生产过程的病虫害生物防治，又从小培养了少年儿童对水稻农业生产的劳动兴趣和热情，文化追求的愿景也十分明显。

　　稻田水草的消失，也使多处地方的稻田养鱼生产发生了变化。传统种植业时代，水族社会的稻田养鱼具有十分明显的生态应对特点，每个家庭都会根据不同梯田的生物多样性特点决定每块梯田放养不同的鱼类，以达到充分利用生物资源的养殖目的。在水资源丰沛又盛产水草的高山和半高山梯田，一般以放养草鱼为主，其他鱼类为辅，这样在水稻生长期间，草鱼主要以田中杂草为饵料巡游觅食，既达到了清洁稻田的作用，又有效地喂养了肥鱼；在容易滋生虫害的坡脚田和坝上田一般以放养鲤鱼为主，其他鱼类为辅，这样在稻作农业生产期间，稻田中滋生的各种虫害就被鱼类巡游觅食吃掉，既达到了防虫的效果，保证了庄稼的收成，也同时完成了稻田养鱼的养殖生产。有必要指出，水族社会的稻田养鱼生产，由于不投放专门的鱼食饵料，因此，根据稻田不同的生物多样性特点，放养不同的大宗鱼类，是保证养殖收获的重要技术环节，在生态维护方面，这样的分类养殖技术，又达到了生物防治病虫害和除草的目的。现在，稻田中水草的消失，直接导致了草鱼养殖生产的消亡。在塘州乡灯光村的第八村民组，不只一家农户向我们讲述了水草消失之后草鱼觅食习性的变异情形，在水草丰茂的时代，田中养殖的草鱼大多只以水草为食，几乎不会啃吃水稻秧苗，但施用农药灭草剂之后，由于田间杂草被清除得很彻底，所以很多草鱼只好啃吃水稻秧苗果腹。一些水草的消失，也萎缩了稻田的生物多样性，导致其他鱼类生产养殖的传统技术规范产生变化，造成鱼类品质和产量的下降。

上古水族社会的历史，曾经历过漫长的渔猎经济社会发展阶段，"早吃肉、鱼当顿"曾经是上古水族先民重要的生活方式，"鱼"亦因之而成为全民族共同信仰的图腾。根据相关研究，水族社会在"垦食骆田"的原始农业时代，其农业发展模式"四周开成田，中间让水淌"的水稻生产格局，就已孕育了最初的稻田养鱼文化雏形，以致水族先民离开邕江流域定居黔桂边境之后，由于失却了大江大河的渔猎之利，因此，通过稻田养鱼方式维系民族的图腾信仰，成了文化传承的重要手段。千百年来，在山地环境中生息繁衍的水族人，不但通过稻田养鱼的手段，顽强传承民族传统文化，而且通过文化模塑，创造出了适宜山地梯田环境生产的稻鱼文化模式。作为一种文化追求，"鱼"在水族人的社会生活中无处不在。

在流行"尝新节"的水族地区，其节日文化制度规定，过节之前任何人都不得偷尝、偷吃新谷，其目的是为了确保每季稻谷的正常生长、收割和生产收成。虽然每个村寨或几个相邻村寨的同一姓氏的过节日期由水书先生根据水书吉凶兆象择日而定，但过节日期必须选择在当季稻米的成熟之际。节日清晨，由家庭主妇从田间采来少许已经成熟的新谷，经过焙烤炒去水分后用石碓脱壳成糙米，部分煮成新米稀粥，部分与陈米一起蒸成米饭；男主人则从稻田中捉来若干尾鲜美的稻田肥鱼，用酸汤煮熟之后，与新米稀粥一起摆放在灶台上或火塘边，恭请祖先家神前来品尝新谷鲜鱼，与后世子孙一起分享即将丰收的期盼和喜悦，祭仪完毕后一家人围坐在一起，先尝新谷稀粥，再吃肥鱼，席间大人要通过分食肥鱼的不同部位给不同的小孩，并告诫他们振作精神去迎接即将到来的收获劳动。"尝新"之后，贫困之家即可以开镰收割，取食新谷。事实上在水族的稻鱼文化一体中，水稻生产和稻田养鱼具有生产季节、生产场域和水资源利用的高度统一，稻米成熟之际也正是稻田鱼的肥美之时，将新谷和鲜鱼作为尝新的共同对象和供奉的祭品。

这种生产模式，寄托着水族社会通过"年年有鱼"的农业生产去追求"年年有余"的社会文化发展愿景。现在的杂交水稻种植，由于强调化肥和农药对生产的配套，造成了稻田生物多样性环境的消失，随之，稻田养鱼生产也在大面积萎缩或消失，原先既获肥鱼又收稻香的传统农耕变成了单一追求粮食亩产量的现代农业生产。"稻田养鱼"的生产失位，已使"尝新节"失去了其传统的文化寓意,这只是问题的表面现象,其可能引发的更深层次问题是,这种文化传统的缺失,也正在削弱水族社会年轻一代对于土地和农业生产劳动的固有热情。

"端节"是水族社会最大的年节活动,其过节的人群主要集中于都柳江中上游地区,按照水族社会"分期分批"的节日文化制度,端节共分七批次,前后历时两个多月,过节日期在农历的八月至十月。水族迄今仍在使用适应稻作农业生产的物候历法,水族历法以农历九月为岁首,八月为岁末。"年":《说文解字》谓之"谷熟也";注疏则谓之"年者,禾熟之名,每岁一熟,故以为岁"。稻作民族以水稻农业生产为大季,故"谷熟"为一个生产周期,是"每岁一熟"的主要标志。滥觞于物候的水族历法,以稻作农耕生产为物候标志,谷物成熟一次,即为一个周期。以谷熟为特征的"年",实际上就是地球围绕太阳公转所形成的一个周期的时间单位,包含春夏秋冬四季时令,正好是一年。水族历法以农历九月为岁首,正好对应"天之于物,春生秋实"之时令,作为稻作农耕生产的人文环境,其时的生产场域正是"万物随阳而终,复陈阴而起,无有终已"的季节,秋高气爽、稻谷成熟、米粮归仓,为庆贺一年的辛勤劳动所得,人们便在"谷熟"的丰收之际,举行庆祝丰收的祈年和祭祀活动,不但印证了"谷熟也"的物候标志,也正好与"年"的本义完全吻合。"端节"对水族传统文化而言,还有多重寓意,水族人把"端节"称为"瓜节"或"过瓜年",盖因节期的祭席上一定要用味甜肉厚的一只南瓜与一盒糯米饭、一钵"鱼包韭菜"一起,作为共同主祭品,取义人们勤劳生产,"瓜熟蒂落"的美好文化寓意;过节之期举行的程序严格的祭仪与禁忌,也呼应"岁终而祀"的商代文化礼仪。因此,水族社会的传统农耕生产中,稻田种稻、田水养鱼、田埂种瓜是其生产场域高度统一的生产经营内容。在传统种植业时代,这种兼而有之的生产模式,稳固存续了以"端节"为标示符号的水族众多传统文化。现在,因杂交水稻种植大量使用农药、化肥所造成的稻田养鱼文化的极度萎缩,正在改变水族社会的文化传统。

在传统农耕时代,水族"端节"的节前准备活动主要包括妇女酿制若干坛糯米酒,舂碓大量的摘糯,准备节日饭食,节日清晨用草木灰水洗去各种炊饮器皿的动物油腥;男主人除了准备足够丰盛的节日宴请副食外,节前两天要开取若干稻田鱼制作"鱼包韭菜"。水族端节在大年除夕晚上到大年初一的中午，一定要忌荤吃素，并设素席祭祖，但鱼虾等水产不在禁忌之列，忌荤吃素期间，鱼类既是人们招待宾客的主要菜肴，"鱼包韭菜"也是祭席上的主要供祭品，从除夕晚上恭请祖先神灵前来与后世子孙共同庆贺丰年、初一清晨的"邀端"、到初一中午的午餐，均须以素席祭祖；初一午后人们齐聚端坡举行赛马活动，从端坡归来后每个家庭需以猪肉稀饭或猪骨头稀饭再次祭祖，并拆去祭祀素席后，才能开荤席宴请宾客。现在，稻田养鱼的极度萎缩，正在促使水族的端节祭祀文化发生改变。由于稻田鱼收获量的急剧减少，在端节除夕到大年初一中午的"忌荤吃素"期间，多数家庭虽然仍设素席祭祖，但因没有更多的鱼在"忌荤"期间用来招待宾客，只好打破原先的节日文化传统，提前开荤席宴客。另外，过去"鱼包韭菜"要求用个大肥美的鱼尾来制作，现在农药和化肥的双重影响，不但使稻田养鱼大面积萎缩，也使鱼类的个头和体态变小，从而无法像以前那样制作"鱼包韭菜"，多数家庭只能将就用酸汤将大小鱼一起煮熟，用以设席祭祖。禁忌环节的缺失，使端节祭祀文化的神秘感被打破，随之，人们对传统文化的敬畏感和认同感也在不断消失。这在更广阔的范围内引发了更多的文化变迁。

如上所述，上古社会水族先民曾经历过漫长的渔猎采集经济时代，及至稻作文明的产生，由于"垦食骆田"时期的机缘巧合，水族先民社会就已孕育了"稻田养鱼"文化的雏形，并以"饭稻羹鱼"作为理想的生计方式追求。在水族先民离开广西邕江流域的江河渔猎之利并定居黔桂边境的山地高山大岭之后，通过适应环境的文化调适，"稻田养鱼"成为水族社会重要的生产方式和延续传统文化的重要手段。在相当长的历史时期里，无论是关乎人们生存繁衍的水稻农业生产，还是关乎水族社会文明程度的传统文化，"稻田养鱼"对水族的自然地理和社会文化发展都是不可或缺的重要生态平衡点和支撑点。可想而知，这一生态平衡点或支撑点的缺位，对水族社会传统民族文化的影响之大。

在生产范围内，由于水稻的生产种植和稻田养鱼，具有生产季节和经营场域的高度统一，而且二者均以水资源的相对丰沛作为生产的先决条件。在山地梯田的环境状态下，要获取水资源的相对丰沛，单靠天然降雨是远远不够的，"生态维护"才是人们源源不断获得水资源的常态手段。千百年来不断摸索的"生态维护"实践，使水族社会形成了一整套对山林、土地的分类知识和对自然的认知体系。水族社会的传统观念认为，

"蓄、护"是生态维护的重要手段，因此，除竹类和果木类林木需进行人工营林外，其他林木主要通过对天然维护而获得，在水族地区"蓄"是森林维护的第一技术环节，它根据不同分类的功能，有针对性地剔除妨碍功能实施的林种，护留有利于功能实施的林种。

　　根据这样的蓄护原则，村寨风景林主要留护常绿的高大乔木，香樟、红豆杉、柏树、榕树、桂花树、山茶树、杜鹃树以及杉、松等是蓄护的主要对象，其他杂木每隔一段时间需要定期剔除，以保证村寨风景的美观。剔除杂木的劳动不需要全村人一同劳作，事实上所有的风景林其土地都有隶属，由土地拥有者去从事剔除杂木的活动，在水族民间的道德行为准则中，被认为是一项美德，而且在村寨内部，这片风景林也会被以家族的名称命名。一些位处寨边的人家，在建房之初则多在空隙处人工栽种竹类或果木，务求绿竹和果木可以较快地与村寨的风景林连为一体，不因寨边建房而破坏村寨原先的生态环境。村寨风景林一经形成并被公众确认，就不再允许私人砍伐，如果不妨碍村寨的生产、生活活动，所有的风景林也不能进行修枝，以保证所有林木在天然状态下尽量延长其生长年限，直到自然枯萎。落叶乔木类的枫香、梧桐等也在村寨风景林的蓄护范围之内。水族村寨的水井大多分布于风景林带内或其周边，在有饮用水源的地方建村立寨，是水族社会普遍的村寨选址原则，建村立寨后，饮用水源会被严加保护，这往往成为村寨风景林带面积大小的确立标准。因此，风景林也是人们饮用水源的生态核心保护地带，这种需求促成了人们对村寨风景林带的实用目标功能保护。另外，水族的民间信仰中有着十分浓厚的自然崇拜观念，按照水书习俗的规定，命中缺"水"或缺"木"的男孩，需要拜祭水井或古树为"干爹"，希望自然物赋予他们健康、长寿的力量去完成人生的生命历程，这种巫术祭仪要求拜祭者逢年过节携带供祭品前去拜祭物跟前祭谢神灵对自己的保佑，拜谢神灵之时一并清洁和维护拜祭物的周边环境，促成拜祭物的良性生长环境。村寨内姓氏宗支的信仰传统和个人的个性偏好，使村寨风景林带内的若干树木被人们同时拜祭或先后拜祭，并相互串联成为众人拜祭的神山箐林。"神山不动土，神树不动枝"是水族社会对神山箐林生态维护共同遵守的行为准则，通过"神灵"的昭示去达成人们对自然的敬畏，这使村寨风景林获得了人、神双重力量的生态维护。而且，往往村寨的风景林带也是村寨饮用水源的涵养林，是人们刻意加以保护的核心生态区。

　　在整个都柳江流域，现在无论是干流还是支流，水流量都明显不如 20 世纪 70 年代以前，尤其是秋冬季节的枯水期。有许多人将这一现象归结于中上游地区生态植被率的下降和速生丰产用材林面积的急剧增加，这有失偏颇，速生丰产用材林面积过大是事实，但整个都柳江中上游流域的生态植被已经明显好于 20 世纪 70 年代，部分乡镇甚至已经接近或达到了新中国成立初期的水平。现在干流水流量的减少和一些支流枯水季节的断流，主要与中上游地区梯田水稻农耕生产的品种更换尤其是大面积推广杂交水稻种植密切相关。在杂交水稻未大面积推广之前，都柳江流域的多数高山和半高山梯田主要以种植传统地方糯稻品种（摘糯）为主，高度适应当地生态环境的地方糯稻品种的生物属性及其稻田水体附生的浮萍等杂草所构成的稻田生态环境，有效地阻断了稻田水分的蒸发现象，使大部分水源通过地下自然渗漏源源不断地补充大小溪流，从而有效地维持都柳江干流的常态水流量，摘稻在收获时仅以摘刀取去禾穗，既不用去割除稻秆，也无须放干田中水。这种耕作方式，是过去都柳江干流在秋冬季节稳态获得常态水流量的生态维护手段。但杂交水稻的种植，尤其是在阴冷、烂锈水田环境实施的半旱式栽培技术，彻底改变了原先的耕作方式，这才是导致都柳江干流水流量明显减少的根本原因。我们可以通过数据分析来阐明这一原因，种植传统糯稻，稻田水位一般保留在 20—35 厘米，即使以最低水位 20 厘米计算，每亩稻田的蓄水能力也达到（660 平方米 ×0.2 米）132 立方米以上。新中国成立以前，整个都柳江流域除了河谷两岸及零星的坝区种植粘稻外，高山、半高山的山地梯田主要以种植糯稻为主，而所种植的糯稻中人们又特别偏爱摘糯，以至每户人家都有专门用来悬挂和晾晒摘稻的禾晾。都柳江流域共 11000 多平方千米，根据测算，其耕地面积在 5%—15%，取其可信度最大的中间值 10% 为基准，总面积应在（1100 平方千米 ×1500 亩）1650000 亩左右，根据流域内相关县志记载和民族学田野资料综合分析，20 世纪 50 年代初期，流域内糯、粘两种水稻的种植比例为 7∶3，到 20 世纪 70 年代时这一比例下降为 5∶5 或 4∶6，虽然种植面积有所下降，但摘糯一直是糯稻种植的大宗品种，占到糯稻种植面积的 90% 左右，这样我们就可以得出摘糯种植的总面积数应在（1650000 亩 ×40% ×90%）594000 亩左右，以每亩蓄水 132 立方米计算，其总蓄水能达到了（594000 亩 ×132 立方米）近 8000 万立方米，这已相当于一个中型水库的库容。正是这些分布在高山、谷地的大小田块所蓄积的生态水源，在秋冬季节的枯水期，通过地下自然渗漏的生态方式向大小溪流源源不断地补充水源，从而保证了都柳江干流在枯水季节有稳定的常态水流量。通过稻田地下自然渗漏补充江河水源的方式，也在枯水季节维护了整个流域内"山高水高"的地下水资源环境，使其地下水位始终保持在较高的水平线上，在越过枯水季节后，每至春水初发，地表径流即可立时得以利用。但自20世纪70年代中期开始，由于杂交水稻的大面积推广，糯稻种植面积大幅锐减，在很多地方均已不见整块稻田种植摘糯的情况，多数人家出于信仰巫术方面的需要，只在每块稻田的田埂内侧栽上1—2行摘糯，以这种零星收获的方式满足祭仪用度方面的需求。杂交水稻种植的大面积推广，在最大限度满足人们基本食物需求的同时，也一直在侵蚀当地的生态水环境，可以想象，一下子每年损失近8000万立方米的水源补充，对山地环境的贵州每条河流而言，都是难以设想的生态损失。换句话说，近40年来，我们是以隐性牺牲生态的手段，来解决人们的基本口粮问题。

在三都县塘州乡的灯光村，上述事情的发展完全超出了人们的预料。塘州乡位处三都县境中南部，是水族人口集中聚居的乡镇之一，水族人口占全乡总人口的99.8%。灯光村位处塘州乡典型的喀斯特地形地貌区，村境最高海拔为1213米，耕地多分布在800米的海拔等高线下，水稻田集中分布在海拔380—600米的海拔地带内，村境森林植被率为42%；全村共8个村民小组，365户、1370多人，耕地面积中水稻田730亩，旱地在册面积510亩，不固定休耕、轮耕地约600亩。在过去，灯光村一直以农业种植业为主要生产方式，水稻种植业是农业生产大宗。自20世纪70年代初期开始，灯光人就开始引种杂交水稻品种——珍珠矮，以后不断引进其他杂交水稻品种，经过近40余年的发展，现在地方传统水稻品种——摘糯，已完全退出了灯光村的生产领域。据村民们口述，自引进杂交优良水稻品种后，在前20年，灯光村的粮食大为增产，达到"种一年、吃两年"的收成水平，后20年里，只要风调雨顺也仍然维持这样的收入水平；问题是后20年中，灯光村受到干旱问题的严重侵扰，经常形成"十年五不收"的生产局面，旱情最为严重的5个村民组甚至是"十年七不收"。一直以来，影响灯光村的农业生产灌溉用水的重要因素：一是依赖天然降雨，二是岩溶峡谷中的山泉溪流，三是三处溶洞的地下水自然外流，四是从邻近的下岳村开沟引入的水渠供水。水渠由于年久失修，现在已基本报废，三处溶洞的地下水源有两处已枯竭，仅存的一处地下水源现在也日益枯竭，至少需要两级小型电力接力才能提取，达到灌溉的目的。由于严重缺乏稳定的灌溉水源，自 2012 年开始，灯光村的牛洞、炳桃等 5 个村民组的多数家庭，不得不放弃水稻农业生产，转而用稻田去经营甜玉米、马铃薯、豇豆、佛手瓜、萝卜、香菜等其他作物的生产，从收入水平上看，这种无奈之下的转型生产，反而比一味经营水稻农耕更能保证收入的稳定性和实现生产增收。灯光人虽然无意间闯出了一条适宜当地资源条件的特色农业发展之路，但从其水源迅速枯竭的现象上看，有些问题仍值得我们去深刻反思。笔者就这一问题访问了包括寨老在内的 13 个灯光村的中老年人，他们大多反映，与 20 世纪七八十年代相比，灯光村的森林植被率至少提高了 5 个百分点，总体上看，灯光村的自然生态植被率正在走向良性循环发展，在这种情形之下，其地下水源反而愈加枯竭，山泉溪流亦逐渐萎缩。究其原因，除了气候因素外，人为的原因就是自引入杂交水稻种植以后，由于杂交水稻生产较少的水源要求和明显的增产效果，使杂交水稻很快就在灯光村获得了大面积的推广种植，传统的摘糯种植在很短时间内就迅速退出了生产领域。也就是说，通过糯稻种植最大限度截流和存储地表天然降水，利用稻田地下自然渗漏方式补充地下水源，使地下水可以维持较高水位的传统生态维护手段，在灯光村已被忽视了近40 年。正是 40 年来忽视生态维护的结果，导致了灯光村地下水源的日渐枯竭和山泉溪流的不断萎缩。水资源的短缺，也导致了灯光村"稻田养鱼"文化的消失。前述已指出，"稻田养鱼"是水族社会自然和人文生态的重要支撑点和平衡点，"稻田养鱼"的消失，也正在使灯光村的传统文化产生变迁。我们知道，在水族的传统社会生活和民间信仰祭祀制度里，鱼类是诸多祭仪不可或缺的主祭品，而现在，灯光人除了端节祭祖还不得不保留用鱼作祭品之外，其他的祭仪已不得不使用代替物。如"祭谷魂"就只好使用两只黄色的产蛋母鸡代替传统的鱼祭。灯光人对这种代替品的解释是：黄色与稻类成熟期的成色相同，可以寓意丰收硕果，而产蛋则代表生物和生命周期的不断重复和繁衍。这样的诠释符合水族传统文化对于生命的理解，也有一定的文化创意。问题是，这并不是水族社会文化发展的必然，而是文化适应环境变迁的被动式调适，这种调适并不是我们希望的那种结果，因为环境并没有向可持续的方向发展。

因此，在农业发展和农业产业化经营中，充分正视山地环境的多样性，并考虑不同山地环境对维护生态可持续发展的贡献，在推广杂交水稻种植时，有效避开当地生态系统的脆弱环节，并激活民族传统文化的积极因素使其服务于当地经济、社会、文化的良性发展，应是三都县各族人民和政府相关职能部门共同面对的课题。

三 主要副食：玉米与小麦生产的变化

（一）玉米生产的变化

玉米是自治县旱地粮食生产的主种作物。根据相关记载研究，三都县玉米种植的历史，大约始于明代末期，境内最早种植玉米的是当时被称为"红苗"的一支人们共同体，清代中期以后，境内身居中、高海拔地带的苗族、水族等民族才开始广泛种植。在 20 世纪 80 年代农村未实行联产承包责任制以前，三都县的很多地方由于地广人稀，甚至吸引许多外县农民到当地租借荒山，"刀耕火种"种植玉米。据 1959 年自治县统计，县内地方传统玉米品种主要有窝顶、黄九子、白九子、红九子、黄脚粒、黑粒、黄粒、白粒、紫粒等，由于种植粗放，所有品种产量都不高，平均单产只在 50 公斤至 70 公斤左右。1960 年引进黄马牙、白马牙、金皇后等品种，产量提高一倍以上，但连续种植时无视提纯复壮，种性逐渐退化，1978 年开始引进旅丰一号、郑单二号、丹玉十三号、京杂六号、黔单三号、黔单四号等杂交玉米品种，1985 年以后开始大面积推广，亩产达到 260 公斤以上至 350 公斤左右。除"刀耕火种"的撒播外，传统种植方法以打窝点播匀苗为主，一般行距 80 厘米、株距 50 厘米；1954 年以后推广双株密植，行距缩短为 65 厘米；1980 年以后推广宽窄行播种、双株留苗；1992 年以后实施营养袋育苗移栽、单株种植。纯玉米在三都境内的净作很少，行间多套种黄豆、红薯、花生，撒播地多同时套播谷子。

但玉米在三都农村从来不作主粮看待，除了荒年作救急的过渡粮外，平常年主要作生猪的精饲料，尤其是用于母猪催奶和肥猪追膘，家禽养殖中也强调以玉米颗粒或玉米面喂养，以追求更加鲜香味的口感。

20 世纪 90 年代后的高产稳产杂交品种，均作为饲用玉米。2000 年，三都县的杂交玉米种植面积曾达 3.33 万亩，推广品种达 50 余个，平均单产亦达到 279.2 公斤。但自 2000 年以后，由于实施天然林保护，荒山禁伐、禁火，加上"退耕还林（还草）"工程的实施，玉米种植面积逐年减少，甚至很多山区农村多已不见玉米的连片种植，而河谷坝区的玉米的连片种植，则多赋予早熟蔬菜的种植经营理念，服务于城市居民的菜篮子，已失去了粮食生产的产量统计意义。这种改变，也使三都农村传统的家庭养殖技术发生了适应社会发展的变迁。在以玉米为主要精饲料的家庭传统养殖时代，由于猪的饲养以熟食为主，这就需要燃烧大量的柴薪，既抑制了生态环境森林植被的自生长能力，又增加了人们的劳动强度，玉米种植面积的大大减小，使家庭生猪养殖转而在市场上购买专门综合的猪饲料，代替传统的玉米精饲料，并以生食喂养为主。这在一定程度上为生态环境森林植被的更加繁茂创造了很好的条件。当然，以生食饲料喂养而来的商品猪肉，在品质和口感上自然无法与传统玉米熟食饲料喂养的肥猪相比。为了追求这种食味口感上的品质极致性，一些农人仍然坚持传统的玉米熟食饲料喂养方法，于是，在当地农村的集贸市场，我们就会发现一个非常有意思的现象，即当地市场的玉米价格要高于大米的价格，而在贵州省甚或全国的多数地方，普遍而言，应该是大米价格高于玉米价格。

（二）小麦生产的萎缩与变化

小麦是三都秋播面积最大的粮食作物，新中国成立以后，常年播种面积在5.5万亩左右。但从民间劳动生产工具和饮食习俗上看，三都县除了大河、丰乐、普安、三合、合江等四五个乡镇外，其余各乡镇尤其是水族人口集中聚居的乡镇，小麦种植的历史并不长。在月亮山腹地的很多水族村寨，直到今天人们仍然没有种植小麦的专门碎土工具。这些地方种植小麦，是在秋收之后翻犁板田晒泥，至泥土半干后以锄头拍碎泥块，然后耖犁点播或条播种植小麦，手工以锄头拍碎泥块的劳动工序尤为耗时费力，而有小麦种植传统的地方是有专门的碎土工具的，操作起来既省时省力又不误农时。这就是"旱耙"工具，一般为四排八齿或三排九齿，人站耙上，畜力牵引。另外，直到今天，小麦面食仍然未纳入水族家庭的主食，普遍而言，水族人家食用面食只有面条一种，但水族家庭食用面条并不是作为主食，而是作为下饭或下酒的佐食。这种现象表明，在并不遥远的过去，水族社会并不重视秋种的小麦生产，因此，他们才没有专业的生产工具，也没有其他地方那样花样繁多的面食加工食用方法。

1958年以前，县境种植的小麦品种主要有红毛麦、光头麦、白毛麦、鱼鳅麦、六轮麦几种，中高海拔地带兼有少许大麦和燕麦，除大麦外，所有小麦的品种的产量都不高，亩产只在50公斤左右；1959年引进矮粒多、碧马一号、内湘五号；1964年又引进阿夫、阿波等品种，平均亩产提高到 180 公斤；1972 年以后又陆续引进了大山洞、泰山四号、毕麦五号、苏克斯、墨阿、墨优、贵农十号、贵农十二号、绵阳二十号、绵阳二十二号、绵阳二十四号等。随着农业适用技术的推广，贵农系列、绵阳系列等小麦良种推广面积逐年加大，现在种植的主要品种为贵农十号和绵阳二十六号，亩产平均达到 200 公斤左右。小麦的传统种植方法是翻犁板田时同时人工开沟掏厢排水晒土，碎土后撒播种植，既不追肥也无须浇水，下种之后一任在天，技术粗放。1953 年以后，开始推广整厢开沟条播或打窝点播，条播行距 30 厘米左右，播幅在 10 厘米到 15 厘米之间；点播行距 25 厘米到 30 厘米，窝距 20 厘米到 25 厘米。这种整厢开沟的种植技术，一直沿用到今天。

"十五"计划以来，由于水稻单产的提高和经济的发展，温饱问题得以解决，小麦种植面积呈逐年下降的趋势；而近年来，由于早熟蔬菜种植面积的不断扩大，小麦因产量过低，更是几乎全部退出了秋种生产领域。

四 经济作物的生产与农业产业化经营

自"十五"以来，自治县结合扶贫开发攻坚，在调整优化农业区域布局的过程中，充分利用资源优势，逐步形成了反季节蔬菜、优质水果、脱毒马铃薯三大主导产业。三都县的水果种植早在 20 世纪 80 年代就已有了小规模的种植，1984 年丰乐乡沃屯村从种植 10000 株温州蜜橘开始，到 1999 年建成了以柑橘、西厢梨、黄果为主的 1550 亩水果基地，沃屯村也借此而在当时成为三都县最早的小康村之一。而反季节蔬菜的大面积种植则始于 20 世纪 90 年代大河镇的龙场村和怀所村。当时主要种植的早熟蔬菜品种即以脱毒马铃薯为主，兼有番茄、辣椒、茄子、豇豆等茄果类蔬菜，由于收入可观，随后三合镇、周覃镇、烂土乡（现合江镇）、丰乐乡、普安镇、交梨乡等地便开始大面积种植。自 2005 年以来，番茄、大蒜等无公害蔬菜及葡萄、脐橙等无公害水果面积每年以 2000 亩的幅度递增，逐渐形成了显著的产业经济效益。

三都县目前农业产业化规模最大的是以交梨乡为中心产区的葡萄产业园区。

（一）特色农产品：水晶葡萄与葡萄产业的发展

三都县是贵州省典型的山区山地农业县，地处云贵高原东南端的破碎地段，地势由北向南倾斜，县境北、西、东北至东南地势高耸，但西南地势渐缓、视域开阔。平均海拔在 500 米至 1000 米之间，最高的西北面更顶山海拔 1665.5 米，最低为坝街附近都柳江的出境处，海拔 303 米。境内山岭连绵，溪流交错，其间夹杂有若干起伏的丘陵和小坝子，县境大小河流共 42 条，总长 906.6 千米，自西向东纵贯全境的都柳江是珠江水系西江的重要支流，也是县境内最大、最长的河流，县境内总长 83.5 千米，落差 197 米，流域控制面积 1680 平方千米，占全县总面积的 70.6%，共有 31 条集雨面积 20 平方千米以上的支流汇入，流域面积平均产水模数为每平方千米每年 80 万立方米，水能理论蕴藏量 22 万千瓦，可开发 16.7 万千瓦，目前仅开发约 1.2 万千瓦。三都县属中亚热带湿润季风气候类型，气候温和，雨量充沛，水热同季。受地形地势的影响，县境具有显著的山地亚热带气候特点，不同海拔高度的地域空间气候的垂直差异十分明显，大抵海拔每升高 100 米，气温下降 0.5℃；年平均日照 1100 小时，其中 4—8 月日照时数达 600 小时，年平均气温为 18℃，极端高温 39.8℃，极端低温为零下 7.5℃，无霜期 320 天，大于等于 10℃ 的积温为 5644.5℃，年平均降雨量为 1300—1400 毫米，5—10 月降雨量为 1000 毫米，占全年降雨量的 70% 以上。全县总面积 2400 平方千米，耕地面积 44.7 万亩，耕地仅占全县土地面积的 9.4%，林地占 55.6%，草山占 29.7%，水面占 1.3%，素有"九山半水半分田"之称，是一个典型的山区农业县。

葡萄产业现在是三都县农村农业经济重要的支柱性产业。相比北方及南方其他葡萄产区，三都县的葡萄栽培，不但病虫害少、成熟期早，而且可溶性固形物含量高，具有香浓味甜、酸甜适中、口感好等特点，深受省内外广大消费者好评，产品供不应求。三都县现今所有的葡萄园区，皆无工业性污染之源，各生产基地生态条件良好。早在 2005 年，三都县生产的葡萄、大蒜、番茄、辣椒、甜玉米、马铃薯等 6 种农产品，就已获得了农业部农产品质量安全中心的无公害农产品质量认证。三都县地方传统葡萄品种，主要是水晶葡萄。水晶葡萄在其他地方主要是酿酒型的葡萄品种，但三都县的水晶葡萄却是一种鲜食和酿酒兼用的地方优良品种，民国时期就有零星种植。据县志记载，1980 年，全县葡萄产量为 1450 公斤，1987 年发展到 15600 公斤。进入 21 世纪每年产量均在 100 万公斤以上，2005 年突破 500 万公斤，开始向产业化、规模化方向发展。现在，三都县的葡萄产业已初步形成了分区域生产、按时间销售的鲜食葡萄生产格局，全县葡萄产业以都柳江东西向为界，以三都县城为中心，北面交梨、普安、丰乐、大河、合江、三合、拉揽、打鱼等乡镇的葡萄成熟期要比南面水龙、中和、塘州、三洞、周覃等乡镇的葡萄成熟期提前 7—10 天，无论是南面还是北面，由于山地环境的自然高差，葡萄成熟期依海拔高度呈带状从低到高次递衔接成熟，既延长了果品鲜食的供应期，又自然地解决了成熟果品上市期过于集中的矛盾。产品远销深圳、广州、武汉、郑州、成都、贵阳等地。

　　交梨乡是三都县葡萄种植的发源地和核心产区，也是三都县在培育"一乡一品"和"几乡一品"的产业发展格局中，重点打造的葡萄之乡，号称"中国山地水晶葡萄之乡"。交梨乡地处三都县北面，距县城 12 千米，是三都县的北大门，321 国道自北而南纵贯乡境并连接县城，厦榕高速公路和贵广快速铁路均穿过乡境，乡政府所在地距厦榕高速公路的羊甲匝道口和打鱼匝道口以及贵广快速铁路普安火车站均不超过 10 千米，交通便利，具有非常优越的经济发展区位条件。交梨乡平均海拔 630 米，属中亚热带湿润气候类型，年平均温 17℃，无霜期 285 天，大于 10℃ 以上的积温达 4600℃，年日照时数 2145 小时，年均降雨量 1400 毫米，雨热同季。乡境内地形多属中低山地，土壤肥沃，酸碱适中，适宜多种动植物的生长繁衍。全乡国土面积 84 平方千米，耕地面积 9971 亩，其中，水田 8205 亩，旱地 1766 亩；全乡 15 个行政村 120 个村民小组，有人口 20967 人，其中，农业人口 20102 人；居民以水族和苗族为主，其中苗族人口占全乡总人口的 70.7%，人均耕地 0.47 亩；全乡林地面积 51373 公顷，森林植被率 50%，人均林地面积近 4 亩。境内自然条件优越，生态环境保护完好，乡境全部水质均远远超过国家的人畜饮用水标准，是发展无公害、绿色、有机农产品的理想之地。自 20 世纪 80 年代中期开始，交梨乡的前进村大坪组和新联村的马坡组率先在房前屋后和喀斯特山坡的石缝中试种水晶葡萄并取得成功，90 年代进行规范化种植也获得了很好的经济效益。乡政府在后来的产业发展规划中，充分利用了这两个葡萄村寨的示范和辐射带动作用，大力发展葡萄种植。2006 年，葡萄种植面积达 8000 亩，2009 年突破 10000 亩，葡萄鲜果产量达 778 万公斤，产值 2000 多万元，单靠葡萄种植一项，当年农民人均收入纯增加 500 余元。2010 年，交梨乡通过"集团帮扶、整乡推进"扶贫开发项目的扶持带动，葡萄产业面积进一步发展壮大，截至 2013 年 6 月，全乡葡萄种植面积已达 50000

亩，占全县葡萄种植面积的45%左右，全乡人均葡萄种植面积近2.5亩，挂果面积28000亩。乡政府提供的统计数据表明，2011年，交梨乡农民人均纯收入4656元，其中有3100元来自葡萄种植收入；2012年，交梨乡农民人均纯收入6160元，其中有5238元来自葡萄种植收入，占当年农民人均纯收入的85%。调研期间，笔者一行有幸参加了三都县2013年举办的"中国首届山地水晶葡萄艺术节"及会期举办的"山地环境葡萄种植技术"研讨会，在会上了解到，三都县所产水晶葡萄鲜果在省外的市场零售价为每公斤15元，省内贵阳、都匀、凯里等地为每公斤10—12元，产品深受消费者青睐，供不应求；而其产地收购价则稳定维持在每公斤5—6元左右，以每公斤5元计算，到2015年，交梨乡所有50000亩葡萄园全部进入挂果期和盛果期，人均2.5亩的葡萄园产鲜果3750公斤，毛收入为18750元，仅葡萄种植一项，农民人均纯收入应在10000元以上。

目前，三都的交梨水晶葡萄已经成了贵州的一个品牌农产品，并进行了商标注册。为促进葡萄产业进一步健康发展，交梨乡的果农还成立了"交梨乡山野水晶葡萄专业合作社"，该合作社是一个跨村的农民专业合作社，凡进行葡萄种植的果农皆可自愿申请加入，合作社以优质葡萄种植、推广、营销为宗旨，为葡萄种植成员提供葡萄种植生产过程中的生产资料购买、种植技术培训、市场产销信息，葡萄产品的销售、加工、运输、储藏等服务。

从产业规模上看，三都全县的葡萄种植面积已达10多万亩，2013年进入盛产期5万亩，2015年所有葡萄种植园均进入盛产期，到"十二五"期末，三都县将成为西南地区最大的葡萄产业县之一。从产业布局上看，目前三都县也基本形成了一村一品、一乡一业的产业格局，以交梨、普安、三合毗连的种植园区，产业相对集中，聚集效应明显，有利于连片开发，已形成了以县城北面乡镇为中心主产区的葡萄无公害高效种植、试验、示范、推广基地。

相比较其他产业而言，三都县葡萄种植业的技术条件也相对成熟。在葡萄种植形成产业雏形之初，交梨、普安等乡镇就广泛开展了与贵州大学、贵州农科院等省内外大专院校和科研院所的交流与合作，县委、县政府又适时聘请了省农委、省农科院以及黔南州果蔬中心的技术专家作为产业发展的技术顾问团队。三都县农村工作局自身也拥有农业专业技术人员

58 人，其中高级技术职称 2 人、中级职称 18 人，此外，全县乡镇农业服务中心还拥有各类农业技术干部 50 余人。这些农业技术人员和农技干部几乎全部都参与过农村扶贫、农业丰收计划项目的实施以及生产试验、示范，他们不但具有丰富的实践经验和良好的基层工作基础，也了解各地的风土人情和农民的致富诉求。正是这样的技术力量保证了产业的实施和健康发展。

目前葡萄产业发展面临的问题与困难主要是：

（1）棚架前期投入较大。全县的葡萄种植园几乎全部分布于山地环境中，按照"当年上架整形封林、二年试果、三年盛果"的技术规范化要求，每亩山地葡萄园应需水泥支柱 40 根，单价 25 元，总价 1000 元；牵引铁丝 125 公斤，单价 5 元，总价 625 元。抛开种植园的土地开垦和园区道路开挖、修缮不算，仅水泥支柱和牵引铁丝两项，每亩的前期投入即需 1625 元。但三都县是一个国家级的贫困县，很多农村家庭的温饱问题仍有待解决，绝大多数果农自主筹资投入的能力有限，很难满足这样种植的投入要求，随之失去了种植的积极性。这在一定程度上将严重影响葡萄产业的成片发展。

（2）总体上看，三都葡萄产业的基础设施仍显滞后，尤其是灌溉设施不配套。由于种植园都分布于山地上甚至是陡坡的脊地上，自然条件下的水源供应困难，导致新植葡萄苗木逢干旱季节极易枯死，一些已进入挂果期的葡萄不能及时挂果或挂果率低；果园道路的不配套，也使果农在施肥、管理、收果等生产劳动环节中，全靠人力肩挑背驮上山下山，不仅耗力费时，劳动强度大，而且果实的损伤率也很高，在一定程度上降低了果农应有的收益。

（3）产业配套不完善。在全县的葡萄种植已形成规模的情况下，相应的产品加工业也应有相应的配套发展，以延长产业链条，增加产业产品的附加值。但全县目前尚未有一家现代意义上的葡萄产品加工的龙头企业，零星的小作坊加工，不仅加工工艺落后，而且浪费也大，全县的葡萄产业发展尚未形成多元化的加工产品，整个产业的产品多以鲜果销售为主，产品的附加值低。没有产品的深加工和精加工，在产业发展的意义上就是损失地方的财税收入，从而影响区域的经济健康发展。

（4）现有的葡萄园种植，品种结构较为单一。全县葡萄园所有种植的葡萄品种均属中熟品种，缺乏早熟和晚熟品种的有效搭配，由于采摘周期短，采摘期又过于集中，十分不利于拉开产品上市的时间差、延长产品的市场鲜果供应时间，价格也难以走高。目前的主打产品主要是鲜食水晶葡萄，水晶葡萄固然产量较好，也较易于防治病虫害，但其果粒较小，籽粒易脱落、不易保存、不耐贮运，也不适宜深加工和精加工。因此，科学补进一定比例的早晚熟、大粒、宜加工、耐贮运和具有香味等生物特性的其他葡萄品种，是未来三都县葡萄产业健康发展的关键。

（5）品牌知名度小，宣传欠到位。产品目前仍处于初级营销水平，缺乏终端销售网络；产品在卫生、保鲜、质量、品牌推介等方面的包装，有待全面提高。

（6）服务管理水平不到位。虽然大部分地方实现了葡萄园的连片开发和连片种植，但不同的种植园分属若干个农民家庭，不同家庭甚至是同一家庭的不同劳动个体之间，由于所接受和掌握的种植技术水平有差异，加上刚从传统水稻种植业转型而来的广大果农，普遍科技意识还比较淡薄，相当一部分果农还不能完全熟练掌握相关的生产技术，致使葡萄产业的标准化栽培技术含量不高，造成了人为的单产下降和品质较差，经济效益不明显。虽然组建了一定规模的农民葡萄种植专业合作社，合作社也发挥了应有的作用，但在全县葡萄产业规模迅速扩展的今天，专业科技人员捉襟见肘，造成技术流失和技术跟踪服务到位率低，导致新增果园的整体种植技术比较粗放，施肥及管理标准不统一，产品质量不稳；全县也缺乏专门的优质种苗培育基地，苗木质量参差不齐，建园质量差。对全县葡萄产业的发展限制较大。

（二）对三都特色农业对策的几点建议

1. 充分利用三都县作为贵州省国家重点扶贫开发县的优惠政策和社会资源，应整合县级发改、交通、水利、农业、扶贫等部门的项目资金，加大对葡萄产业的倾斜和财政补贴，为果农积极争取小额信贷资金支持，扩大产业规模，实施果园开发的规范化建设，切实解决果农目前人力"肩挑背驮"的劳动强度，建设园区科学给水灌溉系统，解决果农"靠天积水"浇灌的困难。

2. 基于产业规模扩大的角度考虑，在巩固和提升县城北面的葡萄种植老区面积和技术含量的同时，应实施葡萄种植规模东渐南移计划。截至2013年，县城北面片区的水晶葡萄面积已达到7万亩，初步形成了产业发展规模。但由于前期种植时果农普遍整形技术水平较低，加上部分早期果园的老化，整体经济效益较低。因此，必须巩固和提升这些葡萄种植老区的种植技术水平，以科技管理手段提高产业的整体效益。一是对果农进行种植技术的加强培训，提高果农的整体种植、管理技术水平；二是建立葡萄种植规范科技示范园，多点建设包括水晶葡萄、提子、巨峰、美人指等鲜食和深加工的各种葡萄种植示范园，使示范园成为新果农的产前学习培训基地；三是增强种植老区的辐射带动功能，有意识地将葡萄种植面积向县城东面和南面扩展，从目前全县的产业布局和覆盖情况来看，县城东面在麻竹项目失败后的农业产业发展上处于真空地带，可推广种植的空间较大，其环境气候条件和土质状况也是实施水晶葡萄种植的理想之地；县城南面虽有九阡李种植基地和在建中的供粤港蔬菜基地，但南面乡镇众多，可供开发利用的荒山和耕地面积也很多，加上原花椒项目失败后空留的土地，为葡萄产业种植南移提供了广阔的发展空间，而且南部地区山地土壤、气候环境的多样性也为三都葡萄产业的多样性品种种植发展，提供了多样性的自然地理基础。

3. 通过招商引资，引进一些葡萄行业的精深加工企业，加速引进科技人才培育地方的民族企业，形成葡萄企业的产业群，依托三都县工业少、无污染的生态环境条件，围绕绿色、有机果品的目标，开发生产具有三都特色的葡萄饮品和葡萄食品等无公害食品，提高产品附加值，促进产业升级，确保产业的可持续发展。

4. 提高生产的组织化程度，采取多种产销模式促进产业发展。鼓励农村科技能人、强人组建更多的葡萄专业合作社，加强对合作社的统筹指导和协调管理，形成多层次、多渠道、多形式的信息与市场开发格局，根据市场产销走向组织农户进行有计划、有目的的生产，确保供需衔接，按需生产。形成"合作社＋基地十农户"的葡萄产业开发模式；与加工企业密切合作，采用合同方式，以销促产，组建"企业＋基地"的产业发展模式；通过加工企业和农民专业合作社为果农提供产前市场信息、产中技术指导、农资供应与产品销售等服务，实现供种供肥、病虫害防治与加工销售的并行统一，打造"龙头企业＋农民专业合作社＋基地＋农户"的新型生产经营模式。

5. 突出政府的服务功能，由政府职能部门加强葡萄新品种的引进和试验种植，完善县域范围的种苗繁育体系，选育出适合三都县不同环境条件种植的葡萄品种，实现品种多样化种植，拓宽产业发展渠道，提高整个产业的市场占有率，以葡萄产业发展带动县域其他产业经济的发展。

6. 在葡萄种植东渐南移的产业扩展时期，注入观光农业的经营理念，结合三都县丰富多彩的民族文化和森林生态资源，大力发展旅游业。三都县东接贵州省南线"黎从榕"民族风情旅游精品线，南临荔波县樟江河国家风景名胜区和茂兰喀斯特世界自然遗产地，县境内坐拥尧人山国家森林公园、都柳江省级风景名胜区、以拉揽为中心的都柳江两岸百里林海、姑鲁产蛋岩等自然景观和水书、马尾绣、端节、卯节以及都江古城遗址等丰富的民族文化和人文景观，具有旅游业发展的独特区位和丰富的旅游开发资源，葡萄种植产业的东渐南移扩展，使三都县有机会以葡萄园生态观光为主线，促进全县民族文化旅游、森林旅游和乡村生态旅游的全面发展。

（三）供港粤特色蔬菜产业的引进和发展

三都县的蔬菜品种主要包括白菜类、根菜类、绿叶菜类、水生菜类、茄果类、豆类、瓜类、薯类、葱蒜等种类。白菜类主要有白菜、青菜、莲花白和牛皮菜；根菜类主要有白萝卜、胡萝卜、地萝卜；绿叶菜类主要有芹菜、香菜、蕹菜、菠菜、苋菜、莴苣、韭菜；茄果类主要有番茄、茄子、辣椒；豆类主要有豌豆、胡豆、四季豆、豇豆、簸巴豆、毛豆、八月豆等；瓜类主要有南瓜、黄瓜、冬瓜、丝瓜、白瓜、葫芦瓜、苦瓜、佛手瓜等；薯类主要有红薯、马铃薯、山药、水芋、生姜、芋头、洋姜和魔芋等；葱蒜主要有大蒜、洋葱和大葱。此外，野生采集的蔬菜主要有竹笋、茭白、金针菜、蕨菜、菌类等。

在传统农耕时代，三都县的蔬菜种植主要是家庭自给自足的生产，表现为春夏生产不足，秋冬丰富。由于主要利用秋收之后的水稻农田进行种植，所以，过去白菜类、根菜类、绿叶菜类、葱蒜类以及薯类的生姜等蔬菜，多为孟秋种植，秋冬食用，孟春至仲春撤园，随后农田进入水稻农耕生产。春季，水族地区只有青菜和牛皮菜两种蔬菜，多种植在旱地菜园中，供应的不足部分，主要通过采集野生植物补充；夏季，水族地区主要为茄果类、瓜类和豆类蔬菜，主要利用田边地角的空隙种植，一般不占用主要耕地。

三都县直到1980年才开始出现蔬菜种植专业户，当时农技人员在城郊一带进行蔬菜商品生产的试验性示范种植获得成功，随后，三合镇城郊村寨的一些农户开始少量进行试探性的专门生产，供应县城居民的生活需要，但种植面积都不大，整个地区的蔬菜仍表现为自给但不能自足的生产局面。1986年，三都县开始引进早熟蔬菜种植技术，当年种植早熟蔬菜30亩，1987年扩展到143亩，但都主要种植茄果类、瓜类和豆类蔬菜，由于夏季炎热，加上当时技术条件和种植品种的限制，人们很少在夏季种植叶菜类的商品蔬菜。在20世纪90年代初，三都县城农贸市场的夏季叶菜类供应，仍以外县市输入为主，当时，本县夏季的叶菜类蔬菜只有大叶韭菜、广菜等零星几种。进入21世纪以后，在扶贫开发项目的带动下，三都县才开始形成以外销为主的商品生产，2001年，全县蔬菜种植面积突破万亩大关，2003年达到21800亩，开始形成无公害蔬菜产业发展规模。2005年，全县蔬菜种植面积达5.9万亩，并建立了优质无公害蔬菜生产示范基地、夏秋反季节蔬菜种植示范基地和优质辣椒示范生产基地。2005年，三都水族自治县生产的大蒜、番茄、辣椒、甜玉米、葡萄、马铃薯等6种产品获得了农业部农产品质量安全中心的无公害农产品质量认证。

三都县是贵州省不多的几个低热河谷、平丘坝区的区县之一，种植蔬菜的气候资源优势明显，冬季热量条件丰富，发展早熟蔬菜和秋冬蔬菜的潜力巨大，近年来已成为贵州省重要的早熟蔬菜生产基地重点县。

2012年，全县商品蔬菜种植面积达20万亩以上，产值32000万元，占农业总产值的25.3%，初步形成了大河镇的番茄、马铃薯，三合镇的糯包谷、大蒜，丰乐乡的青椒、黄瓜，廷牌、恒丰的线椒，以及周覃镇的供港特色蔬菜生产基地。

三都县的早熟蔬菜种植面积仅次于早菜种植大县——罗甸。但近年来，由于罗甸县龙滩水库建设项目的蓄水发电，水位的升高，不仅淹没了原先早熟蔬菜种植的大量良田肥地，也使罗甸冬季的气温平均下降了2℃左右，致使罗甸县的早熟蔬菜种植面积受到了较大的影响。因此，三都县的早熟蔬菜种植，有望成为全省不可或缺的龙头生产县。

2011年，贵州省马铃薯产业发展大会认为，三都县的冬春气候条件具有发展优质冬种马铃薯的优势，只要做好规划和加大投入，完全可以将三都打造成为像山东滕州市那样的专门生产冬种早熟优质马铃薯的大县。从成熟期来看，广东的冬种马铃薯上市时间是1—3月，福建的上市时间是3—4月，广西的上市时间是5月，而三都冬种马铃薯的收获季节是5—6月，这一时段省内黔西北和北方的马铃薯才开始犁地下种，全国范围均处在供应淡季，上市量少，这必然带来市场价格上的较高收益，也为三都马铃薯销往广东、香港甚至东南亚等南方大市场提供了广阔的市场机遇。

包括冬种马铃薯在内，三都县早春种植的商品蔬菜的开市时间为4月中下旬，大量上市时间为5—7月，而在其大量上市的时间段内，沿海及广西等省外的产地蔬菜已结束上市，省内蔬菜上市时间较早的罗甸、关岭等早菜种植大县的蔬菜也接近尾声，而其他县市的蔬菜又远未达到上市的季节。因此，三都县的蔬菜种植产品具有填补市场空缺，使淡季不淡的关键作用，产业发展前景看好。尤其是其背倚"两高"通道的优越区位条件，增加了三都县蔬菜种植产业的市场选择优势，使其产品在淡季的营销由过去的以本省市场为主转向了以珠三角、香港、澳门以及湖南、广西等省外市场为主，这不但拓宽了产品销售的目标市场空域，而且，可选择性投放的市场空间也为其产品的市场价格竞争，有着季节上的巨大优势。

最近几年来，依靠国家扶贫开发方面的政策和项目资金的大力支持，三都县商品蔬菜种植面积逐年扩大，蔬菜的种植经营收入在农业产品中的比重逐年加大。蔬菜产业雏形初步形成，种植水平和效益也在不断提高，农业产业化经营有了十分良好的开端。全县围绕"稳定粮食生产、增加农民收入"为三农问题的工作中心，立足农业产业化经营，通过技术引进、新品试验种植和示范推广，找到了适宜本县农业生产发展的高效种植方法，形成了蒜—稻、早玉米、早熟瓜果—延秋菜；冬种马铃薯套种早玉米—稻、秋收马铃薯—延秋菜；早熟蔬菜（茄果类、瓜果类）—稻—延秋菜等多种模式。产品从产地、集散点到销售的市场网络一体化逐步形成，目前全县已涌现了丰乐镇鼠场蔬菜种植协会、丰乐镇沃屯村果蔬营销协会、周覃镇生姜专业合作社、三合镇蔬菜协会、廷牌镇辣椒专业协会、大河镇农民果蔬经济合作社、大河镇双江有机蔬菜合作社等7个农民蔬菜生产经营专业合作社。吸纳团体和个人会员200多人，2010年到2012年连续3年的蔬菜交易量，每年都在20000吨以上，几乎占到全县年产蔬菜总产量的40%。针对三都鲜椒出产量大、品质优良的特点，县委、县政府出台优惠政策支持，组建了一家辣椒酸生产加工企业，虽然企业目前只有年加工鲜椒500吨的生产能力，规模还很小，但产品在省内市场的销售行情良好，产业链条已初步形成。贵州由于特殊的季节气候条件，境内各族人民都有饮食嗜酸的特点，酸味食品加工业极具市场发展潜力，这将在产品的精深加工和提高附加值方面，大大刺激其他蔬菜相关产业的发展。

到 2012 年，全县全年蔬菜播种面积接近 13.5 万亩，其中，冬春蔬菜种植面积 6.016 万亩；夏秋蔬菜种植面积 7.41 万亩；蔬菜年产量 17.4 万吨，产值 26714.83 万元，纯收入 23651.68 万元。全县建成无公害蔬菜基地 5000 亩，通过贵州省验收的无公害蔬菜基地 3000 亩，并成功注册了"江柳"牌商标和无公害标识，初步树立了三都县无公害农产品的新形象，增强了三都县无公害农产品的市场知名度和竞争力。正是这种产业发展前景，促成了"三都周覃供港粤特色蔬菜产业园区"的建设，园区 2012 年完成规划设计论证，2013 年正式开始组织实施，以无公害蔬菜种植为标准，按照"区域发展，连片开发"的工作思路，园区建设以周覃镇为中心，将主导产业相对集中并与周覃镇毗连的恒丰乡、廷牌镇、塘州乡、三洞乡 4 个乡镇作为产业发展的核心区，并辐射带动水龙、中和、九阡、扬拱、交梨、普安、大河等 7 个乡镇相关蔬菜产业的发展。园区规划面积 5 万亩，辐射带动面积 15 万亩。

事实上，早在 2008 年，瞄准当地无工业污染、土地肥沃、小气候环境突出的特点以及"两高"建设即将带来的交通便利，东莞市润丰果蔬有限公司已在周覃镇开始了供港粤蔬菜基地的试验性建设，当年建成基地 2000 亩，辐射带动发展 10000 亩。当前，粤港地区的无公害优质早熟蔬菜市场，产品供不应求。而三都县周覃镇等很多乡镇出产的茄子、番茄、黄瓜、佛手瓜、马铃薯、豇豆、菜心、豌豆尖、玉米、竹笋等果茎类蔬菜，一直受到粤港市场的青睐。在全国供应港粤地区市场的蔬菜产品中，三都县的无公害菜品质量最好，尤以周覃镇出产的菜心和豌豆尖著名。从目前的种植实际效果来看，园区蔬菜平均亩产鲜菜 4000 公斤左右，产地市场收购价为 3—4 元/公斤，亩产值超过 10000 元；以基地规划面积 5 万亩、辐射带动面积 15 万亩计，规模将达到 20 万亩，总产值将在 20 亿元以上，成为县域经济发展的主导性支柱产业。就种植者而言，扣除种植成本 4000 元左右后，菜农每亩蔬菜的纯收入可达 6000—8000 元，无公害蔬菜种植将成为当地农民今后增收致富的主要渠道。从目前的县情上看，这种产业发展的选择，也符合当地的民情民意。我们知道，民族地区传统的农业型乡镇，其产业结构调整必须以平稳过渡为前提。这是因为农民大多相信"眼见为实",对那些世代以农为本的地区而言,产业的更新、转换或增加,首先在大农业内部拓展,更容易在短时间内达成共识和认同,并且,农业内部产业劳作具有相似性,劳动技术和经营方式较易衔接。这样,从业者在转型时不需要很长时间的职业技能再培训,地方行政管理者或决策者只要充分利用技术示范作用,就可以使新的产业获得足够的劳动力资源。而新的产业发展以及由此带来的与市场经济的联系,则会促成民族地区观念的更新,从而引导人们自觉地参与市场经济大循环。这种平稳过渡,虽然需要足够的时间作为实践的前提,但也可以保证民族地区经济、社会、文化发展的有序性和可持续性。

(四)柳源香鸡产业和巫不香猪产业

1. 柳源香鸡的生产与规模化发展

三都柳源鸡是在中亚热带温润季风气候和独特的高原地貌条件影响下,在良好的生态环境中,经过当地各族人民数百年来进行品种选育而形成的独具地方特色的兼用型珍稀鸡种。柳源香鸡属山地鸡地方品种,体形较小,性早熟,个体活跃,觅食能力强,肉汁天然鲜美纯香,已成为三都县一个重要的禽种资源,具有极好的保种和推广养殖价值。

自 2007 年以来,三都县根据本县的资源条件,结合厦蓉高速公路和贵广快速铁路修建过境的机遇,加大农业结构调整的力度,在畜牧养殖业上提出"突破禽、做强猪、发展牛羊"的工作思路,经过几年的不懈努力,柳源香鸡养殖业得到了较快发展,在产业基础设施建设、产品基地建设、品种选育以及市场开发等方面均取得了可喜的成效,特色良种体系粗具规模。

我们在三都做调查时,已建成柳源鸡原种和 3000 套扩繁场各一个,年产鸡苗 20 万羽以上。

在规模化程度方面,2011 年,全县养殖柳源香鸡 1000 羽以上规模的养殖户达到 91 家,其中:年出栏 10000 羽以上的有 11 家,年出栏 5000 羽以上的有 20 家,年出栏 1000 羽以上的有 60 家;全县 3 个养殖小区,共解决农民工就业 4000 人,带动农户 160 户、4800 人。

2011 年全县共出栏柳源鸡 150 万羽,总产值 6525 万元,实现利润 2050 万元;小型规模养殖户年均增收 1 万—1.5 万元,中型规模养殖户年均增 3 万—5 万元,大型规模养殖户年均增收 10 万元左右。2013 年柳源香鸡产业项目在全县的 19 个乡镇实施,新增年出栏 1000 羽以上的中小规模养殖场 121 家，其中：年出栏 1000 羽以上的小规模养殖场 95 家，年出栏 5000 羽以上规模的养殖场 15 家，年出栏 10000 羽以上的中等规模养殖场 11 家。

截至 2013 年 8 月，全县共有柳源香鸡养殖场 212 家，其中：年出栏 1000 羽以上的小规模养殖场 155 家，年出栏 5000 羽以上的小规模养殖场 35 家，年出栏 10000 羽以上的小规模养殖场 22 家，预计全年出栏活鸡 330 万羽，总产值在 15000 万元以上，利润 5000 万元。柳源香鸡品牌已获得无公害产地认定证书和无公害产品认证证书，特色养殖优势明显，活鸡产品在省内贵阳、凯里、都匀及与三都毗邻的县城市场就已供不应求。从发展态势上看，到"十二五"期末，其产业规模应突破年出栏 500 万羽的目标。

2. 香猪的生产与发展

巫不香猪又称"萝卜猪"或"珍珠猪"，以体形矮小、皮薄味香、肉质细嫩、基因纯合、纯净无污染的特点而著称，被列为国家二级珍稀保护畜种。因主产于三都水族自治县巫不乡而得名，在巫不乡毗邻的羊福、都江、坝街、打鱼、拉揽等乡镇也有生产。2012 年，巫不乡获得了巫不香猪的"无公害农产品产地认定证书"，并在国家工商局注册了"巫不香猪"商标。巫不香猪属香猪原始品种的"小系"，颈较直、额宽平、嘴较长而耳略小，背腰平直，腹大而圆但不拖地；性早熟，80 日龄即可配种；成年公猪体重 35 公斤左右，成年母猪体重 45 公斤左右；出栏肥猪活重 60 公斤上下，瘦肉率为 39.2% 到 42.3%。巫不香猪毛色有两种，一种为全黑色，被毛黑而光亮；另一种具有"六白"特征，即四肢、额旋、尾尖呈白色，少数腹底亦呈白色。目前以黑色居多。农家零星饲养的巫不香猪，白天于野外散放，夜间收归厩圈圈养，并喂以野菜和糯米糠，由此而造就香猪的肉嫩味香。由于数量稀少，市场短缺，最令消费者求之若渴，是天然的旅游消费食品。既可生鲜烹饪，亦可加工成干腊食品，具有产业发展的广阔前景。

养猪在三都县具有悠久的历史，是当地农户重要的经济收入来源之一，在饮食上也占到副食类肉食结构的 80% 以上。2012 年三都全县出栏肥猪 20.76 万头，存栏生猪 17.5 万头；其中，巫不香猪出栏 6 万头，存栏 4.7 万头。

五　三都县林产品产业的发展

（一）麻竹产业项目

2002 年由县林业局结合退耕还林工程和生态建设实施的惠农项目，通过退耕补助的形式，在合江镇、大河镇、丰乐乡、三合镇、拉揽乡、打鱼乡、都江镇、坝街乡等 8 个乡镇的 41 个行政村，引导农户发展麻竹种植。面积最大时，全县麻竹种植面积曾多达 10 多万亩，但不知是什么原因，2008 年以后麻竹产业在三都县境内却突然消失于无形。此次调研，我们曾就这一问题访问过很多科局长和乡镇长，但所有的被访者对这一问题都讳莫如深。后来县林业局给出的书面解释是：由于受到 2008 年雪凝冰冻灾害的影响，加之市场培育和营销状况不好，种植面积逐渐萎缩。到 2013 年，全县仅保存种植面积 1 万余亩。但真实情况肯定不是如林业局所言，因为当初麻竹种植园多分布在海拔 800 米以下的地区，并以海拔 400 米左右的河谷坝区为重点竹园区，而三都县的霜降线却在海拔 900 米的等高线上，竹园结霜都难，何况雪凝冰冻。虽然 2008 年雪凝冰冻灾害为三都县的百年一遇，但其他更高海拔的竹类和植物都未大面积死亡，为什么低海拔地带的麻竹反而大面积死亡呢？真相不得而知。

事实上，麻竹种植的经济效益相当明显。麻竹鲜笋是无化肥、无农药污染的纯绿色生态食品，在产业有规模、产品有市场的那几年，鲜笋在麻竹园的原地收购价为 1.5—2 元/斤，当地市场零售价为 2.5—3 元/斤，省内其他市场零售价为 6—8 元/斤，成林的麻竹园每亩每年可采鲜笋 1000 斤以上，笋农出售鲜笋的稳定经济收益每亩可达 1500 元以上，鲜笋还可以制成笋干，每斤市场零售价在 10 元左右。随着厦蓉高速公路的通车，鲜笋出售若以广州、深圳等沿海城市为目标市场，价格应该稳中有升，且不愁销路。为延长产业链和提高附加值，当时县内还组建了几家鲜笋真空包装的加工厂和笋干加工厂，所生产的产品已打入省内很多超级市场，成为很受欢迎的馈赠礼品和旅游纪念品。麻竹竹材是工业造纸和民用编织的上佳原材料，而且可就近销往邻县丹寨县的几大传统造纸厂家。麻竹竹材近年的市场价格一直稳定在 360 元/吨以上，麻竹每年每亩可产竹材 1 吨，且不影响其当年的生长成林和第二年的出笋率。以上两项之和每亩也有 2000 元以上的年收入，成林后的麻竹园又不需要多少投入和管理，只需采笋和伐竹就坐等收入。何乐而不为呢？

（二）花椒产业项目

该项目也是县林业局 2002 年结合退耕还林工程实施的项目，通过退耕补助的形式，引导农户发展花椒种植。到 2007 年，累计种植 3700 亩；2008 年，由于受雪灾凝冻的影响，目前花椒种植项目已基本宣告失败，项目面积保存率为零。从项目失败的教训上看，这一项目在实施之初，就已经种下了失败的种子。这是因为，项目引进的是湖南靖州地区所谓的丰产红椒品种，虽说丰产，但市场的饱和程度高，价格竞争力小；另外，在缺乏科学可行性论证的情况下，从积温很高的低海拔地区向积温较低的高海拔地区引进，也无视了生物特性对环境的适应性问题。事实上，三都县南部的水龙、中和、三洞、周覃、九阡等乡镇的中低海拔地区，历来都是花椒的产出之地，当地传统的青椒品种，除产量较低外，无论是市场需求还是价格，都极有市场竞争力。三都产出的青椒品种，是贵州南部地区农村腌制腊肉首选的花椒品种，也是当地家庭日常饮食首选的调味品，产地收购价每斤 30 元左右，市场零售价每斤高达 50—60 元。如果项目在实施之初，以高度适应当地生态环境的传统青椒品种作为主种品种，并加以科学管理，相信结果跟现在完全不一样。

（三）九阡李产业项目

九阡李是三都县特有的地方名产水果，已有 100 多年的种植历史，主产于九阡镇的水各村和水昔村，产地主要分布在九阡镇、扬拱乡的低山缓坡和河谷地带，果肉富含多种维生素和氨基酸，具有皮薄、果实早熟、色艳、一果两色、入口清脆、汁多香甜、产量高等特点。但九阡李受当地小气候环境的影响十突出，无法异地开发，如同柑橘在淮南为橘在淮北为枳那样，九阡李离开以九阡为中心的原产地就不成其九阡李了。唯其如此，九阡李才品质上乘，产品在市场上具有地方特色的唯一性，不可复制。自 2000 年以来，九阡镇一直将其作为农民增收的特色产业进行开发经营。到 2010 年时共种植 16000 亩，2012 年县林业局又结合退耕还林工程、"珠防"九万大山造林工程、巩固退耕还林成果专项资金建设项目等，累计实施九阡李种植面积 2 万余亩。目前，九阡李已形成了 4 万多亩的产业规模，其中：产前期面积 1.5 万亩，初产期面积 1.5 万亩，盛产期面积 1.2 万亩，年产果品 60 多万公斤。九阡李种植给当地农户带来了实实在在的可观经济收入。2013 年九阡李结实面积 1 万多亩，每亩产值达 3000 元人民币，全部种植面积进入结实盛果期之后，该项目每年至少给当地农户带来 12000 万元以上的经济收入。

与花椒产业项目实施结果相比，九阡李由于具有高度适应当地生态环境的生物属性，加上当地农户长期以来的种植技术和经验，相信项目的发展前景看好。

三都县农村经济正迎来改革开放和扶贫攻坚开发以来的最佳发展机遇期。除上述提到的乡镇和产业外，全县农村农民的生产积极性空前高涨，建设家乡、改变家乡，向小康生活迈进的愿望强烈。农民乡亲们也在千方百计拓宽产业发展渠道。例如，我们从灯光村了解到，塘州乡灯光村仅2012—2013 年就有 37 个外出打工的青年人返家创业，由该村注册的果蔬农民专业合作社取得了全县 20 多所中、小学午餐食堂的蔬菜采购订单。

县工商局提供的数据表明，截至 2013 年 8 月，全县共有各类农民专业社 215 户，成员人数 1092 人，注册资金 6364 万元。全县 21 个乡镇中，除了恒丰乡外，其余各乡镇都有农民专业社分布，其中：三合镇（城关镇）100 户，174 人，注册资金 1560 万元；大河镇 19 户，152 人，注册资金 536 万元；都江镇 5 户，30 人，注册资金 108 万元；丰乐镇 20 户，104 人，注册资金 890 万元；合江镇 19 户，152 人，注册资金 250 万元；周覃镇 13 户，75 人，注册资金 395 万元；九阡镇 9 户，60 人，注册资金 360 万元；普安镇 22 户，200 人，注册资金 1156 万元；廷牌镇 5 户，28 人，注册资金 208 万元；中和镇 7 户，22 人，注册资金 48 万元；交梨乡 8 户，145 人，注册资金 202 万元；拉揽乡 1 户，8 人，注册资金 30 万元；打鱼乡 5 户，13 人，注册资金 200 万元；羊福乡 4 户，13 人，注册资金 45 万元；巫不乡 4 户，4 人，注册资金 4 万元；扬拱乡 2 户，6 人，注册资金 200 万元；三洞乡 5 户，18 人，注册资金 78 万元；水龙乡 5 户，14 人，注册资金 64 万元；坝街乡 1 户，1 人，注册资金 1 万元；塘州乡 11 户，26 人，注册资金 129 万元。

农民专业合作社是在农村家庭承包经营基础上，同类农产品的生产经营者或者同类农业生产经营服务的提供者、利用者，自愿联合、民主管理的互助性经济组织。农民专业合作社以其成员为主要服务对象，提供农业生产资料的购买，农产品的销售、加工、运输、贮藏以及与农业生产经营有关的技术、信息等服务。目前三都县的农民专业合作社刚刚起步，其后的发展，不仅需要农民的努力，更需要各方面的支持和帮助，使农民专业合作社健康有序发展。

第二节　林业及林业经济的发展

　　三都县是贵州省十个重点林区县之一。长期以来，特别是"十一五"以来，在全县各族人民的共同努力下，全县先后实施了退耕还林工程、珠江防护林体系建设工程、九万大山造林工程和森林生态效益工程等项目建设，初步建成了覆盖全县的生态体系框架，收到了明显的生态、经济、社会效益，县内水土流失问题也得到了有效遏制，实现了森林面积、活立木蓄积和森林覆盖率的三个同步增长。2012 年年底，全县林业用地面积为264 万亩，占全县土地面积的 74%，森林面积 230.92 万亩，森林覆盖率为 64.58%，全县林木年均生长量在 37.8 立方米以上，消耗量被控制在24.6 万立方米以下，生长量是消耗量的 1.53 倍，这在根本上保证了县境生态环境的良性循环。[①]

一　县境内的森林资源

　　三都县的森林资源主要分布在海拔 600 米至海拔 1300 米的空间地带，海拔 1000 米以上地带多为天然常绿阔叶落叶林，是当地山地环境中水源涵养林的主要生态林种；海拔 1000 米以下地带则为常绿阔叶针叶混交林。现有林地面积中，防护林占 32.73%，用材林占 58.01%，经济林占2.44%，薪炭林占 3.77%，特种功用林占 3.05%。在树种结构方面，人工营造的杉木用材林和飞机撒播的马尾松用材林面积共为 112.92 万亩，占到有林地面积的 48.9%；天然林中，硬阔叶类林木面积 25.12 万亩，占有林地面积的 10.88%，软阔叶类林木面积 75.91 万亩，占到有林地面积的 32.87%，其他 16.97 万亩，占有林地面积的 7.35%。全县植物种群资源共 124 科 388 属 1050 种（不含草本）。其中：蕨类植物 1 科 1 属 1种；裸子植物 11 科 22 属 30 种；被子植物 114 科 366 属 1019 种。珍稀濒危树种资源有 29 科 43 属 51 种，其中：国家一级保护植物有银杏、南方红豆杉、红豆杉、掌叶木、伯乐树、苏铁、水杉（秃杉）等 7 种；国家二级保护植物有香榧、伞花木、桫椤、福建柏、翠柏、楠木、樟树等 26种；贵州省级保护植物有檫木、川桂、铁坚油杉、三尖杉、红花木莲、小

　　[①]　由于调查所限，本节所用数据资料均截至 2012 年年底，到 2013 年上半年，全县森林面积为 235.5 万亩，森林覆盖率为 65.86%。

叶红豆、重阳木、鸡毛松、银鹊树等 18 种。主要林副产品有：油桐、五倍子、构皮麻、油茶、青杠籽仁、杜仲、竹笋、食用菌、板栗、毛栗、棕片、烤胶原料木姜子、桔梗、松茯苓等。野生动物有猕猴、香獐、狐狸、穿山甲等兽类；有乌龟、蝾蚧、石蛙、角怪、树蛙、小鲵等两栖动物；有白鹇、斑鸠、猫头鹰、翠鸟、红腹锦鸡等鸟类；还有乌梢蛇、眼镜蛇、银环蛇等爬行动物。

二　生态及林业事业的发展变化

新中国成立初期，三都县境林木茂密，古树参天，百鸟争鸣，野兽出没，森林覆盖率在 70% 以上。主要树种有马尾松、杉木、阔叶林。1957年，全县总计森林面积 167.9 万亩，林木蓄积量 1213 万余立方米。自古以来，无论是炊饮、生猪饲料的熟食加工还是冬季取暖，燃烧柴薪一直是县境民间获取能源的唯一方式。但那时由于人口密度不大，加上当地生态维护的"蓄护"方式主要通过修枝和间伐获取柴薪，使森林生态的损毁态势，始终表现为年柴薪消耗总量小于森林的年生长量，仍然维持森林生态的保有量。

根据贵州大学农学院和贵州省林业勘察设计院后来的调查测算，在纯粹燃烧获取能源的时代，加上冬季取暖的木炭消耗，县内每年的人均烧柴量为 1 立方米。1957 年三都水族自治县成立时，全县共有人口 184702人，这就意味着从那时起全县仅能源耗材一项每年都在 20 万立方米以上。在如此巨大的消耗面前，想要维持森林生态的保有量，就必须实行行之有效的生态保护。千百年来，正是当地以修枝和间伐为主要获取柴薪的生态维护方式，维系了当地生态环境的良性循环。

但自 1958 年到 1962 年间，全县森林资源因人民公社大炼钢铁、兴办集体食堂、毁林开荒以及国家经济建设计划用材和农村干栏式木屋建筑用材等大量消耗，到 1965 年全县森林面积缩减到 79 万余亩，林木蓄积量仅存 540 万余立方米；到 1975 年 1 月，全县开展一类森林调查清理有林地下降为 73 万余亩，森林覆盖率下降为 25.2%，林木总蓄积下降为 466.81万立方米；1985 年进行森林资源二类清查结果，全县森林覆盖率不含灌木林地为 18.8%，含灌木林地为 20.35%，有林地总面积 672588 亩，林木蓄积量为 247.34 万立方米。

事实上，三都县自 1955 年开始就有组织地开展植树活动，每年造林季节，政府无偿供应苗木，动员群众上山造林。其间，1968 年至 1983 年，还先后对县内 5 片播区进行三次飞机播种造林（总面积 93.8 万亩），但到 1983 年止成效都不大。1984 年由县林业局实施以"分期发放"的贷款扶持造林补贴办法，冬春造林、秋后验收成活率在 85% 以上者先给付贷款总额的 50%，以后 5 年的幼林管理，每年检查合格的分别给付贷款总额的 10%。这一措施使农民得利的同时也承担起经济风险，管理相当到位，对当地生态的迅速恢复起到了关键作用。1984 年至 1987 年，共贷款 83.1 万元扶持 251 户农民造林 24000 余亩。此外，1986 年自治县成立基地造林指挥部，将都江、坝街、打鱼三乡计 12 万多亩宜林荒山纳入造林基地建设，"七五"期间这片基地共获国家贴息贷款 496 万元。1990 年 8 月自治县成为世行贷款造林承担县，并签订了"国家造林协议书"，采用股份制联营的方式进行造林。项目主要分布在坝街、都江、拉揽林场、中和、三洞、周覃、九阡、扬拱 8 个乡镇（场）23 个村，1991 年开始造林。

到 1995 年县开展第二次森林资源二类调查的结果显示：全县森林覆盖率不含灌木林地 44.61%，含灌木林地为 50.08%。林业用地面积 2278990 亩，有林地面积 1393912 亩，其中：用材林 1158513 亩，防护林 105822 亩，经济林 7069 亩，薪炭林 52074 亩，竹林 6810 亩，疏林地 85087 亩，灌木林地 198576 亩，未成林造林地 209688 亩，宜林荒山荒地 160998 亩；林木总蓄积为 536.79 万立方米。优势树种面积中，马尾松 486751 亩，杉木 24322 亩，硬阔 271543 亩，软阔 15895 亩；优势树种蓄积量，马尾松 25870680 立方米，杉木 12787530 立方米，硬阔 29028975 立方米，软阔 11540700 立方米。

2000 年，自治县对林业产业结构进行调整，发展以麻竹为主的竹产业作为本县林业产业结构调整的支柱产业。利用退耕还林工程、珠江防护林体系建设工程、九万大山造林绿化工程等机遇大力发展麻竹产业。截至 2005 年年底，共完成 128167 亩面积的竹业基地建设，为三都的林业产业结构调整打下坚实的基础。2001 年自治县纳入珠江防护林体系建设县，2002 年春进行造林建设，同期的启动九万大山造林绿化工程，同步纳入防护林体系建设工程。到 2005 年年底，共完成人工造林 65720 亩，封山育林面积 59000 亩，营造用材林 22700 亩、经济林 1160 亩、护农护堤防护林 41860 亩。2002 年又根据国家政策，实施退耕还林工程。到 2005 年年底，全县完成退耕还林工程 151900 亩，其中：退耕地造林 61900 亩，宜林荒山造林 82500 亩。2002 年自治县开始实施国家退耕还林工程，截至 2005 年共完成退耕还林工程造林 160782 亩，其中：退耕地造林 61902 亩，宜林荒山造林 91380 亩，水土流失现象得到有效控制。

通过以上造林、护林工程的实施，到 2005 年，自治县森林覆盖率上升为 55%。受到"农网改造"、"家电下乡"、"农村小沼气工程"等政策利好的影响，自 1995 年以后，县内人均年柴薪燃烧量从原先的 1 立方米下降到了 0.6 立方米以下，加上打工潮带来的预期损耗节余，自治县的森林覆盖率得到迅速提高，自 2006 年以来每年均提高 1 个以上百分点，到 2012 年达到了 64.58%。

三　森林综合利益与利用

三都地区历史上的商品木材以杉木为主，并主要依托都柳江和龙江上游的樟江两大水路交通孔道外销。县境东部都江片区的木材，通过都柳江外销，民国时期以木排直放榕江市场出售为主。南部周覃、九阡片区的木材则以"赶羊"形式沿樟江上游漂流至荔波起岸销售。在境内市场上，以杉木枋板材交易为主。1960 年以后由于水道两岸近处森林均已过度采伐，林业生产经营只能深采远购，由于边远林区运输困难，木材贸易逐渐减少。但在国营森林工业采购部门成立之前，商品材年产量无统计数字。1956 年至 1987 年间，森工采购部门的销售累计数为 33.06 万立方米。同一时期，县内市场的余缺调剂以及非计划出境的木材，数量略低于计划内的购销数，生产销售总量应在 60 万立方米以上。除此而外，境内住宅主要是干栏式的木质楼房，以杉木为主要建筑、装修材料，每栋用材少者 10 余立方米，多者达 50 余立方米，耗材量也颇大。杉木的天然防腐性能好，非常适应当地闷热潮湿的环境气候条件，用以建造的房屋经久不坏，故为当地建筑用材的喜好。在通风条件较好的半山腰以上地带，一栋材质较好的杉木建筑，可历经一二百年而不坏。都江镇怎雷村上寨韦锦前的住屋，即建于清代同治年间，已历经 150 多年，至今仍结实耐用，村寨中数十年的木板房也很普遍。近几年，交通便利的村寨，多改为砖木结构建筑，耗材量亦相对减少，但由于人口增多，新建房屋数量增加，所以总耗量并未减少。

自治县林业经营的主体原先是森工采购站，创办于 1956 年；1965 年县木材公司成立，1971 年开始木材经营活动；1982 年木材公司合并于县林业局业务股，统管全县森工业务；1984 年改名为三都水族自治县林工商公司，属全民所有制三类事业单位。但 1977 年以前，森工生产年年都有亏损。1978 年以后，木材经营获得较宽松的环境，连续 16 年扭亏为盈。

1996 年以来，由于林业政策的进一步放开，市场竞争激烈，加上生产成本上升，使森工企业生产严重滑坡，经济效益一直处于低谷状态。木材销售主要以原木和半成品为主，几乎没有深加工，直至 20 世纪末才先后建起两家生产细木工板的深加工企业。以拉揽林场木材销售为主的木材税收，曾是三都的重点税源之一。但 1999 年以后国家有关部门决定对林场不再征收所得税，以及其后对天然林的保护政策，仅靠林工商公司的收购销售征税，该项税源逐渐减少。

四　国营拉揽林场的发展与存在的问题

（一）国营拉揽林场的发展

拉揽林场地处都柳江和樟江上游，覆盖三都县 11 个乡镇，为国有制森工企业。1958 年 3 月贵州省人民政府批准建场，1980 年省财政厅明确为独立核算的林业副科级事业单位，经费由林业事业开支，1986 年林场进入经营性采伐之后停拨经费。林场现有人秘股、财务、供销、多种经营、营林、护林防火办公室、林区派出所等 7 个内设机构；下设 12 个工区，有 35 个护林站（点）；现有职工 387 人，其中：在职 273 人（长期聘用的护林人员 120 人），离退休 114 人。

林场最初设计造林面积 7 万余亩。建场以来长期坚持培育壮苗，实行以鱼鳞坑为主的整地造林，长年管护，定期抚育。1965 年以前，营林任务全由本场职工承担，5 年造林仅 3700 余亩。1966 年实行"自营与出包相结合，以出包造林为主"的办法，林场职工以育苗、护林为主，适当安排造林，大面积造林由场外群众承包，林场按合同规定验收并付给报酬。这一方法使造林速度加快，到 1987 年止，林场造林面积达127000 亩。

1990 年启动世行造林项目，与各乡镇、村、组联办股份制林场，村组以土地入股，林场负责资金、技术、管理，收入按"二八"分成，村组二成，林场八成，贷款由林场承贷承还。世行贷款经营面积 13 万亩，使林场经营总面积扩大为 25.7 万亩。该项目总投资 1724.5 万元，其中世行贷款 1022 万元。世行项目结束后，有的村组看到了这种联办股份制林场带来的生态、经济成效，又自愿以土地入股形式与林场联营造林 5000余亩。收入按"三七"分成，即村组三成，林场七成，造林和管护经费由林场自筹资金。树种以松、竹类为主。

林场在 1996 年开始产业结构调整，在全县范围内大面积种植楠竹母竹林，培育和栽植楠竹实生苗，2000 年从广西引进麻竹苗大种麻竹，同时引进美国湿地松、火炬松树种以及意大利杨和本地南酸枣苗等树种，共造林 1.4 万亩。其中：楠竹 4357 亩，麻竹 879 亩，湿地松、火炬松 1839亩，本地松及其他树种 6925 亩。从而改变了原来单一栽植杉树的状况。除拉揽林场外，县境到 1987 年年底还有 19 个乡办林场，5 个村办林场，2 个组办林场，5 个联户林场，共经营面积 63654 亩，其中有林地 43336亩。另外县境还有一些承包集体荒山造林的林业大户，尽管没有实测他们经营的总面积，但在中和镇、三洞乡、水龙乡、羊福乡、巫不乡和都江镇一带，都有营林上百亩的造林大户，都江镇摆鸟村的陆治邦以造林 700 余亩为全县最大的个体营林户。事实上自 1983 年农村自留山、责任山划定以后，农户都有了造林的地盘，加以政府贷款扶持和拉揽林场无偿提供树苗，农户小面积自发造林营林一直持续不断，这在全局上保证了县境的生态环境和森林覆盖率。

林场现有经营管理面积 26.85 万亩，其中：林业用地 26.44 万亩，非林业用地 0.41 万亩；林业用地中，林场自主经营面积 12.4 万亩，林场与村组村民联营造林面积 14.45 万亩。在林业用地中，有林地 24.86 万亩，未成林造林地及其他用地 1.58 万亩，林场森林覆盖率 93.2%，活立木蓄积 226.24 万立方米，是全省活立木蓄积量最大的国有林场。现在，林场划入公益林面积 8.82 万亩，其中：国家公益林面积 4.83 万亩，地方公益林面积 3.99 万亩；2001 年，国家林业局批准成立尧人山国家森林公园时，除公益林部分外，又将 2.85 万亩的林场人工林面积划入森林公园作为特用林。林场划入公益林和森林公园的面积共 11.67 万亩，占到林场自有经营面积的 94.11%。

林场自 1986 年进入经营性采伐以来，总计生产销售商品材近 40 万立方米，森工总收入 14645 万元，上缴国家利税 3043.41 万元，其中：利税 2217.51 万元，育林基金 825.9 万元。在 20 世纪 90 年代期间，林场每年上缴的利税占当年三都县的财政收入的 25% 左右；最近几年，林场上缴县财政利税仍在 250 万—300 万元。在社会公益上，自 1986 年以来，林场对所覆盖三都县 11 个乡镇，累计投入资金 1000 多万元，用以解决林区公路、桥梁、村民人饮工程、村组道路、学校操场和食堂等公益建设项目的资金缺口。生态方面，三都县作为贵州省十大林业重点县之一，主要得益于拉揽林场的有力支撑，林场所覆盖的 11 个乡镇，生态保护均良好，森林覆盖率均在 68% 以上，最高的拉揽乡森林覆盖率达 80%。

（二）目前林场存在的主要问题和困难

1987 年停拨林场事业经费后，林场一直是自收自支管理的林业生产事业单位，经济来源主要靠木材生产。1998 年，国家对林业实行分类经营后，把都柳江两岸的人工林划为生态公益林，这些人工林中的大部分林区当时均已进入采伐期，公益林的划定，占去了林场可采伐资源的相当份额，使可采伐资源逐渐减少，2006 年以后，林场仅靠零星的抚育间伐和世行林的少量采伐维持经营。由于运距远、采伐成本高，加上当地村民参与分成，使林场的生产经营和收入逐步走入低谷。2008 年林场开始向多种经营方向发展，开办了砂石场、纸厂、木材加工厂、纯净水厂等，并规划开发了尧人山国家森林公园的生态旅游项目。尧人山国家森林公园由于基础设施投入不足，市场营销、宣传也不到位，经营状况不好，其他场办企业项目，除纯净水厂运转正常外，纸厂、砂石场、木材加工厂等均已停产。目前，林场累计拖欠职工历年工资 652 万元，拖欠职工养老保险费 206 万元。此外，尚有 88 个护林员未纳入养老保险。

随着国家林业政策的调整，林场又面临许多发展的新问题：一是在林业生产收入少的同时，护林负担加重。林场现有 35 个护林站（点），共有 232 个护林员在基层一线工作，每个护林员的管护面积达 800—1000 亩，由于公益林管护，国家补偿太低，而管护工作难度又大，很多护林员因工资待遇低而想辞去护林工作，为了维护森林不被破坏，林场只能自掏腰包提高护林员待遇，留住护林员安心工作，这在相当程度上加重了林场的生产负担。二是退休职工待遇低。自 2006 年以来，林场职工的工资就不高，退休进入社保后，社保局又按企业待遇发放基本养老金（但林场本身一直以来都是副科级事业单位），林场又只好按事业单位标准补足退休职工养老金的不足部分，这部分开支每年需 250 多万元。加上前述的护林员补贴，林场目前每年需资金 1500 万元以上，才能确保正常生产。三是林地纠纷问题突出。自 1986 年进入采伐生产以来，林场与林区周边村民或村组的林地纠纷事件就不断，这种纠纷，往往导致护林员被打，护林站被砸，甚至森林公安人员受到人身安全威胁，加上集体林权制度改革又引发了新一轮的林权纠纷，而三都县委、县政府在处理这样的林地林木纠纷时，本着稳定为主的方针，不管有理无理，最后都以林场让步为纠纷案件的终结，致使国有林场的经营面积不断被蚕食。据统计，目前林场与林区周边村民有争议的林地面积达 48000 多亩，若问题得不到尽快妥善解决，就意味着林地采伐后无法尽快更新。这种纠纷也引发了一定程度的盗砍盗伐和乱砍滥伐，这将在总体上影响三都县生态环境的可持续发展。四是基层护林站设施简陋。基层护林站大多是简易的木结构站房，多数年限已久，由于得不到基本修缮，很多护林站房已是危房，并且多数站房位处深山老林或人迹罕至之地，护林人员长期在不通电、不通水、不通公路、无集市的条件下工作，生产生活环境均极为艰苦。五是不恰当的决策制约了林场发展。2005 年，三都县以城镇发展为由，拆掉了林场的办公楼，但新楼迟迟未建，至今，林场只好借用县林业局旧楼的几间办公室办公。随后又让林场为县中纤板厂在农行贷款 1200 万元承担担保，协议林场拥有中纤板厂 38% 的股份，但由于无法理顺关系，迄今林场从未从中纤板厂的生产经营获得任何收入，但银行担保一项，反而使林场倒贴了 100 多万元的银行利息。

五　林业调查小结

三都县良好的森林植被率是林业工作者和全县各族人民共同努力的结果。仅 2012 年，全县完成各项造林、营林建设任务 5 万多亩，其中：九万大山防护林建设项目人工造林 3015 亩；退耕还林工程造林 3000 亩；中央财政造林补贴试点建设项目人工造林 6400 亩；珠江防护林建设工程封山育林 5000 亩；石漠化综合治理工程 23477 亩，其中封山育林 17810 亩，人工营造用材林 5667 亩；巩固退耕还林成果项目人工造林 1500 亩；完成森林抚育 10000 亩；巩固退耕还林成果项目恢复经营 3625 亩；完成县城凤凰山公园景观绿化补植和县城城郊重造、补造绿化面积 500 亩；全县机关、学校义务植树 50.1 万株，义务植树成活率 92.4%。此外，还完成了2600 亩的营造林育苗工程，预产规格幼苗木 5340 万株，保证了全县今后的营造林用苗。

到 2012 年，林业科技完成了全县林木种质资源的清查工作，为全县今后调整林种结构，开展多种经营，培育和保护林木资源提供了科学依据。开展实施珍稀阔叶树种种质资源收集保存库建设项目工作，完成钟萼木采种株数 30 个单株、闽楠木采种株数 34 个单株、榉木采种株数 46 个单株，并已全部用于育苗，育苗面积近 5 亩，目前，所有苗木均已达到造林用苗的要求。完成了红豆杉药材原料林栽培技术示范项目、楠竹高产栽培技术示范项目和籽刺梨无公害高产栽培技术示范项目的规划编制工作。

在森林资源管理经营方面，实施森林采伐限额管理，2012 年全县年度森林采伐限额 290460 立方米，商品材采伐蓄积 70000 立方米，办理木材（林产品）出境运输 22300 立方米，均严格控制在上级林业部门下达的采伐限额指标内。2012 年全县共发生各类林业案件 110 起，其中，林业刑事案件 5 起，林业行政案件 105 起，案件查处率 100%，罚没 163.8 万元，补征林业税费 36 万元。全县连续 5 年没有发生破坏森林资源的重大、特大案件。严格执行森林防火工作，层层落实防火责任，强化火灾隐患排查和野外用火巡查，加大火灾案件查处力度，2012 年至 2013 年 8 月，全县共发生森林火灾 13 起，其中，一般火灾 1 起，较大火灾 12 起，过火面积 145.33 公顷，受害森林面积 28.99 公顷，森林火灾受害率 0.184‰，远远低于 0.68‰ 的年度指标数，没有发生重大森林火灾和人员伤亡事故。

在林业有害生物成灾和病虫害的防控方面，开展监测面积 1224.37 万亩，发生林业有害生物面积共 0.41 万亩，发生率为 0.019%，为轻度发生，并未影响林业生产经营和环境保护，成灾率为 0，达到了 0.3% 以下的控制指标。

全县的林地林权改革工作已进入后期阶段，截至 2013 年 6 月，已完成 210 个行政村 388 个林权证的发放工作，确认发放面积 210 万亩，占林地林权改革目标面积的 91.2%。

三都县委、县政府高度重视全县的生态保护以及森林资源的管理和有效利用工作，规范木材经营和加工企业的资源整合，引导木材经营加工企业向规模化、现代化方向发展，鼓励企业加大产品的技术创新和引进高科技人才，提高林业终端产品的档次和市场占有率，为企业可持续发展奠定了坚实的基础。金鸟木业有限公司在全县木材加工企业中，坚持以科技创新为先导，目前已申请成功 3 项林产品加工的发明专利，3 项实用新型专利，其中《枫香木脂接板关键技术研究与产业化应用》的技术成果，处于国内领先地位。

六　三都县林业发展目前面临的问题与困难

一是基层林业工作人员少，按编制，全县 21 个乡镇的林业工作站应有人员 111 人，目前实有工作人员 61 人，平均每个林业站仅有 3 人，有的林业站甚至仅有 1 人，但每个站点每年却承担乡镇造林技术指导、森林防火、退耕还林核查、公益林绩效检查和资金兑现、森林资源管理、协助查处涉林案件以及林木采伐设计等繁杂的业务工作，加上乡镇林业站改由乡镇直管后，林业工作人员还要服从和分散精力投入乡镇的中心工作，工作量大、任务重；加上乡镇对直管所站的工作安排不到位，使基层林业工作压力非常大，导致很多乡镇的林业生产和森林资源管护不到位。二是基层林业执法人员和管理人员的工作经费得不到保障。自 2006 年开始，根据林业生态建设和管理工作的需要，三都县委、县政府安排第三类事业人员 44 名到基层林业单位，从事林业生态建设和管理工作，但这些人员的工作经费却没有相应纳入县级财政预算，只由政策性的基金解决，致使很多时候这些工作人员的经费得不到保障，加重了基层林业站点的经济负担。三是全县目前木材经营加工企业的规模普遍偏小，加工的机械设备落后，加工生产能力差，一方面无法消化林业生产管理中大量间伐出林的木材方量，严重影响了林区正常的林业生产管理；另一方面，由于多数企业生产的都是初级产品，全县缺乏具有市场竞争力的大型精深加工的龙头企业带动，难以形成应有的林业规模效益和增值效益，在一定程度上影响了人们的营林生产积极性。四是林业产业拉动资金少。近年来，国家投入的林业资金主要是生态项目的建设资金，而林业产业项目资金很少；由于县级财政乏力，加上政策贷款机制的不完善，严重滞后了林业产业的应有发展。缺乏拉动资金的结果，使三都县的林业资源和林业产业发展比例严重失衡。

事实上，三都县的资源优势和产业发展优势都在于林业。加大林业生产的健康发展，将是三都县实现经济可持续发展的重要途径。现阶段，进一步加大资金投入，加快全县的绿化进程，扩大森林面积，提高活立木生长量和蓄积量，进一步提高森林植被率，使森林植被率稳定在 20 世纪 50 年代的 70% 的水平，在发展林业经济的同时，充分发挥生态效益，仍然是林业生产的重点。在这方面，应做到确保造林质量，以乡镇为重点落实管护措施，号召林农抓好抚育管理、科学进行病虫害防治等，促进林木生产的健康和快速发展，为林业产业的升级发展储备原材料资源。深化集体林权制度配套改革工作，建立林权交易平台，引导林地、林木合理流转，为森林资源转让、流通、森林保险、林权抵押贷款及管理提供服务。扩大基地林建设面积和规模，采取"公司＋基地＋农户"的模式应对市场发展和行业发展竞争，鼓励公司、企业、农民专业合作社、林农等结合国家林业工程的实施，建设林产业加工的原料基地，发展林业经济，促进地区经济发展，增加农民收入。以调整树种结构为重点，实施经果林基地建设，重点抓好有本地特色的水晶葡萄、九阡李、杨梅为主的特色经果林建设；根据气候、土壤、降雨等自然地理条件，引进珍贵速生树种，改变树种结构并缩短林业生长和收益周期；并鼓励农户大力发展林下养禽、养畜，种植药材、食用菌、花卉等经济，使群众在林业生产过程的各个时期，都能获得可观的收入和稳定的效益。加大龙头林业企业的培育力度，交梨工业园区和周覃工业园区在招商时，应只招引投资在亿元以上的企业1—2家，做大做强木材加工经营工业，按照产业链条长、资源利用率好、科技含量大、产品附加值高的要求，培育发展一批有竞争力的龙头企业，推进优势资源向优势产业集中，打造林业产业集群。以"尧人山"国家森林公园和都柳江省级风景名胜区为依托，结合当地多姿多彩的水族、苗族、布依族风情和民族传统文化，大力发展森林生态旅游业。

第三节 工业经济的跨越式发展

自新中国成立以来，三都水族自治县的工业经济，经历了从无到有的艰难发展过程。但建立在县境范围内靠地方矿产和资源小优势发展而来的地方小工业，一直受限于当地工业经济基础的薄弱和交通瓶颈的制约，难以做大做强，一些矿产型企业受原材料供应和市场竞争影响的因素十分突出，难以对县域经济发展起到长期催化作用。在2000年以前，全县的规模工业企业只有寥寥几家，到2006年时才发展到15家，其中，国有工业企业5家，非公有制企业10家，全年全县规模工业企业累计完成工业总产值15525万元，首次突破亿元大关；2007年，全县的规模工业企业为17户，非公有制企业增加2家，规模工业企业累计完成工业总产值20350

万元，比 2006 年增长 31.6%，创税 1268.8 万元，比 2006 年增长 27.8%，亏损 273.6 万元，比 2006 年减亏 501.7 万元，工业固定资产投资完成 15200 万元；2008 年，随着全省"工业强省战略"的实施，县境规模工业企业增加到 22 户，非公有制企业比 2007 年增加 5 家，但受国际金融危机的影响，矿产企业只产不销，建材企业销售大幅下降，规模工业企业累计完成工业总产值 23500 万元，只比上年增长 9.4%；2010 年，全县规模工业企业户数维持在 22 户，但规模工业企业累计完成工业总产值增加到 50300 万元，工业固定资产投资完成 30000 万元。

"十一五"期末的 2010 年，全县国内生产总值 162700 万元，比"十五"期末的 74000 万元翻了一番，三次产业结构调整为 32.9：17.6：45.9，农业产业比重首次降到 35% 以下，规模工业总产值 50300 万元，全社会固定资产投资 221900 万元，社会消费品零售总额 56200 万元，农民人均纯收入 3478 元；2012 年，全县国内生产总值 221500 万元，工业总产值 89500 万元（其中规模工业总产值比上年增加 7700 万元），全社会固定资产投资 420500 万元，社会消费品零售总额 77900 万元，农民人均纯收入 4988 元。

2008 年以后，随着全省"工业强省战略"的实施，特别是"十二五"以来，通过加大投资环境建设和招商引资力度，紧紧围绕"三化同步"和"加速发展，加快转型，推动跨越"的主基调，强力推进工业园区和项目建设，全县工业经济进入了发展的快车道。2012 年全县规模企业累计完成工业总产值 78710 万元。2013 年 3 月完成工业产值 32152 万元，同比增长 127.6%，预计 2013 年完成工业产值逾 10 亿元。

一　三都矿业的演变和发展

县境工业始于清代同治年间开办的冶铁业，先后办有甲晒老铁厂、甲晒新铁厂、梁家沟铁厂、普屯李家厂、打孟塘铁厂、打鞭河铁厂、煞页寨铁厂、牛洞铁厂等 8 家冶铁工厂，除普屯李家厂延续至民国 20 年（1931 年）、打鞭河铁厂延续至民国 22 年（1933 年）、牛洞铁厂延续至民国 37 年（1948 年）外，其余铁厂多在清末停办；民国年间又开办有巴银铁厂、干沟铁厂、羊冬上铁厂、羊冬下铁厂、的刁河铁厂和怡和铁厂等 6 家冶铁工厂。这些铁厂皆采用土法生产：采矿仅以铁锄或尖嘴锄人工露天采掘，凭肉眼选拣或焙烧后剔选可炼用矿石；冶炼炉多用大木桶作外壳，内砌青石，内部加涂耐火泥土，炉身前后靠炉脚处各开一洞，前洞为出铁（水）口，后洞为进风口，炉顶有直径尺许的进料口，进料口同时也是排烟口；冶炼时，先于炉底铺上一层干木柴，柴上放入矿石，然后矿炭相间铺置直到炉顶，将柴引燃后鼓动风箱加速提高温度，约经 10 个小时左右，矿石溶化出铁液；于炉前出铁口处事先用细沙铺成沙面，铁液流于沙面上去渣，待其冷却后再置于另一炉中煅烧除去杂质，即成生铁。每炉炼毕以凉水冲炉降温后再重新埋柴填矿冶炼下一炉，工艺技术都极其粗糙。因此，这些铁厂日产生铁都只有几百公斤，最高的怡和铁厂日产生铁也只在400—700 公斤，但皆因所产生铁滞销，开办一两年即停办。冶锑行业始于民国 10 年（1921 年），先是广东商人在三合办厂，开采锑矿石由都柳江水路运销广东；随后，从民国 25 年起陆续开办了兴黔公司、民生公司、铭新公司、黔昌公司和协和公司等 5 家冶锑企业，这些企业均为私营合股企业，其中民生公司和协和公司曾日产精锑 600 公斤。到 1940 年，这些企业陆续停产停办。冶汞业始于民国 5 年，从民国 5 年到民国 24 年，县境先后办有乌虾沟水银厂、羊冬水银厂、背夫厂、破槽厂、四红厂、摆罢坡水银厂和牛崽洞水银厂等 7 家民办企业。1936—1946 年的 10 年间，县境汞矿采冶业收归贵州省资源委员会统一管理。此外，民国初年县境羊勇关还开办有一家铅锌冶炼业。

民国时期，加工业方面仅有"泰来"手工卷烟厂和几家织布作坊，均属于民间小型工业。

新中国成立以后，县境工业仍以矿产资源的开采冶炼业为主。

冶铁矿业：1953 年，开办公私合营的群益铁厂，1953 年至 1957 年，共生产毛铁 400 吨，大小铁锅 2000 余口，加工各种农具 3000 多件。1958年大炼钢铁时，全县共兴办炼铁厂 95 个，群益铁厂全部人马调出参加钢铁会战，原厂人马星散，最后并入硫黄厂，该厂随之消失。1958 年县境还建有王才铁厂、中和铁厂、拉先铁厂、交梨炼钢厂等，均因矿石品位低，缺乏技术，运输距离远等因素停办。此后县境内铁矿长期没有开采和冶炼。

2005 年以后，国内外精铁粉价格看好，同年 6 月，自治县通过招商引资，引进湖南客商到中和镇开办诚信矿业有限公司，设计规模日选铁矿500 吨；引进重庆客商杨平到中和镇西洋村开办渝黔宏鑫铁矿加工厂，设计规模日选铁矿 300 吨。上述公司投入试产后，近年来受国内钢材市场价格大幅波动的影响，生产经营时好时坏。

锑矿业：县境锑矿业自新中国成立以后，较长时间内均未开采。截至20世纪70年代后期，由于国际市场上锑产品购销两旺，境内采购、冶锑矿业兴起，从1978年开始到2005年年底止，共兴办采冶锑矿企业5个。

苗龙锑矿厂：建于1978年4月，总投资50余万元。当年投产，冶炼10次，共产精锑19.8吨。但因精锑含砷量高，价格低廉，加上矿源缺乏，不能连续生产，企业因亏损于1981年被迫停产下马。三都有色金属矿业公司：1984年10月成立。总投资472.1万元，从开工投产到1987年共生产精锑559.8吨。1988年上半年生产精锑192吨。但由于原料供应不足、技术设备落后、经营管理不善等原因达不到生产设计能力，造成经营性亏损130万元。1988年9月停产下马。硫化锑粉厂：1986年8月兴建，由县乡镇企业局供销公司承办，引进贵州省化工研究所"化学化浸取硫化锑精粉"的技术，总投资50万元，设计生产能力为年产含锑60%的硫化精锑粉350吨，因属试验性引进项目，设备几经技改，仍不能正常生产，到年底仅生产出含锑54%以下不合格的硫化锑粉25吨。由于技术不过关，加上锑矿原料供应不足等原因，当年停产倒闭。南龙冶炼厂：1987年10月兴建，由三合区及苗龙乡与广东韶关阻燃剂厂联办，引进资金60万元和技术力量，设计年生产能力500吨精锑，后因矿源及技术等因素，建成即停产停业。大河区硫化锑粉加工厂：1987年9月兴建。共投资45万元，设计能力为年产锑氧粉300吨，1988年建成投产，目前虽仍注册在案，但也处于停产状态。

县境锑矿行业目前仍在正常生产经营的仅存精矿冶炼厂，该厂成立于2004年，厂址位于县城三合镇的三郎村，2006年完成工业总产值845.6万元，销售收入845.6万元，2007年完成工业总产值954.2万元，销售收入386.4万元，创税21.1万元。1988年至2005年这18年间，是县境内工业逐步发展壮大并形成工业体系的时期。1990年随着国际国内市场精锑价格走高，得益于县境东面都江镇、巫不乡、坝街乡一带五坳坡、小脑坡两大锑矿场的发掘，使采矿业、选冶业等一系列地方工业企业迅速发展，促进了其他工业的发展壮大，逐步形成县境内冶金、化工、煤炭、电力、森工、制药、食品、建材等行业工业的发展。

铅锌矿业：县境铅锌矿业自新中国成立以后，1958年建立牛场铅锌矿厂，共开采铅锌矿石近千吨，土法冶炼铅产品2吨，后因矿源、资金、技术等原因于 1960 年 11 月停产下马。到 1985 年，由当时的尧麓乡（现并入三合镇）工农商公司投资资金 4000 万元开办尧麓铅锌矿厂，年产铅锌矿 300 吨，铅锌品位在 15 度左右。但开采时断时续，没有形成较大规模。2005 年以后，铅锌市场价位看好，自治县通过招商引资，目前已有 3 户客商落户三都。其中，三合镇牛场鑫源铅锌矿厂，日选矿石 200 吨，2006 年 8 月正式投产，当年完成工业总产值 1430 万元，销售收入 1430 万元，2007 年完成工业总产值 2444.8 万元，销售收入 2134.8 万元，创税 289.5 万元；九阡板甲恒通铅锌矿厂，日选矿石 100 吨，2006 年 8 月正式投产，当年完成工业总产值 912.2 万元，销售收入 912.2 万元，2007 年完成工业总产值 1099 万元，销售收入 680.1 万元，创税 69.2 万元；九阡板甲金阳铅锌矿厂，2007 年完成工业总产值 416.4 万元，销售收入 416.4 万元，创税 53.3 万元。

进入 21 世纪，铅锌矿业是三都县所有矿产行业中经营较好并有一定利税的产业。

采汞业：采汞业在新中国成立后，由贵州省公安厅劳改局丹寨汞矿厂于 50 年代初在交梨设分厂，1969 年矿源基本采空，1979 停产。1958 年 2 月，县政府在尧麓乡岜桥湾建立国营汞矿，土炉冶炼，到 1960 年年底共产水银 9 吨，后因技术落后回收率低成本高，企业亏损而于 1961 年 3 月下马。2004 年，县人民政府通过招商引资，将交梨一带的拉鲁、拉娥、新寨三个矿点的最后尾矿，以 34 万元价格拍卖给广东客商采选，时限为 5 年。

硫黄矿：县境硫黄采掘始于清光绪三年（1877 年），不久停办。新中国成立以后，经地质勘探查明县城北部交屯、排代一带硫铁藏量丰富，1958 年 2 月在交梨乡高屯创建交梨硫黄厂，有职工 300 余人，到 1960 年年底共生产硫铁矿 3287 吨，硫黄 719 吨。1961 年交梨硫黄厂下马。1966 年 5 月，由省化工厅、黔南州工业局拨款投资 130 万元，恢复创建三都县硫黄厂（1987 年更名"三都硫铁矿"），时有职工 150 人，截至 1972 年共生产硫黄 170.3 吨。1973 年硫铁矿市场紧俏，故停产硫黄，专采硫铁矿，年产矿石最高时曾达 1 万吨左右。1980 年以后，硫铁矿滞销，造成硫铁矿产品大量积压，企业严重亏损。从 1970 年至 1983 年，共生产硫黄 172 吨，生产矿石 67580 吨，完成工业总产值 299 万元，缴纳国家税金 14.3 万元，1984 年停产。1988 年该厂参与国家化工部化肥基建项目招标中标，项目规模为年产精矿 5 万吨，1990 年 11 月项目破土动工，1996 年 7 月，该项目的采选项目工程才竣工，项目投资 1742 万元，试产达到设计水平。但由于市场原因停产。为了盘活国有资产，县人民政府通过招商引资，于 2005 年 6 月以 280 万元的价位把矿山部分转让给贵州钟南矿业有限责任公司。

黄金矿：1993 年组建，为地方国有企业性质。苗龙金矿总储量为 5.6 吨，共由 34 个矿体组成，分布在 2 平方多千米范围内，平均品位为 5.37 克/吨。该矿山地理环境复杂、地质构造特殊，1993 年至 1998 年间，属氧化矿开发阶段，也是效益最好的阶段，每年上缴国家各种税费几十万元，最高时曾达到 100 万元。2001 年氧化矿全面枯竭，只有有害元素多、矿体小、分布散、埋藏深、变化大、属超微细粒浸染型的难选冶原生金矿。2002 年黄金矿与贵州省黄金集团公司合作，更名为"贵州省三都县金矿有限责任公司"，为国有合作企业，注册资金 500 万元，于 2003 年 6 月正式开工建设，2003 年年底完成一期矿山井巷开拓系统工程和选取矿厂技改扩建工程建设，总投资 650 万元。2004 年 6 月正式投入生产，生产规模为日采选原矿石 200 吨，年产量为 50 克/吨的金精矿 4200 吨和 50% 锑精矿 600 吨，年产值 2500 万元，年利润总额 300 万元，矿山服务年限 15 年。由于贵州省黄金集团公司后期资金不足，公司于 2005 年 6 月由国家黄金局收购。国家黄金局收购后，目前各项经济技术指标均已达到国家规定的标准。自 2007 年以来，公司年产值维持在 1500 万元左右，利润维持在 10 万元左右，每年税金维持在 55 万元以上。

磷矿业：县境磷矿开发始于 1958 年，县办磷肥厂 2 个。第一个磷肥厂建于 1958 年，因矿品含磷量低，于次年春停产下马。第二个磷肥厂建于 1972 年 3 月，投资 64 万元，次年 10 月建成硫酸车间和普钙车间，有职工 30 名。由于生产成本高于售价，1979 年 12 月停产下马。

采煤业：境内煤炭开采始于 1958 年的安塘煤矿，初期有职工 360 人，分安塘、恒丰两个片区，共开煤矿洞 35 个，平均日产煤 100 吨。1961 年停产下马。自治县煤厂：建于 1971 年 11 月，先建厂于廷牌乡本托村，开掘平巷煤洞 5 个，因煤源少，1974 年 3 月迁厂至安塘乡开掘煤井 2 个，因未采到原煤富矿，亏损 1.5 万元，于 1974 年 12 月停产下马。恒丰乡夭勇煤矿：2001 年开办，属民间合资私营企业，设计年生产能力 3 万吨。塘州乡云和煤矿：私营企业，设计年生产能力 3 万吨。

到 2010 年，恒丰乡夭勇煤矿和塘州乡云和煤矿的扩界扩能改造皆进行完毕，分别达到年产 9 万吨原煤的生产水平；已取得采矿许可证的煤矿有腰月、的育、垃旦、朋彩和三川 5 个煤矿；另有塘赖比寨、石奇、水备、地祥 4 个煤矿正在申办采矿许可证。煤炭开采业刚出现较大规模的发展态势，但 2013 年随着国家能源政策的压缩性调整，三都县境的多数矿井又被列入了关停之列。

硅矿业：三都硅矿业由三都水族自治县湘黔硅业有限责任公司开发生产。公司于 1999 年 3 月建立，总投资 1000 万元。拥有 6300KVA 矿热炉 2 台，主产金属硅。年产量 7000 吨，年产值 6000 余万元。公司按 ISO 9001 标准建立健全了质量管理体系，有完善的质检化验中心，配制了整套先进的检测设备。产品远销日本和欧美国家。2004 年以来，每年实现产值 2100 万元，创税 100 多万元。

二　电力工业的建立和发展

三都的地方电力工业始于 1953 年，当时县粮油加工厂为了提高生产能力，同时解决县城机关办公照明问题，从广州购进美制"建密西"汽车引擎和 15 千瓦发电机一台，1954 年 6 月正式供电。

县内水力发电始于 1959 年 10 月在普安镇岩寨兴建的 12 千瓦水电站，次年 3 月竣工发电；次之为 1962 年动工在县城对门河兴建的 74 千瓦官塘坝水电站，代替火电供县城照明。到 1987 年年底，全县先后建成各类小水电站 84 个，装机 92 台，计 3169.5 千瓦。架设 35 千伏输电线路 28 千米，10 千伏输电线路 321 千米，低压线路 518 千米，共有 8 个区镇，132 个行政村，18709 户用电照明。1965 年至 1987 年水力发电共 3363 万度，其中农用电量 2177 万度。8 个主要水电站中除城关的官塘坝电站于 1970 年停产外，1970 年建成投产的大河电站（安装 2 台水轮发电机组共 500 千瓦）、1982 年 5 月建成供电的中和电站（安装 2 台水轮发电机组共 200 千瓦）、1982 年投产供电的周覃电站（安装 2 台水轮发电机组共 400 千瓦）、1983 年 6 月竣工送电的倒马坎电站（安装 2 台发电机组共 200 千瓦）、1986 年 12 月投产供电的都江电站（安装 2 台水轮发电机组共 250 千瓦）以及 1980 年建成投产的烂土一、二级电站（总装机容量 450 千瓦）皆完成了与国家电网的联网发电。2006 年三都供电局用于购电成本的资金为 1791.5 万元，其中，387.04 万元用于购买地方小电站的水电，地方小水电站发电量占三都全年用电量的 21.6%；2007 年共购买地方小水电站电量 2961.72 万千瓦时，地方小水电站发电量占三都全年用电量的 35.6%。

地方小水电站对三都电网用电的贡献率呈逐年增长的趋势。其中都江电站，2003 年 5 月通过招商引资，由浙江客商投资 1700 万元进行技改，装机容量 3150 千瓦，2005 年 9 月技改完成投产送电后，年发电量即达 1200 万千瓦，年产值 220 万元。官塘电站是三都电网近期才投产发电的小水电站，电站位于县城西郊都柳江河畔，总装机 2400 千瓦时，设计多年平均发电量 1200 万千瓦，由贵州省黔南州水利水电开发有限公司投资 1400 余万元建设。电站于 2002 年 12 月 7 日开工建设，2005 年建成投产。该电站是通过招商引资，引进外来资金建成的成功企业之一，为开发自治县丰富的水能资源、推动经济社会发展做出了积极贡献。

为适应改革开放后经济发展的需要，1985 年国家电网给三都送电。同年 9 月，第一次投资 151 万元修建 35 千伏输变电工程，次年 11 月完成安装变电设备和架设联结丹寨县变电站至县城 27.65 千米的输电线路。之后，国家先后投资 1.16 亿元，兴建和改建了丹寨至三都 110 千伏输变电工程，三都至都江、三都至周覃、三都至杨勇关、周覃至九阡、中和 35 千伏输变电工程，以及罗家山 35 千伏变开关站等工程。2002 年年底完成了三都至荔波 110 千伏环网线路的架设，实现了丹寨—三都—荔波—独山—都匀—丹寨的环网供电。

1999 年，全国农村实施"农网改造"工程。自治县农网建设和改造工作从 2000 年年初开始启动和实施，经过三年多的施工，一、二期工程共投入资金 7280.7 万元，彻底解决了全县 270 个村的通电问题，乡（镇）、村通电率达 100%，户通电率达 99%。通过电网的建设和改造，输变电设备得到进一步改善，供电可靠性得到空前提高。到 2005 年年底，自治县已经拥有了 110 千伏变电站 1 座，主容量 30000 千伏安 35 千伏变电站 6 座，容量 12600 千伏安 35 千伏开关站 1 座，10 千伏线路 1196.26 千米，35 千伏线路 132.92 千米，400 伏线路 281.3 千米，220 伏线路 836.05 千米，配电变压器 1218 台。地方电力年可供 2000 万千瓦小时，国家指标购电 6000 万千瓦小时，共 8000 万千瓦小时。逐步形成了以三都 110 千伏变电站为主要电源点，35 千伏输变电线路为主网架，10 千伏线路辐射各乡（镇）的供电格局。

农村电网改造和农户用电的普及率，以及国家对家电下乡的政策性补贴，刺激了农户日常生活中对炊具类家电使用的快速增长，电饭锅、电炒锅的广泛使用，在很大程度上改变了过去传统炊饮一味靠燃烧柴薪获得能源的局面。根据测算，炊具类家电在农村的普及，使农村人口人均燃烧柴薪从过去的人均每年 1 立方米，减少到现在的人均每年 0.7 立方米，加上农村小沼气建设的推广普及带来的生态利好，现在当地农村人均年燃烧柴薪比过去减少了 50% 左右，以全县 31.94 万农业人口计算，每年燃烧柴薪减少 15.8 万立方米，使林木的年生长量大大高于年消耗量，从根本上保证了当地生态环境的良性循环和可持续发展。近年来，三都县的森林覆盖率每年增长 1 个百分点，正是这种政策利好带来的结果。

三 药业的引进与发展

制药工业：三都的制药工业仅贵州金康制药有限公司一家。1995 年成立，为民营企业，公司注册资金 300 万元，现拥有固定资产 3300 多万元。是一家专门从事天然药物开发、生产的制药企业。公司充分地利用三都及周边地区的中药材资源优势，发展制药产业。主要产品有"感冒停"胶囊、"枇杷止咳"胶囊、"扑热息痛"胶囊、"丹参舒心"胶囊、板蓝根冲剂、"安胃"胶囊 6 个品种，其中"感冒停"胶囊和"枇杷止咳"胶囊获国家中药保护品种，"枇杷止咳"胶囊和"扑热息痛"胶囊纳入国家医药保护目录，产品销售覆盖国内 27 个省市自治区。自 1998 年以来，公司每年完成工业总产值 3200 万元以上，缴纳税收 100 万元，并带动 1000 多户农户通过中草药材种植而脱贫致富，解决 120 多名职工的就业问题，并带动相关产业的发展。

公司于 2002 年开始实施 GMP 改造，2006 年年底完成，项目总投资 2970 万元。自 2007 年以来，公司年销售收入增至 20850 万元，利润 2687 万元，税金 1830 万元。

四 建材工业经济的发展

三都的建材工业在 2005 年以前，只有三都金江水泥有限责任公司和三都建材有限责任公司两家。

三都金江水泥有限责任公司成立于 2000 年 12 月，2004 年建成试投产，为非公有制企业，企业生产规模为年产 10 万吨普通硅酸盐水泥。产品畅销三都、荔波、榕江、丹寨、凯里、都匀等县市，产品经县、州、省和国家质量技术监督局数十次的抽样检验，全部产品100％合格，并经贵州省技监局、贵州省质量公正行评定为贵州省质量诚信企业，经中国建材产品流通协会评定为优质产品企业。2006年企业生产水泥71000吨，完成工业产值1846万元，销售收入1833.8万元；2007年技改后产能提高到年15万吨，2007年至2009年，连续3年完成工业产值3200万元以上，销售收入3100万元以上，税收260万元以上，企业利润170万元左右。但自2010年以后，受市场竞争的影响加上经营管理的原因，生产时断时续。目前，企业生产经营已处于全面停滞的状态。

三都建材有限责任公司，2000年9月由原国有企业三都县农机修造厂改制而成，固定资产118万元，年生产炭化砖1000万块，页岩砖800万块，产品主供县内工业和民用建材需求，2000年至2007年，年产值只保持在80万元以内，2008年以后，随着民用建材需求量的提高，年产值得以提高到100万元以上。

贵州三都润基水泥有限公司，2010年10月成立，公司位于塘州工业园区内，占地1800余亩，总投资31000万元，公司从德国引进先进的生产设备和管理经验，设计年产100万吨新型干法旋窑水泥。2013年开始投产试运行。公司所处的塘州乡境，虽然拥有丰富而优质的石灰石矿山资源，为企业解决了长期生产所需的矿石原料，但由于没有理顺企业发展与农业生产之间的关系，致使公司一开始投入试运行，就产生了不少矛盾，附近农民为争取生存权益而多次发生堵路行为。这需要政府从长远发展的角度来平衡企业与农户之间的相依共存关系，并找到双方共赢的问题解决办法。

林产业：在拉揽林场的森工生产停滞之后，三都县的林产业发展主要体现为造林、营林和护林面积的持续扩大，为消化营林间伐和护林修枝产生的副产品，三都县随之而成立了多家木材加工企业，规模较大的有：贵州三都人造板有限公司、三都金鸟木业公司、三都瑞江木业有限责任公司、三都顺源木业有限责任公司、贵州省三都昌华木业有限责任公司、三都昌泰木业、龙腾竹木业公司和余林木材加工厂等近10家企业。

五　民族传统工业经济

三都县的民族传统工业目前主要是糯米窖酒的酿造和马尾绣工艺品

制作。

三都水族糯米窨酒原产地为九阡地区，也称"九阡糯米窨酒"或"九阡酒"，历来为民间自酿自饮的酒品。九阡酒是水族人民积累千年经验酿造的一种独特糯米窨酒，该酒以当地的摘糯米为主料、采用月亮山中的120多种天然植物和月亮山的泉水制成酒曲，利用传统技术方法酿造而成，色泽棕黄、晶莹透亮、醇香蜜甜、富于营养，具有滋阴壮阳、美容健体、提神明目之功效。九阡酒在明清时期就远近闻名。为开发这一民族传统工艺，1984年成立九阡酒厂，当时这家集体企业，拥有职工45人和1500亩糯米生产基地，建有两条生产线和600吨窨酒库一座，酒厂年产量300吨。进入21世纪后，酒厂按照现代企业制度进行管理，九阡酒凭着丰厚的文化底蕴，蜜香清雅，醇甜生津之口感，远销广东、北京、广西等地，目前产品在市场上供不应求。为了做大做强这一民族品牌，该厂通过筹措资金进行改、扩建。目前，改、扩建已完成，扩建后产量为5000吨/年，实现销售收入5000万元，缴纳税金500万元。该项目还新解决了120人的就业问题，并带动4000农户种植优质摘糯米实现致富奔小康。

马尾绣产业：马尾绣，水语称"daih jez 带吉"，（"带吉"在中原汉语古音中指上古四马战车时代经过人工挽绕打结的马尾，以避免战马行进过程中马尾相互缠绕，影响行军速度和作战）。马尾绣是水族刺绣艺术的典型代表，相关专家考证研究认为，中国四大名绣中的"粤绣"与马尾绣存在渊源关系。《存绣堂丝绣录》及《纂组英华》等书介绍明末清初粤绣技法时说："铺针细于毫芒，下笔不忘规矩，其法用马尾于轮廓处施以缀绣，且每一图上必绣有所谓间道风的飞白花纹，所以成品花纹工整自然。"其所描绘的技法与水族马尾绣技法如出一辙。

水族马尾绣主要制作工艺：先取马尾3—4根作芯，用手工将白色丝线紧密地缠绕在马尾上为预制绣花线；然后按照传统刺绣纹样或剪纸纹样，将这些绣线盘绣于花纹的轮廓上；再用7—9根彩色丝线编制成的扁形彩线，填绣在盘绣花纹的轮廓中间部位；其余部分按通常的平绣、挑花、乱针、跳针等刺绣工艺进行。传统马尾绣工艺的代表作是马尾绣背扇，其纹饰图案繁多，最具代表性的有龙形纹、凤凰纹、鱼纹、雷纹、葫芦纹、蝴蝶纹、南瓜纹、树纹和铜钱纹等9种纹饰。

马尾绣过去只是水族民间传统的女工技艺，除用于制作背扇外，也广泛运用于制作女性翘尖绣花鞋、围腰胸牌、童帽、荷包、刀鞘护套等。自

20 世纪 90 年代以后，随着贵州省旅游业的快速发展，因其艺术特色广受旅游消费者的青睐，而一跃成为继蜡染之后贵州旅游业界最受欢迎的大宗民族旅游工艺品和旅游纪念品。随之，主要流行马尾绣的三都县三洞、中和、廷牌、塘州、水龙等乡镇出现了很多专营马尾绣的公司与团体；2006 年，马尾绣技艺列入首批国家非物质文化遗产名录，同年，三都县三洞乡板告村水族妇女韦桃花以一件马尾绣作品获得"贵州省首届旅游工艺品大赛"特等奖，三都县的马尾绣产业更是迎来了其发展的黄金机遇期。截至 2013 年 8 月，全县注册资金 10 万元以上、专业制作人员 500 人以上的马尾绣公司共 8 家，3 万元以上 10 万元以下小规模的马尾绣公司 19 家，加上农户的个体经营，全县马尾绣产业的从业人员在 4 万人以上。自 2010 年开始，年产值均超过 10 亿元，年销售收入逾 8 亿元，成为当地极具市场号召力的朝阳产业，产品远销欧美、非洲、大洋洲和东南亚的 50 多个国家和地区。在三都县三洞、中和、廷牌、塘州、水龙等乡镇的很多农村，一些水族家庭甚至单靠制作、出售马尾绣工艺品而脱贫致富奔小康。

六　工业园区与引进工业产业的发展

2010 年以来，三都县根据"两高全线通车"即将带来的交通便利预期，依托区位优势，大力发展电子组装、电子信息等战略新兴产业以及黔中经济区和珠三角经济区产业配套和产业转移产业，重点发展以林产品深加工、建材、矿产开发及深加工、能源、特色食品及生物制药业等八大产业。经过近几年的发展，全县工业产业逐步形成"一区三园"的工业生产力布局。县域北部的"交梨工业园区"，主要形成以产业转移承接和食品加工为主的农业产业化发展经济带；县域中部的"塘州工业园"，形成以新型建材、肉制品加工、特色食品加工及医药工业为主的经济区域；县域南部，依托民族文化资源，发展以九阡酒和民族传统工艺品马尾绣系列产品、民族服饰、银饰品、竹木制品、牛角雕刻、根雕、石雕等为主的旅游商品经济带。截至 2013 年 6 月工业园区共签约项目 12 个，签约资金达 137260 万元，已入驻企业 13 家。凯迪生物质能发电厂、上海圣捷生物科技有限公司有机肥项目、新型轻工建材加工项目、上海品隆印刷器材有限公司印刷品及印刷材料生产项目正在建设之中。润基水泥厂、诗羽服装厂、金鸟木业已建成投产。到 2013 年 6 月规模以上纺织服装玩具等转移产业实现产值 2167 万元；规模以上林产品深加工实现 4001 万元；规模以上建材产业 10058 万元；规模以上矿产开发及深加工实现规模产值 3266 万元；规模以上能源 8550 万元；规模以上特色食品加工 3727 万元。截至 2013 年 6 月，全县形成产值亿元以上企业 2 户以及 3 个 2000 万元以上规模企业。

　　2013 年三都县全年拟开工工业建设项目 25 个，截至 2013 年 8 月，在建项目 18 个，重点项目建设进展情况如下：煤矿整合项目，总投资 20000 万元，按照省州煤矿整合的相关要求，县整合方案已报省州相关部门通过审批，目前兼并重组主体资格已获得批准；三都县锦鸿矿业有限公司赤铁矿扩建项目，总投资 6000 万元，项目正在开展前期工作；三都县长江矿业有限公司选矿厂，日处理 300 吨黄金原矿扩建项目，总投资 2000 万元，目前选厂建设完成，并已投入生产；贵州三都润基水泥有限公司水泥生产线余热发电项目，总投资 3845 万元，目前项目已完成建设并试车成功；贵州省三都水族自治县九阡酒有限责任公司年产 1.5 万吨九阡酒建设项目，总投资 22000 万元。一期工程建设规模为年产 5000 吨九阡酒，投资 8208 万元，主体工程基本结束，二期工程建设规模为年产 5000 吨九阡酒，投资 9000 万元，征地工作基本结束，场地平整完成 95%，生产设备已订购，目前正在做环境评价、土地使用证，厂房设计等工作；三都县城天然气站建设项目，拟建设 2 座日供气 3000 立方米的气罐站，总投资 10000 万元，目前项目备案手续已获批准，项目环评、土地等手续正在办理。

　　截至 2013 年 8 月，三都县各类市场主体如下：内资企业 201 户，注册资金 33762 万元。其中国有企业 84 户（法人 20），注册资金 13129 万元；集体企业 85 户（法人 20），注册资金 2897 万元；公司企业 32 户（法人 16 户），注册资金 17736 万元。私营企业 394（分支机构 63）户，从业人员 6284 人，注册资金 154142 万元。全县共有个体工商户 5149 户，从业人员 8962 人，注册资金 47255 万元。全县注册资金在 100 万—500 万元的企业数为 20 家；注册资金在 500 万—1000 万元的企业数为 19 家；注册资金在 1000 万元以上的企业数为 18 家。注册资金过亿元的企业 2 家，其中：贵州兴都融资担保有限责任公司注册资金为 10000 万元，主要从事贷款担保和票据承兑担保业务；贵州省三都水族自治县国有资本营运有限责任公司注册资金为 30000 万元，主要从事资产营运、投资、融资、资产重组和收购等业务。

七　三都工业发展存在的问题和困难

目前，全县工业经济虽然保持较快的发展速度，且近年来增长速度在全州各县市中保持靠前位置；但从全省的市场态势上来看，工业经济总量小、发展滞后问题仍然较为突出。

一是基础设施落后。从交通基础设施上来看，虽然"两高"过境，把三都与珠三角和长三角紧密地联系在一起，有效地拉近了三都与全国经济大市场的时空距离，但县内交通整体发展水平仍然较低，由于交通基础设施投资大、建设周期长，县内二级以上主框架公路尚待完善，连接毗邻县、市的区域通道仍有待加强；乡际间断头线尚未全部打通，僻远乡镇仍有较多的建制村未通公路。全县路网密度不高，项目储备能力和应变能力脆弱。

二是工业基础薄弱，经济发展总量小。作为传统的山地农业县，长期以来自给但不自足的小农经济一直占据主导地位，对工业的投入严重不足。工业企业不但数量少，而且规模也小，许多勉强发展起来的企业，年产值只在几十万元到几百万元不等，年销售收入在 2000 万元以上的企业屈指可数。2012 年上半年，在全省增比进位排名中，三都县的规模工业增加值增长速度，虽然在全省各县市排名中位列第 27 位，但绝对数却排在全省第 82 位。2012 年黔南州 12 个县市的规模工业增加值目标任务为150 亿元，工业投资 270 亿元；而三都县计划规模工业增加值的目标任务只有 1 亿元，仅占全州比重的 1/150，工业投资完成 19 亿元，占全州比重也不到 1%。2011 年全县工业对 GDP 的贡献仅为 16%。

三是企业装备差，技术力量薄弱，自主创新能力弱。企业大多以原材料初级化加工为主，最终产品均为粗放型初级产品，深加工的广度和深度差，产品的附加值低，产业链条短，资源优势没有完全转换为产业优势。

四是工业固定资产投资不足，支柱产业难以形成和壮大，工业缺乏发展后劲。近年来，三都县的工业虽然依靠投资拉动保持了一定的增长速度，但新开工建设的超亿元的大项目只有润基水泥、凯迪生物能源等两三个项目，全县仍然缺少大项目对工业发展的拉动和支撑。另外，现有的企业技术改造，也仅仅是一种维持生存和运行的一般性改造，并不是改造升级和扩容拓展创新的根本性改造。加之受金融危机影响，银行贷款难度增大，企业发展缺乏强有力的资金支持，致使工业未能从根本上解决好速度、结构、效益三者之间的关系。

五是招商引资缺乏市场眼光和意识。许多招商项目在策划之初，大多只着眼于自身的资源优势，没有通盘考虑市场竞争的大环境和投资需求，可行性论证不力，使招商成效与招商意愿之间始终存在较大差距。

六是企业发展缺乏专业人才支撑。由于企业规模较小，缺乏相对稳定的保障机制，对懂经营会管理的高素质人才吸引度弱，对高端人才的引进十分困难，加上在产业工人方面自身准备和培训的不足，导致企业难以做大做强。

另外，在"工业强县"战略实施初期，受招商任务压力的影响，盲目引进了一些高耗能、易污染的项目，到后期三都县列入全国生态建设试点县之后，这些项目除少数可以升级改造外，大多数处在关停并转之列。使自己处于"请进来容易，送出去羞愧"的尴尬境地，并严重影响了自己的招商形象和信誉。如何消除这种负面影响，将是今后招商引资的关键。

第四节　社会扶贫工作的开展与实施情况

一　深圳对口帮扶三都：帮扶三都就是帮扶一个民族

（一）深圳市的"对口帮扶"

自 1986 年贵州省实施扶贫工作以来，三都县一直受到中央、省、州各挂点帮扶部门以及深圳市和市属各部门的鼎力支持。

深圳帮扶三都。18 年来，先后在人力、物力、财力和智力等方面对三都县予以鼎力相助，从"输血式"扶贫到"造血式"扶贫，从探索式帮扶到帮扶制度化。进入 21 世纪，深圳对三都帮扶力度不减，各帮扶单位领导和员工多次亲临三都实地考察，继续开展捐资帮扶活动，确定帮扶项目，落实帮扶资金，督促帮扶项目的实施，并提出了开展对口帮扶"回头看"活动，确定了"巩固、加强、提高、发展"的帮扶新思路，制定了四个"五年帮扶规划"和各年度帮扶计划，并认真地加以落实兑现，帮扶工作得到进一步深化，帮扶措施进一步完善，帮扶效果进一步提高，据统计，从 1995 年到 2012 年止，深圳无偿向三都捐赠资金及物资折款和有偿协作资金累计达 9258 万元，其中：资金直接扶持 8835 万元，物资折款 423 万元。据统计，从 2003 年至 2012 年期间，深圳对口帮扶三都县的各类扶贫项目 35 个，对口帮扶资金 1454 万元。其中用于公路、桥涵等基础设施建设项目 13 个，落实帮扶资金 882 万元，用于人畜饮水及灌溉项目 9 个，落实帮扶资金 285.1 万元，用于农村居民安居等其他项目 13 个，落实帮扶资金 286.9 万元。历年帮扶情况为：

2003 年，扶持资金 129 万元，实施"双改"（即改善贫困地区群众的基本生产条件、改善群众的生活条件）项目，新建恒丰乡恒丰中学排洪沟 353 米，新建拉揽乡来楼村小学兼村级综合服务室 250 平方米，维修改造来楼村省标四级进村公路 8.5 千米，新建来楼村沼气池配套改厕改圈 30 户，廷牌镇化贤村小水窖 82 口，化贤村人畜饮水工程 1 处（50 立方米水池 2 个，铺设供水引主管 2900 米，入户管网 9930 米）。"双改"项目在 3 个乡镇的 9 个村，解决了 1 个村的学生就读校舍和村两委办公用房、卫生室问题；60 户用上沼气，人居环境卫生条件得到改善，有效减少疾病发生和能源压力；450 人的通路和 5 个村 9 个村民组 1008 人的饮水困难得到解决；42 户 168 亩农田灌溉得到保障；使恒丰中小学近千名师生结束了受到洪水威胁的历史。

2004 年，扶持资金 95 万元，建设拉揽乡来楼村公路二期油面工程 8.5 千米，项目竣工投入使用后，成为该村交通通畅和开发旅游的便民公路和致富公路。

2005 年，扶持资金 150 万元，帮助九阡镇石板村、三洞乡乔乔村实施整村推进综合扶贫开发，使 2 个村有效地实施整村推进综合扶贫开发，解决"三个基本"，使 450 户 2260 人受益。

2006 年，帮扶资金 175 万元，帮助恒丰乡留联村、交梨乡平冲村实施整村推进综合扶贫开发。解决"三个基本"，使 1923 户 8720 人受益。

2007 年，扶持资金 175 万元，建设廷牌镇羊楼村完成茅房改造 20 户；道路硬化 2125 米、面积 6460 平方米；人饮项目泵房一栋、蓄水池 1 座、10 千伏输电线路 0.7 千米、变压器 1 台、输供水管 2980 米；扶持全县种桑养蚕产业项目。

2008 年，扶持资金 120 万元，扶持建设恒丰乡塘党村完成通组公路建设 7.38 千米（其中新建 1 条 4 千米，改扩 2 条 3.38 千米），完成村寨道路硬化 13880 米（深圳 11800 米、财扶 2080 米），面积 15700 平方米

（深圳 12000 平方米、财扶 3700 平方米）。完成改厕 200 个；完成打便组人畜饮水工程 1 个，建成集水池 1 口 28 立方米，高位水池 1 口 26 立方米，泵房 1 座 11 平方米，电机 1 台，水泵 1 台，安装上水管 250 米，输水管 468 米，安装水表 20 套。

2009 年，扶持资金 160 万元，分别扶持建设三合镇巫塘村整村推进项目 115 万元；拉揽乡高寨村整村推进项目 25 万元；坝街乡羊瓮村西引、里地组公路项目 20 万元。

2010 年，扶持资金 100 万元，扶持建设丰乐镇新江村引灌工程。

2011 年，扶持资金 150 万元；普安镇建华村通村公路改造，通村公路改造共 5.5 千米，宽 4.5 米，浆砌镶边 30×40（3 千米水泥路面改造，2.5 千米泥结碎石路改造），资金 110 万元。塘州乡拉下村村寨道路硬化建设，串寨道路硬化 3700 平方米，资金 20 万元。三洞乡群力村通村公路建设，群力村硬化通村路 3.3 千米，投入资金 20 万元。

2012 年，扶持资金 200 万元；建设交梨葡萄长廊总长 8 千米，其中 6 千米建水泥仿木葡萄架（25 度以下坡度地段），2 千米建水泥杆钢丝网（25 度以上坡度地段）。

（二）深圳结对帮扶情况

据统计，从 1995 年至 2012 年期间，除深圳市政府的帮扶外，深圳市属各区、部门及企业等也以"结对帮扶"的形式帮扶三都县 101 个项目，落实帮扶资金 7804 万元。其中：用于公路、桥涵等基础设施建设资金 645 万元，用于教育、医疗卫生资金 3924 万元，用于扶贫济困资金及物资捐赠和有偿协作等 3235 万元。

教育方面，深圳市的"结对帮扶"单位共捐资 3036 万元，主要用于修建三都县的 49 所希望学校和三都民族中学的扩建以及三都特殊学校建设，解决了全县 18000 名中小学生入学难问题；其中 300 万元用于建立县教育发展基金，利用基金产生的利息救助了 4575 名失辍学学生，并定期奖励和表彰一批在教育战线上做出突出贡献的教育工作者和品学兼优的学生。深圳市属各区、部门及企业等，还有各类无偿的帮扶物资临时救助贫困学生以及项目建设地周边的困难群众。

医疗卫生方面，深圳市的"结对帮扶"单位共捐资 888 万元，其中：493 万元修建了三都鹏城民族医院和 9 个贫困乡卫生院，解决了 9 个乡、93 个村 97000 多人看病就医难问题；捐资 50 万元作为三都县民族卫生医疗基金；2003 年，深圳市投资管理公司捐资 220 万元修建县鹏城民族医院医技大楼和购置彩超设备；2009 年，深圳市投资管理公司和深圳国信证券共捐资 125 万元用于鹏城医院购置 CT 设备。

基础设施建设方面，深圳市的"结对帮扶"单位共捐资 645 万元，其中 160 万元用于改善三都县贫困乡镇的通电、通水、通信设施，解决了 16 个乡（镇）用电难问题，使 15 个乡（镇）开通了程控电话；2003 年由深圳市投资管理公司捐赠 100 万元补助修建"深圳·三都同心桥"；2005 年深圳市投资控股公司郭永刚总经理亲自率队赴三都开展扶贫调研，并捐赠 185 万元用于县城河滨南路建设，建成通车投入使用后，解决了城乡群众和学校师生的行路难问题；2011 年深圳市投资控股公司又捐赠 200 万元用于故鲁景区及旅游公路建设。

扶贫济困方面，深圳市的"结对帮扶"单位共捐赠资金及各类物资折款 523 万元，其中，捐赠 100 万元作为三都扶贫济困基金，对农村特困户进行扶持：深圳市投资管理公司及其下属企业、深圳大学、深圳青年杂志社等也纷纷慷慨解囊，捐赠了大量的教学器材、办公用品、生活用品、车辆、奖学奖教资金和慰问贫困户资金等共计 423 万元。解决 6650 个贫困农户的生产生活困难及 16500 人次贫困生的入学问题。

其他方面的捐赠资金及物资共 321 万元，主要用于救灾、救济，电脑，"希望杯"运动会，摄制影片等。

有偿协作方面，主要有低息贷款及投资资金共 2391 万元，其中 1996 年至今，深圳市投资管理公司与三都县开展经济合作项目共 4 个。一是深圳市投资管理公司有偿协作资金 200 万元用于三都硫酸厂项目建设；二是扶持 381 万元低息贷款，架设了县城至周覃、县城至都江 35 千伏输电线路，解决了 16 个乡（镇）用电难的问题；三是扶持 140 万元低息贷款，开通周覃等 15 个乡（镇）程控电话；四是 1997 年原深圳市建材集团投资 1670 万元、三都投资 1250 万元，合作创办了年产 3 万立方米的中密度纤维板厂，2002 年该企业正式投产，发挥了较好的经济效益。

人才培养方面，深圳在给予资金、物资帮扶的同时，坚持扶贫扶智并举的方针，18 年来先后分期分批为三都县培训县乡干部、学校校长、教师、医生等共 362 人次。这些人通过到深圳参加学习培训、挂职锻炼、跟班学习，都不同程度地增长了知识，开阔了视野，转变了观念，提高了素质，目前已成为各个岗位上的骨干人才。

二 中央和省州的帮扶

(一) 中央直属部门帮扶

1994—2010 年，先后有国家林业部（局）、中国科学院等中直机关对三都进行帮扶。在基础设施建设方面，共投入 146.44 万元用于贫困乡村修路、搭桥及援建学校等。其中：补助 75 万元建成和维修 7 条公路的近 100 千米路基路面，解决了 7 个村的交通问题；补助 5 万元建成人饮项目 8 个，解决了 0.6 万人和 0.4 万头牲畜的饮水困难；补助 30 万元建成羊福乡中心学校教学楼 1 栋，共 930 平方米；补助 6 万元建成羊福乡 6 个村 47 个村民组的地面卫星收转站和广播站。在经济建设领域，国家林业部投放 2380 多万元林业贴息贷款，争取 500 万元绿色产业贷款、1700 多万元的世行贷款和 40 万元无偿资金，支持三都贫困乡发展经济。建设速生丰产用材林基地 10 万亩，速生丰产原料林基地 5 万亩，梨子基地 250 亩，板栗基地 1500 亩，中密度纤维板厂一个。项目覆盖 15 个乡（镇）67 个村 3.1 万贫困人口，使贫困乡村农民收入大幅度增加，为贫困地区脱贫致富奠定了坚实的基础。此外，涉及林业、林地、林区、林农的其他扶贫项目还有：农村小型公益林建设项目资金 100 万元；九万大山林业扶贫资金 100 万元；退耕还林科技支撑项目（竹类良种壮苗繁育及造林技术推广）资金 80 万元；瑶人山国家森林公园建设补助资金 15 万元；林业调查设备补助资金 15 万元；南酸枣等阔叶树种母树林营建项目 130 万元；瑶人山国家森林公园基础设施建设 150 万元；林业工作站建设经费 15 万元；木材检查站建设经费 5 万元；护林防火设施建设资金 10 万元、林业公安基础设施建设资金 5 万元、林业局办公楼补助资金 10 万元、林区道路建设补助资金 2 万元。国家林业局规划院还在落实林业扶贫任务之外，开展"一对一"希望工程捐助活动，为三都县羊福小学、都江中学 50 名贫困学生一次性捐资 9.48 万元，并与受助学生建立定期联系制度。

(二) 省直属部门帮扶

1995—2010 年，省直部门先后有省委办公厅、省农业银行、省林业厅、省有色地勘局、省国安局、省检察院、省农发行等 7 个单位帮扶三都，他们引进、捐助和扶持各类资金 14369.52 万元，捐赠各种物资折款 851.5 万元。

（三）州直属部门帮扶

1995—2010 年，州直部门先后有州人大、州审计局、州司法局、州广电文化局、州人口计生局等 40 个部门先后挂点联系三都扶贫工作，并选派优秀干部到三都挂职扶贫，在帮扶单位和扶贫队员的努力协调帮助下，为三都县协调争取到各类项目资金 4747.63 万元，带动了一批扶贫项目的实施；向失学儿童、计划生育贫困户和贫困群众捐款捐物，争取到单位和个人捐款捐物价值达 1194.45 万元，密切了党群关系，让人民群众真正感受到了党和政府的温暖。

第四章

城镇建设与交通的发展

第一节 城镇建设与城镇化

三都水族自治县县城坐落在都柳江河畔的三合镇，都柳江自西向东穿城而过，县城依山傍水，风景秀丽，被誉为"像凤凰羽毛一样美丽的地方"。海拔390米，冬无严寒，夏季较为炎热，素来有"热三合"之称。

新中国成立前，三合镇只有中山路、中正路、三民路等几条土路，路宽不过5尺；城边居民和农民居住区有一些鹅卵石铺砌的花街小路，宽不过1米；房屋大约几百幢，500多户，3000来人，是一个"街道似羊肠，满街皆木房"的临江小镇。

新中国成立后，党和国家十分重视三都县城建设，每年都拨出专项经费投入基本建设。特别是党的十一届三中全会以来，县城通过3次总体规划修编和建设，使县城规模和基础设施得到迅速发展，城市面貌日新月异。现在县城区内道路、桥梁、给排水、供电、环卫、绿化、通信、教育、卫生、金融、市场等设施得到不断改善，有效带动了城镇建设的健康发展。县城城东新区，占地面积40公顷，从1994年开始开发建设，到2000年全部建成使用；龙嘴角片区占地20公顷，完成了三都民族中学和体育场的迁入建设，新建了体育馆和民族村。麻光新区正在开发，目前已在实施道路主骨架、供水管网和供电等设施建设。到2005年，县城基本形成了"三纵四横"的主要道路交通网络和较为繁华的集市贸易，初具小城镇规模。

一 县城建设

三都县城"三纵四横"的道路交通网络，指建设路、河滨东路、河滨南路、环城东路、都江路、中山路、文化路、深圳路、团结路、振兴路、民族路、商贸路、解放路、中华路、凤凰大道、麻光大道等纵横组成的主要交通干道,道路总长达到18.7千米。

跨都柳江南北两岸建有桥梁两座,1979年建成的三都大桥,桥长207米;2002年建成的龙嘴角大桥,桥长175米;2003年建成的同心桥,桥长140米,同心桥同时建设有橡胶坝。该坝是贵州省橡胶类第一大坝,它的建成使都柳江县城河段的江水能蓄泻自如,它的水面所形成的江上平湖,使都柳江水四季清澈透明,水中游鱼穿梭,两岸绿树成荫、青山倒影,不但给县城增添了灵山秀水之色,也充分调节了县城的空气湿度和大气环流等气候条件。

给、排水及防洪堤建设方面。1973年三都县建成了日供水6000吨的自来水厂1座,水源取自县城都柳江上游的官塘;近年来由于县城规划建设向都柳江上游拓展,取水点受到污染,2002年又新建水厂1座,取水点向都柳江更上游的猴场方向转移,建设规模第一期为日供水1万吨,第二期规模为日供水2万吨。在县城区内都柳江自西向东、污烂河和水井湾大沟自北向南都穿过县城,由于江河纵横交错,三都县城每逢大雨,水位极易暴涨引发洪水成灾。新中国成立前,由于没有完善的防洪设施,1945年秋三合镇遭受特大洪灾,就有300多人溺死,数百间房屋被冲毁。新中国成立后,特别是近年来,政府投入大量资金加强了污烂河和水井湾大沟治理,都柳江两岸按百年一遇标准建设防洪堤近5千米,还修建不同规格的道路排水沟近25千米,疏通了城内排水功能,从而大大提高了县城抵御洪水的能力。

绿化、照明方面。新中国成立初期,三合镇因道路狭窄,加上管理不到位,种植的绿化树成活率较低。近年来,县城绿化得到较快发展,在各主大街两侧建设绿化带近1.5万平方米,对各条街道按一街一景、突出特色标准选植绿化树3000多株,同时对县城四面山头大量实施绿化,使县城的建成区绿化覆盖率达37%以上;路灯等亮丽工程也取得了明显成效。

2006年以后,三都县的城镇建设进入了一个快速发展的时期。2006年,三都县的城镇建设主要是拆迁县城5个片区共22个单位的旧有房屋(含105户私有产权住房),拆迁建筑面积22200平方米,用于加宽和新建道路、广场、花台等城市公共基础设施。2006年县房改办政策性出售原有腾空旧房21户、面积1635平方米;政策性出售房改房上市交易74套;

政策性出售公有住房 1686 套，建筑面积 112800 平方米，其中：经济适用房 178 套、17900 平方米；全年县教育局对各乡镇中心学校教学楼、学生宿舍、食堂的建设共 22 项，总占地面积 5867 平方米，建筑面积 35773 平方米。

2007 年，以县城北出口为轴线，共拆迁 3 个片区 13 个单位建筑面积 8600 平方米的旧式房屋；县城竣工各类建筑面积 68000 平方米；全年完成城镇道路、市场、给排水等小城镇基础设施拓展项目建设 29 项，总投资 1050 万元。

2008 年，三都县以"城建兴县"为战略，倡导"资本置换、整合资源、以人为本、优化环境"的工作方针，加大城镇建设力度和进度。全年完成市政工程建设 26 项，建筑面积 220000 平方米，总投资 1721 万元；完成村镇建设项目 52 项，其中，公建项目 21 项，占地面积 7200 平方米，建筑面积 18500 平方米；集镇和农村住房 31 项，占地面积 1200 平方米，建筑面积 18100 平方米；全年各类建筑竣工面积 150000 平方米。全县城镇化水平 28.5%，县城规划面积 10 平方千米，建成区面积 4.42 平方千米，比 2007 年增长 2 个百分点，县城人口达 3.46 万人。

2009 年，县城建设方面，共实施市政建设工程项目 29 个，完成投资 898.85 万元，比上年增长 342%，重点实施了县城东、西、南、北四个出口的道路加宽、路面等级改造以及县城内部相关的基础设施建设，使县城交通路网由 2005 年的"三纵四横"扩展为 2009 年的"六纵五横"，道路硬化率 92%，亮灯率 96%；并对建设东路的所有公私住房和办公用房实施房屋立面的民族特色改造工程。先后开发了凤凰商住区、帝都商住区、水岸都市商住区等房地产开发小区，并完成了三都水族自治县廉租房的建设任务。但随着县城面积的不断扩大，县城建成区的绿化覆盖率则由原来的 37% 降为 29.18%。

2010 年，三都县以"中国水族文化之都、珠江源头绿色之都、民族风情旅游休闲度假之都"的城镇定位为目标，着力加快城镇化建设。投入 787 万元完成了县城北出口长 1000 米、宽 17 米的迎宾大道建设，迎宾大道北接"厦蓉高速公路"匝道口，是三都县出境的交通主干道；投资 24 亿元将县城河滨北路西段打造为"水族风情街"，集观光、休闲度假、商务购物为一体；投入 178 万元完成了西部赛马城广场健身休闲场地的环境整修、绿化建设；投入 306 万元对同心桥桥面进行民族特色的风雨桥改造；投入 1631 万元对县城建设东路、都江路、中山路、文化路等 4 条主干道两侧房屋外立面进行民族风格改造，全长 1780 米，改造面积 43203 平方米。到 2010 年，全县城镇化水平上升为 2936%，县城的建成区面积 5. 35 平方千米，县城人口达 4. 2 万人。

2012 年，全县城镇建成区面积达 24. 56 平方千米，城镇人口为 11. 73 万人，其中县城区面积 5. 75 平方千米，县城人口 5 万人，城镇化率为 34. 2%。县城道路硬化率 99%，绿化覆盖率 40%，亮灯率 99%。

近年来，三都县按照"一年快速启动，两年重点突破，三年初见成效"的思路和"高起点规划、高标准建设、高水平管理"的要求，围绕"中国水族文化旅游城市"发展定位和"城建旅游活县"发展战略，抢抓"两快"过境机遇加快城镇化建设规模，使城镇面貌焕然一新。成功招商"永丰房开"投资 880 万元，开发"永和居"商品房项目，建设规模 4180 平方米；成功招商"黔南天源房开"投资 7000 万元，开发"金谷帝都"商品房项目，建设规模 42730 平方米。截至 2012 年，三都县共开发和销售商品房 2010 套，总投资 71703. 77 万元，建筑总面积 183321. 5 平方米。基本形成了"一个中心，两条轴线"（以县城为中心、以东西交通干线为横轴、以南北交通干线为纵轴）的城镇体系空间布局，形成了以县城为中心，以重点城镇为支撑，以一般城镇及集镇为补充的三级城镇发展体系。城镇的聚集、辐射、带动功能进一步增强。

二　重点城镇建设

城镇建设，规划先行。截至 2013 年 8 月，完成了大河、普安、丰乐、合江、都江、中和、廷牌、周覃、九阡、打鱼、坝街、巫不、水龙、塘州、三洞、交梨等 16 个乡（镇）的总体规划编制并通过评审；完成了羊福、拉揽、恒丰、扬拱等 4 个乡的总体规划编制，正按法定程序报批；完成了大河、普安、丰乐、合江、都江、中和、廷牌、周覃、九阡等 9 建制镇控制性详细规划编制；完成了水各、姑鲁等村寨整治规划编制；完成了省市共建示范村的交梨乡前进村、苗龙村、龙场村规划编制并通过评审，高速路沿线 200 米可视范围内和其他公路沿线的 20 个村庄规划工作已完成外业调查、测绘工作，正在编制规划文本。

在编制规划时，注重民族文化元素资源的有效利用，大力提倡"城市建筑民族化、城市景观个性化"，以大力发展独具民族特色的重点工程建设为突破口，凸显了三都地域民族特色建筑。近年来，完成了县城建设东路、都江路、中山路、文化路等 4 条主干道，长约 1780 米、面积约 43203 平方米的两侧建筑外立面民族风格改造；完成了凤凰公园一期工程凤凰塔、两座景观亭、休息长廊、旅游步道、广场、公厕和绿化等工程建设；完成了西部赛马城广场的健身休闲场地约 835 平方米、绿化场地约 6000 平方米、人行道面积约 3415 平方米、挡土墙约 1000 米以及垃圾箱、休闲座椅等设施建设；按照水族建筑特色设计要求，在同心桥上建成了长 132.4 米、宽 5 米的民族特色风雨楼；完成了建设东路三栋民族特色风情楼改造；完成了北出口水族迎宾大道长 1000 米、宽 17 米的油路改造；完成了 91 户的拆迁任务及安置房建设；完成了河滨北路水族风情街 430 户的拆迁任务和招商工作；完成了县城区道路改造、污水处理等基础设施建设。目前，河滨北路水族风情街安置房已开工建设；水族文化博物馆工程已完成地勘；凤凰公园二期工程绿化任务已完成；麻光新城区开发建设已启动；建材市场建设和植物油厂片区开发建设已完成规划设计；北出口迎宾大道、深圳路、河滨路东段两侧建筑物外立面民族特色改造正在施工；日处理垃圾 20 吨县城生活垃圾卫生处理工程已完成；进场道路等附属设施建设，主体工程正在紧张施工中。

以旧城改造为契机，利用旧城改造腾空的土地，不断加快推进县城开发步伐，目前金谷帝都、永和居等 2 个开发项目正在紧张施工中，金都一苑、帝都广场、水岸都市、水乡公寓等项目已经开盘销售结束；加大了保障性住房安居工程建设力度，切实解决低收入家庭住房困难，先后投入 3552 万元在李岩寨、沙井湾建成了保障性住房 708 套、建筑面积为 3.9 万平方米，2012 年新增 48 套保障性住房建设工程正在紧张施工之中。

在重点村镇建设方面，本着量力而行、适度超前的原则，加大对周覃镇、普安镇、都江镇等重点镇及水各村、怎雷村、姑鲁村、前进村等重点村的建设资金投入和给予政策倾斜，突出抓好道路改造、供排水、环卫、危房改造等方面建设，积极组织对村镇规划区内的各类违法建筑、私搭乱建进行集中整治，使重点村镇的基础设施建设得到进一步推进，各项功能逐步完善，并取得了良好的经济社会效益。近年来，完成了重点村镇规划区内道路改造约 6000 米；完成了姑鲁产蛋崖景区村寨整治、民居改造、文化表演广场等基础设施建设；完成了水各村 16 户民居民族特色改造和 1000 多米的排污水道；积极配合支持完成了 168 栋村级办公房建设，建筑面积约 2.38 万平方米；完成了 6882 户农村危房改造工程任务，并已组织危改户入住；通过积极申报，怎雷村、姑鲁村分别被列为"国家级历史文化村寨"、"国家级三 A 旅游景区"。在城镇建设方面，目前矛盾问题的集中点主要是城镇建设资金不足。城镇化建设需要大量的资金，但同时城镇建设资金筹措难度也很大，致使综合公共服务设施不足，城镇建设用地紧张。由于地形地貌和历史原因，加上前期开发的混乱，目前城区的建设用地布局不合理现象严重，各类用地比例不协调；城镇规模小、辐射作用不明显。一是城镇规模小，目前县城人口仅有 5 万人，县城区面积只有 5.87 平方千米，其他乡镇小城镇人口均不足万人；二是城镇辐射带动作用弱，主要表现为城镇功能不配套，产业基础薄弱，对经济的推动作用不明显。

从发展态势上看，根据资源优势和三都县的经济社会发展实际，三都县城镇建设应围绕"中国水族文化旅游城市"的发展定位，立足三都实际，加快推进"城镇旅游活县"战略，加快城镇建设进程。强化整体意识，从整体和谐来考虑每条街道、每个建筑的造型、风格、色彩，注重广场、公园等城镇标志性建筑以及学校、幼儿园、图书馆等科技教育文化设施的规划建设。坚持政府打基础、社会做文章、广辟投融资渠道，实施财政建城、企业建城、激活民资建城等方式方法，建立起政府扶持引导、全社会共同参与的多元化投入机制，实施"大项目带动、大企业引领、大园区承载三大工程，全力支撑城镇化发展"。

在户籍管理方面创新模式，允许农民转为城镇居民户口后，集体土地的承包经营权可以继续保留，也可以有偿退还或转让；在城镇居住的外地农民，有稳定职业或生活来源的人员也可申报城镇居民户口，实行农民、居民"双重身份并存、双向自由流动"的新模式。完善自留山、责任田和住房按揭和抵押贷款的各项配套政策，促进农民贷款业务的开展，方便农民转移就业。

将零星规划区的建设用地进行整理，对规划区的闲置土地进行清理，实行土地集约经营。不要图一时之利，将土地指标外卖，以免今后出现无指标可用的遗憾。积极引导房地产业持续健康发展，保持适度投资增速，优化商品房供给结构，鼓励开发中低价位、中小套型普通商品房。加快廉租住房、经济适用住房、公共租赁住房等各类保障性住房建设，建立满足不同收入家庭、多层次城镇住房保障体系。完善服务，特别是行政服务体系，做好土地资源保障、医疗保险保障、养老保障、公共服务体系等，让进城农民过上更加体面、更加有尊严的生活，享受到跟城镇人一样的待遇，提高群众的幸福感。允许乡镇政府探索集体建设用地使用权的改革模式。允许农村集体经济组织和农民在集体建设用地和宅基地建设农民住宅，出租或者转让给农民使用；划拨一部分用地指标，重点解决农民工返乡创业的小城镇用地问题。允许已经进集镇驻地定居和落户的农民有偿转让在原农村的宅基地和承包地；允许城镇居民到农村合作开发和长期租赁承包地、宅基地以及农村住房，鼓励城乡要素的双向流动；对农村集体经济组织和农民在集体建设用地或宅基地内的自建房，应在规划上予以引导，不能以各种理由对建房的形式、规模和容量进行限制。

第二节　交通业的发展与问题

一　水路交通的辉煌历史

三都县古时的交通运输主要是都柳江航运。都柳江是中国南方珠江流域西江水系上游的第二大支流。都柳江明代称"合江"，以烂土河、打剑河、马场河 3 条河流的汇合而得名，清代改称"都江"，民国时期始称"都柳江"。都柳江发源于独山县麻万镇拉林村附近的磨石湾，在独山县境称独山江，经江寨水族地方流入三都县境，自西向东流经三都县合江、大河、三合、拉揽、打鱼、都江、坝街等 7 个乡镇，在三都县境全长 83.5 千米，沿途汇入南北两岸大小 31 条支流，通航里程 77 千米。都柳江航运在新中国成立以前，一直是黔中腹地"黔木人粤、粤盐入黔"的黄金水道。明清时期以都柳江为轴线，现今三都县境内还建立了都柳江北岸起于都江镇经甲雄、羊福（千家寨）出雷山达地乡抵雷山县城到凯里；起于三合镇经羊勇关出丹寨五里堡抵丹寨县城到凯里；起于三合镇经杨勇关、普安、阳基出都匀鸡贾河、坝固到都匀城；起于大河镇经丰乐、过金鸡山出都匀阳和、王司、马寨到都匀；起于合江镇出独山水岩、江寨到独山县城等 5 条陆路古驿道。都柳江航道和这些古驿道在过去都曾经商旅不绝于途，对黔中经济社会的发展和对外文化交往起到了积极的促进作用。唐宋八大家之一的柳宗元因航游黔中道而留下了《黔之驴》的寓言故事：话说柳宗元被贬柳州后，一日在柳江踏勘巡视，见江边堆满了各种木材，其中不乏朝廷专用的金丝楠木，江上还不时有木排顺流而下，放排人一边挥篙借水，一边随水而歌。柳宗元询问放排人得知，柳江的木排大多来自上游的黔中道，黔中离柳州并不太远，那边山深林密，不但奇花异树极多，而且民风淳朴，甚有可观之处，只是道路极为艰苦。柳宗元于是决定到黔中一游，他原本想带一匹马去的，但因运盐的江船不够宽大，这才带着一匹毛驴和两个随从随江船溯江而上，不几日江船抵达黔中的都江古渡，船家停渡卸盐，柳宗元登岸发现，毛驴在这里根本没有用，别说负重骑行，就是空载，那驴也爬不上那些沟坎陡坡。无奈，只好将驴留在江边山下，一行人徒步上山走进都江古城。其时，都江城是应州州府和都尚县的治所所在地，但城内也不过百十户人家和一些兵丁，但街面上却有很多酒肆店坊，三餐不离酒的柳宗元当天大醉，次日醒来随从告诉他，夜里听到山上不时有虎啸，吓得他们一夜不敢入睡。柳宗元忙叫随从去看留在山下的驴子，随从回来告诉他，拴驴的地方只剩下一片血迹和几根残骨，料想那驴已是老虎的腹中之物。回到柳州的柳宗元据此而写了《黔之驴》，"黔驴技穷"因之而流传千古。至今，在柳宗元登岸的三都都柳江两岸，有人言及"黔驴技穷"时，当地人就会戏谑地告诉他："那驴是柳宗元用船从外地拉来的，而且它被贵州的老虎吃掉了。"

　　寓言只是都柳江众多人文风景故事的一页，但它表明，早在唐宋时期，贵州黔中大地的各族人民早就凭借都柳江水道与南粤大地发生了广泛的经济文化交往，现今的三都县城——三合镇，在长期的历史岁月中一直是黔中山货及广粤海盐、百货交流集散的重要口岸。明代，明王朝于北京大兴土木，兴建紫禁城而在贵州清水江、都柳江流域大肆采办皇木，都柳江航运更是日渐繁忙。清代，随着"改土归流"的推行和"苗疆"的开发，贵州巡抚张广泗在任黎平知府期间，组织当地民众对都柳江航道进行了大规模的疏浚，都柳江航道随即成为朝廷往滇黔两省运送兵员和粮饷的重要军事通道。地方志记载，自1758年清乾隆二十三年以来，都柳江每年仅粮米一项，运输量即达100多万斤，成为集军事、通商为一体的重要航线。民国年间，贵州省政府主席周西诚购买了贵州有史以来的第一辆汽车，即雪佛莱轿车，1927年该车从香港开至广西柳州后，用船经都柳江航道运抵三都县的坝街渡口，拆解后由驿道人力运到贵阳重新组装。抗日战争时期，由于抗战的需要，黔桂粤通商兴盛，都柳江航运的三合码头年货运吞吐量均在1万吨以上，粤盐年输入1000多吨，往来船只最高峰日达 500 余只，为都柳江航运史上的鼎盛时期。都柳江航运的鼎盛时期，在三都县境的通航里程有 83.5 千米，沿途共有大小 29 处码头和渡口，航道以三合码头分界，三合码头以下可通行装载量 2.5 吨货物的木船，三合码头溯流至大河、合江、丰乐等上游支流只能通行装载量 0.5 吨货物的小木船。1945 年，贵州省南部遭受暴雨，洪水过后都柳江航道淤阻严重，三都县航运业开始日趋衰退。

新中国成立以后，1951 年，三都县只有木船 79 只，其中载重 1 吨至 1.5 吨的木船 6 只，载重 0.3 吨至 0.5 吨的小船 73 只，1952 年全县货运量仅为 491 吨，货运周转量 56523 吨千米。从 1953 年到 1998 年，三都县先后七次组织人力、物力对都柳江航道进行整治，清除险滩，大大提高了航道的通行能力，并迎来了都柳江上游航运的兴旺时期。1960 年，三都县共拥有各类木船 112 只，货运总吨位 318 吨，1958—1962 年的第二个五年计划期间，全县共完成货运量 30851 吨，货运周转量 2012034 吨千米，年均货运量在 6000 吨以上，货运周转量年均 40 万吨千米。

在 20 世纪 70 年代以前，三都县境的大宗木材外运，全部靠都柳江水运。这些木材砍伐之后，先是从各支流河道中单根漂运到主干道的码头集中，然后扎排顺流漂运外销至两广地区。据新中国成立以后的统计，1951 年到 1970 年，三都县每年的木材漂运量都在 10000 立方米以上。

自航运业兴起以来，都柳江上游的三都段都没有专用的航运客船，只是利用货船附搭进行旅客运输。新中国成立以后，在 20 世纪 50 年代，都柳江中下游黎平、从江、榕江三县未通公路之前，人们前往都匀、凯里、贵阳等地，均需先搭乘货运木船溯江至三合码头转乘客运班车，因此，三都县的水路客运量一直都比较兴旺。据统计，第一个五年计划期间客运量为 11374 人次，客运周转量为 382472 人千米；第二个五年计划期间客运量为 32555 人次，客运周转量为 1101602 人千米。到 20 世纪 60 年代中后期，受"文化大革命"的影响，三都县的航运业无论是货运或客运，都处在逐年下滑的状态。1971 年年初，三都航运合作社造船厂自行设计制造了两艘机帆客船，并于当年开通了三都至榕江 102 千米和三都至都江 32 千米两条客运航线，其中，三都至榕江为 3 天（下水 1 天，上水 2 天）一个来回航班，三都至都江为每天一个来回航班；两个客运航线当年完成客运量 8115 人次，客运周转量 474727 人千米。1972 年完成客运量 11054 人次，客运周转量 663240 人千米，为三都县历史上水路运输载客量最多的一年。进入 20 世纪 90 年代初期，由于三都至榕江的沿江公路竣工通车，三都县的水路运输逐渐由陆路运输全部取代。目前县境的水路航道虽然仍有 51 千米，但仅为民间小木船时断时续的短距离航行。

二　公路交通的发展

三都县的公路建设始于 1928 年，当时是作为黔桂公路的支线进行修建。黔桂公路 1926 年开工建设，1934 年 1 月建成通车，干线北起贵阳，经龙里、贵定、马场坪（今福泉市境）、大良田（今麻江县境）都匀、独山，由独山新寨入广西境；三都县的公路属黔桂公路的"麻三"支线，也称"陆三"公路，全长 105 千米，北起麻江县的陆家桥，南至三都县（时称三合县）县城，其时，"陆三"公路在三合县境长 17 千米，有桥梁 12 座，涵洞 4 个，1928 年 2 月开工建设，当年竣工，但"陆三"公路全线一直到民国 29 年（1940 年）2 月才建成通车。1944 年 11 月，日本侵略军入侵贵州南部，国民党军队在荔波县黎明关稍作抵抗后便全线后撤，而水族、布依族等当地各族同胞却奋起抵抗，史称"黔南事变"。为防止日本侵略者沿公路进攻贵阳、重庆，黔桂公路全线被人为破坏，"陆三"支线自然也在破路之列，事后一直未能通车。

新中国成立以后，经过各族民工的努力整修，1955 年"陆三"公路恢复全线通车，当年 7 月 9 日，第一班由都匀（黔南布依族苗族自治州首府）经麻江、丹寨（1957 年 7 月 15 日黔东南苗族侗族自治州成立时，将原属黔南的麻江、丹寨、黎平、从江、榕江五县划入黔东南州）到三都县的客运试运班车顺利抵达三都县城三合镇，营运里程 138 千米，三都县正式有了出入境公路和公路客货运输，1956 年 12 月 28 日，都匀至三都的客运班车正式营运，每日互发班车两班；1964 年 1 月，都匀坝固经丹寨县城至三都的州际公路修通，使三都到都匀的公路里程由原来的 138 千米缩短到 89 千米；1965 年 5 月，三都周覃到独山打显的公路建成通车，随后"三九"公路经水各连接荔波县城的公路也建成通车；1982 年，三都丰乐连接都匀王司、小围寨的公路建成通车，随后三都大河经烂土（现合江）连接独山江寨、水岩、基长的公路也建成通车；1994 年 11 月，三都都江经坝街连接榕江兴华、定威、八开的公路建成通车；2007 年，三都羊福乡至雷山县达地水族乡的公路最后也建成通车。至此，三都县共建成了以县城为中心，南出口 1 条、西出口 2 条、北出口 2 条、东出口 2

条，共 7 条出境公路。

1955 年下半年，三都县动工修筑了第一条由杨勇关经普安区到丰乐平寨全长 18.6 千米的县乡公路，1956 年 10 月竣工通车。1957 年，三都水族自治县成立以后，共投入民工 91 万多人次和劳动日，动工修建了北起三都县城南至九阡区的"三九"公路，1959 年 1 月竣工通车。"三九"公路纵贯水族聚居的三都南部地区，沿途经过水龙、中和、三洞、周覃、九阡等众多乡镇，成为三都县境的干线公路。"三九"公路建设也掀起了自治县区乡公路建设的高潮，1958 年 1 月，三合区（三合镇）连接大河区直达烂土乡（今合江镇）的公路开工兴建，同年 3 月，随着国营拉揽林场的成立，三都县城通往东面都江区拉揽乡、打鱼乡、都江镇、坝街乡的公路也开工兴建。到 1992 年"建并撤"以前，全县 7 区 1 镇 37 个乡镇中，除羊福、介赖、高硐、扬拱 4 个乡外，其余 33 个乡镇都有了公路交通，有 22 个乡镇开通了客运班车，县境公路里程 382 千米。1992 年"建并撤"以后，三都县 7 区 1 镇 37 个乡镇合并为 8 镇 13 乡，随着贵州省委、省政府"乡乡通油路"的公路建设规划调整和加大投入，县境通乡（镇）公路和出境公路的路面等级和通行质量都得到了全面提高。到 2005 年年底，全县公路里程为 989 千米，是新中国成立初期的 58.2 倍，主要公路干线全部建成了柏油路，其中，国道 321 线由榕江经三都、丹寨到都匀，由三都经都匀王司到都匀城两段在三都县境的总里程 99 千米；省道 206 线三都经水龙、周覃至荔波，三都经大河、合江到独山两段在三都县境的总里程 146 千米；全县 21 个乡镇中，除羊福、巫不、九阡、扬拱 4 个乡镇外，其余 17 个乡镇的通乡公路全部建成了柏油路，全县 85.6% 的行政村通有汽车，形成了纵横交错、干支相连、乡际互通、村路连接偏远的公路交通网络。自 2007 年开始，福建厦门至四川成都的厦蓉高速公路贵州段全线开工建设，贵阳至三都段于 2011 年建成通车；2007 年，贵阳至广州的"贵广"快速铁路也同时开工建设，2014 年已全线通车。厦蓉高速公路在三都县境北部东西向过境 50 余千米，并在距离县城 8.5 千米处开有打鱼匝道口，丹寨县境的羊甲匝道口距离三都县城 16.5 千米，距离三都普安镇 8 千米；"贵广"快速铁路在普安镇则建有中型的客货两用火车站。截至 2011 年全县实现了乡乡（镇）通油路的目标，公路总里程达到 1292.2 千米，其中国道 99 千米，省道 146 千米，县道 127.5 千米，乡道 69.8 千米，村道 839.9 千米；公路等级得到明显提高，农村交通条件得到较大改善。到2014年，随着"两高"项目的全线开通，三都水族自治县将彻底改变过去交通闭塞、信息落后的面貌。

桥梁建设。新中国成立以前，县境除了跨度极小的人行石桥和木桥外，像样的公路桥梁就是"陆三公路"的德胜桥、羊芒桥和三合小桥，最长的德胜桥，桥长32米，1939年2月建成。但没有横跨都柳江的大型桥梁，而都柳江横贯县境东西方向，干流及上游主要支流共有29个渡口，人们南来北往的交通全靠木船摆渡。新中国成立以后，全县公路建设的发展，也带来了桥梁建设的兴盛。到1982年，全县新建和改建桥梁69座，全长1635.8米。较著名的有横跨都柳江上游的三都、大河、红星3座钢筋混凝土大桥，以及中和、水东、下寨、水各、塘房、芒勇、普安、打鱼、岔河口、排长河等砌石拱桥。1977年动工兴建、1979年1月竣工通车的三都大桥，造型美观，费省效宏，投资79万元，投入182000个劳动工日，造型为悬链式钢筋混凝土双曲拱桥，净跨3孔，单孔跨径50米，总长207.2米，宽11米，高13.2米，是20世纪80年代初期黔南州境最长的公路大桥。大桥的建成，沟通了县城与独山、荔波和境内南部水族聚居地区的交通。大河巴外桥是都三公路和独三公路必经之道，跨都柳江上游，是全省首次使用桁式双铰木拱架技术修建的桥梁。大河红星桥，位于大河镇南，是大河至烂土跨都柳江上游烂土河的公路桥梁，该桥是当时黔南州跨径最大的钢筋混凝土扁壳桥。打鱼桥位于321国道三都至都江段的打鱼乡政府门口，跨都柳江支流排调河，是黔南州最早建成的大跨径石拱桥。

到2005年，又兴建了龙嘴角、潘家湾、大弯等大、中、小公路桥梁36座，全县公路桥梁总长达3233.22米。龙嘴角大桥位于县城西出口，横跨都柳江与"三荔"公路衔接，全长为175米，桥宽12米，设计荷载为汽车——超20级，挂车——120级，桥梁上部构造是10米×16米整体式钢筋混凝土空心板，下部构造为重力式U形桥台、双柱式桥墩。它的建成对促进三都水族自治县城西片区的城镇化建设、美化县城环境、发展三都经济起到了积极的作用。

公路运输。新中国成立以前，县境无汽车。新中国成立以后，县人民政府一面加速公路建设，发展汽车运输，另一面组织民间运力发展驿道运输，使三都交通运输事业得到快速发展。1956年3月，贵州省汽车运输公司都匀业务所在三都设立汽车站，始开县境汽车运输业务。同时，县人民政府建立城关搬运社和马车运输社。当时入社社员 60 多人，入社马车 31 辆，驮畜 21 头，人力板车 12 辆。来往三都—丹寨—都匀和县境通公路的区、乡及县城等物资集散地，运输粮食、食盐、百货及农副产品。当年民间运输完成货运量 1789 吨，周转量完成 26830 吨千米，装卸量 1560 吨、搬运量 987 吨。1960 年 9 月县属牛场汞矿厂购置的苏制卡斯货运汽车为县内拥有的第一辆汽车。

自 20 世纪 70 年代开始，自治县机关、厂矿、企事业单位和人民公社相继购买汽车、拖拉机自货自运，剩余运力申请参加社会运输。1977 年 10 月县汽车队成立，办理货运业务；1983 年购买 2 辆客车开办客运业务，机动车辆逐步进入运输市场，纳入运输行业管理。

截至 2005 年年底全县拥有各种客货营运汽车 599 辆。共完成物资货运量 23 万吨，周转量 1427 吨千米，客运量完成 191 万人次。县境客货运输遍及各个乡镇，每天客运班次 102 班，平均每 30 分钟一个班次。并有直开深圳、杭州的客运班车。截至 2013 年 6 月，全县拥有客运车辆 131 辆，座位 3155 个，其中大型客运车辆 13 辆，座位 601 个；中型客运车辆 117 辆，座位 2546 个。拥有货运车辆 499 辆，1137 个吨位，其中大型货车 55 辆、5847 个吨位；中型货车 7 辆、23 个吨位；小型货车 397 辆、530 个吨位。全县拥有旅客运输企业 2 个、客运站 2 个；二类汽车维修专业户 4 户、三类汽车专项修理户 47 户；全县道路运输从业人员 659 人。2010 年至 2012 年，全县公路旅客运输量完成 150 万人，客运周转量 6850 万人千米；公路货物运输量 41 万吨，货运周转量 3120 万吨千米。

另外，近年来随着通村公路的陆续开通和全县交通路网的较大改善，三都农业机械也在逐步发展壮大。目前，全县共拥有各类农业机械 1480 台，农机总动力 12.83 万千瓦。其中，大中型拖拉机配套农具 450 台，耕作机械 467 台，联合收割机械 3 台，插秧机械 4 台，运输机械 256 台。

三　自治县交通业存在的主要问题

自治县县境公路路面等级参差不齐，高速公路、国道、省道、县道路况较好，但乡村公路路况不尽如人意。我们在调查时，有专家说："三都的大部分通村公路是：晴通雨不通"，这恰当地形容了通村公路的目前状况。虽然实现了"乡乡通油路"的建设目标，但由于投入不到位，建设等级低，增加了路面养护的难度和工作量。按照贵州省"乡乡通油路"

的建设标准，每千米通乡公路的建设资金为 20 万元，省级交通建设主管部门也按照这一标准下拨乡镇公路的建设资金。但三都县多数乡镇均位处穷乡僻壤中，公路弯多坡陡，挡墙护坎需要投入的资金数额大。据公路勘察设计部门测算，三都县通乡公路每千米应投入 70 万元以上的资金，才能满足建设需要，但州、县、乡（镇）三级财政都无法补差这部分的资金缺口，只能将就用省里下拨的有限经费精打细算进行施工。因此，通乡公路无论是路面宽度还是路面建设质量，都难以让人满意，总体路况较差。目前，三都全县已纳入规划建设的通乡公路中，仍有 640 千米未通油路。通村公路建设总体情况则表现为"通村不通组"。除干线公路沿线及部分坝区村寨是真正的"村村通"、"组组通"之外，多数身处高山深谷之中的村寨，大多处于村通组不通的状态。三都县总体的地形地貌素有"八山一水一分田"之称，是贵州典型的山区农业县，山大坡陡，山高谷深；加之居住在这些高山大坡的村寨，分布零散，人口的集中度过低，有的行政村只有四五个村民组，却有多达 10 多个自然寨，有的自然寨过去就是一户人家的独家村，后来因兄弟分家而逐渐发展成为五六户人家的小山寨。月亮山腹地的一些村组，几个自然寨才组成一个村民组，却分布在相互对峙的高山半高山地带，相互可对话，见面需半天。居住环境的恶劣，极大地增加了通村、通组公路的修筑难度。调研期间我们接触到的一些驻村干部戏谑地称，他们的工作状态是："交通基本靠走，通信基本靠吼，治安基本靠狗。"据调查了解，通村公路建设资金，中央划拨给贵州省的标准是每千米 10 万元，但省下拨到州的 2011 年以前每千米只有 3 万元，2011 年以后才增加到每千米 4 万元，州级财政在每条通村公路上，无论有无均先扣除 10 万元的修桥费（近两年甚至要求县级财政要先行预交修桥费，才下拨修路资金），余下的才按相关标准下拨修路资金，这样勉强修筑而成的通村公路，路况质量可想而知。而且，过去通村公路的路面标准是 6.5 米，而现在却降低为 4.5 米。在三都这样的山地农村，按 4.5 米标准修筑的通村公路，弯急坡陡，稍长一些的农用车转弯回头十分困难，多数路面根本无法正常行车。

经调查观察发现，已有的通村公路中，除靠近干线公路两侧的村组和坝区的村寨为水泥硬化路面可正常行车之外，山区的通村公路，多数都是坑洼不平的泥土路面，晴通雨阻。即便如此，由于山区条件的艰难，加上修路资金的投入不足，目前，仍有很多村组，总共 1500 千米的通村公路未开工修建或未建成通车。有些行政村则将村委会的办公用房建在山脚的过境公路边上，就算有了通村公路。为此，很多深处山区、饱受行路艰辛的老百姓，质疑政府"通村公路"的标准是什么？是指公路修到"村委会"就行了吗？还是应该修到村民组和自然寨？不考虑山区的环境条件，盲目把通村公路的路面标准从原来的 6.5 米降低到 4.5 米，狭窄的路面大大降低了行车的安全，这样的"通村公路"，到底是为了解决民生问题，还是为了标榜政绩？事情还远不只如此，在县境北部的普安镇，由于"两高"建设并行穿境而过，相距不远。为支持国家的基础设施建设，有的农户的农田、土地、山林几乎被征拨殆尽，成为远离城市的深山失地农民。边远农村的征地标准不高，这些人不可能凭区区的征地补偿费安度今生。而项目建成后，无论是高速公路的匝道口还是快速铁路的站点，又远离他们百里之外，虽说不是无偿，他们还是为项目建设奉献了此生赖以生存的土地，但项目建成后，他们却无从受益。面对每天每时从家门前疾驰而过的车流，很多人哀叹："只见路上好车跑，不知高速哪儿好？"甚或有人怨恨道："占了我的田，还不让我找钱。"所谓"一山阻断千里路，一河绕山水还流"，这类声音无疑在提醒我们，山地环境中的少数民族贫困地区，无论是经济建设抑或社会改革，我们都应该以科学发展观为指导，采取审慎和务实的态度去更加关注民生、民情，而不是唯经济发展论。

　　总体而言，县内乡村公路等级过低，乡（村）际交通路网仍未完善，许多消极因素仍有待理顺和消除，是三都交通目前存在的主要问题。

第五章

发展中的民族教育与民族语言文字问题

第一节　发展中的民族教育

百年大计，教育先行。汉文化教育在水族地区的兴起至今经历了400余年的漫长岁月，因政治、经济、历史等诸多因素的制约，长期以来，三都的教育在艰难曲折中发展，直到新中国成立时，三都仅有初级中学一所，在校生170人，教工12人；小学24所，在校生1735人，教工62人。新中国成立后，党和人民政府积极制定了"治穷先治愚，兴县先兴教"的发展战略，不断加大对教育的投入，努力探索教育改革和发展的路子，国家拨给大量教育经费，配给师资，在财力和人力上给予大力支持，帮助自治县发展教育事业。

近年随着《三都水族自治县教育事业发展规划（2011—2015年)》实施以来，三都县教育事业各项目标进一步推进，教育教学质量得到较大提高。

截至2013年6月，全县共有教职工3329人（其中职校教师62人），共有小学186所（其中：完小111所、九年制学校小学部6所、教学点69个），独立初中13所，普通高中2所，职业高中1所，公办幼儿园5所、民办幼儿园21所，学前班148个；在园（班）幼儿8432人，在校小学生35358人，在校初中生16495人，在本县高中就读学生6281人（其中职业高中学生1230人），普职比为4∶1。中小学、幼儿园占地面积共有137万平方米（其中职校占地面积4.3万平方米）；校舍建筑面积33.51万平方米（其中职校校舍面积1.6万平方米）。

一　基础教育的发展

（一）幼儿教育

少年儿童是社会主义建设事业的未来接班人，抓好学前幼儿教育，从小陶冶性情，培养良好品德，开发智力，锻炼体格，是学校教育关键的一环。自治县于1958年创办"三都县机关幼儿全托班"，1963年园址由原文化馆迁至水井湾现址，1964年改为半托制，1966年实行家长接送制至今，是当时县内师资条件好、设备较为完善的幼儿教养机构，通过逐步发展，成为今天的县第一幼儿园。幼儿教育得到各级各部门和幼儿家长的普遍支持，发展得比较快。党的十一届三中全会以来，农村中开始出现举办幼儿教育的热潮，幼儿园规模逐渐扩大。1982年，全县有9所幼儿园，幼儿教育有所发展。1984年县内部分乡中心小学和大型完小开始办学前班，吸收6周岁儿童接受启蒙教育，为本校一年级提供生源。1985年全县有幼儿园（班）共16所。1986年3月，水族女青年蒙治珍进入县城自办育英幼儿园，带动了民办幼儿教育的发展。1987年，全县幼儿园、学前班共有54个班。1995年，县第一幼儿园经黔南布依族苗族自治州教育委员会验收，达到省级类别等级幼儿园和县示范性中心幼儿园标准。2001年成立县第二幼儿园之后，县一幼和县二幼被确定为县城小学新生生源培养的主要基地。

2012年年初三都县投入资金600万元，建成投入使用3所乡（镇）公办幼儿园，全县公办幼儿园总数达到5所，并投入资金扩大县城2所公办幼儿园规模。目前11所公办乡（镇）幼儿园项目将于2013年年底全部完工并投入使用，剩余4个公办乡镇幼儿园在2013年年底前开工实施建设，2014年年初完工投入使用，实现21个乡（镇）各1所公办幼儿园的目标。2014年对牛场小学、普安阳基小学、水龙祥寨小学等农村大型完小实施附设幼儿园建设。

截至2013年6月，全县幼儿园26所，其中公办幼儿园5所、民办幼儿园21所，学前班148个，在园（班）幼儿8432人，其中少数民族儿童约占90%。学前教育三年入园（班）率为54.8%。现在，全县所有乡镇中心小学和部分村级完小学校均开设了学前班，招收6周岁儿童接受学前启蒙教育。

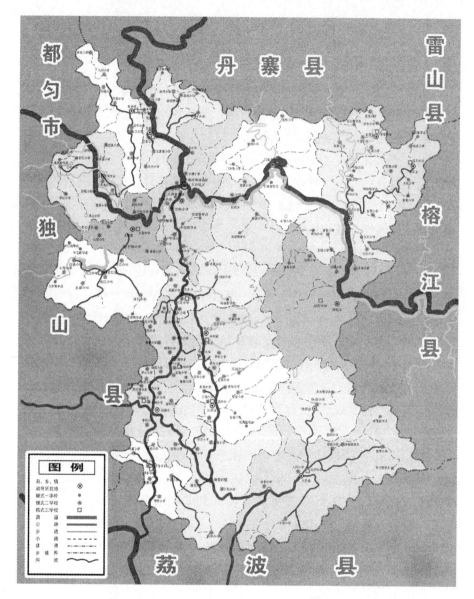

图 5－1　三都水族自治县各中小学校点分布

（二）小学教育

　　小学教育是整个学校教育的基础环节，是提高教学质量、提高全民族科学文化水平的重要保障。从 1951 年至 1956 年，全县小学由 24 所增至 77 所。1957 年三都水族自治县成立后，十分重视小学发展建设工作，自治县根据各个时期的特点，制定了切合实际的办法来推动小学教育的发展。到 1959 年，小学增至 217 所，在校生 28208 人。1962 年由于受严重自然灾害的影响，全县小学降至 71 所，在校生仅 4495 人。1967 年小学恢复到 194 所，在校生 13886 人。1976 年，全县公办、民办小学达 490 所，在校生为 33362 人，适龄儿童入学率达 95.7%，出现了普及小学教育的高潮。教育部门根据边远山区居住分散的特点，采取早班、晚班、女生班、隔日班等灵活多样的办学形式，使适龄学生入学率大大提高。但是，由于经济基础薄弱，多形式的办学思路与实际环境存在矛盾，这种办学局面只维持了短暂的时期。

党的十一届三中全会以后，国家对农村小学进行了调整和压缩，为提高少数民族的整体素质，改变少数民族地区经济文化的落后状况，国家在少数民族聚居的地区，设立民族学校。1980 年 10 月，黔南州政府重新确定水龙、九阡、上江、三洞小学为民族小学，在经费上享受民族补助待遇，免收学杂费和书本费。1982 年又对边远山区、经济基础薄弱的 18 个村寨的学校，拨给补助经费，解决学生书本费、学杂费的困难。并对学校布局作了调整，对教学效果不明显、相距不远的学校进行了压缩合并，从而使小学教育有了较为稳定的发展，学生的入学率和合格率逐步提高。

自 2001 年国家颁布《关于基础教育改革与发展的决定》以来，有计划、有步骤的农村学校布局调整工作陆续在全国范围内大规模地展开。为了促进教育公平，改善教学条件，提高办学效益和教学质量，国家改变新中国成立初期那种依照行政村建校、设点的农村学校的布局方式，将一些规模小、办学条件差的学校进行撤并整合。三都县根据学生生源数量及各教学点的实际情况，进行中小学撤并整合，截至 2013 年 6 月，全县现有小学 186 所，其中完小 111 所，九年制小学部学校 6 所，教学点 69 个，在校小学生 35358 人。

同时，为解决城镇发展适龄儿童入学难问题，三都县教育局积极向省、州争取资金新建第三小学，落实资金 1800 万元，2013 年 7 月 18 日开工建设，2014 年 9 月投入使用。

（三）中学教育

三都县中学教育历史不长。1942 年，始办省立三都造纸科初级职业中学，新中国成立初期，在校生 170 人，教师 12 人。此后，自治县在狠抓小学教育的基础上，注意发展中学教育，努力提高少数民族的文化水平。1958 年，在全民办教育的浪潮推动下，创办了拉揽林业中学、城关工业中学和佳荣（现荔波县境内）、恒丰、九阡、周覃、水龙、大河、交梨、普安、都江9所农业中学。1960年，增办了周覃、丰乐2所普通初级中学。到1978年，全县完中发展到9所，独立初中5所。十一届三中全会以后，附设初中班进行压缩和停办，完全中学由7所调整为3所，普通初级中学保留7所，学生数量下降，原来150余名被抽调的骨干教师，又回到了原教学岗位任教，确保了小学教育，巩固和稳定了中等教育。1987年，全县中学有13所，共4800余名学生。1995年，全县有完全中学1所，独立初中10所，九年制民族学校2所，中学教育平稳有序发展。

2013年，三都县有独立初中13所，普通高中2所（即三都县民族中学和三都县第二中学，不包括正在建设中的三都县第三中学），职业高中1所，在校初中生16495人，高中生6281人，其中职业高中学生1230人。

（1）三都民族中学

三都民族中学是三都水族自治县的一所完全中学，创建于1942年6月，它的前身是三都造纸初级实用职业技术学校，1948年更名为贵州省立三都中学，1958年建立完中，改称贵州省三都民族中学。1980年经贵州省人民政府确定为首批办好的省属重点中学之一，命名为贵州省三都民族中学，2001年6月被教育部列为寄宿制中学。2013年有教学班44个，在校学生2253人；在岗教职工165人（专任教师133人），其中研究生1人，大学本科136人，专科以下28人；高级教师24人（特级教师2人），中级教师52人，初级教师76人。有生物实验室1个、化学、物理实验室各2个，多媒体教室12个，计算机教室2个，图书室藏书50000余册。2013年暑期，学校重点开展了校园文化打造工程，在校门口安放民族雕塑，在学校的围墙上雕刻与民族文化有关的图案，力争把学校的每一个角落都塑造成一个景点，把学校的每一间房屋都装扮成具有浓郁的育人性、艺术性和文化气息场所，以达到展示民族文化、宣扬民族精神的目的。

（2）三都水族自治县第二中学

黔南州三都民族师范学校创建于1960年9月，起初命名为三都水族自治县初级师范学校，1980年7月更名为黔南布依族苗族自治州三都民族师范学校。1983年定向招生，使用全国统编教材，学制4年，明确为三都、荔波两县培养中师人才。至此，县内不仅能培养该县小学合格教师，还能为外县提供师资。1987年省人民政府将其列为优先重点发展的八所民族师范学校之一，2000年9月顺利通过了省人民政府"贵州省中等师范学校办学水平和办学条件双合格学校"评估验收。2001年10月成为深圳大学师范学院教育实习基地，2004年5月学校加挂高级中学牌子。学校45年来共输送毕业生近5000人，培训各类师资1486人，向高等院校输送了210名优秀学生。还被授予"贵州省教育系统先进工会组织"、"县教学先进单位"、"黔南州园林式学校"等荣誉称号。

为适应全县教育发展需要，三都县人民政府于2005年6月通过了保留黔南州三都民族师范学校建制，将三都高级中学部分与县第二中学进行教育资源整合的决定，8月下旬完成整合工作，建立起一所新的大型完中——三都水族自治县第二中学。整合后的第二中学占地84095.8平方米，校舍建筑面积17139平方米，有400米跑道标准体育场一个，现代化多功能教室1个，多媒体教室2个，计算机110台，学校藏书3.8万余册，订有各类报纸杂志120余种，各种教学设施基本上能够满足教学需要。学校实行多元化办学模式，学校设中师部、培训部、高中部、初中部。中师部设有普师、幼师、体育、美术、音乐等师范专业，为全州边远贫困山区输送能胜任各科教学的小学教师及幼儿教师；培训部为三都及周边县培训小学教师及小学校长，提高其思想道德及业务水平；高中部向高等院校输送人才，并为少数民族地区普及高中学历创造了条件；初中部主要是为三合镇东南片区接受初中阶段义务教育的学生提供就读机会。

为了改变初中学校办学不足现象，三都县投入5000万元，新建县第三中学，办学规模3600人，教学楼已于2013年6月15日交付验收，男、女生宿舍楼计划于2013年9月竣工交付验收。2013年9月学校开始招生。

二　民族职业技术教育的发展

近年来，随着"9＋3"计划实施如火如荼地推进，三都县的民族职业技术教育发展迅速并且取得较好的成绩。承担三都县民族职业技术教育的学校是三都水族自治县民族职业技术学校，成立于1986年6月，前身是三都县林业中学。1999年9月将原县民族职业技术学校、县卫校、农广校、中华会计函授学校三都分校、县就业培训中心、农科所等6家单位合并组建成今天的三都水族自治县民族职业教育中心。它是自治县唯一的一家融合初等职业教育、中等职业教育、成人高等教育和各种职业培训于一体的多功能综合性办学机构。其办学宗旨是为县域经济社会发展的需要培养初、中级应有型技术人才和高素质劳动者和各类具有专业技能的人才，为城乡新增劳动力、下岗失业人员、在职人员、农村劳动力和其他社会成员提供多种形式、多种层次的职业培训任务。

县职校占地面积65亩，校舍建筑面积16470平方米，有价值356万元的教学实训设备。为营造良好的招生环境，2013年年初修建了县职校围墙200多米，硬化道路400平方米，新建了2个标准篮球场。通过BT模式借贷、融资550万元，新建学生宿舍和食堂4300平方米、新建塑胶运动场9000平方米。累计投入资金达2000多万元，用于购置实训设备。2013年8月底，启动职校新址建设，采取BT模式引入资金2亿元，新校占地270亩，2014年年底以前建成投入并使用，招生规模达到4000人以上，完成职业技能培训及农村劳动力转移培训达5000人以上。

县职校现开设有8个专业，教师62人，在册中职学生1230人（含联合办学学生），在本校学生361人，成人教育学员498人。实施教育"9+3"计划，2014年职校招生人数达到1250人，招生规模较前年增加近一倍。同时与贵州大学、贵州民族学院、贵州电大等高校联合开办了成人高等教育学历函授班，共有学员216人；开展农村劳动力转移"雨露工程"培训601人，转移就业率为91%；"一村一名大学生"培训45人。随着经济社会的发展，社会对职业学校的培养目标提出了更高的要求，为此，职教中心在专业设置和课程设置方面采取"因需制宜"的策略，根据用人单位的需求及时对专业和课程作相应调整，以满足人才市场的需要。职业学校的学生中有的在县城内成为企业、厂矿、部门的专业技术骨干或成为致富能手；有的走出山门到沿海经济发达地区发展自己的事业；有的走进大学校门继续深造。

县职校已经构建成"职高部、初职部、培训部三部相对独立、协调发展，重点发展职高部、大力发展初职部、突出发展培训部，三位一体，稳步健康发展"的办学格局，逐步形成了"理念新、思路活、地方小、规模大、成本低、效益高、质量优、出路好"的办学特色。学校本着用好专业就能找到好职业来吸引学生、留住学生的办学思路，具体做法是：一是开设适应经济发展需求、就业前景好的专业提高就业率吸引学生和留住学生；二是通过中职学生有技能就好就业的实例做好招生宣传，吸引学生就读职中；三是走"校校联办"和"校企联办"的路子，采取多种灵活办学模式，推荐毕业生到厦门、苏州、深圳、惠州、东莞等沿海城市就业。近三年在三都县就读和在联合办学就读的毕业学生就业率达100%。

2013 年县职校为适应社会需求，开设有计算机应用、汽车驾驶与维修、旅游酒店服务与管理、电子电工、服装制作与营销、学前教育、农村经营、家政共 8 个专业来满足学生的选择，同时继续加强与省内外职校联合办学，学校与三都县外职校签约办学的有 8 所（其中州内 4 所、省内 1 所、省外 3 所），解决初三学生整体移交问题、师资问题和就业问题。

三　成人教育现状

在抓好农民扫盲教育的同时，自治县还加强了对全县干部职工学历提高的培训工作。全县各行业都举办了各种类型的文化补习班和轮训班，组织职工脱产短期学习及业余学习。再加上现时各部门各行业在招工招干中注意进行文化考核，实行择优录取的制度，这对职工的业余学习起到了积极的推动作用。1981 年开设成人高等自学考试，各行各业人员踊跃报考，收到良好的社会效益。1999 年、2000 年，县委党校、县职业技术教育培训中心等，也相继开设成人高等函授教育，为自治县培养了大批建设人才。近三年来，全县仅教师就有 1086 名参加大专自学考试，有 873 名参加本科和大专函授学习，全县干部职工学历普遍得到了提高。

四　扫盲教育现状

开展扫盲教育，使劳动人民摆脱文盲状态，是建设社会主义的一项重大任务。县委和县政府十分重视扫盲教育，注意抓扫盲工作。在土地改革时期，掀起了"开展识字运动，逐步减少文盲"的扫盲热潮，全县各地创办了大批夜校，有的还推广了"速成识字法"，使一大批青壮年摘掉了文盲的帽子。农业合作化高潮期间，通过夜校，培养了一大批的记工员、会计员和初级卫生人员。党的十一届三中全会以后，业余教育工作才真正走上了正轨，开创了新局面，领导机构、组织人员、办学经费得到了落实。1980 年，配备了各区、社业余教育的专职干部，使扫盲工作层层有人管，级级有人抓。1982 年，全县建立了 156 所夜校。为了适应脱盲农民对文化的需求，有的夜校续办了小学班。在农民扫盲教育中，涌现了高洞、恒丰、丁寨等先进夜校。此后，农村扫盲教育工作稳步发展，截至 1987 年，三合镇和普安镇先后成为基本无文盲乡镇。此后，随着扫盲工作不断深入开展，各乡（镇）陆续扫除文盲，截至 2003 年，随着"两基"攻坚战打响，在全县范围内，基本上扫除了青壮年文盲。据 2013 年最新统计，全县 15 周岁至 50 周岁的人口中非文盲率为 98.5%，15 周岁人口中的文盲率控制在 0.2%。最近三年以来，脱盲人员巩固率达 98%。

五　民族传统文化教育现状

随着社会的不断变革与发展，科学技术迅猛发展，大文化背景的强力渗透，民族民间文化受到了冲击，民族民间文化的传承和发展受到了干扰，濒临失传与消亡，这对于多元文化的发展与繁荣影响极大，拯救濒危的民族民间文化和推进多元文化的发展堪为当务之急。

水族世居边隅，其文化自成体系，文字、歌舞、风俗、民间工艺别具一格，水书被誉为"活着的甲骨文"，有着悠久的历史。在"文化大革命"中，水族民间文化遭受沉重打击，有价值的书籍文字材料几乎被焚毁殆尽，实物文化——铜鼓，在大炼钢铁运动中有两千多面被铸为烂铜。水族文化在历史进程中历经风雨，发展受挫。学校是文化发源与发展的圣土，肩负着民族文化的挖掘、整理、渗透、传承和发展，将民族民间文化融入学校教育活动中，对推行多元文化具有十分积极的意义。民族民间文化教育工作责任重大，关乎民族生存与发展大计，学校要全力投入引进与传播工作。

三都县是一个少数民族众多的自治县，发展民族文化教育至关重要，要增加对民族文化教育的投入，充分挖掘民族文化教育资源，突出民族文化教育特色，在中小学和民族中小学校普遍开展形式多样的民族民间文化进校园教育活动。近年来，三都县严格按照《中共贵州省委关于贯彻党的十七届六中全会精神推动多民族文化大发展大繁荣的意见》的要求，因势利导，将三都县独特的民族风情引入学校，大力开展民族文化进校园活动，为教育发展注入了新的活力。

三都县教育局以学校为平台，以课堂为载体，以全县各少数民族中小学生为依托，在全县中小学校启动"民族文化进校园"活动，让优秀的传统文化走进校园和课堂，充分利用校园空间，创建具有民族特色的教室、寝室文化。同时根据各学校的特点，开展了各具特色的教学内容：水书、苗文两种少数民族语言文字；水歌、苗歌、敬酒歌等民族民间歌谣和戏曲；刺绣（以水族马尾绣为主）、蜡染、剪纸、银饰等民间工艺美术；芦笙、铜鼓、木鼓等民间乐器演奏；铜鼓舞、斗牛舞、古瓢舞等民族民间舞蹈；各民族的历史、人文、地理、建筑、服饰、饮食、生活习俗、礼仪知识、传统节日和庆典活动、民族风情等。在"民族文化进校园"活动中，三都县先后脱颖而出一批具有地域特色的校园文化，如县二中举办文化艺术活动月、中和小学马尾绣兴趣班、县鹏城希望学校"岛黛瓦"艺术团表演、水书书法、刺绣比赛等，既弘扬了民族文化精神，又展示了教学成果。

2012年5月全县开展了选拔推荐参加省中小学生艺术节节目评选，三都县选送打鱼民校、鹏城希望学校、城关小学、三都民中、三都二中的参赛节目都分别获得了一、二、三等奖。打鱼民校"踩月亮"获一等奖，并被省教育厅选拔到11月17日全省中小学艺术节颁奖会上表演。选拔推荐了打鱼民校、交梨高硐小学、城关小学、鹏城希望学校参加黔南州"中小学原生态歌曲大赛"获得三个一等奖、一个二等奖，列为全州参赛队团体最好成绩。2012年打鱼民校"踩月亮"参加"多彩贵州"表演获金奖，并在中央电视台及省外电视台转播，影响较大。

2012年三都县教育局教研室被评为全州"优秀教研室"，水语研究课题列为省级和州级重点课题。教研室编制了《水语水书十课时》上下两册，主要包括认读水语、认读常用水书文字、水族古文化鉴赏、水书作品鉴赏及经典水歌练唱。这套书作为地方教材目前只发放到项目学校使用，这三个项目学校是水龙民族小学、三洞小学和三洞中学。

水龙民族小学地处水龙乡人民政府，是全乡唯一一所中心完小。始建于1936年，1952年成为贵州省在三都县设立的首批民族小学之一，是原设立区中心小学，现为水龙乡中心小学。学校占地面积14000余平方米，建筑面积3083平方米（含90平方米的新增食堂），是一所办学基础条件较好的学校，是水龙乡"集中办学，优化办学"中心小学。水龙民族小学的学生中95%都是水族。该校的民族文化教学包括写水书、绣马尾绣、唱水歌、学水族舞蹈等。学校有两位水族老师专门教授水书，使用的教材是《水语水书十课时》，每个年级每周两节水书课，这些学生在毕业的时候能识读两百多个水书字词。学校平时还会开展水书书法比赛，以验收学生的水书学习成果。马尾绣课程也有专业的水族老师负责，学校每年花费五六千元采购马尾绣原料，用来给学生练习绣马尾绣。

水龙民族小学的"民族民间文化进校园"成果有：搜集整理水族民歌10余首，水书2卷（复印件），民族节气图片50余幅，开设民族文化课25个班，传授达1000余人次。成立水歌班1个、马尾绣班1个、水语音标班 1 个，每班 40 余人；聘请水书先生 1 人次；聘请民间歌手 1 人次；聘请马尾绣能手 1 人次；举办八期的水书文字学习期刊，参与学习人数多达 320 人次，每位学员都完成了自己每期的水族文字学习笔记和作业等，举行水语音标考试和水歌、马尾绣比赛等，参赛学员达 120 人次。

六　双语教育现状

双语教学是少数民族地区针对民族学校学生实施的同时使用汉语和当地少数民族语言进行的教学方式，主要采用自编、注音乡土教材教学。教学模式上采用"三程序双语教学法"。教学效果上，在民族地区运用双语教学的班级成绩普遍高于非双语教学班级，以提高民族地区学生汉语水平，让学生同时使用母语和第二语言进行思维，能在这两种语言之间根据交际对象和工作环境的需要进行切换，使他们具有跨文化交流的能力，并树立跨文化的意识。

三都水族自治县于 1985 年先后在阳基、交犁、高硐等地小学开设苗文教学班，在周覃小学设布依文教学班，1986 年又在三洞民校设水文班，开展双语教学。此后，于 1996 年 9 月至 1999 年 7 月，由贵州省教科所和黔南州教育局共同设计"边远民族地区农村小学双语复式教学实验研究"课题，在三都县交梨乡望结村小学和打鱼乡岩窝村小学办苗汉双语复式教学实验班及塘州乡水平村小学和三合镇中乐村小学开设水汉双语复式教学实验班。在上述试点获得经验的基础上，根据县内少数民族学生的分布情况，在全县南面、西面、东北面共约 101 所学校（教学点）陆续开展了水汉、布汉和苗汉的双语教学班。

为探索"双语教学"的规律，提高县内民族地区学生的汉语水平，先后有曾晓渝、姚福祥编著的《汉水词典》，莫伯凯、潘文德、杨昌盛、韦学泽等编译的《义务教育小学语文、数学常用语布汉、苗汉、水汉双语对译简表》，杨昌盛撰写的《三都苗语语音系统及其与苗语中部分方言标准音的对应规律》等论文论著问世。这些研究成果现已成为县内双语教学的乡土教材，有助于双语教学质量的提高。

三都县的双语教育是因地制宜的，在水族聚居的地方用水汉双语教学，在苗族聚居的地方用苗汉双语教学，若是水族和苗族人数均等的地区也用水汉双语教学，因为三都县是水族占大多数的县，苗族基本上也会说水语，所以还是以水汉双语教学为主。全县只有都江镇的小脑小学和打鱼乡的盖赖小学采用的是苗汉双语教学。三都县的双语教育模式是：一、二年级是"启蒙型"，以母语为主，汉语为辅，汉语做解释；三、四年级是过渡型，既用母语又用汉语；五、六年级是短暂型，母语很少，在汉语表达还不够清楚的情况下，用母语做解释，方便学生理解较为生僻的词汇。但是目前三都县的双语教育只是双语单文教育，即汉语、水语（或苗语）和汉字，但是基本不能教授水书或苗文，因为水语是口耳相传的语言，历史上只有水书先生等少部分人才能学习水书。而县城的各中小学则是通过"民族文化进校园"的活动来学习水语和水书，没有达到双语双文教育的层次。

七　与教育相关的政策和措施

（一）狠抓"控辍保学"，保证入学率

为确保"控辍保学"任务，按对乡（镇）的责任要求，直接将任务分解到乡（镇）和教育局干部及全县教师身上，并将任务完成情况与干部职工、教师年终考核、晋级晋职进行直接挂钩。为确保目标实现，县、乡（镇）、教育局、学校、村组层层签订了"控辍保学"责任书，将任务落实到责任人，作为硬指标、硬任务，要求必须无条件完成。目前三都县小学教育阶段 2013 年小学在校生 35358 人，适龄儿童入学率 99.35%，适龄残疾少儿入学率达 88.5%，小学辍学率控制在 0.4% 以内。初中在校生 16495 人，初中阶段适龄少年入学率为 82.1%，初中阶段毛入学率为 97.4%。中学辍学率控制在 2.16% 以内。

（二）加大经费投入不断改善办学条件

2013 年已落实学校（园）基建项目经费 3784 万元（其中中小学 2114 万元、幼儿园 1670 万元），将新增中小学校校舍面积 1.6261 万平方米，新增幼儿园园舍面积 1.2846 万平方米。进一步改善学校（园）办学条件，杜绝中小学校大班制的问题。

（三）协调各类教育，促进教育均衡发展

认真审视差距，制定了《十二五教育事业发展规划》、《突破高中教育发展规划》、《县域义务教育均衡教育发展规划》、《学前教育三年发展行动计划》等，2011 年以来，三都县启动了新建第三中学、第三小学，易地搬迁县职校建设、修建乡镇教师周转房、新建乡镇幼儿园、

中小学校教学楼、修建农村中小学学生宿舍、学生食堂等建设工程及附属设施，工程重点全部放在农村薄弱学校，加大薄弱学校改造力度。采取 BT 模式建设县城学校塑胶运动场、综合楼、学生宿舍、学生食堂等基础设施，扩大了民中和二中办学规模、修建中央新增投资项目工程，职校加强联合办学，扩大生源面和就业率，同时还加强对职校建设投入，更进一步改善了各级各类学校办学条件，促进学前、高中、义务、职业教育发展的均衡。

（四）做好教师培训工作，加大教研工作力度

根据省州培训要求，每年培训教师3000多人次，2011 年全县投入教师培训经费 225 万元，2012 年 332 万元，2013 年上半年 65 万元。教育"9 + 3"计划，成为全县教育工作的重中之重，需加强师资培训，狠抓教育教学质量提高，除完成省州规定的"国培"任务外，县级自行组织"一德四新"全员培训、骨干教师培训、农村教师培训、幼儿教师培训、班主任培训、科学渗透法制教育培训、新教师培训、心理健康辅导员培训、学历提高培训等，年培训人数达 1500 人次以上。另外，每年还大规模组织开展中小学校长培训涵盖到村级学校，将中心校以上学校的校长送到西南大学、深圳、山东聊城大学等地接受理念培训，提高教师整体素质，提高校长管理业务水平。充实教研室力量，每年投入教研活动经费30 万元，为教研活动正常开展提供保障。加强校本教研活动，编制《水语水书十课时》发放到项目学校使用，2012 年三都县教研室被评为全州"优秀教研室"，水语研究课题列为省级和州级重点课题。

（五）做好师资队伍建设

2013 年三都县提高师资队伍建设采取的方针是：（1）认真实施好"十二五"教师培训和"国培计划"，鼓励教师在职培训，提高业务能力。（2）2013 年县委、政府招聘中小学教师共 300 名（其中统招 200 名，特岗 100 名），3月 2 日至 15 日分别到青海师大、贵州师大等校招聘教师，目前已到位 125 名，余下的经过面试、政审，8 月 25 日以前全部到位。（3）加强中职师资队伍建设，通过招聘新进教师和"双师"型教师 30 余人补充到职校，提高教师队伍素质。（4）加大校长和教师培训的工作力度，2013 年 7 月至 8 月暑假期间，已培训校长、教师共2100 余人次。

教师队伍建设方面，2012 年，按省文件要求对 148 名代课教师转

岗分流；对不具备中小学教师资格条件或不适应岗位工作的、年龄在35 周岁以下教师，采取在职培训、调离外单位等方式，到 2013 年，全部教师达到岗位任职条件，小学（含幼儿园）专任教师学历合格率达到 100%，农村教师达到 98% 以上，具有专科及以上学历比例达 80%；县城初中专任教师学历合格率达 98% 以上，农村教师达到 95% 以上，具有本科及以上学历比例达 50% 以上；高中专任教师学历合格率达95% 以上，具有研究生学历学位 6 人，中职专任教师学历合格率达到70% 左右。

（六）加强和完善学校教育技术装备

高中、初中村级完小以上小学教学仪器按国家标准配备，达标率较高，教学点配备达标率达到 90% 以上。目前，高中、初中、中心完小以上学校建成多媒体计算机网络教室和适应教学需要的多功能教室，完小以上学校开设信息技术必修课。县城中学的学生与电脑比达到 10：1，乡（镇）中学为 20：1 左右。

（七）提升教育信息化发展水平

在设备配置上，坚持高起点规划、按需分步实施原则，全面实施信息化教育工程，并加大建设力度，提高中小学校计算机配备标准。高中已建成 3 个以上多功能教室，村级小学卫星数据接收点和教学点的光盘播放点设备全部更新升级，所有项目学校建成校本资源库，全面普及农村中小学现代远程教育。启动教育城域网建设工程，搭建县、乡、校三级教育网络，建立科学合理的教育电子政务管理平台。启动全县教育资源建设工程，构建县、乡、校三级共建共享的资源平台和管理体制，重点建设校本资源，加强校本资源的管理。

（八）落实并完善"农村义务教育学生营养改善"计划

2011 年国务院办公厅发布了《国务院办公厅关于实施农村义务教育学生营养改善计划的意见》，提出为贯彻落实《国家中长期教育改革和发展规划纲要（2010—2020 年）》，进一步改善农村学生营养状况，提高农村学生健康水平，加快农村教育发展，促进教育公平，提出以贫困地区和家庭经济困难学生为重点，启动实施农村义务教育学生营养改善计划（以下简称"营养餐计划"）。

2011 年 10 月，三都县政府为 195 个学校（含教学点）46000 多名学生实施营养餐计划，补助标准为每生每天 3 元，全年学生在校时间按 200 天计算，共计每生每年补助 600 元。对于家庭经济困难寄宿学生生活费补助标准在现有标准基础上每生每天提高 1 元，达到小学每生每天 4 元、初中每生每天 5 元。

自营养餐计划在三都县实施以来，三都县为很多条件不好的农村中小学的学生食堂进行改造或者建设，力求使其达到餐饮服务许可的标准和要求。食堂建设是本着节俭、安全、卫生、实用的原则，在规模较小的农村学校，根据实际改造、配备伙房和相关设施，为学生在校就餐提供基本条件。并且严格执行食堂原材料进货查验索证登记，食品留样，安全检查，餐具消毒，校领导、教师付费陪餐等制度。制定学校食品安全事故应急预案，规范和指导应急处理工作，最大限度地减少学校食品安全事故的危害。此外，组织对辖区内各类学校食堂及学生营养餐开展两轮食品安全专项监督检查，对发现的问题，及时研究对策、整改落实。

但是在营养餐计划具体实施的过程中，也遇到了很多困难。受客观条件的限制，三都县各中小学和教学点没办法配备专业的配餐工作人员，大都由老师来兼任。在一些偏远的学校或者教学点，比如苗草小学，连食堂都没有，只是把闲置教室进行了改造，由老师自己采购炊具，老师带着高年级的学生做饭，或者是找一户干净的农户家做饭。这样的营养餐计划实际上加重了老师和学生的负担，教学点的老师短缺已经成为一个较为严峻的问题，如今还要将老师安排去负责营养餐，无疑更加重了老师的负担。并且像苗草小学这种位置偏远、交通极不方便的学校，采购物资也是很困难的。据调查，去往苗草小学的路非常崎岖，遇到下雨天，雨水冲坏路面，只能骑摩托车和山地车，小汽车根本不能行驶。在整个三都县，像苗草小学这样的学校或教学点还有很多，营养餐计划虽然改善了学生的营养、增强了学生的体质，却给老师和学校增加了负担。县委、县政府意识到这一问题，从 2013 年 6 月起开始了配送制，由县城的几家较大规模的配送公司配备食品，于每天早上配送到各个学校，这样既减轻了老师的负担，也保证了食品的安全，做到了食品安全责任制。

（九）建成特殊教育学校

三都县只有一个特殊教育学校，即在三合镇三郎村建成的三都县特殊教育学校，该校于 2012 年投入使用，现在校学生 30 人，教师 7 人，招收全县和独山、荔波等县外残疾少年儿童入学。

（十）兴建希望工程学校

十一届三中全会以后，尤其是西部大开发以来，在中央、省、州的关心支持下，三都县委、县人民政府始终把教育摆在优先发展的战略地位，制定了"科教兴县"的发展战略，特别是在深圳人民及境内外友好人士无私援助的希望工程及通过全县人民的艰苦努力下，使三都教育事业和社会经济得到快速发展。

1995 年 7 月 28 日，深圳市属企业工委近百家企业、40 余万名员工积极响应深圳市委、市政府关于"全国支持特区，深圳特区服务全国"和"先富带动后富，走共同富裕道路"的号召，向三都水族自治县慷慨解囊，捐赠 1330 万元助教助学金，其中 1030 万元用于兴建 21 个希望工程项目，300 万元作教育发展基金。深圳人民开启了援助三都希望工程的序幕。此后，深圳更多的企业家和热心人及其他单位和社会各界人士，源源不断地对三都教育事业进行了援助，国家儿童基金会、国家林业部、国家计委、福州市、武汉市等单位，先后捐赠近 200 余万元，用于新建扩建校舍近 3000 平方米；中国香港邵逸夫基金、李嘉诚基金，美国燃灯基金，日本丸红株式会社和中国台湾台塑集团等捐资近 200 万元，覆盖全县 14 个乡镇 36 个村级学校援建教育建设项目，用以兴建教学楼和学生宿舍。中国深圳、香港、台湾、澳门和新加坡、美国等海内外各界人士，还为 106 所学校配置教学仪器，为 113 所学校购置图书、课桌凳、学生床架等。从 1995 年至今，仅深圳就已先后援助自治县 28 所中小学，对教育基础设施建设累计投资 1864.5 万元，新建校舍面积 3.6 万多平方米，极大地改善了中小学校办学条件；捐献电脑、彩电、音响数十台（套），书 7200 册；先后有北京、香港、上海、深圳等单位和个人，救助全县 21 个乡镇 100 多所学校的特困生，累计援助金达 144.79 万元，受救助学生达 7195 人次；深圳大学和部分中小学为自治县培训师资达 100 人次以上；从 2002 年起，深圳大学每年为三都免费培养 3 名大学生（定向委培生）；深圳燃气集团公司还派遣新招进员工远赴自治县开展支教活动；2005 年，国家向三都贫困学生发放免费教科书经费 217.7 万元，共有 21183 名中小学生得到救助。

在深圳人民的无私奉献下，1995 年，中共三都水族自治县委员会、县人民政府在城东经济开发区划拨价值百万余元的土地，深圳方面投资 198 万元，于 1997 年修建成了三都鹏城希望学校。学校占地面积 18960

平方米,校舍建筑面积 6630 平方米。2005 年台塑集团公司爱心捐款 40 万元人民币、三都水族自治县教育局配套资金 120 万元人民币,扩建三都鹏城希望学校小学部,校名定为"明德小学"。2012 年,贵州省青少年发展基金会捐助 15 万元为鹏城希望学校修建食堂。2012 年斯凯孚(SKF 轴承)集团为鹏城希望学校捐助少儿音乐舞蹈室全部设备,并在 2011—2012 年暑期安排音乐教师培训 17 人次,总共援助资金合计人民币 38914 元。在鹏城希望学校的校门口不远处修建了两座长亭,命名为"感恩亭",感恩亭内外两侧的墙壁上都镌刻了近年来所有资助学校、促进学校发展的单位、集体和个人,号召同学们努力学习,回报社会。

目前鹏城希望学校是全国唯一一所在县城的希望学校。"十五"以来,三都水族自治县人民政府对三都的基础教育设施直接投入和上级部门的援助,两项共计 7000 余万元。现在走进三都,最优美的环境是校园,最漂亮的房子是学校。全县小学基本实现班班有教室,人人有课桌,校校有厕所,95% 以上学校无危房。

如今,希望工程项目几乎遍布三都水乡山寨的每一个角落,为推动三都的教育发展打下了坚实的基础。

八　教育发展中存在的问题及思考

(一)学生入学率高但流失现象严重

目前三都县学生入学率和流失率在"控辍保学"政策下有所改善,基本上适龄入学儿童都能保证入学,但是学生辍学率高依然是一个严峻的问题,特别是初中阶段"控辍保学"工作仍需要进一步加大工作力度。

三都县学生流失率较高的原因主要有以下几点:1. 家长的教育方式落伍,多数农村家长文化程度较低,教育观念和思想落后,教育投资意识薄弱,不愿为孩子继续深造做出太多的教育支出,从而导致子女中途辍学;2. 多数农村家庭的父母外出务工赚钱,将孩子留给老人照看,老人在教育晚辈上大多力不从心,只能任由其发展;3. 农村经济困难的家庭较多,父母普遍认为孩子应该少读书,早点出去打工赚钱养家,所以很多家长在孩子尚未完成学业时就将他们送到外地打工;4. 未成年的孩子容易受外界环境的影响,有些学生受社会的某些不良风气影响,认为"读书无用",便早早辍学,无所事事。此外还有诸如教学环境、学生自身生理或心理健康问题等导致辍学。

如何有效地控制辍学率，这不仅仅是三都县教育部门的责任，应该由全社会共同努力。对于教育部门来说，首先加大九年义务制教育和"知识就是力量"的宣传力度，改变家长的教育观念；其次，尽量为经济困难家庭的学生提供帮助，鼓励他们上学；最后，还应该完善相关教育措施，为学生营造一个良好的受教育氛围。对于老师来说，应注重因材施教，关心帮助学习上有困难的学生。对于学生自己来说，提高学习兴趣、增强学习能力和提升思想觉悟都是相当重要的。

（二）城乡教育发展不均衡问题

城乡教育发展不均衡，乡村级学校办学条件简陋，仍然缺少教室、宿舍、学校围墙、教仪设备等教学设施，师资力量也较为薄弱。比如苗草小学就没有食堂，没有教师宿舍，没有多媒体设备。水龙小学教师宿舍条件艰苦，很多老师不愿意住在教师宿舍，平时住在县城，如果晚上、周末或者假期被安排值班，才会在教师宿舍借住。

城乡教育发展不均衡主要由以下几点导致：1. 城乡经济发展差异，这是教育发展不均衡的根本原因。苗草小学地处山区，交通不便，经济较为落后，这直接影响了政府对该小学的教育投入；2. 城乡教育资源配置政策不均衡，这是城乡教育发展不均衡的直接原因。政府和教育行政部门在教育发展方式上采用了资金支持、政策倾斜等办法，把有限的财力集中到本县的示范类学校，导致各个学校的教育教学设施存在严重不均衡。再加上社会盛行的择校行为也在一定程度上直接或间接地参与了教育资源的分配，把更多的资源投向了城市学校，扩大了城乡和校际之间的不均衡发展；3. 教师的工资与学校的创收能力和管理制度紧密相关，从而使教师的收入水平在城乡间、校际间产生了极大的差异，形成了优秀教师的单向流动，即由困难学校流向较好学校，由农村和山区地区流向城镇地区，导致了办学水平和教育质量的不均衡现象。

《国家中长期教育改革和发展纲要（2010—2020）》明确指出：要"推进义务教育均衡发展。均衡发展是义务教育的战略性任务。建立健全义务教育均衡发展保障机制，推进义务教育学校标准化建设，均衡配置教师、设备、图书、校舍等资源"。由此看来，促进城乡教育均衡发展，需要相关部门做好统筹城乡经济发展、建立健全教育均衡发展的保障机制、改革教育管理体制等多项工作，采取多种措施统筹协调加以解决。

（三）教师缺编问题

全县高中教师编制 409 人，实有教师 353 人，缺编 56 人。高职教师编制 150 人，实有 60 人，缺编 90 人。全县中学教师编制 1129 人，实有教职工数 980 人（含 74 名特岗教师），尚缺 149 人。全县小学编制 2000 人，实有教职工数 1789（含特岗 43 人）人，尚缺 211 人，全县中小学校目前尚缺教师 506 人。在偏远山区的小学或者教学点，教师缺编现象更为严重。苗草小学目前约有 260 个学生，但是只有 9 个教师，教师的教学任务重。水龙小学也存在教师缺编问题，并且师资结构有问题，一些专科、本科生毕业之后到水龙小学工作，农村小学待遇不高，导致这些教师积极性不高、不上进、思想上怠惰、不服学校管理，这样也增加了学校的管理难度。

从调查结果分析，教师缺编最主要的原因是工资水平不高，很多人不愿意去偏远地区当教师，有些教师甚至下海，转至其他行业。如何有效地解决教师缺编问题，建议三都县有关部门可以采取以下措施：1. 加强城乡教师流动制度化建设，建立和完善城市教师到农村学校支教制度、农村教师到城市学校学习进修制度，统筹教师资源；2. 创新吸引、激励优秀人才到农村任教的有效机制，如设立"贫困地区教师基金"、农村教师特殊津贴等，切实提高教师待遇、稳定教师队伍。

（四）基础设施建设经费问题

三都县的三都民中、县二中、鹏城希望学校、县职校、城关小学 5 所学校 6 个塑胶运动场建设经省教育厅批准，采取 BT 模式建设，共投入资金 2250 万元，已划拨到位 890 万元，尚欠施工单位垫资建设 1360 万元，还款压力巨大。目前已实施了乡（镇）幼儿园建设项目 15 所，尚有 6 所乡（镇）幼儿园需进行建设和 1 所县城幼儿园需进行升级改造，按每所 250 万元预算，缺口资金为 1750 万元。

三都县普遍存在中小学生住宿多人一床现象，食堂面积狭小，农村学校食堂仅相当于伙房，实施营养餐计划后学生基本上在教室用餐，现有的中学食堂供餐能力只能达到学校学生就餐人数的 60%，小学只达 40%，基础设施建设跟不上教育教学发展需求，制约了三都县中小学校发展，影响了全县整体教育教学水平提升，成为社会关注热点和难点问题。按照《贵州省中小学校舍建设标准》，目前全县中小学校缺食堂 4.56 万平方米，缺学生宿舍 12 万平方米，共需资金 2.48 亿元。

目前三都县中小学课桌椅、床架、餐桌、食堂设备、教育教学器材等为多年以前购置，损坏、报废、老化情况严重，大部分难以维修继续使用，据统计，全县中学共需添置 3200 万元设施设备，小学需添置 2000 万元，共计 5200 万元。

基础设施建设跟不上教育教学发展需求，制约了三都县中小学校发展，影响了全县整体教育教学水平提升，成为社会关注热点和难点问题。从以上数据看来，三都县的基础设施建设经费缺口很大，三都县县政府、县教育局等部门应做到：（1）加大资金投入，保证学校基础设施建设经费，确保学生人均公用经费达到国家统一标准；（2）明确各级政府在农村教育经费投入方面的责任层级，成立农村教育经费专门的管理机构，制定下发相关文件，对基础设施建设经费保障的标准、范围、实施方案、实施步骤和资金划拨提出明确要求；（3）加强管理，提高经费使用效率，要进一步健全农村教育财务管理制度；（4）继续做好"希望工程"建设，为三都县各中小学的基础设施建设提供保障。

（五）农村中小学撤并引发的问题

近年来，在全国各地农村学校撤并之风的影响下，三都县也对部分农村中小学进行撤并。进行农村小学撤并的初衷是在一定程度上促进教育资源的合理配置，提高农村教育的质量，缩小城乡之间教育质量的差距。但是从实际情况看来，效果并不理想，所带来的问题也是不可忽视的。

1. 对家长来说，增加了其经济负担。农村学生到城镇上学，在交通发达地区的学生可以坐通勤车，但在交通不发达地区的学生只能寄宿。虽然现在三都县也实行免费义务教育，但是学生的交通费、伙食费、住宿费、每天的日常开销和家长陪读的费用并没有减轻当地农民的负担，反而在一定程度上加重了其经济负担。

2. 对学生来说，会带来交通安全问题。农村小学撤并后，很多学生离学校更远，每天步行上学的难度增大，同时上学路上的安全隐患增多。有老师反映在撤并了当地一些教学点，将师资等集中到其他小学之后，部分学生离小学特别远，每天上下学要走很长的路，并且路况不好，遇到雨雪等恶劣天气，这些学生根本没法按时到校，影响学生的学业，也给他们带来了心理上的压力。

3. 对学校来说，会遇到以下问题：首先，从学校资源方面看，城镇学校的资源变得紧张，一些农村学校的资源被浪费。大量的农村学生进入城镇学校，使城镇学校的校舍空间变得紧张，教师资源不足，班额扩大，甚至出现了"巨型班级"，影响了教学质量。农村学校由于生源不足，规模逐年缩小，达不到规模经济办学，造成大量教育资源的浪费，被撤掉的学校的校舍大多闲置，得不到充分的利用。其次，从教师方面看，加重了城镇学校教师的负担，农村学校的教师得不到妥善安置。由于班额的扩大、学生数量的增多和学生基础的差异，教师上课时不得不考虑学生之间水平的差异，影响教学的进度与质量。农村学校撤并中一些教师得不到妥善的安置，也增加了社会不稳定因素。

农村小学撤并的现象是由我国人口、经济发展、国家政策等多重因素导致的。简单的撤并农村小学并不能解决实际问题，需要三都县政府、学校、社会等多方面共同努力，应该做到：1.统筹规划、因地制宜，在进行学校撤并时，进行充分的调研评估，结合当地生源数量实际情况，听取群众和学生的意见；2.加大对教育的财政支持，改善教学环境与设施，优化资源配置，合理撤并生源少、资源浪费较多的学校；3.制定有效的保障和监督体制，保障学生的交通、卫生、生活等方面的安全，如为偏远山区的学生配备统一的校车，保障这些学生的安全。

第二节　民族语言文字问题

三都县全境所有乡镇或多或少都有水族聚居的村寨，主要聚居在九阡、廷牌、恒丰、三洞、中和、水龙、塘州、周覃等乡镇。布依族主要聚居在大河、合江、丰乐、普安、周覃、九阡等乡镇。苗族主要聚居在普安、丰乐、都江、坝街、三合等乡镇。

根据三都县统计局 2011 年的统计数据，在三都水族自治县各乡镇的语言使用情况如下：

普安镇有水族 9575 人，布依族 4271 人，苗族 7085 人，但大部分人使用苗语，只有两个水族聚居村使用水语；交梨乡苗族人口最多，因此苗语被普遍使用，只有高荣村使用水语。

大河镇布依族使用当地汉语，只有苗草村的水族使用水语，且水语保持完好，年轻一代依然会说。丰乐乡 80% 的人口都是布依族，当地布依族普遍使用西南官话。

合江镇水族和布依族分别占合江镇人口的 50% 和 49%，在布依族和水族杂居或相邻的村寨，布依语、水语、西南官话同时被使用，而在全部是水族的村寨，则全部使用水语。

三合镇的龙台、夭寨、牛场等全部使用水语，而大乌塘、巫孟等苗族聚居地则普遍使用苗语，中老年一代不懂普通话。

都江镇大部分为水族，其余多为苗族。水族和苗族都完好地保持了本民族的语言，同时兼通一点对方民族语言；打鱼乡苗族人口居多，大部分使用苗语，巫怀、岩捞等水族聚居区使用水语；拉揽乡50%的人口为水族，普遍使用水语，高寨和排烧苗族居多，使用苗语；羊福乡水族占64%，苗族占33%，普遍使用水语，兼通一点苗语；巫不乡怎雅村的水族寨说水语，其他说苗语；坝街乡96%的人口为水族，使用水语。

水龙乡、塘州乡、恒丰乡、廷牌镇、中和镇、九阡镇99%以上为水族，使用水语。

对于三都的民族语言问题，1992年贵州人民出版社出版的《三都水族自治县志》做了必要的介绍，同时也有专门的语言研究专著出版。此次调查，我们针对民族语言文字使用问题进行必要的调研，下面分几个部分介绍水语、布依语、苗语的基本特点，同时对语言使用态度及语言文字相关问题进行阐述。

一　水语及其基本特点

水语是水族的民族语言，属汉藏语系壮侗语族侗水语支。水语与同语族中的毛南语、侗语、布依语、仫佬语和壮语有亲缘关系，尤其与毛南语及侗语的关系更为密切。

水语内部差异不是很大，分布在不同地区的水族，尽管在语音和词汇上稍有差异，大部分情况下，都可以用水语交谈，但也有方言或土语之分。主要分为三个土语区：以三洞为代表的第一土语区，包括三都县境内的三洞、中和、水龙、坝街、合江、大河、恒丰、周覃、九阡等地区；以阳安为代表的第二土语区，包括境内的阳安、阳乐等；以潘洞为代表的第三土语区。在三都县内没有使用人口，三都县内以第一、第二土语为主。

（一）水语语音系统

水语语音可以分为声母、韵母、声调三个部分。记录水语的语音可以采用归纳音位之后的国际音标系统（适用于专业语言学出版物），同时也可以采用类似于汉语拼音方案的水语拼音方案（实际上是国际音标的替代字母系统，适用于普及读物，使用水语拼音方案可以拼写三洞土语的各地水语），水语拼音方案在贵州省三都水族自治县水族集中地的《水族文化进校园读本》已经刊印发行。水语拼音方案对拼写水语具有很好的效果，在三都已经开始向校园推广使用，该方案具有用汉字记水语语音无法替代的效果，并且比较方便记忆和普及。水语拼音方案的基本读物参见社科文献出版社即将出版的韦学纯著的《水语366句会话句》和贵州人民出版社出版的潘永行、韦学纯的《水语词汇与常用语典藏》这两本，这两部著作分别介绍了苗草水语和三洞水语的语音系统。下面把水语拼音方案对应的国际音标（〔〕内的内容为国际音标，声调国际音标为上标数字符号，水语拼音用字母）向读者介绍一下，从声母、韵母、声调三个方面对三洞水语进行阐述和介绍。

1. 水语声母

水语声母是一个相当复杂的庞大系统，发音部位齐全，有唇音、齿龈、龈腭、软腭、硬腭、小舌和声门音，发音方法有爆发音、鼻音、擦音、近音、边近音等。爆发音中有微弱的鼻冠音和内爆发音（也叫前喉塞音或先喉塞音）。鼻音中有清鼻音、鼻音、内爆鼻音等。

下面是水语三洞乡水根话的声母，一共有70个声母，其中42个一般声母，18个颚化声母，10个唇化声母。

（1）一般声母，共42个：

表 5-1　　　　　　　　　　　水语声母表 1

	爆发音	前喉塞音	鼻音	擦音	近音	边近音
唇音	b〔p〕 p〔ph〕 mb〔ᵐb〕	qb〔ʔb〕	hm〔m̥〕 m〔m〕 qm〔ʔm〕	f〔f〕	v〔v/w〕 qw〔ʔw〕	
齿龈	d〔t〕 t〔th〕 nd〔ⁿd〕	qd〔ʔd〕	hn〔n̥〕 n〔n〕 qn〔ʔn〕	z〔ts〕 c〔tsh〕 s〔s〕 r〔z〕		l〔l〕
龈腭	j〔ȶ〕 q〔ȶh〕		hnn〔ȵ̥〕 nn〔ȵ〕 qnn〔ʔȵ〕	x〔ç〕		
硬腭						y〔j〕 qy〔ʔj〕

续表

	爆发音	前喉塞音	鼻音	擦音	近音	边近音
软腭	g〔k〕 k〔kh〕		hng〔ŋ̥〕 ng〔ŋ〕 qng〔ʔŋ〕	xg〔ɣ〕 qxg〔ʔɣ〕		
小舌	gg〔q〕 kk〔qh〕			xgg〔ʁ〕		
声门	〔ʔ〕			h〔h〕		

（2）颚化声母，共18个：

表5-2　　　　　　　　　　　　水语声母表2

	爆发音	前喉塞音	鼻音	擦音	边近音
唇音	by〔pj〕 py〔phj〕 mby〔mbj〕	qby〔ʔbj〕	hmy〔m̥j〕 my〔mj〕	fy〔fj〕	
齿龈	dy〔tj〕 ty〔thj〕 ndy〔ⁿdj〕	qdy〔ʔdj〕	hny〔n̥j〕 ny〔nj〕 qny〔ʔnj〕	zy〔tsj〕 cy〔tshj〕 sy〔sj〕	ly〔lj〕

（3）唇化声母，共10个：

表5-3　　　　　　　　　　　　水语声母表3

	爆发音	前喉塞音	鼻音	擦音	边近音
齿龈	ndw〔ⁿdw〕	qdw〔ʔdw〕		zw〔tsw〕 sw〔sw〕	lw〔lw〕
软腭	gw〔kw〕 kw〔khw〕		ngw〔ŋw〕 qngw〔ʔŋw〕	xgw〔ɣw〕	

几点说明：

（1）本表是集水语国际音标音位系统和水语拼音（文字）为一体的声母系统，水语拼音字母在〔〕之前，水语的音位音标在〔〕之中。例如：b〔p〕，b是拼音字母，p是水语国际音标，拼写“爸爸”一词，水语拼音是bux，水语国际音标是 pu^{42} 或 pu^4。在以前方案的基础上，本方案是中国社会科学院民族学与人类学研究所韦学纯博士、赖静如博士（贵州大学西南少数民族语言文化研究所特聘研究员）及贵州省三都民族研究所的有关专家讨论的一致结果。同时我们也参照了（英）康霭德、（Andy Castro）潘承龙主编《水语拼音介绍》（电子版）一书。

（2）水语拼音方案充分考虑到与汉语拼音方案的一致性，汉语有的声母一律与汉语声母一致。汉语普通话有 22 个声母（包括零声母），水语没有卷舌音（汉语拼音的 zh，ch，sh），水语的声母中，b［p］p［ph］m［m］f［f］，d［t］t［th］n［n］l［l］，g［k］k［kh］h［h］，j［ȶ］q［ȶh］x［ɕ］，z［ts］c［tsh］s［s］r［z］与汉语普通话声母一致。例如：拼写"笑"字，水语拼音是 gul，其中 l 形状像 1，是水语的第 1 声，汉语拼音拼写"古"字为 gu，第 3 声。

（3）水语拼音方案对于与汉语普通话不一致的声母，是在国际音标的基础上，通过字母替代的方式设计的，例如：qb［ɓ/b/ʔb］，其中［ɓ/b/ʔb］的 ɓ，b，ʔb 实际上是内爆音 ɓ 的不同处理，内爆音在李方桂先生著的《水话研究》和《水话词汇》以及张均如先生著的《水语简志》中，称为前喉塞音，标为 ʔb。在《水语简志》正文中省略 ʔ，写成了 b，韦学纯的《水语描写研究》（上海师范大学博士学位论文），根据导师潘悟云教授和江荻教授的建议，考虑到与当代国际语言前沿研究的一致性，标为 ɓ，拼音方案采用在前面加 q 来代替 ʔ，即 qb［ɓ/b/ʔb］。在水语拼音方案中其余带 ʔ 的声母，一律用 q 来代替，如 qm［ʔm］，qn［ʔn］，qnn［ʔȵ］，等等，例如拼写"菜"，水语拼写为 qmal。以此类推，h 代表清音，例如：hm［m̥］，如拼写"狗"，水语拼写为 hmal。

（4）水语有颚化声母和唇化声母。颚化声母和唇化声母在各地不尽相同，水语拼音方案分别用 y［j］表示颚化，用 w［w］表示唇化。

（5）声母 xg［ɣ］的自由变体为［g］，例如：xgaz［ɣa²］可读为 xgaz［ga²］"二"；xgaanz［ɣaan²］可读为 xgaanz［gaan²］"家"。

（6）声门音［ʔ］后加元音，在水语拼音中，声门音［ʔ］不标，直接拼写元音，例如：aol［ʔaau¹］"要"，oux［ʔau⁴］"米"，本书词汇表的声门音［ʔ］省略。

（7）水语是有方言或土语的区别的，其他地区（包括三洞土语内部、阳安和都匀）水语的拼写可以在本拼音方案的基础上，经过增删声韵母的方法而成，在必要的时候再统一成适应整个水语的拼音方案。

水语声母拼音对应的国际音标及例词（［］内为国际音标）：

b［p］　　　　bac［pa³］伯母　　　　　　beel［pe¹］卖

by［bj］　　　byax［pja⁴］山羊　　　　　byaml［pjam¹］头发，辫

p[ph]	pal[pha^1]灰色	pas[pha^5]坏
py[phj]	pyac[phja^3]次（数）	pyungl[phjuŋ^1]蒸汽
mb[mb]	mbac[mba^3]靠拢	mbingl[mbiŋ^1]贵
mby[mbj]	mbyal[mbja^1]栽	mbyaang^1[mbjaːŋ^1]穗
qb[ʔb]	qbac[ʔba^3]蝴蝶	qbaanc[ʔbaːn^3]村寨
qby[ʔbj]	qbyas[ʔbja^5]烦闷	qbyaags[ʔbjaːk^7]女
hm[m̥]	hmal[m̥a^1]狗	hmus[m̥u^5]猪
m[m]	maz[ma^2]舌头	max[ma^4]马
hmj[m̥j]	hmjaanc[m̥jaːn^3]半新	
my[mj]	myal[mja^1]手	myeenz[mjen^2]被子
qm[ʔm]	qmal[ʔma^1]菜	qmac[ʔma^3]软
fa[f]	fac[fa^3]云	fus[fu^5]富
fy[fj]	fyaanc[fjaːn^3]玩	fyaams[fjaːm^5]摸
v[v/w]	vas[va^5]写	vaangl[vaːŋ^1]稻草
vy[vj]	vyanl[vjan^1]牙齿	vyens[vjən^5]甩
qw[ʔw]	qwaangs[ʔwaːŋ^5]边	qweens[ʔwen^5]怪罪，因为
d[t]	dah[ta^6]经过	daoz[taːu^2]床
dy[tj]	dyeem[tjem^4]晒席	dyongh[tjoŋ^6]提
dw[tw]	dwac[twa^3]端节	tweis[twai^5]板栗
t[th]	taoc[thaːu^3]寻找	tous[thau^5]到
ty[thj]	tyeebs[thjep^7]沿着	tyags[thjak^7]佩带
nd[ⁿd]	ndal[ⁿda^1]眼睛	ndaang^1[ⁿdaːŋ^1]香
ndy[ⁿdj]	ndyeic[ⁿdjai^3]买	ndyengs[ⁿdjən^5]黑暗
ndw[ⁿdw]	ndwangl[ⁿdwaːŋ^1]磨石架	
qd[ʔd]	qdac[ʔda^3]硬	qdail[ʔdaːi^1]好
qdy[ʔdj]	qdyac[ʔdja^3]秧苗	qdyanl[ʔdjan^1]滑
qdw[ʔdw]	qdwal[ʔdwa^1]盐	haix qdwal[haːi^{4ʔ}dwa^1]肚脐
hn[n̥]	hnac[n̥a^3]弓	hnoc[n̥o^3]老鼠
hny[n̥j]	hnyabs[n̥jap^7]潜水	hnyas[n̥ja^5]胰脏
n[n]	neez[ne^2]薅	namc[nam^3]水
ny[nj]	nyeenz[njen^2]月	nyud[njut^8]胡须
qn[ʔn]	qnal[ʔna^1]厚	qnings[ʔning^5]看

qny[ˀnj]　qnyal[ˀnja¹]河　　qnyabs[ˀnjap⁷]窄

l[l]　laih[laːi⁶]挑选　　laox[laːu⁴]大

ly[lj]　lyul[lju¹]醒　　lyags[ljak⁷]偷

lw[lw]　lwal[lwa¹]船　　lwas[lwa⁵]歇息

z[ts]　zuh[tsu⁶]筷子　　zamz[tsam²]躲

zy[tsj]　zyaz[tsja²]茶　　zyeel[tsje¹]吃

zw[tsw]　zwangc aox[tswaːŋ³au⁴]装粮食　　zwangl dal[tswaːŋ¹ta¹]壮大

c[tsh]　ceec[tshe³]车　　cac gongz[tsha³kung²]差得多

cy[tshj]　cyeenc biz[tshjen³pi²]铅笔　　hoh cyeec[ho⁶tshje³]火车

s[s]　sas[sa⁵]晒，爬　　saic[saːi³]问

sy[sj]　syeeuc[sjeu³]少　　syaangx[sjaːŋ⁴]烤

sw[sw]　swaz[swa²]刷　　swah kal[swa⁶ka¹]耍龙

r[z]　rac[za³]轻　　ranl[zan¹]重

j[ʈ]　jah[ʈa⁶]茄子　　jais[ʈaːi⁵]旁边

q[ʈh]　qinl[ʈhin¹]手臂　　qons[ʈhon⁵]劝

hnn[n̻]　hnnaams[n̻aːm³]惯，上瘾　　hnnul[n̻u¹]臭

nn[n̻]　nnaz[n̻a²]你　　nnaanl[n̻aːn¹]铜鼓

qnn[ˀn̻]　qnnongs[ˀn̻oŋ⁵]虾　　qnneec[ˀn̻e³]哭

x[ç]　xac[ça³]媳妇　　xul[çu¹]绿色

y[j]　yal[ja¹]草　　yongz[joŋ²]溶，融

qy[ˀy]　qyal[ˀja¹]布　　qyamc[ˀjam³]染

g[k]　gal[ka¹]龙　　gic[ki³]蟋蟀

gw[kw]　qwal[kwa¹]黄瓜　　gweengz[kweŋ²]锅架

k[kh]　kac[kha³]割，收拾　　kaangs[khaːŋ⁵]刮风

kw[khw]　dah kwah[ta⁶kwa⁶]打垮　　kwac[khwa³]夸

hng[ŋ]　hngeil[ŋai¹]开　　hngaans[ŋaːn⁵]凉

ng[ŋ]　ngaanh[ŋaːn⁶]鹅　　ngox[ŋo⁴]五

ngw[ŋw]　ngwaangh[ŋwaːŋ⁶]扦担蛄

qng[ˀŋ]　qngal[ˀŋa¹]芝麻　　qngaml[ˀŋam¹]街

qngw[ˀŋw]　qngwads guc[ˀŋwat⁷ku³]点头　　qngwac guc[ˀŋwa³ku³]抬头

xg[ɣ]　　　　　xgaz[ɣa²] 二　　　　　　　xgaanz[ɣaːn²] 家

xgw[ɣw]　　　xgwaanc[ɣwaːn³] 草鱼，　　xgwanc dinl[ɣwan³tin¹] 崴脚
　　　　　　　　　　鲩鱼

qxg[ʔɣ]　　　qxqas[ʔɣaː⁵] 田　　　　　qxqaic[ʔɣaːi³] 长

gg[q]　　　　ggal[qa¹] 读　　　　　　ggaos[qaːu⁵] 旧

kk[qʰ]　　　kkal[qʰa¹] 耳　　　　　　kkuil[qʰui¹] 螺蛳

xgg[ʁ]　　　xggal[ʁa¹] 菌　　　　　　xggaoc[ʁaːu³] 里面

h[h]　　　　hal[ha¹] 肩膀　　　　　　haoc[haːu³] 酒

[ʔ]　　　　　aol[ʔauu¹] 要　　　　　　oux[ʔau⁴] 米

2. 水语韵母

水语共 55 个韵母：

i[i][ɿ]　ee[e]　a[a]　　　　　o[o]　　u[u]　　e[ə]
　　　　　　　　　ai[aːi]　　ei[ai]　oi[oi]　ui[ui]

iu[iu]　eeu[eu]　ao[aːu]　ou[au]

im[im]　eem[em]　aam[aːm]　am[am]　om[om]　um[um]

in[in]　een[en]　aan[aːn]　an[an]　on[on]　un[un]　en[ən]

ing[iŋ]　eeng[eŋ]　aang[aːŋ]　ang[aŋ]　ong[oŋ]　ung[uŋ]　eng[əŋ]

ib[ip]　eeb[ep]　aab[aːp]　ab[ap]　ob[op]　ub[up]

id[it]　eed[et]　aad[aːt]　ad[at]　od[ot]　ud[ut]　ed[ət]

ig[ik]　eeg[ek]　aag[aːk]　ag[ak]　og[ok]　ug[uk]　eg[ək]

水语韵母拼音对应的国际音标及例词（［　］内为国际音标）：

a[a]　　　　　vac[va³]　傻　　　　　　gax[ka⁴]　汉族

ai[aːi]　　　faix[faːi⁴]　哥哥　　　hail[haːi¹]　给，送

ao[aːu]　　　daoz[taːu²]　床　　　　xggaos[ʁaːu⁵]　讨论，商量

aam[aːm]　　daaml[taːm³]　（刀）柄　aamc[aːm³]　（熟）菜

aan[aːn]　　faanl[faːn³]　慢，甜　　laanh[laːn⁶]　烂

aang[aːŋ]　　daangz[taːŋ²]　糖　　　xgaangs[ɣaːŋ⁵]　清楚，干净

aab[aːp]　　daab[taːp⁸]　踢　　　　haabs[haːp⁷]　接

aad[aːt]　baads[paːt^7] 八　　xggaads[ʁaːt^7] 快

aag[aːk]　baags[paːk^7] 嘴,口　　baag[paːk^8] 白

am[am]　namc[nam^3] 水　　qyaml[ʔjam^1] 深,深奥

an[an]　fanl[fan^1] 竹子　　manc[man^3] 李子

ang[aŋ]　dangl[taŋ^1] 来　　hangc[haŋ^3] 阻拦

ab[ap]　dabs[tap^7] 肝　　dab[tap^8] 堆,叠

ad[at]　ggads[qat^7] 割,阻断　　yad[jat^8] 牵,拉

ag[ak]　dyags[tjak^7] 断　　gag[kak^8] 层

ei[ai]　meix[mai^4] 树　　xgeiz[ʁai^2] 梨

ee[e]　beel[pe^1] 卖　　feez[fe^2] 姐姐,嫂子

eeu[eu]　syeeuc[sjeu^3] 少　　ljeeuz[ljeu^2] 已经,曾经,了

eem[em]　lyeemx[ljem^4] 镰刀　　dyeeml[tjem^1] 扶起,立

een[en]　qweens[ʔwen^5] 埋怨　　nyeenz[njen^2] 月亮

eeng[eŋ]　zeengh[tseng^6] 锅　　byeengz[pjen^2] 平

eeb[ep]　eebs[ep^7] 鸭　　geebs[kep^7] 锅巴

eed[et]　qdeeds[ʔdet^7] 安静　　keeds[khet^7] 刮

eeg[ek]　lyeegs[ljek^7] 舔　　heegs[hek^7] 客人

e[ə]　bezjinc[pə^{2}tɕin^3] 北京　　daol dez[taːu^{1}tə^2] 道德

en[ən]　fenl[fən^1] 雨　　qbens[ʔbən^5] 井

eng[əŋ]　sengz[səŋ^2] 承受　　sengl[səŋ^1] 升(一升米)

ed[ət]　reds[zət^7] 星星　　heds[hət^7] 懒

eg[ək]　segs[sək^7] 擦　　lyek[ljək^8] 力

i[i][ɿ]　vil[vi^1] 火　　dic[ti^3] 小

　　baol zih[paːu^{1}tsɿ^6] 报纸　　sic zih[sɿ^{3}tsɿ^6] 狮子

iu[iu]　diuz[tiu^2] 条(量词)　　biuc[piu^3] 藏

im[im]　simc[sim^3] 爪　　kiml[khim^1] 脆

in[in]　dinl[tin^1] 脚　　linc[lin^3] 反

ing[iŋ]　singl[siŋ^1] 姜　　gingc[kiŋ^3] 漂亮

ib[ip]　hib[hip^8] 歌　　dibs[tip^7] 缝

id[it]　jids[tɕit^7] 疼,痛　　mid[mit^8] 刀

ig[ik]　zigs[tsik^7] 单,枝　　fig[fik^5] 鲫鱼

ou[au]　bouc[pau^3] 褒扬,表扬　　ous[au^5] 甑子

o[o]	hol[ho^{3}]　怕	bos[po^{5}]　骗
oi[oi]	joil[ȶoi^{1}]　犁	hois[hoi^{5}]　快
om[om]	momh[mom^{6}]　鱼	ggomz[qomz]　凹
on[on]	lonx[lon^{4}]　钝	dons[ton^{5}]　猜(三洞)
ong[oŋ]	ghongs[qoŋ^{5}]　公	longz[loŋ^{2}]　心
ob[op]	sobs[sop^{7}]　锄(地)	ggob[qop^{8}]　山谷
od[ot]	sods[sot^{7}]　骂,说	god[kot^{8}]　刮
og[ok]	dogs[tok^{7}]　落,丢	xgog[ɣok^{8}]　刺杀
u[u]	lus[lu^{5}]　汤	nduc[^{n}du^{3}]　热
ui[ui]	duix[tui^{4}]　碗	huih[hui^{6}]　坐
um[um]	humx[hum^{4}]　房间	ggums[qum^{5}]　盖
un[un]	nunz[nun^{2}]　睡	gunc[kun^{3}]　推
ung[uŋ]	xungl[ɕuŋ^{1}]　煮	lungz[luŋ^{2}]　伯
ub[up]	sub[sup^{8}]　十	zups[tsup^{7}]　收拾
ud[ut]	suds[sut^{7}]　热,烫	xgud[ɣut^{8}]　削
ug[uk]	sug[suk^{8}]　洗	dugs[tuk^{7}]　包(东西)

几点说明:

(1) 水语三洞乡水根话一共55个韵母，水语拼音方案的主要目的是让水语人（特别是小学生）在学习水语拼音的同时，能够尽快学会汉语拼音，所以韵母方面也尽量向汉语拼音靠拢，汉语拼音一共36个韵母，对于汉语有的韵母一律使用汉语拼音的韵母，例如：a [a]，o [o]，e [ə]，i [i]，u [u]，ei [ai]，in [in]，ing [iŋ]，iu [iu]，ao [aːu]，an [aːn]，ang [aːŋ]，ong [oŋ]，en [ən]，eng [əŋ]，ou [au]，ui [ui]，un [un]，但汉语拼音有很多韵母也有水语没有的，例如：迂 ü [y]，约 üe [yə]，冤 üan [yɛn]，晕 ün [yn]。水语独有的韵母如 ee [e]，een [en]，eeng [eŋ]，em [em]，ai [aːi]，oi [oi]，eeu [eu]，im [im]，aam [aːm]，am [am]，om [om]，um [um]，an [an]，on [on]，ang [aŋ]，ung [uŋ] 等。

(2) 对于长元音和短元音的字母设计，在考虑方案一致性的同时也应该考虑到与国际音标的一致性，也为了使用和记忆方便，这里用 aam 来表示 [aːm]，用 am 来表示 [am]，用 aan 来表示 [aːn]，用 an 来表示

〔an〕。例如：daaml〔taːm³〕（刀）柄，aamc〔aːm³〕（熟）菜，namc〔nam³〕水，qyaml〔ʔjam¹〕深，深奥，faanl〔faːn³〕慢，甜，laanh〔laːn⁶〕烂，fanl〔fan¹〕竹子，manc〔man³〕李子，等等。

（3）韵母 i〔i〕〔ɿ〕，在水语里〔ɿ〕和〔i〕是要两读的，算两个。拼写老汉语借词和水语词时，读为〔i〕。例如：vil〔vi¹〕火，dic〔ti³〕小，zi〔tsi³〕纸；拼写汉语新借词，韵母 i，拼写为双字母 ii，即 z，c，s，zh，ch，sh，r 相拼，读〔ɿ〕，baol ziih〔paːu¹ts ɿ⁶〕报纸，siic ziih〔s ɿ³tsɿ⁶〕狮子，等等。

（4）由于拼音方案是分音节拼写的，对于两个以上的词，在必要时，音节之间用连接符号连接，如 bux－dic〔pu⁴ti³〕叔叔，baol－ziih〔paːu¹ts ɿ⁶〕报纸，siic－ziih〔s ɿ³tsɿ⁶〕狮子。

3. 水语声调

水语调类：1　2　3　4　5　6　　　7　　　　　　8
声调字母：l　z　c　x　s　h　　　s　　　　　不标
声调调值：13 31 33 53 35 55　55（短）35（长）43（短）42（长）

声调说明：

水语拼音和汉语拼音表示声调的方式不同。汉语拼音使用附加符号，即 ā 第一声、á 第二声、ǎ 第三声和 à 第四声。水语的声调比较多，水语拼音不用符号代表声调，而是用字母来表示，设计时主要是根据字母与数字的形象，形象差不多的字母就可以用来表示，比如 l 像 1，z 像 2，c 是第 3 个字母，z 像 4，s 像 5，h 像 6，第 7 调也用 s，主要是其中的调值和第 5 调一样。声调字母要写在音节的后面。比如，baol"角"后面的 –l 字母代表第一声，这个词的发音跟普通话的"保"bǎo 音差不多。

水语有的方言不仅有以上的 8 个调类和调值，还有其他调值和调类，特别是第 6 调，有两个调类，即 6，6'两个调，6 为本调，6'用于拼写汉语借词，用 h 表示 6 调，用 hh 表示汉语借词，如苗草水语：dah〔ta²⁴（6）〕经过，dahh〔ta⁵⁵（6'）〕打。本书三洞水语没有 6'调。水语中有少量的轻声，用数字 0 来表示，如打闪：qbe0 laabs；圆：ggo0 loms；箍儿 ggo0 loc。

（二）水语词汇

水语词汇以单音节为主，基本词汇多数为单音节，复音节词数量很少。由于水族和汉族长期交往，水语中吸收了很多汉语借词。水语从不同时代的汉语中借词，因此水语中的汉语借词有新老借词之分。老借词接入年代较早，一般都是日常生活、生产劳动、社会习俗等方面的词汇，以单音节词为主，部分老借词已进入水语的基本词汇中，如海、茶、国等。新的汉语借词主要是 1949 年以后，吸收政治、经济、文化、科学、技术等方面的新词术语。下面是水语（苗草水语）常用词汇 300 个：

天 qbenl；地 tih；云 fac；风 luml；雨 fenl；雪 qnuil；雷 ggamx qnnac；彩虹 galzyel naemc；太阳 ndal vanl；月亮 nyeenx；星星 rets；山 nuz；岩石 pyal kans；石头 pyal；土 hums；沙子 ndeel；水 namc；江 qnel；河 qnel；湖 ndaeml；海 haic；泉 qbens；火 vil；树、木 meix；树枝 zings meix；树叶 vas meix；树根 haangl meix；花 nug；草 yal；年 mbeel；今年 mbeel naih；明年 mbeel qnac；去年 mbeel nnuz；春 senl；夏 yac；秋 xul；冬 dongl；月 nyeenz；星期、周 xinc qic；日、天 vanl；今天 vanl naih；明天 vanl qmuc；昨天 vanl qnul；早晨 qets；晚上 qn-nams；动物 dongl uz；虎 mumx；狮子 siic ziihh；熊 qmil；狼 hmal neiz；狐狸 fux lix；鹿 sec yaangz；大象 zaangx；野猪 hmus lais；猴子 munh；兔子 dus；老鼠 hnoc；蛇 huiz；龙 gal；鸟 nok；燕子 ins；大雁 ngaanh dac；喜鹊 xegs；乌鸦 ggal；老鹰 nnaoz；天鹅 ngaanh ul qbenl；布谷鸟 bouz；啄木鸟 nok xius baz；鱼 momh；乌龟 fyaos；青蛙 il；虾 qnongs；虫子 nuiz；蜜蜂 luk；蝴蝶 qbac；蜻蜓 tyenh；苍蝇 lyeenc oux；蚊子 lyeenc ngwaangs；蜘蛛 ngoz；蚂蚱 ndyags；蚂蚁 med；蟑螂 ndaab；蚯蚓 hanx；牛 pox，gguiz；马 max；羊 fuez；驴 loz；骆驼 loz tox；猪 hmus；鸡 ggais；鸭子 eebs；鸽子 bouz；猫 meeux；狗 mhal；毛 zenl；翅膀 vas；皮子 piz；尾巴 hed；角 baol；骨头 laags；人 renl；身体 ndenl；头 kuc；头发 pyaml；额头 qnac pyaags；脸 qnac；眉毛 mingz ndal；眼睛 ndal；鼻子 nangl；嘴 baag；牙 vyenl；耳朵 kkhal；脖子 ggox；肩膀 hal；腰 ndenl；手 myel；指头 dongl；肚子 longz；脚 dinl；心脏 xumz；肝脏 dabs；肾脏 jouc；肺子 buds；胆 ndos；肠子 haix；胃 duhh，longz；血 pyaads；肉 naanx；汗 lyugs；泪 naemc ndal；爷爷 ggongs；奶奶 yax；爸爸 pux；妈妈 nix；丈夫 qxgel；妻子 nix qbyegs；哥哥 faix；姐姐 feez；弟弟 nux；妹妹 nux qbyegs；儿

子 laag；女儿 laag qbyegs；孙子 laag haanl；姑姑 pac，nix dic；叔叔 pux dic；姨姨 pac，feih；舅舅 zuz；朋友 jius；官 qbungc；医生 yic senc；教师 louhh siic；职工 ziiz gungc；农民 nungx minx；学生 xoz senc；学校 xoz xoul；食堂 siiz taangx；商场 sangc caangx；医院 yic vyeenl；房子 xgaanz；宾馆 binc guanhh；门 dol；窗户 dol faangl；桌子 hic；椅子 unl dangs；碗 duix；盘子 dyez；筷子 zus；勺子 qbis；羹匙 qbis ndams amc；饭 oux sog；菜 qmal，amc；面包 myeenl bouc；牛奶 dyux box；咖啡 kac fuic；茶 zyez；酒 haoc；油 manz；鸡蛋 geis；米饭 oux sog；汽车 qil cec；火车 hohh cec；飞机 fuic jic；公交车 gungc jouc cec；电话 dyeenl fal；道路 kunl；衣服 qdugs；鞋子 zaags；帽子 maoh；上衣 qdugs sangl-yic；裤子 hungc；裙子 fyenc；价格 mah；钱 xeenz；我 eiz；你 nnez；她 * 他 manl；我们 ndyeul，ndaol；你们 saol；他们 douz manl；这 naih；那 ras；哪 nul；谁 eic nul；什么 nix maangz；多少 jic gongz；几个 jic eic；上 ul；下 dec；前 qnac；后 lenz；中 dumc das；里 xggaoc；外 qnugs；好 qdail；坏 qnnaml；快 hois；慢 fuaanl；大 laox；小 dic；高 vuengl；低 ndams；宽 faangc；窄 qnaabs；厚 qnal；薄 qbaangl；长 qxgaic；短 ndyenc；冷 qnnits；暖 nyaemc nyuns；热 nduc；新 hmeis；旧 ggaos；直 xaangz；红 haanc；黄 hmaanc；黑 qnaeml；白 baag；绿 qul；蓝 qul；说 fanz；叫 jus；喊 jus；吃 zyel；喝 xgumx；看 qnings；听 qdic；闻（用鼻子）nenx；做 fex；教 dos；学 xoz；想 faans；抓 qnnaeml；拿、要 deiz，aol；拉 qdaags；推 gunc；抱 umc；打 gguis；坐 huih；站 qyunl；踩 dyaemh；走 samc；跑 byaos；抬 dyungl；进 bail xggaol；出 dangl qnugs；放 hungs；洗 sug；擦 segs；挂 sangz；生气 fex nnaml；生 haangx，xuc；死 deil；怕 hol；忘 lamz；知道 xouc；休息 lues；睡 nunz；醒 lyul；一 doz；二 xgaz；三 haml；四 his；五 ngox；六 lyog；七 xets；八 baads；九 juc；十 sub；二十 nnih sub；五十 ngox sub；百 beegs；千 xeenl；万 faanh；亿 yil；都 puc，zab；很 nangh；非常 nangh；已经 yihh jinc；马上 mahh sangl；然后 lenz ggoc。

（三）水语语法

水语语法词序严格，基本语序为 SVO 型。除了部分名词之外，代名词能加词缀，形容词、动词之后能带双声、叠韵或叠音词之外，一般都按词的先后顺序组合成词、词组和句子。名词的修饰语除数量词外，一般都放在名词之后。例如：

他家有一匹白马。水语翻译为：

xgaanz（家）manl（他）qnangl（有）dic（一）doz（匹）max（马）baag（白）。

（四）水族古文字与水书

水族在使用的一种独特的古老象形文字，水语叫 leel suic，汉语音译为"渿滩"，意为水族的文字或水族的书，通称为水书或水族古文字。有关水书的相关内容请参看本书第九章"水族民族文学与民族艺术"中的"民族文字与书法"部分。

二　布依语及其基本特点

布依族语言，属汉藏语系壮侗语族壮傣语支。布依语内部较为一致，没有方言之分，只有土语之分。共分三个土语区，黔南为第一土语区，黔中为第二土语区，黔西为第三土语区。三都属第一土语区，但至今还保持用布依语为主要交际工具的地区较少，仅有周覃、九阡一代的布依族，其余聚居在县城附近和大河、普安等地的布依族普遍使用西南官话，布依语已经基本消失，只有一些老年人尚能保持本民族语言。因此，三都布依语的语音、词汇、语法以周覃地区为标准。

（一）布依语语音系统

布依语的语音可以分为声母、韵母和声调三个部分。布依语采用布依文拼写。

1. 布依语声母

布依语有 32 个声母，全部由辅音字母组成，包括 20 个单字母声母，11 个双字母声母，1 个三字母声母。[1]

---

① 王伟、周国炎：《布依语基础教程》中央民族大学出版社 2005 年版，第 15 页。

表 5 – 4　　　　　　　　　　　布依语声母表

发音部位 \ 发音方法声母及音标	声母	塞音 清 不送气	塞音 清 送气	塞音 浊	清塞擦音 不送气	清塞擦音 送气	鼻音	擦音 清	擦音 浊	边音	喉音
唇音	声母	b	p	mb			m	f	w		
舌根音	声母	d	t*	nd			n	sl		l	
舌面音	声母				j	q*	ny	x	y		
齿音	声母				z*	c*		s	r		
腭化音	声母	by					my				qy
唇化音	声母	gv					ngv				qv

说明：（1）带 * 的声母一般只用来拼写现代汉语借词。

（2）声母 w 在展唇元音读「v」，在圆唇元音前读「w」。

2. 布依语韵母

布依语共有 87 个韵母，其中元音韵母 27 个，带辅音韵尾的韵母 60 个。元音韵母中，单元音韵母 6 个，复元音韵母 21 个。[①] 综合布依族韵母的结构和分类，布依文 87 个韵母综合表如下：

表 5 – 5　　　　　　　　　　　布依语韵母表

		单元音韵母	A		o		ee	i		u		e	
		韵尾	长	短	长	短		长	短	长	短	长	短
阴声韵	复元音	—i	aai	ai	oi							ei	
		—u	aau	au	ou		eeu	iu		ue			
		—a						ie				ea	
阳声韵		—m	aam	am	oom	om	eem	iam	im	uam	um	eam	
		—n	aan	an	oon	on	een	ian	in	uan	un	ean	en
		—ng	aang	ang	oong	ong	eeng	iang	ing	uang	ung	eang	eng
促声韵		—b	aab	ab	oob	ob	eeb	iab	ib	uab	ub	eab	eb
		—d	aad	ad	ood	od	eed	iad	id	uad	ud	ead	ed
		—g		ag		og	eeg		ig		ug		eg
汉语借词韵母			ia	io	iao	ua	ui	uai	ao	er			

---

①　王伟、周国炎：《布依语基础教程》，中央民族大学出版社 2005 年版，第 21 页。

3. 布依语声调

布依文本民族固有词有 8 个声调，包括 6 个舒声调和 2 个促声调。8 个声调各有一个调值，调值相同的字归为一个调类。布依语各地调类一致，调值不尽相同。布依文的声调在音节后面用"l、z、c、x、s、h、t"七个辅音字母作调号分别表示第一调到第七调，第八调不标调号。调号只表音高，不发本音，舒声调包括单元音、复元音和带鼻音尾 m、n、ng 的音节；促声调包括带塞音尾 b、d、g 的音节。第一调到第八调的词序是根据早期汉语借词（或同源词）的阴平、阳平、阴上、阳上、阴去、阳去、阴入、阳入的声调排列的。① 列表如下：

表 5 - 6　　　　　　　　　　　布依语声调表

| 布依文声母 | | | 古汉语调序 | 古汉语借词例 | 布依语词例 |
类别	调序（类）	调值	调号			
舒声调	第一调	24	l	阴平	bol（坡）wal（花）	nal（厚）dal（眼睛）
	第二调	11	z	阳平	fuz（浮）liz（梨）	naz（田）daz（纺）
	第三调	53	c	阴上	jeec（解）guc（九）	nac（脸）daz（"拍"手）
	第四调	31	x	阳上	xux（娶、接）max（马）	nax（舅）dax（打赌）
	第五调	35	s	阴去	sis（四）gus（过）	nas（箭）das（晒）
	第六调	33	h	阳去	moh（墓）nagt（二）	nah（水獭）dah（河）
促声调	第七调	35	t	阴入	xigt（尺）beedt（八）	nagt（重）dabt（肝）
	第八调	33	无	阳入	xib（十）xug（熟）	nag（窄）dab（塌）

现代汉语借词声调：布依文中的现代汉语借词，各地读音调值基本一致，但调类不尽相同，为避免与布依语固有词的调类混淆，布依文按照望谟话的读音另用 y、f、j、q 四个调号分别表示汉语的阴平、阳平（含入声）、上声、去声。列表如下：②

---

① 王伟、周国炎：《布依语基础教程》，中央民族大学出版社 2005 年版，第 24 页。
② 同上书，第 25 页。

表 5 - 7　　　　　　　　布依语现代汉语借词声调表

汉语调类	阴平	阳平	上声	去声
望谟话调值	33	31	53	24
布依文调号	y	f	j	q
例字	feiyjiy（飞机）	minfzuf（民族）	zanjlanj（展览）	haoqzaol（号召）

说明：（1）现代汉语借词按望谟当地汉话拼音拼写。

（2）汉语原入声字一律归入阳平调。

（二）词汇

三都境内布依语词汇较为丰富，常用词汇有 2000 多个，有部分汉语借词。布依语中的早期借词涉及了生活、文化的各个方面（如生产工具、社会生活制度、日常生活用品等）。布依语中的现代借词，其内容主要是现代社会政治、科学、技术、文化、教育等方面的新词术语。

（三）文字

以前布依族使用方块布依字（多数为汉字）来拼写布依语。新中国成立以后，于 1956 年 10 月，在中国科学院语言研究所和中央民族学院（现中央民族大学）从事布依语研究专家的帮助下，创制了用拉丁字母书写的布依族文字，1985 年在周覃小学开办双语教学班以后，三都水族自治县的布依族文字得到逐步推广。同年，贵州民族学院开办了布依族语言专业，为三都水族自治县培养了一批具备布依族语言研究的民族干部。

三　苗语及其基本特点

苗语属于汉藏语系苗瑶语族苗语支，分为湘西、黔东、川黔滇 3 大方言、7 大次方言、18 种土语。三都苗族属于黔东方言的北部土语。

苗族方言、土语间的语音、词汇差异很大，各方言、土语之间很难通话。但三都境内普安、都江两区苗族同属一个方言土语区，其语音、词汇虽稍有差异，但尚可通话。现以普安区交梨乡的苗族语言为标准，用国际音标记录介绍其语音、词汇和语法。

（一）苗语语音

苗语一个音节可以分为声母、韵母和声调三个部分。

1. 苗语声母

苗语共有 24 个声母。

表5-8　　　　　　　　　　　苗语声母表

	塞音	塞擦音	鼻音	擦音	边音
唇音	p　ph		m	f　v	
舌尖音	t　th		n		l　ɬ
舌面音		tɕ　tɕh	ȵ	ɕ　j	
齿音		ts　tsh*		s　ʑ	
舌根音	k　kh		ŋ	h　ɣ	

说明：在表中有 * 符号的声母，只出现在现代汉语借词。

2. 苗语韵母

苗语共有 32 个韵母。

表5-9　　　　　　　　　　　苗语韵母表

单元音	i	e	a	o	u	ə	ɿ*
复元音	ie ia io iu iau	ei iei	ai au iua		ui ua uai	əu	
带鼻韵尾	in iaŋ ioŋ iuŋ	ien	an aŋ	oŋ	uŋ uaŋ	ən əŋ	

3. 苗语声调

苗语共有 8 个声调：

表5-10　　　　　　　　　　　苗语声调表

声调		调值	例词	
舒声调	1	33	təu¹u¹ 云	u¹liau¹ 天河
	2	55	ȡie² 蚌	pai² 山腰
	3	35	mo³ 你	to³ 书
	4	22	pa⁴ 猪	noŋ⁴ 雨
	5	31	tɕuŋ⁵ 金子	te⁵te⁵ 常常
	6	13	ti⁶ 姐妹	kiu⁶ 水族
	7	11	tsi⁷ 风	a⁷ 乌鸦
	8	53	vəu⁸ 乳房	ȡie⁸ 蝌蚪

（二）苗语词汇

苗语词汇十分丰富，境内常用苗语词汇有 2000 余个。苗语中的早期汉语借词涉及了生活、文化的各方面（如生产工具、社会生活制度、日常生活用品等）。苗族中的现代借词，其内容主要是现代社会政治、科学、技术、文化、教育等方面的新词术语。

（三）苗族文字

苗族古无文字，新中国成立后，党和政府支持苗族学者和苗语专家进行调查，1956 年创制了拉丁拼音苗文，共有湘西、川黔滇、滇东北和黔东等四种文字方案，1959 年进行修订推行。三都实行黔东苗文。1984 年，黔南州民委根据都匀土语等北部土语和黔东南凯里土语的语音差异，以都匀坝固苗语为标准音，编译了黔南《苗文课本》。参照黔东南方言苗文方案，全部采用了其中的 26 个拉丁字母、32 个声母、26 个韵母和 8 个声调，新创了两个韵母 ey 和 iey。

四 民族语言使用状况及民族语言使用态度

关于语言文字观念与态度的调研，我们选取了三都水族自治县公务员群体，三合镇苗龙乡村民及周覃镇三个主要调查点进行问卷式调研，结果如下：

（一）对三都水族自治县公务员语言使用态度的调查

调研人员在三都水族自治县公务员群体中共做了 164 份问卷，主要民族构成为水族、布依族、苗族和汉族，所占比例分别为 55%、21%、12% 和 9%。

从图 5 - 2 中我们可以看到，有 43.90% 的人都认为自己的民族语非常流利，若把非常流利、比较流利、一般算作民族语水平较高，那么三都县公务员中共有 64.64% 的人民族语水平保持较好，听得懂的人群有 24.39%，完全不懂的有 10.98%，可见三都县公务员的民族语水平保持较好。

从图 5 - 3 可以看出，在民族语水平保持较好的同时，三都县公务员的普通话也保持了较高的水平，有 96.33% 的公务员普通话程度较好，这与三都水族自治县选拔公务员时对民族语水平及普通话水平的要求有关，但仍有 0.61% 完全不懂普通话。

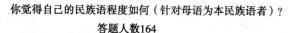

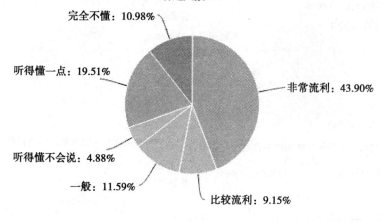

你觉得自己的民族语程度如何（针对母语为本民族语者）？
答题人数164

完全不懂：10.98%

听得懂一点：19.51%

非常流利：43.90%

听得懂不会说：4.88%

一般：11.59%

比较流利：9.15%

图 5－2

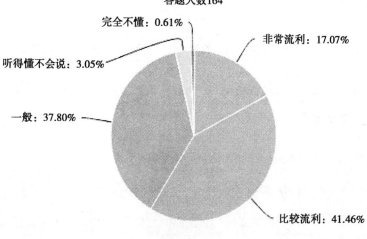

你觉得你的普通话程度如何？
答题人数164

完全不懂：0.61%

非常流利：17.07%

听得懂不会说：3.05%

一般：37.80%

比较流利：41.46%

图 5－3

　　从图 5－4 的对比中我们可以看到，在三都县内，汉语方言无论在各个场合都属于强势语言，人们在家中、工作中、公共场合中都倾向于选择汉语方言进行交谈，甚至与本民族同胞交谈时也更多地选择汉语方言，而有 64.63% 的公务员都认为自己最熟练的语言是汉语方言，在提到是否会让孩子学习民族语言时，78.05% 的人选择听从孩子意愿。虽然目前民族语水平和汉语水平都保持较好，但随着汉语方言使用范围的扩大，使用频

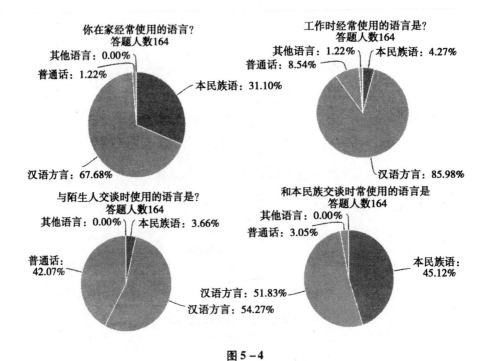

图 5-4

率的提高，会说民族语的人越来越少，难免让人产生对民族语存亡的担忧。

据调查，年轻一代所讲的民族语已经与老一辈有了差别。不够流利标准，发音越来越简单，词汇变少，语言逐渐简化，如图 5-5。

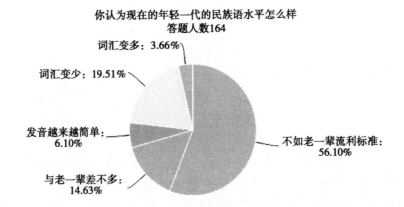

图 5-5

（二）　对苗龙乡的语言调查

苗龙乡位于三都水族自治县北部，距离县城6.8千米。全乡苗族人口占总人口的88.3%，汉族占4.4%，水族占4%，布依族占3.3%。我们将调研点选在苗龙乡的苗龙村。调查了苗龙村50个村民，分为三个年龄层：老年、中青年、少年。这一地区的语言使用情况较为复杂，属于苗、布依、汉杂居区，布依族已基本不再使用布依语，苗语保持完好。

老一代的布依族会使用部分布依语词汇，但由于周边的都是苗族，对苗语的熟悉程度反而更高，可以用苗语与苗族人通话，听不懂普通话，可听懂方言；苗族老年人熟练掌握苗语，但普遍听不懂普通话，可勉强听懂方言。

中青年的布依族已不再使用布依语，转而使用苗语和方言，可用简单的苗语与苗族人交流，多数有打工经历，可熟练使用普通话和方言；中青年的苗族中，男性普遍上过初中或有过外出打工经历，女性多为文盲，因此男性能听懂普通话，兼通苗语和方言，女性大部分兼通苗语和方言，少部分只使用苗语，听得懂方言但不会说。

苗龙村七个组，5000人，只有一所苗龙小学，没有中学，因此在苗龙村的少年一代全部为小学生，中学生都在县城上学。由于苗龙村苗族人口最多，因此少年一代的苗族村民也依然会说苗语，在家与父母用苗语交流，学校老师90%以上都是苗族，上课时使用普通话，普通话学生难以理解时，再用苗语解释，课余时间与同学交流使用苗语，因此，苗龙村的苗族小学生苗语和普通话熟练掌握，使用方言机会少，因此听得懂一点方言但不会说；少年一代的布依族不再使用布依语，会说一点苗语，听得懂一点方言但不会说，熟练使用普通话。

语言态度方面，中青年普遍希望孩子会说苗语，认为会多种语言更加方便，鼓励孩子与苗族孩子一起玩；而少年一代的布依族由于身边同学多数会说苗语，也希望自己会说苗语。

文字方面，苗龙村村民普遍没有听说过国家新创文字，认为本民族没有文字。老年一代及中年妇女多为文盲，不认识汉字，中年男性多数为初中辍学，有外出打工经历，认识一部分汉字。

（三）　对周覃镇的语言调查

周覃镇位于三都县南部，驻地距县城39.4千米。共有人口16375人，其中水族8254人，占总人口的50.4%，布依族7968人，占总人口的

48.7%。调研组走访了拉近、打豪、板光、水东、新各等村，共做问卷300份，其中布依族和水族各150份。

周覃镇的民族语保存完好，布依族和水族情况基本一致。在周覃镇，无论布依族还是水族，普遍情况是各个年龄层都会讲本民族语，与其他民族村临近或杂居的，也会说一些简单的对方民族语言。老年一代和未上过学的中年妇女能熟练使用方言和民族语，但听不懂且不会说普通话，使用最熟练的是本民族语；青壮年几乎都有过上学或外出打工经历，熟练掌握本民族语、方言和普通话，使用最熟练的是方言或本民族语；而少年一代则在家讲民族语，在学校学习普通话，使用最熟练的是普通话，多数不会说方言，但听得懂。

文字方面，水族普遍听说过水书，但不会使用；而布依族则认为本民族没有文字，但仍然认为本民族应该有自己的文字。

语言态度方面，对民族语有着强烈的感情，最希望别人跟自己说民族语，认为使用最方便的是民族语，且多数认为民族语最好听，但对普通话及方言有着较强的认同，肯定其交际功能及民族共同语地位。

五　民族语言文字在社会各领域的应用

三都县商业、服务业管理部门、各级商贸场所、集市普遍使用汉语方言作为常用交际语言，因为在公共场合群众无法确认对方民族，也不确定其是否会讲本民族语，所以习惯采用当地的方言交际。

（一）民族语言文字与政治建设

1. 民族自治与语言文字权利保障

《中华人民共和国民族区域自治法》第十条规定："民族自治地方的自治机关保障本地方各民族都有使用和发展自己的语言文字的自由。"

国家尊重和保障少数民族在政治生活中使用本民族语言文字的权利。1979年《中华人民共和国选举法》规定："自治区、自治州、自治县制定或者公布的选举文件、选民名单、选民证、代表候选人名单、代表当选证书和选举委员会的印章等，都应当同时使用当地通用的民族文字。"1982年《全国人民代表大会组织法》规定："全国人民代表大会举行会议的时候，应当为少数民族代表准备必要的翻译。"

尊重和保障少数民族使用本民族的语言文字接受教育的权利。1952年8月，《民族区域自治实施纲要》规定："各民族自治区自治机关得采用各民族自己的语言文字，以发展各民族的文化教育事业。"保障了少数民族学生无论是在小学、中学还是在大学，无论是在日常学习还是在招生考试中，都享有使用本民族语言文字的权利。

尊重和保障少数民族在司法诉讼中使用本民族语言文字的权利。1979年7月，《中华人民共和国刑事诉讼法》规定："各民族公民都有用本民族语言文字进行诉讼的权利。人民法院、人民检察院和公安机关对于不通晓当地通用的语言文字的诉讼参与人，应当为他们翻译。在少数民族聚居或者多民族杂居的地区，应当用当地通用的语言进行审讯，用当地通用的文字发布判决书、布告和其他文件。"1984年《民族区域自治法》规定："民族自治地方的人民法院和人民检察院应当用当地通用的语言审理和检察案件，保障各民族公民都有使用本民族语言文字进行诉讼的权利。对于不通晓当地通用的语言文字的诉讼参与人，应当为他们翻译。法律文书应当根据实际需要，使用当地通用的一种或者几种文字。"2001年2月修订的《民族区域自治法》进一步明确规定：民族自治地方的人民法院和人民检察院应当"合理配备通晓当地通用的少数民族语言文字的人员"。这进一步保障了少数民族使用本民族语言文字进行诉讼的权利。

尊重和保障少数民族群众在日常生活中使用本民族语言文字的权利。1955年10月，毛泽东指出："在少数民族地区办报，首先应办少数民族文字的报。"1991年12月，国务院发出《关于进一步贯彻实施〈中华人民共和国民族区域自治法〉若干问题的通知》，要求："搞好民族自治地方的新闻出版，特别是少数民族文字的报刊图书工作。"2005年5月11日，国务院审议通过了《实施〈中华人民共和国民族区域自治法〉若干规定》，指出："国家保障各民族使用和发展本民族语言文字的自由，扶持少数民族语言文字的规范化、标准化和信息处理工作"，"国家支持少数民族新闻出版事业发展，做好少数民族语言广播、电影、电视节目的译制、制作和播映，扶持少数民族语言文字出版物的翻译、出版"。此外，为使少数民族能够听到本民族语言的广播，1950年3月，全国新闻工作会议决定，中央人民广播电台增设少数民族语言广播。各自治区和一些多民族省份的广播电台也逐步开设了当地少数民族语言的广播，用少数民族语言摄制和译制的电影也逐渐增多。上述措施使这些少数民族在信息化时代也能通过信息化手段使用和发展自己的语言文字。

帮助少数民族发展其语言文字。新中国成立初期，我国根据各地的实际情况，制定了适合于国情的民族语文政策；不间断地、大规模地开展了少数民族语言文字调查研究和创改工作。1991 年 6 月，国务院在《国家民委关于进一步做好少数民族语言文字工作报告的通知》中明确指出："对 50 年代创制和改进的民族文字，试行效果好，受多数群众欢迎的，按规定程序上报批准推行；效果不够理想的，要认真总结，改进完善；效果不好，多数群众不欢迎的，要尊重群众的意愿，不要勉强试行。"这一指示为以后少数民族新创和改进文字的试验和推行指明了方向。

开展双语教学。党和国家为保障少数民族使用和发展本民族语言文字的权利，在民族自治地方中小学积极推行民族语和汉语的双语教学。

2. 语言文字保护工作

三都水族自治县为保护水书及水书文化，做了如下工作：

(1) 成立水书抢救工作机构

1979 年的春天，潘国炯、潘朝霖、潘朝鼎、王品魁、潘绍猷、韦廷龙、韦绵昌、石国义 8 位同志向有关单位呈送《请求落实民族政策解决水族历史资料抢救等有关问题的情况报告》。该报告得到国家民委的答复："你们反映的问题很重要，抢救民族文化遗产，有条件的要执行，没有条件的要创造条件执行。"1980 年 3 月，中共三都县委批文建立"三都水族自治县民族文史组"，专门抓水族文化的抢救和研究工作。

2002 年年初，国家文化部、财政部、国家民委及中国文联等单位共同发起实施了"中国民族民间文化保护工程"。2003 年 8 月，成立了水书抢救工作领导小组，小组下设办公室。2004 年 6 月，为进一步充实三都县水书抢救工作的领导力量，聘请了三都县原任主要领导担任抢救水书工作组特聘顾问；由县政协主席担任组长，副县级有关领导担任副组长，县政府办、民宗局、县委宣传部、财政局、档案局等单位及 21 个乡（镇）的负责人为成员。2008 年 9 月由新任县政协主席担任组长，副县级有关领导任副组长，相关文化、财政部门主要领导作为成员，领导小组下设三个办公室和四个工作组。

2005 年 12 月，水书被文化部列入第一批国家级非物质文化遗产推荐名录；2006 年 6 月经国务院批准，"水书习俗"被列为首批国家级非物质文化遗产保护名录。2007 年 3 月，三都水族自治县水族研究所开发的"水文字输入系统 V1.0"获得国家版权局登记等。

2005 年起草《三都水族自治县水书文化保护条例（草案）》。2005 年

7 月 28 日在三都水族自治县第十届人大常委会第十九次会议通过。

水书抢救工作机构的成立，各届县委、政府的高度重视以及众多各族干部群众的参与，使水书的抢救工作有了强大的组织保证，为推动水书抢救工作拉开了跨越式发展的序幕。

（2）多渠道、多形式进行水书的抢救和保护工作

水书卷本的征集、馆藏工作。水书卷本历来被群众视为传家珍宝，一般情况下不轻易示人，加上历史的原因，保存有水书的群众顾虑较多，不愿捐献。对此，县委、县人民政府下发了《关于开展水书抢救征集工作的通知》、《公告》，并拨出水书征集专项经费，水书征集工作组大力开展宣传动员，引导广大人民群众为弘扬水族文化、宣传自治县、推进全县经济社会发展而积极捐赠水书。到 2010 年年底，共征集到水书卷本 12000 余册，水书征集工作取得了阶段性成效。为使征集到的水书得到保护，征集组组织专业人员一边对已征集到的水书进行专业灭菌、杀虫和消毒；一边对这些水书进行登记、编号、编目、整理、综合、排列上柜等工作。同时聘请民间资深的水书先生对馆藏水书进行鉴定归类，以便于对水书的收藏和查找。

水书拍照工作。2005 年 10 月，三都水族自治县与四川出版集团巴蜀书社合编出版水书手抄本影映件，完成 36000 余码的水书古籍影印拍照工作，出版了《中国水书集成·三都卷》100 卷；2006 年，石国义同志主编的《正七卷》、《寅申卷》、《八探卷》、《探巨卷》和《分割卷》等 5 卷水书影映件，由贵州民族出版社出版。水书影印件的拍照和出版发行，既有利于水书的保护，也增强和提高了水书的可信度和知名度。

收集水书口头文化。目前留存下来的水书手抄本中，记录文字单字较少，在诵读和运用中往往只起到提示作用，口头文化部分才能记录水书的全部知识。因此，专家将资深水书先生的头脑比喻为"活的水书宝库"，但这些水书先生多为六十岁以上的高龄。为尽量留住水书先生掌握的知识，工作人员到全县各乡（镇）对水书先生进行录音、录像、建档等，县水族研究所对部分水书基础读卷和精品卷进行了口头诵读、运用的录音，并对水书先生进行录像、建档工作，保护了水书知识。

组织专门人才翻译。水书卷本在民间传抄，异体字较多，目前有不少卷本无人识读，书上文字就像一堆密码，将来更是无人识读。按省、州人民政府有关领导的指示和要求，针对水书卷本繁多现象，通常选卷翻译：

一是归类卷翻译，尽管水书留存万卷，但多数卷本大同小异，如果全部翻译，将会事倍功半。共分为《日历卷》、《营造卷》、《婚嫁卷》、《丧葬卷》、《祈福卷》、《祭祖卷》、《扫丧卷》等 20 余卷，然后进行翻译。二是精品卷翻译，精品卷往往在记录上和内容上独具特色，如综合集成的《万年经镜》等。

根据《中华人民共和国民族区域自治法》和《中华人民共和国文物保护条例》之规定，于 2005 年开始起草和制定了《三都水族自治县水书文化保护条例》，经多次修改，于 2008 年 1 月 15 日经三都水族自治县第十四届人民代表大会第二次会议通过，2008 年 5 月 30 日贵州省第十一届人民代表大会常务委员会第二次会议批准，自 2008 年 10 月 1 日起施行。2002 年 3 月，三都水族自治县档案局选送的水书手抄卷本，经"中国文献遗产工程国家咨询委员会"评定，被国家档案局、中央档案馆作为首批 48 件文献档案，录入《中国档案文献遗产名录》，排名第 16 位。2006 年 6 月经国务院批准，"水书习俗"被列为首批国家级非物质文化遗产保护名录。2008—2010 年，先后经国家文化部批准，三都水族自治县所选送的水书《六十龙备要》、《吉星》、《万年经镜》等 8 部共 34 册水书古籍，被列入《国家珍贵古籍名录》。

鼓励传承水书文化。面对水书文化的濒危，采取鼓励政策，一是帮助民间水书先生搞好职称评定工作，通过省、州职称评定部门的评定，到 2010 年年底，三都县有高级水书师 15 人，中级水书师 12 人，初级水书师 33 人；"水书习俗"项目代表性传承人：省级 1 人，州级 4 人，县级 38 人。二是鼓励水书先生开办水书传承讲学班，县内塘州乡拉海村梅寒组水书先生潘焕文、三洞乡善哄村潘秀能等在自己家里办过水书传习班。三是组织编写地方教材，印发《水族文化进校园读本》，并在县教育局举办过几期"汉水双语教学"师资培训，由县内各中小学校组织教育教学活动，让水族学生初步学习水书的相关知识内容，了解水书文化知识。

（二）民族语言文字与文化建设

1. 文化教育

根据三都县政府指示，全县共设置三所双语双文小学，即水龙小学、三洞小学和三洞中学，每周一节水语课，每节课 40 分钟，使用课本为《水语十课时》，其他水族地区中小学采用双语单文政策。

2. 新闻出版

水文字作为水族人民思想智慧的结晶，它以水族人民的言行交流和思想认识的记录符号而诞生，千百年来人们一直在运用着。到了近代，随着社会科学的发展和多元文化的认同，涌现了许多研究和整理水文字的前辈专家学者如莫友芝、岑家梧、张为纲、陈国均、李方桂、潘一志、王品魁等。现有的专家有：

韦学纯（中国社会科学院）、吴贵飚（中国民族文化宫民族博物馆）、韦忠仕（四川省民委）、韩荣培（贵州省民族研究所）、潘朝霖（贵州民族大学）、韦宗林（贵州民族大学）、韦述启（贵州民族大学）、王炳江（贵州民族大学）、石国义（三都民研所）、蒙爱民（贵州省博物馆）、蒙爱军（贵州省财院）、蒙秋明（贵阳学院）、罗万雄（贵阳文史）、罗春寒（黔东南州博物馆）、潘茂金（黔南州文联）、刘世彬（黔南师院）、梁光华（黔南师院）、蒙景村（黔南师院）、蒙耀远（黔南师院）、韦章炳（独山县党校）等。

据三都县政府史志办提供的材料，水书及水书研究出版工作逐步取得重要的成果，已经出版的著作如下：

1942 年，岑家梧教授以《水书与水家来源》为题在当时的《西南民族文化论丛》发表文章，将水书古老文字与甲骨文、金文作了比较。

1986 年，在贵州省、黔南布依族苗族自治州档案局的支持下，三都水族自治县将水书手抄卷本作为文物档案开展征集工作。

1987 年，王品魁同志调到三都水族自治县政协工作后，潜心研究"水书"，贵州民族出版社于 1994 年正式出版水书《正七·壬辰卷》（王品魁译注）。

2002 年 3 月，三都水族自治县档案局选送的水书手抄卷本，经"中国文献遗产工程国家咨询委员会"评定，被国家档案局、中央档案馆作为首批 48 件文献档案，录入《中国档案文献遗产名录》，排名第 16 位。

2004 年，潘朝霖、韦宗林主编并合作出版《中国水族文化研究》。2004 年年底，三都水族自治县水族研究所共完成《金堂卷》、《日历卷》、《时辰卷》、《寿寅卷》等四部水书书稿的译注工作，并于 2005 年 2 月 21 日召开审稿会。2008 年，三都水族自治县水族研究所完成《营造卷》、《祭祖卷》、《婚嫁卷》、《超度卷》、《秘籍卷》、《三·七元宿卷》、《贪巨卷》、《申子辰卷》、《甲己卷》、《金水卷》、《扫伤卷》、《正七卷续编》

的译注工作。

2005 年，由县民族研究所与四川巴蜀书社、四川民族出版社牵头联系，县档案局与其合作完成了水书手抄本影印件《中国水书·三都卷》100 卷的出版任务。

2006 年，潘朝霖、王品魁译著并合作出版合作出版了《水书丧葬卷》。

2006 年，石国义同志主编的《正七卷》、《寅申卷》、《八探卷》、《探巨卷》和《分割卷》5 卷水书影映件，由贵州民族出版社出版。

2007 年，中国第一部《水书常用字典》（韦世方编）、《族村落家族文化》（石国义著）由贵州民族出版社出版。

2007 年，《中国水书探析》（韦章炳著）由中国文史出版社出版。

2008 年，《水族文化进校园小读本》（三都县水族研究所编）在水族地区进入九年义务教育课堂。

2009 年，《水书与水族历史研究》（韦章炳著），中国戏剧出版社出版。

2009 年，《水书文化研究》（潘朝霖、唐建荣主编）由贵州民族出版社出版。

2010 年，《揭秘水书——水书先生访谈录》（贵州省史学会、贵州省档案馆编）由贵州民族出版社出版。

3. 广播影视

三都水族自治县文化广播电视局下设两类节目：电视和广播。

目前，电视节目有一万三千多个用户可以观看，民族语言类节目《一周要闻》栏目中增加了双语新闻。

三都广播电视台双语广播共开设有：《三都新闻》、《每周一歌》两个栏目。其中，新闻播报采用普通话和水语两种语言，每周共播出两期，首播时间为每星期一和星期四下午 19：30—19：45。星期二和星期三早上 7：30—7：45、下午 19：30—19：45 以及星期四上午 7：30—7：45 重播星期一新闻；星期五上午 7：30—7：45，下午 19：30—19：45 重播星期四新闻；《每周一歌》栏目主要以播出三都歌曲和水歌为主，播出时间在《三都新闻》之后。

广播站现有水语播音员一名，水语翻译一名，站长和编辑由广播电视台的一名副台长兼任。

六 民族语言文字使用及发展问题

(一) 水书保护问题

关于水书保护和传承，在我们调查过程中发现以下值得注意的一些问题，希望能够引起有关部门的注意和重视。

在政策的引导下，水书保护和使用风靡一时，很多单位、部门、媒体在将水书商业化的过程中，用水书来书写节日标语、建筑装饰，但因对水书不甚了解，出现了很多书写错误，容易误导群众和后人。

三都县在保护水书的过程中采用了鼓励水书先生开办水书传承讲学班的措施，但鼓励力度不大，多为精神鼓励辅以微小经济补助，因此水书先生开办讲学班的积极性不高。此外办学仍有几大难题：办学条件、办学地点问题有待解决；鼓励水书先生办学，但有师无徒，很多水书先生想将水书知识传授给下一代，但新一代的青年受汉文化的影响，并不愿意学习水书，认为水书并不会给自己的实际生活带来帮助，且水书先生应用水书进行的活动报酬过低，所以在鼓励水书先生办学的同时，也要鼓励群众积极学习水书，保护本民族文化遗产。

部分中小学虽在大力提倡双语教育，学习水书文化，但在课程安排上，很多学校一周只有一节课，每节课40分钟。授课内容不限水书，还包括水语、名人事迹、地方情况等，水书的学时过少，且没有任何测验、考试等检验水书学习水平的措施，因此学生学习积极性并不高。水书实际上保护不够到位。

水书先生可以熟练应用水书，但通常文化水平不高，对水书的认识水平也不高，因此在开办培训班时，应当由水书专家对水书先生进行培训，提高其教学水平和教学质量；而水书专家只研究水书的文字现象，并不懂得如何应用，真正学会熟练应用水书需要数年时间，因此专家应向水书先生学习如何真正解读水书，保护口头上的水书文化。

(二) 民族语拼音方案 (或说拼音文字) 的使用与推广

尽管水语、布依语、苗语都有新创拼音方案 (或文字)，但广大群众对此并不知情，认为本民族没有自己的文字，且民众对拥有本民族文字有着强烈的愿望。如果大力推广文字政策，学生在课堂可以学习新文字，村寨中的文盲也可以利用新文字记录日常生活琐事，可使村寨中少一些文盲，并有利于保护和传承民间歌谣和故事。

　　在文广局的双语广播中，只有一名水语翻译，因水族新文字没有推行，翻译人员想将汉语翻译成水语并记录下来，只能用汉语写出水语谐音，播音员再对照着汉语谐音播报水语，十分不便。若政府能加大推广各民族拼音方案（或文字）的力度，对于促进三都水族自治县政治、文化的发展都有重大的意义。

第六章

宗教信仰与岁时习俗

三都水族自治县内的制度性宗教以前主要有佛教、道教、天主教和基督教。中华人民共和国成立前曾有过一两座教堂与少量寺庙，20世纪五六十年代以后的政治运动导致教堂与寺庙荡然无存。目前县内无教堂与正规寺院，基督教、天主教、佛教的宗教活动均在信徒家中进行，信徒人数较少。

三都水族自治县境内居住的主要民族是水族，因此本次调查重点在水族的宗教信仰和岁时习俗上，其他民族的宗教信仰情况，本次调查没有涉及。水族传统信仰与岁时习俗的研究成果目前已经很多，除了《三都水族自治县志》和《三都水族自治县概况》等官方文献外，学术界自20世纪90年代以来先后出版了多部著作并发表了大量的学术论文，何全积主编的《水族民俗探幽》一书全面介绍了水族的民俗习惯，书中用大量的篇幅对水族的宗教信仰进行了描述，潘朝霖、韦宗林主编的《中国水族文化研究》也以较大篇幅全面介绍了水族传统信仰习俗。潘朝霖、唐建荣、韦成念主编的《水书文化研究》系列丛书也收录了较多的有关水族习俗方面的研究论文。韦学纯编著的《中国水族》一书，其中的"水族的信仰文化"一章对水族的信仰文化进行了详细的阐述。可以说，水族的信仰研究已经相当充分，我们在上述先行研究基础上，将根据实地调查所得民族志资料和采访到有关的有关资料，着重描述水族当下的民俗宗教状况。

县内各少数民族的宗教信仰主要以鬼神崇拜、祖先崇拜以及自然神崇拜等民俗宗教[①]为主，信仰对象名目繁多，古树、奇形怪状的岩石、山

---

① 学界关于"民俗宗教"有多种定义，本书采用人类学家渡边欣雄的定义。详见渡边欣雄《汉族的民俗宗教——社会人类学的研究》，天津人民出版社1998年版，第3页。

泉、井水、深潭等均可成为崇拜对象。凡生死、疾病、灾荒、吉凶、祸福、求子、求财等都要敬神，并请水书先生、鬼师和巫女（"过阴的"）等神职人员占卜念经，杀牲祭鬼。水族的民俗宗教原则上不立神像，不建庙宇，较为常见的是用几块石头搭建的一米见方的小祠，内置一块石头，以供之。当地人视其为土地神或石神。

县内水族的岁时习俗除了传统的端节、卯节、敬霞节等本民族节日外，也有春节、端午、清明等汉族节日。水族的民俗宗教与岁时习俗均与水书文化密切相关，而承载水书文化的重要载体是水书先生。目前，水书与端节已被列入国家级非物质文化遗产名录。

第一节　四大宗教在三都

一　佛教、道教

正式出版的官方文献关于三都宗教①方面的记载甚少，《三都水族自治县志》中只有三行文字提及天主教传入三都的历史②。此次调查我们了解到更多的情况，详细说明如下：

三都水族自治县在 1949 年之前曾经有几座寺庙，均为外地人移居三都后所建，这一点在寺庙名称上也有所反映。如县城当时有五座庙，其中以地为名的有江西庙、湖南庙等。以姓为名的有一座杨家庙。此外，还有一座龙王庙。河江镇也有江西庙和湖南庙。上述庙宇均于"文革"期间被拆除。普安镇曾有一座观音庙，一位尼姑长期居住于此。1949 年以后，尼姑过世，该庙逐渐废弃。

1997 年前后，周覃镇和三河镇有数人到黔南州府所在地都匀市九峰寺以及贵阳某寺院取得居士证。回乡后，他们开始在家中组织念经会，目前已发展到一定规模，两镇信众人数各为 40 余人。经过申请，民宗局批准他们集中在一个地点活动。周覃镇的活动地点位于坡顶的村组房屋，每月初一、十五诵经，组长是一位 70 多岁的男性村民。三河镇因条件所限，没有公共场所，故在组长罗某家中活动，信徒多为老年女性。目前信徒较

---

① 此处指佛教、基督教、道教、伊斯兰教等宗教。

② 三都水族自治县志编撰委员会编：《三都水族自治县志》，成都人民出版社 1992 年版，第 170 页。

为分散，迁移外地者较多，人数也在逐渐减少。

二　天主教

关于三都县的天主教，县志记载如下："清光绪三十四年（公元1908年），法国传教士桃神甫到九阡板南镇传天主教，后建天主教堂于板南村，附设教会学校一所。民国九年（1920年），信教有700余户，教徒有1000多人。1944年，日本侵略军窜扰九阡时，教堂被焚毁，教徒仅存40多户、80余人，以后逐渐消失，到解放时已无教徒了。"①

但在此次调查中，我们又了解到一些新的情况。据民宗局潘正平介绍，当年法国传教士到三都传教时，在周覃镇建立了一座天主教堂，该教堂为四合院式建筑，为私人所有。1949年以后，传教士被驱逐，教堂没收为国有，一部分分给私人，另一部分则改做粮仓。20世纪60年代，又将分给私人的教堂房产全部收归国有。20世纪80年代，为落实国家的宗教政策，归还了私人所有的部分。教堂地点在周覃镇政府附近。

县志中并没有关于周覃镇天主教堂的记载，起初我们以为是潘正平的口误，经过再三确认，潘氏说周覃镇的确曾有一座天主教堂。在他三十多年的宗教工作中，倒是从未听说过九阡的天主教堂。难道是县志记载有误？我们分析，或许是因为九阡板南镇的天主教堂被焚毁的年代较早，极少被人记忆，故无人提及。而周覃镇的天主教堂因建筑本身尚存，加上房产分配涉及个人利益，故教堂之事尚留在人们的记忆中。综上分析，当时法国传教士到三都传教时可能建了两座天主教堂，一是九阡板南镇天主教堂，二是周覃镇天主教堂。只是前者载入了县志，而后者无文字记载，只存留于民间的记忆中。

1949年以后，包括天主教在内的所有宗教活动均由"地上"转至"地下"，有的甚至已销声匿迹。20世纪80年代以后，国家落实宗教政策，宗教活动逐渐抬头，三都县也不例外，不同的是，比起其他地区晚了整整十年。据民宗局工作人员介绍，1998年恒丰乡曾经出现过天主教，几位水族人到浙江一带打工，与当地天主教信徒相识，对方承诺资助他们的孩子上学读书，他们信教后回村传教，大约在五年时间内，信徒发展到20余人，主要为男性。民宗局分析其主要原因是当时国家没有实行义务

---

① 三都水族自治县志编撰委员会编：《三都水族自治县志》，成都人民出版社1992年版，第170页。

教育，很多人没钱供孩子上学读书，听到有人资助，便抱着感恩的心开始信教，人家说什么，他们就信什么。由于打着资助上学的幌子，乡、县政府当时未能及时发现，三年以后，政府才感觉此事不妙，于是去了解、调查，发现大部分人都外出打工，只有逢年过节才回到家乡。随着时间的推移，信徒人数逐渐减少，目前村内信徒已寥寥无几，只有最初的几个人仍在信教，这些信徒长期在外打工，与外地的天主教徒尚保持着联系。

三　基督教

1995 年以后，三都开始出现零散的基督教聚会点，均为外地打工人员在沿海一带信教后回家乡传教所建。据政府相关人员介绍，1998 年至 1999 年期间，有两三位退休人员接触外地基督教徒，得到一笔经费资助后，开始在本地传教。当时他们曾经打算选送两位学生到浙江某神学院学习神学，后来在民宗局的干预下未能去成（到学生家做工作）。传教人员宣传说信教后可以升天，生病不用打针，只要祷告，病自然就会痊愈。有人信教后，生病不吃药、不打针，只相信上帝，相信生活困难会有上帝资助。县民宗局了解情况后，将其定义为"山野基督教"，认定其为"邪教"类，这些教会大多未在民宗局登记注册。打鱼乡一位老年女性信教若干年后相信自己会升天，爬到树上往下跳，结果摔断了三根骨头。她所在的村民小组共有 29 户，其中 28 户信教，民宗局利用上述例子说服该村村民，并落实医保政策，宣传国家的农业政策，在修公路，解决饮水问题等方面给予政策上的扶持，该村村民从此不再信教。

2000 年以后，只有一个约十人的聚会点在民宗局登记注册，目前该点信徒有的过世，有的外出打工，基本上不再活动。其他聚会点因为没有登记，政府尚无法掌握准确人数，估计约有四十多人，其中苗族较多，布依族、汉族和水族较少。这些聚会点每次活动都较为隐秘。政府曾试图劝他们走常规渠道，申报并登记在案，但政府相关部门每次到达活动地点，都会发现他们已得到消息，转移或分散他处，故找不到彼此对话的机会。这些基督教聚会点主要分布在三和镇的几个乡镇和村庄，例如，苗龙村、猴场村、牛场村、杠寨村、交梨乡、水龙乡、丰乐乡等地。当地学者认为，基督教信徒中水族较少的原因是水族信奉祖宗，崇拜祖宗，敬拜树神、石神等自然神。

第二节　水族的民俗宗教

水族的民间信仰几乎贯穿于水族人民日常生活的各个方面。水书是水族宗教特有的典籍。水族的水书被水族人普遍视为天地相通、人神对话的神秘信息符号，而水书先生被普遍视为水书知识的传承者、代表者，他们一代一代诠释着水族信仰文化，沟通着水族的祖先与今人，沟通着神秘的自然界与人类，沟通着未知与已知，水族才会有纷繁复杂的各类禳解消灾祈福仪式，至今在民间大有市场。凡出行、丧葬、婚嫁、动土等，都要依据水书推测吉凶祸福，决定宜行宜止等。水书由水书先生掌握。用途分为两大类，一类称"白书"，用作推测祸福、择吉避凶的卜书；另一类称"黑书"，只用于放鬼、收鬼和拒鬼。"黑书"所见不多，藏者从不轻易示人。"黑书"中颇多象形的秘密记号，非经传授，实义难明。此外，水书还有关于占卜及禳解方法的若干记载。水书习俗是整个水族民间信仰的核心，而其表现的民间信仰则涉及人们生活的各个层面。水族的民间信仰主要表现在祖先崇拜、自然崇拜和鬼神崇拜几个方面。由于水书的使用主要由水书先生传承和使用，水书除了水书先生能够解读之外，没有其他人能够使用，我们除了查阅有关出版的研究成果外，在调查时还亲历了一些有关水族信仰文化的民间活动。下面是我们在调查过程中采访水书先生和观察到的水族当下水族信仰活动情况。

一　拉佑村土地神菩萨

水族相信石岩、古树、水井、泉源等有灵性、形状奇异的巨石。村寨附近高大苍劲的巨石、历史久远的古井等均会成为人们敬拜的对象。以前水族人对石头的信仰主要以对石头菩萨的集体性的祭祀为特征。根据石头所在的位置、其形状以及来历等，分别被给予"霞"[①]、"善"、"最令"、"改善"、"最纠"、"定枯"、"缪"等不同名称来集体崇拜[②]。随着社会的变迁，有些习俗已经销声匿迹，或改变了形式。即便如此，各地路边、寨

[①]　"霞"是水族地区雨水神的称谓，拜"霞"是一种祈雨仪式，因拜霞中必须要有一头母猪，所以又被称为"母猪霞"。

[②]　文永辉：《水族拜石信仰的变迁——以贵州三都水族自治县塘党寨为例》，《中南民族大学学报》（人文社会科学版）2009 年第 1 期，第 16—17 页。

旁或山上洞里的古怪石头，仍然是今天水族人们祭拜的对象。

在我们调查的水龙乡拉佑村合规组，一进村便可看到一块巨石屹立在村口右方，远远望去宛若一座小山，当地人称其为菩萨。水书先生①韦见家的老房子后面供奉着一块石头（菩萨），是很久以前韦见的曾祖将它从山洞里请回来的。请菩萨时要点香、烧纸，请到家之前，香火不能断。请回来后，将其供奉起来，视为土地神菩萨。该地区几乎每个村都有一个至两个土地神菩萨，为全村人所敬拜。

拉佑村合规组对面的寨子（自然屯）叫麻丙，村里人经常到十五千米远的地方去向菩萨（见图6-1，图6-2）求子，求子成功后，将菩萨旁边的一块小石请到麻丙，之后便不用再去远处求子了。请菩萨之前要先打卦（竹卦），若一正一反，说明菩萨愿意，若两个正或两个反，则说明菩萨不愿意来。通常是在求子求财时才用打卦的办法。

图6-1　菩萨（拉佑村合规组）

过去水族吃井里的水，每逢节日（大年初一或三十），人们便拿一些米饭和酒，到井边供奉井神，点香烧纸。负责供奉井神的通常是寨子中年纪较大的"懂事"之人，亦即长老。年轻人也可供奉，但要懂神事。此外，大年初一最先去井里取水的人家也可供奉。水族认为，水是生命之源，有了水，人才会有生命，故将其神化，并崇之、拜之。

水族还信奉树神，村寨的大树下面常常设有神位，供人烧纸、烧香。在有些地区，树神往往具有善与恶的双重性质。我们在怎雷水寨看到一棵分叉的大树，一个树杈挂着猪笼，另一个树杈插着一把剪刀。当地学者告

---

① 在水族社会，懂得《水书》的人被称为"水书先生"，他们根据《水书》占卜，懂得请神送鬼、化灾趋吉的巫术。

图6-2　土地神菩萨（都江镇）

诉我们，这属于下列情况：某人家中有事去问卦，卜卦人说该树是魔神，一半是好的，另一半是坏的，于是，事主用猪来供奉好的树神，用剪刀和木刀插到坏的树神上。不过此习俗并非所有地区都有，我们调查的拉佑村就无此习俗。

图6-3　怎雷水寨的树神（右侧树杈上插着剪刀）

二　打孟沟石菩萨

水族每逢要保人丁平安、发家致富、升学调动、参军提干等事情，都会找石头菩萨"帮忙"，并进行一系列许愿还愿的仪式活动。传说中灵验的石神，香火更是旺盛。我们看到的三都打孟沟石菩萨便是这样一尊石神（见图6-4）。

水族没有建庙宇、塑神像的习惯。充其量用一个亭子或简易房将崇拜对象（如石头、泉水、树等）罩起来。三都县城往都江方向约两千米处有一个叫作打孟沟的地方，那里的石菩萨（巨石）远近闻名。传说20世

图 6 - 4　打孟沟石菩萨

纪 80 年代初，有一名姓隋的民办教师在沟里教书①。那时候只有小路，没有大路，放学后她像往常一样顺着河边的小路往回走，忽见一块巨石从山上滚下来，吓得她撒腿就跑。从周围山势地貌来看，此处不可能有那么大的石头，即便有，也不可能从山上滚下来。她越想越觉得蹊跷，于是就去找人问卦。算卦人说那可能是位菩萨，你去拜谢一下，说不准就有饭吃（找到工作）。于是她带上香和纸在大石前跪拜说："我当民办教师多年，没有功劳也有苦劳，你若是菩萨，就保佑我，我回去向上级打报告，如果批下来，说明你是真菩萨，我就来谢你。"回去后她马上写了一份转正申请，不久，教育部门批准她为正式教师。此事传开后，想发财、想升学的人纷纷前来许愿还愿。由于菩萨灵验，前来祭拜的人越来越多，石菩萨灵验的消息也越传越广。

　　1998 年，一位退休干部带头捐款，筹资给石菩萨修了一座简易祭亭。传说每月逢双日菩萨要外出云游，不在家，所以求神还愿者通常都选择单日前来祭拜。初九是菩萨生日，故每月逢九（初九、十九、二十九）是大日子，祭拜者甚多。2012 年上游修水电站，电站老板出资将原本在河滩的菩萨迁至半山腰。被人们称为菩萨的巨石置于亭子正中，亭子两侧杆子上挂满了红布，祭拜者可自愿往功德箱里投钱币，自取一块红布条或红绳带回家做护身符或平安符用。菩萨前面是祭坛，摆放各类供品。较为常见的祭品是黑毛猪、鸡、酒、水果和糯米饭。据说，买祭祀用黑毛猪的时候不能挑三拣四，看好哪个就要买哪个，不能讨价还价。买猪肉时，卖肉的切多少就要买多少。

---

① 　另一说是 80 年代末，有几个教师。

离菩萨亭不远处搭有凉棚，供人们乘凉休息，旁边砌有几个灶台，有五六个大铁锅专为加工黑毛猪等祭品所用。人们来此许愿还愿，下河嬉水游玩，呼吸山中的新鲜空气，亲近神的同时，也亲近了自然。信众不分民族，当地的水族、苗族、布依族，甚至汉族也都信奉石菩萨。祭拜菩萨的方式与内容与我们在其他地方所看到的别无二致。

三　鬼神与祖先

水族笃信鬼神，鬼神的种类及概念极为丰富。县志记载民间流传有360 种鬼神，能数出名目的有 313 个。其中又可分为五类，男性鬼神类有59 个，女性鬼神类有 57 个，落魂和招魂的鬼神类有 39 个，凶神恶鬼类有 92 个，驱挡凶神恶鬼类有 66 个①。不过，水族的鬼神可能远远不止这些。水族学者王品魁搜集到"有名有姓"的鬼就有 330 余种，潘朝霖认为水族信奉的鬼应该有七八百个之多②。水族认为人死之后均有鬼魂能知吉凶，故供祭祖先极为重要。鬼魂观念的具体表现在名目繁多、功能不一的各种祭祀仪式上。下面介绍一下我们亲历的一场叫作"挡"的驱鬼仪式。

1. 驱鬼仪式："挡"

2013 年 8 月 1 日，调查组一行在三都县民族研究所家属楼前的三岔路口观察并参与了驱鬼仪式"挡"。"挡"是水族最常见、最常用的仪式。据说 60％以上的水族家庭都做过"挡"。"挡"的目的是请善鬼保佑事主平安，阻挡凶神恶煞的侵扰。

仪式由如下几种要素组成：祭品、祭器、祭司以及仪式参与者（包括观众、事主等）。

祭品（供品）：活狗一条、活鱼六条、牛肉若干斤、土鸡两只，水牛皮、虎爪、虎牙③、酒、糯米饭、生米一碗、酒杯六盏、筷子六双、辣椒盐。

祭器：刀一把、冥币若干、白纸挂笺若干、香九根、蜡烛一对、八茅

---

① 三都水族自治县志编撰委员会编：《三都水族自治县志》，成都人民出版社 1992 年版，第 169 页。

② 何积全主编：《水族民俗探幽》，四川民族出版社 1992 年版，第 242 页。

③ 水牛皮、虎爪和虎牙是稀缺品，乃水书先生自带珍藏，可重复使用。其他祭品需每次购置。

草和蕨类草若干（当地话称"刺"）。"刺"是用来修篱笆，抵挡邪鬼的。

祭司：水书先生。

参与者：调查组一行及三都民族所工作人员数名。

仪式准备：

水书先生先用罗盘选好方位，在地上铺一张席子，将加工好的炸鱼（三盘，每盘两条）、煮牛肉（三盘，每盘一块）、糯米饭（三碗）摆放在供席上。其下方置酒杯六盏、六双筷子。供席左侧放一碗辣椒盐。蕨类草捆成一把（系上白纸挂笺）横置于供品上方，意为画出一个特定区域。三根八茅草也分别系上白纸挂笺，插在八茅草上方的砖头缝中，用来做撵鬼幡。点燃三根香，插在糯米饭上。一碗生米和一把刀置于供席下方。所有供品均由水书先生自己摆放（见图6-5）。

此次请的鬼有三组六鬼，每组均由公鬼与母鬼组成。故供品数均为六，酒杯三大三小，大的给公鬼，小的给母鬼。它们的名字分别为：

第一组：公冷多（公），白隆杆（母）；

第二组：公古白（公），讶白旁（母）；

第三组：公金丙（公），讶领除（母）。

需要说明的是，在水书先生看来，善鬼与神属于同一个概念。因此，事后为我们解释仪式内容时，他时而用"神"，时而用"鬼"，指的都是上述六个善鬼。

图6-5　驱鬼仪式"挡"

仪式过程：

仪式分三段进行。

第一阶段为"交生"，是请神的阶段。仪式的主要祭品狗和鸡在这一阶段仍是活的，故称为"交生"。仪式开始后，水书先生点燃冥币，坐在供席前，手持刀把，开始用水语念祝词。念祝词时，时而挥舞着手中的刀，时而朝前方撒一把生米。祝词内容主要是点三组六位善鬼"保佑公"的名字，请它们来除掉邪鬼，并一一点上供品名称，请它们来享用。挥刀是为了抵挡凶神恶煞。撒米是为了将那些"神"请来。此间，祭祀用的狗和鸡在旁边不停地吠鸣，鸡狗吠叫是为了提醒公神（善鬼）来保护事主，那些凶神恶煞听见狗吠鸡鸣后，便不敢贸然闯进。而那些称作"刺"的草，同时也是一种用来围路的记号，看到记号，恶鬼就不敢来了。大约十分钟后，水书先生倒酒，先给"神"奠酒后，事主也作陪，与神一起饮酒，再吃上几口糯米饭。"交生"就此结束。

　　第二阶段为"交熟"，是宴神的阶段。因此环节要供熟的狗和鸡，故称"交熟"。顺序是：先将狗杀掉，拎着它到路口外走一圈回来，据说恶煞怕狗，见到狗血不敢进来。随后，去掉狗毛，用火烤成半熟状。杀鸡，去毛，煮熟。鸡血滴入碗中，蒸熟后做成六碗鸡血汤饭，置于供席。鸡尾毛插到茅草上。烤好的狗和煮熟的两只鸡置于供席上，再次点香。水书先生更衣，穿蓝布对襟衣衫，头戴黑帕，一只手持刀，另一只手持一根八茅草（撵鬼幡），坐在供席前的小板凳上开始念祝词，请保佑公（善鬼）们来吃熟供，并再次请它们保佑事主平安。几分钟后，水书先生将一滴酒奠在地上，在场人与神共享鸡血汤饭和酒。

　　第三阶段为"送神"。水书先生再念祝词，将六位善鬼送走。

　　整个仪式过程持续约三个小时。仪式结束后把"刺"挂在门框上可辟邪。

　　仪式结束后，所有参加仪式的人员在一起聚餐，分享供品。

　　仪式禁忌：仪式开始后，篱笆外的人不宜入内，自家人也如此。否则对事主家不利，更主要的是对其本人不利，因为被驱赶的那一路鬼会附在他（她）身上，招致种种祸患。

　　以上是我们参与观察到的"挡"的全部过程。据韦见介绍，做"挡"的地点要视具体情况而定，有的在大门口，有的在家屋内，有的在岔路口等。做"挡"较为常见的有如下情形：

　　（1）老人去世，犯了重丧。

　　（2）人家放鬼时，事主去望卦，若发现有恶鬼，就要做"挡"。

　　（3）春季经常打雷，人们怕生祸，怕得瘟疫，也要做"挡"。

　　2. 祖先祭祀

　　水族是一个父系社会，不但宗族家族观念根深蒂固，而且非常重视宗族家族观念的培养。水族的尊祖之风随处可见，每逢节庆、家中有婚丧嫁娶建房造屋等大事要办，必行祭祖仪式，祈求祖宗保佑平安顺利。祖灵崇拜是水族信仰的核心，水族认为人死之后，其灵魂不灭，行动自由，来去方便，并且具有生前的基本属性，懂得感情，能根据后裔对其的态度好坏而作出相应的回报，或赐福禳灾，或施祸作祟。水族对待家庭亡人的处置原则是厚葬、隆祭、久祀。与汉族不同的是，水族有宗族但没有祠堂和宗庙，所以祭祖均以村寨或小家庭为单位进行，而多以小家庭的祭祀为主①。祭祖是水族规模最大、最为隆重的仪式。水族传统节日端节最重要的环节便是祭祀祖先。过端节第一天吃素，第二天才开始吃荤。老人过世也要吃素，埋葬以后方可吃荤。除了过端节祭祖外，根据每家的情况来供祖宗。每逢婚丧嫁娶、盖新房、做生意、喂牛喂马、发财等情况，一般也都要祭祖，请祖宗保佑。

　　老人去世后，不仅要大操大办，在举办丧事活动的规模上还划分了小、中、大、特大几种规格。其最高级别的开"特控"②，参与人员可达数千人，宰杀猪、牛、马无数，耗资巨大③。敬祖宗神的时候根据每家的财力情况选择猪牛的大小。猪、鱼、鸡均可成为葬礼或祖先祭祀的牺牲品，但狗不可用于葬礼或祭祀。此外，祭祀祖先时还要供亡者生前穿过的衣服、裤子、鞋等，为的是怕祖宗去世多年没衣服穿。供的方式很简单，将衣服在烧着的纸钱上过一下就算是送给祖宗了。供完之后，衣服还可以由家人继续穿用。

　　水族对祖先亡灵持"近亲远疏"的态度。他们认为距离自己三代以内的祖灵对自己的护佑能力最强。特别是距离自己最近的父辈对自己的护佑能力更是其他祖灵所不能比的。与此相反，距离自己越远的祖灵非但有可能不护佑自己，甚至还有可能变成嫁祸于己的恶鬼。

　　从我们调查情况来看，在水族地区，祖宗与恶鬼的区别在于是否有子

---

　　① 潘朝霖、韦宗林主编：《中国水族文化研究》，贵州人民出版社2004年版，第356页。

　　② "开控"是水族地区常见的一种追悼仪式，按其规模分为"小控"、"中控"、"大控"、"特控"四种。详见何积全主编《水族民俗探幽》，四川民族出版社1992年版，第187页。

　　③ 宋先世、吴小华：《水族丧葬礼仪调查》，《人口、社会、法治研究》2011年卷，第401页。

孙的供奉。水族认为，几代以后的祖宗渐渐无人供奉，就会变成鬼，来到人间捣乱，为了安抚这些鬼而举行的仪式也叫"敬祖先"。远一点的祖先不在家设牌位，就在门外供奉一点。一般来说，五六代以内的祖先是在家的，即还在祖宗龛上，五六代以外的就不在祖宗龛上了。家里有不祥之事（如大猪吃小猪、鸡吃自己生下的蛋等），说明在闹鬼，问卦后可知是哪一个公（祖先）在闹，占卜者若断定是在外面的祖先，便在外面给供品。每一个祖先所供的牲口数量不等。例如，韦见的曾曾祖的父亲即上六代祖阿记，要杀五种牲畜，猪、狗、鸡、鸭、鹅。上七代祖公恒要杀两种牲口。牲口数量的多少取决于祖先的需要，问卦时祖先会说出具体需要多少牲畜。仪式时请家里的父系亲属来"吃酒"，水书先生、鬼师、"过阴者"均可主持。我们在调查中发现，或许是因为水书先生这样一种特殊的身份，韦见记忆力超群，他对合规韦氏家族的祖先谱系了如指掌，不但记得六代祖先，还可上溯至十五代。这种谱系不是写在纸上的，而是记在韦见的脑子里的。现将韦见家族谱系整理如下（从右至左排列长幼）（见图 6-6）：

在水族称谓中，爷爷辈以上称谓的核心词都是"公"（水语 qqongs 的音译），即在没有特指的情况下，祖父以上都称为"公"。奶奶以上的辈都称"讶"（水语 yax 音译）。我们看到，韦见的第六代祖先阿记以上都有一个"公"字，原因也在于此。按村里人的说法，全村人都是同一个"公"的后裔，但具体是哪个"公"，则大多数人都不清楚。而韦见可以记得如此多代的"公"，实在令人惊讶。韦见说，整个拉佑寨子都是一个老祖太的后代。

韦氏家族从未有过谱书，所有这些全是口耳相传，一代一代传下来的。如下文所述，水书及水书先生是水族信仰及习俗的重要传承载体。韦见的父亲韦学珍、祖父韦国隆以及曾曾祖韦朝阳都是水书先生。上述"敬祖先"仪式便是在这样一个谱系的记忆中选定所需祭祀的祖先的。频繁举行的祭祖仪式显然起到了强化宗族和家族认同的作用。

水族敬祖先的习俗同时反映在居住空间上。客厅墙上往往要贴一张红纸，上书本族姓氏，以敬祖先（见图 6-7）。有些水族受到汉文化的影响，也用神龛供祖，并采取左昭右穆的原则。较为常见的是从市场上买来的神龛，稍有讲究的人家买木制神龛，普通人家则买纸质神龛。正中写"天地国亲师位"，"三教圣贤神位"，"某某氏祖宗神位"，右侧为"香结

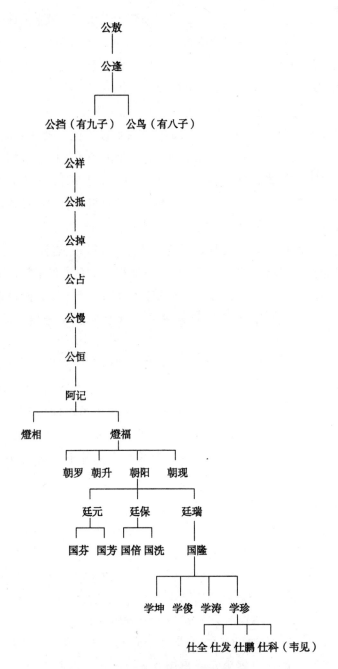

图6-6　水书先生韦见的家族谱系

平安"二字，左侧为"灯开富贵双花"等（见图6-8）。我们曾经问过
水书先生韦见，此处三教为何意，他说不太清楚，水族家里的神龛一般都

是请懂古书并写得一手好字的人来写，或者干脆从市场上购买。水族讲究龙脉风水，家族或宗族村寨的龙脉之地，是事关整个家族或宗族生存和兴旺发达的禁区，不容他人加以破坏，必须严格加以保护。

图6-7　韦氏祖宗龛（怎雷水寨）

图6-8　汉族式祖宗龛（都江镇）

水族对远祖的崇拜意识淡化，唯独对陆铎保留崇敬之心。传说陆铎公是一个善鬼集团，同时也是水书的创造者和传播者，分管农事活动和择吉避凶及百工之事，是水族共同崇拜的祖先神。

水族的祭祖习俗"文革"期间中断了一段时间。随着老人们的去世，有些传统习俗随着时代的变化而逐渐消失。20世纪80年代以后，祭祖习俗才开始渐渐恢复。

四　水书与民俗宗教以及水书的传承

水书是水族先民智慧的结晶，是记载婚嫁、丧葬、出行、动土、生产、祭祀等诸多方面禁忌，以及驱邪避鬼、禳灾解祸的种种事项的书籍，是水族的一种古老的典籍。水书内容十分丰富，用途也十分广泛。"水家一举一动，均受水书限制，其于水家生活，影响颇巨。"水书主要记载人们在日常生活和处理重大事件时择吉问卜的方法和所要遵循的各种禁忌，是指导水族生产生活的重要参考。水书分为"白书"和"黑书"两种。白书又称为普通水书，主要用于占卜问吉凶；黑书属巫术用书，主要用于驱魔逐鬼。据岑家梧先生于20世纪40年代在水族地区调查，白书的种类很多，有560余种，使用的范围也最为广泛。"出行、丧葬、婚嫁、动土等均用之。"黑书较少，使用的范围也不如白书广泛。水族认为生活中所遇到各种磨难和挫折特别是受人迫害或者遭陷害的时候，利用黑书放鬼驱鬼，以牙还牙是最为行之有效的办法。不过黑书亦如一把双刃剑，弄不好反会伤害自己。所以利用黑书放鬼是万不得已的时候才会进行的①。

水族经过不断总结形成了一套较为系统的占卜体系。其中查阅《水书》是普遍的方法，凡出行、营造、婚姻、丧葬、祭鬼、农事均须通过水书看吉凶，预测会遇何方鬼神惊扰与保护，方可行动。除查阅水书占卜外，近现代流行的占卜手段还有：铜钱卜、石卜、草卜、竹卜、蛋卜、鸡卜和巫卜等②。在水族民俗宗教中主要有三类神职人员，一是水书先生，二是"鬼师"，三是被当地称为"过阴③"的巫。水书先生和鬼师必须懂得水书，过阴者则可以通过"过阴"的方式与鬼魂或神灵沟通。一般人们遇到不祥之事，通常先去找过阴者，证实确实有鬼作祟后，就会请水书先生作法禳解。从此意义而言，水书先生与过阴者实际上是在同一个信仰体系中扮演着不同的角色。

不过上述分工也并不是绝对的。有的人家孩子生病，或出现大猪吃小猪等违背常理的现象也会直接去找水书先生占卜，水书先生会根据不同情况使用不同种类的占卜来找出事情的缘由，并"对症下药"，作法禳解。如孩子生病用石卜查找原因。占卜时口中念叨各类鬼的名字，这时，如果石头动了，念到哪个鬼，哪个就是作祟的鬼。禳解（祭鬼）仪式结束后，观察一段时间，看孩子是否好转，若不见好，用同样的办法继续找。通常根据鬼的大小用鸡鸭或猪等举办祭鬼仪式。如水书先生所言，"给它吃了

---

① 潘朝霖、韦宗林主编：《中国水族文化研究》，贵州人民出版社2004年版，第537页。

② 何积全主编：《水族民俗探幽》，四川民族出版社1992年版，第252页。

③ 此处"过阴"既是名词，也是动词。本书在名词"过阴"后加"者"，以示意区别。我们在东北地区调查时也听说过"过阴"一词，内容大致相同，即能够通神的神职人员与阴间的鬼魂沟通，帮助事主解决各类问题。

东西就不闹了"。不同种类的鬼选择不同的仪式地点，有的鬼在家中做，有的鬼在坡上做。数百种鬼的名字都记在水书先生或鬼师的心中。水书先生的水平也是参差不齐，有的会画符，有的不会画。有的水书先生还不会做"挡"。鬼师也同样如此。鬼师通常是专门驱鬼的，当地话叫"做鬼"。但有些鬼师也会望卦，会看风水，会"补高寿"。水书先生和鬼师的共同点在于他们都是男性，都不会"过阴"。而过阴者除了"过阴"外，还可以卜卦、望卦。

鬼师、过阴者、水书先生等神职人员给人看病办事，只收很少的费用，大多数神职人员认为，为本地区的人禳灾、辟邪是他（她）们的责任。

在调查中，我们经常会在民居的门框或厅堂的墙上看到各类辟邪、护符的物品，如水牛角、用红黑布做的小人偶等。放在门框上的牛角通常是某个节日杀了一头水牛（从牛角上的红布可以判断），将牛角挂在门框上方，作辟邪用。老人去世通常也要杀一头牛，以此悼念亡人。牛角上系上白布后挂在家中神龛上方，以祭祀祖宗。人偶是为了防止家中有人生病，或恐招口舌是非以及发生灾难而做的。通常要在阴历五月初五制作，取桃木刻成人形后罩上黑衣（母）和红衣（公），内装有符，挂在门框上可避千灾万祸。人偶或护符以前都找神职人员制作，现如今市场上也可买到此类辟邪之物。一般人都认为，水书先生或鬼师制作的人偶比市场上买来的要灵验得多。但有些家庭并不在乎这些。此外，水族还将蜂巢或猪颚骨作为辟邪物挂在门框上。野树的老树根也可辟邪。

三都县打鱼乡有种习俗，老人去世，过了戴孝日（男的 27 天，女的 28 天）后，请过阴者来家里与亡灵对话，按亡灵说的送牛、猪等祭品，若亡灵说在阴间过得不好，就得找风水先生重新看坟并迁坟。此外，当地还有立指路碑（立阴功）的习俗：有的人家小孩子经常吵闹，不乖，家长就去找神职人员（地理先生、过阴者）看，并按神职人员的指示，在三岔路口立一块指路碑或挡箭碑，为孩子挡灾挡难，保佑孩子平安（见图 6-9）。这是当地水族、布依族、苗族共同的习俗。

拉佑地区有"补高寿"的习俗。人岁数大了，身体不好，找人问卦，若卜卦人判断此人寿命不够，则需要办一个补高寿仪式。具体办法是，找一个父母双全的人到山上取一根长势较好、两根并联的竹子，带回补寿人家中，用白纸包上竹枝中端，放在祖宗的脚下，箩筐里放一些米，放酒

图 6 - 9　挡箭碑

盅，请鬼师来念补寿的祝词，再杀一只鸡和一头猪，供奉在祖宗龛前，补寿仪式结束后，竹枝一直放在祖宗龛上，直到补寿人去世后才取掉[①]。

　　水书先生与巫婆最大的区别在于其能否与神直接沟通，过阴者可以做到神附体，而水书先生则不能。正如文永辉所言，水书先生的力量来自知识，即对水族宗教经典《水书》的掌握和理解，这需要长期的学习，需要学习者的智慧、悟性和机缘，很多水书先生的技艺甚至是家庭几代的密传，这既增加了知识的神秘性，也增加了其可靠性[②]。过阴者与世界各地的萨满一样，通常都要经历一个入巫过程。

　　如今，水书先生的活动范围不仅限于水族地区，当地其他民族，如苗族、布依族、汉族等，需要时也会找水书先生批八字、看风水。

　　调查组一行在怎雷水寨和拉佑村合规组从几位水书先生那里了解到水书传承方面的情况。在怎雷水寨，以前有两个人会水书，韦刚勇和韦安祥，他们在 20 世纪 50 年代就学会了水书。韦刚勇从师于韦刚胜的爷爷、老水书先生韦良前。1982 年，韦刚勇（时年 60 多岁）在村里办了三批培训班，第一批学员有韦刚恒、韦刚胜、韦刚才、韦刚要、韦刚岑、韦再辉、韦刚华、韦刚良（包括下寨的韦姓），其中真正学成的是韦刚要（50岁）、韦再辉和韦刚良。其他人只会看、会读一些，但尚不能独立完成所有仪式。第一批学员当时每人抄写了一套水书。韦刚勇去世后，水书原件已不知去向。第二批学员是韦刚林、韦再民、韦再行、韦其荣、韦其高、韦其军，后来学成的只有韦再行，其他人一知半解。第三批收的是大坝村

　　①　我们调查的辽东地区也有"补寿"习俗，但做法有所区别。
　　②　文永辉：《水族拜石信仰的变迁——以贵州三都水族自治县塘党寨为例》，《中南民族大学学报》（人文社会科学版）2009 年第 1 期，第 18 页。

的人。韦刚恒的三弟韦礼（韦刚林）当年也抄写了一份水书（见图 6 – 10）。

图 6 – 10　　怎雷水寨韦礼抄录的水书

韦刚勇也学过水书，后来因为当村支书，没有时间继续学，半途而废，现在都忘记了。

水书的传承起初都是民间自发的行为。到了 20 世纪 90 年代，三都县政府也开始提倡并首先在三洞乡推广水书文字，两年后因经费问题中断，2007 年左右，民宗局和教育局联合在学校推广水书。通常是小学四年级起每周开几个课时。三都县城的鹏城希望学校（小学、初中），乡镇的水龙小学、三洞中学、九阡水各小学、廷牌扬安小学等都不定期地设置了水书课程。

拉佑村的韦见也准备在水龙小学授课，每周两次。韦见过去几年已经带出三个徒弟来，韦见的大弟弟韦五（55 岁）、水龙乡张推业（70 岁）、合江镇韦廷森（50 岁）都是韦见的徒弟，如今，他们已经能够独立行法事。目前拉佑村有七位水书先生，其中，合规组有三位：韦见（59 岁）、韦五（55 岁）、韦正昌（68 岁）；麻丙组有三位：韦石林（40 岁）、韦学祥（70 岁）、韦玉保（71 岁）；下把羊组只有韦平一人。

五　水族历法与岁时习俗

水族的很多习俗，尤其是岁时习俗与历法有很大的关系，因此本章有必要先介绍一下水族的历法。水族的历法是一套完整的体系，俗称"水历"。现在普遍使用的是有闰月的水历，农历八月、九月分别为水历的年末和岁首，而汉历大年初一则是水历的五月初一。

水历和农历对应表如下：

表 6 - 1　　　　　　　　　　　　水历和农历对应表

水历	一月	二月	三月	四月	五月	六月	七月	八月	九月	十月	十一月	十二月
农历	九月	十月	十一月	十二月	一月	二月	三月	四月	五月	六月	七月	八月
公历	2月	3月	4月	5月	6月	7月	8月	9月	10月	11月	12月	1月

（根据水书先生韦见的叙述整理①）

以下分别介绍水族的岁时习俗。

1. 水族端节

端节是水族传统节日中规模最大、覆盖范围最广的节日。祭祖和赛马是端节的主要活动。2006 年 6 月，水族端节被列入国务院首批非物质文化遗产名录。端节水语叫"借端"，"借"是水语"吃"的音译，因此，汉语也叫"吃端"。"端"有汉语"开端"、"岁首"之意②。端节相当于汉族的春节，但又有明显不同。过端节的时间从水历年末的十二月到年初的正月或二月（相当于农历的八、九、十月间）逢亥日分期分片进行。也有部分村寨以午、未、酉、戌日为端节，还有部分村寨不过端节。如三都的羊安地区就不过端节。

据三都拉佑村水书先生韦见③介绍，在三都水族自治县，王石、套头地区的韦氏家族过端节在水历八月的头一个亥，拉佑地区（包括拉佑村、苗草村、马联村）和水东地区（包括内水东班挡村和外水东群力村）的韦氏家族是在尾亥（即水历八月的最后一个亥）过端。有的年份八月有三个亥，有的年份有两个亥。若初七分亥，就有两个亥；若初一分亥，就有三个亥。在有三个亥的年份，王石、套头地区吃第二亥，拉佑地区吃尾亥。若有两个亥，王石、套头则过头亥，拉佑地区还是过尾亥。在这一天，苗草村、马联村、班挡村、群力村的韦氏家族都到拉佑村过端节。水龙地区的韦氏则过九月的头亥。

据当地学者调查，过端节的水族一般集中分布在都柳江上游地区，即现在贵州省都匀市的基场、阳和、奉合，丹寨县的龙泉，三都县的水龙、

---

① 关于水族历法更多内容详见罗春寒《水族民俗》，潘朝霖、韦宗林主编《中国水族文化研究》，贵州人民出版社 2004 年版，第 511—512 页。覃世琦：《水族端节仪式、功能与变迁微探》，《贵州民族研究》2010 年第 6 期，第 36 页。

② 何积全主编：《水族民俗探幽》，四川民族出版社 1992 年版，第 281 页。

③ 韦见，1954 年生，7 岁起跟随祖父学习认水书文字，1969 年正式学习水书，直到 1992 年父亲去世。后来在实践中不断摸索，边学边给人占卜。

大河、廷牌、恒丰、三洞、塘州、中和、都江、坝街、羊福、三合、打鱼、普安，雷山县的达地，榕江县的新华、八开，独山县的基场等县市乡镇的水族村寨①。

关于该习俗的来历，拉佑村一带流行这样一种传说：古时候水族从江西逃荒来到此地，规定在八月和九月大米成熟归仓以后轮流过节，为的是热闹。开始谁都想先过，几个兄弟便争吵起来，后来经过协商，兄弟们决定在塘里放大小不一样的鱼，谁抓到的鱼大，谁就先过，后面以此类推②。端节以农历九月为岁首，显然有欢庆丰收，祈求来年五谷丰登之意。

表 6 - 2　　　　　　　　　　三都水族端节概况一览

月份	日期	人数	范围
八	第一或第二个亥日（第一批）	0.5万	丰乐镇交然村打明、弄八等寨，阳基乡巫昔村牛寨
八	最后一个亥日（第二批）	2万	水东乡查村、新各村，水龙乡拉佑村、马连村，大河镇苗草村，三洞乡群力村、古城村新寨，合江镇议天寨等韦姓
九	第一个亥日（第三批）	6万	廷牌乡、恒丰乡，三洞乡板告、良村、乔村、坝街乡、中和镇，西洋村，水龙乡独寨村，塘州乡，安塘村、丁寨村、阳猛村、牛洞村，羊福乡孔荣村，扬拱乡韦寨村
九	午日（第三批）	1万	塘州乡塘州村、石旺村、雄寨村、梅花村、塘赖村，九阡镇母改村，上水迭寨，都江镇摆鸟村
九	第二个亥日（第五批）	4万	三洞乡水根村、达便村、善哄村、板南村、板龙村、板劳村（姑其寨）、板闷村、板厘村（除兰领寨）、定成村、中和乡甲化村、中和村中寨、板庙村，水龙乡地寨村、祥寨村、伟寨村、科寨村、孟寨村，九阡镇石板村石板寨
九十	未日（第六批）	0.5万	三合镇牛场村、三纳村、行尝村
九十	九月最后一个亥日或十月第一个亥日（第七批）	0.5万	三洞乡板厘村兰领寨、古城村（除新寨）、板劳村姑其寨，九阡镇甲村姑成寨，扬拱乡水昂村、新阳村姑成寨和细大寨

资料来源：该表为三都县民宗局民研所填制，月份与日期指农历③。

①　罗春寒：《从民间传说看水族的端节和卯节》，《中央民族大学学报》（哲学社会科学版），2000 年第 4 期，第 50 页。

②　关于端节的由来还有另外几个版本，见何积全主编《水族民俗探幽》，四川民族出版社 1992 年版，第 286—287 页；三都水族自治县志编撰委员会编《三都水族自治县概况》，成都人民出版社 1992 年版，第 63 页；覃世琦《水族端节仪式、功能与变迁微探》，《贵州民族研究》2010 年第 6 期，第 36 页。塘塘对于水族来说具有非常重要的文化意涵。

③　张兴雄：《水族端节祭祖仪式与"忌油圈"：以贵州省三都水族自治县三洞乡板告村板鸟寨为个案》"，《西南民族大学学报》（人文社会科学版）2008 年第 1 期，第 62 页。

端节前一个月，人们就开始做过节的准备，端节的前一天晚上，各家打扫屋里屋外，清洁锅碗瓢盆，设供桌祭祀祖先。供物为鱼、豆腐及各种蔬菜水果。当晚与亥日早餐，家中必须忌荤，但鱼虾等水产物不算荤物，且是祭祖中必不可少的。端节敲铜鼓是祭祖的一个内容，也是对节日气氛的烘托。早饭后，人们穿上节日盛装拥向端坡观看跑马。去端坡也有送祖先之意。午餐之后便可使用肉类等荤菜。各家用大碗酒、大块肉热情款待远道而来的客人①。

晚上单家独户的祭祖仪式完毕后，接下来要轮流着一家接一家地举行祭祖仪式并喝交杯酒，喝酒时还要吆喝。张兴雄把端节中的这项重要活动称为游端祭祖，并对他所调查的板鸟寨的游端进行了详细的描述②。各地游端时间不一，有的村寨是在第二天早上进行，在赛马前结束，有的村寨是在家庭内祭祖后进行。村寨内的游端仪式的成员构成是有一定范围的，并不是全寨的家庭共同游端，也不是邻居间凑在一起游端，而是以一定的血缘关系为基础的家庭聚集在一起游端，张兴雄将这些有血缘关系的成员群体称为"忌油圈"，它是由血缘关系很亲近的家庭组成，并通过忌油现象、端节游端祭祖仪式、民间宗教聚餐等展现其范围，并在日常生活中不断加以确认，同时还通过这些活动明确了组织内的血缘秩序。生产活动中，家庭间劳动力的无偿支付范围基本限于"忌油圈"成员③。

2. 水族卯节

卯节是水族的另外一个盛大节日，其性质与端节相同，但端节和卯节不会都过，即过端的不过卯，过卯的不过端。如我们调查的三都水龙地区的水族便过端不过卯。过卯节的水族分布在三都县九阡镇部分地区以及荔波县与九阡接壤的水庆、瑶庆、永康、水利等地区，其他地区的水族则不过卯节。卯节在水历九、十月间的卯日分批分片过，其中九阡卯最热闹，其覆盖范围除三都县九阡乡、水各乡和周覃区水备村七十多个寨子外，还有荔波县岜鲜乡、水维乡、永康乡的七十多个寨子。卯节每一年都过，每逢水历的头一个卯或第二个卯。头一个卯不过，就到第二个卯过。这段时间正值插秧上坎的生产间歇时期，又是《水书》认定为"绿色生命最旺

---

① 何积全主编：《水族民俗探幽》，四川民族出版社1992年版，第281页。

② 张兴雄：《水族端节祭祖仪式与"忌油圈"：以贵州省三都水族自治县三洞乡板告村板鸟寨为个案》，《西南民族大学学报》（人文社会科学版）2008年第1期，第63页。

③ 同上书，第65页。

盛的时节"，辛卯日是"最顺的日子"，将这几个吉利之日定为节日，不仅人畜可以得到休息，又可借吉日祈祷风调雨顺、五谷丰登①。在过卯节的地区，在前一天的寅日晚上，家家户户把房前屋后打扫干净，晚上祭祖要设酒肉祭席（不同于端节素席），卯日上午再供祭一次，同时欢宴宾客，再一同前往"卯场"唱歌，所以卯节也叫"歌节"，青年男女围聚对歌，谈情说爱。晚上击铜鼓、皮鼓作乐②。

覃世琦将水族社会分为两大节日集团，即分布于龙口上游樟江河流域荔波县、三都县九阡地区的"卯节"集团和分布于都柳江流域中上游地区的"端节"集团③。有学者发现水族的这两个节日习俗不同的群体确实存在语言、服饰、风俗习惯等方面的明显差异④。尽管这两个节日皆与人们的稻作农业生产息息相关，但水族的端节和卯节是不同性质的两个节日，它们之间存在本质的区别。罗春寒将其理由整理如下：

第一，端节和卯节形成的时代背景不同，端节历史比卯节更悠久。

第二，端节是年节性节日，卯节则是生产性节日或者说是农事节日。

第三，祭祀对象不同。端节以祖先为祭供对象，俗称祭祖；卯节以神即六鸭道人为祭祀对象。

端节祭祖是祖先崇拜的产物，卯节祭神是神灵崇拜的体现。

第四，节日活动的目的不同。端节是年节性节日，祭祀祖先、辞旧迎新、庆祝丰收是端节庆祝活动的目的。而卯节的目的在于祭神、娱神，祈求神灵消灾赐福，保佑风调雨顺、五谷丰登。二者是有区别的⑤。

无论是端节还是卯节都随着时代的变化，其性质及其文化内涵也在不断发生变化。首先，祭祀内容发生了改变。从前端节的前一天晚上到第二天赛马结束前的这段时间被认为是迎接祖先回到家的时候。在这段时间内除举行祭祖仪式供奉祖先之外，人们还要忌荤食素以表示对祖先崇敬之情。而今这种习俗已发生了明显改变。现在人们仅强调祭祖时供品一定要忌荤，吃饭已不必再忌荤食素了。有的地方已改素祭为荤祭。其次，端节

---

① 何积全主编：《水族民俗探幽》，四川民族出版社1992年版，第287—288页。

② 同上书，第290—291页。

③ 覃世琦：《水族端节仪式、功能与变迁微探》，《贵州民族研究》2010年第6期，第35页。

④ 罗春寒：《从民间传说看水族的端节和卯节》，《中央民族大学学报》（哲学社会科学版）2000年第4期，第51页。

⑤ 同上书，第51—52页。

和卯节越来越具有明显的娱乐性质。端节的赛马活动最早是为纪念祖先艰苦创业的壮举而开展的。而今端节马坡上的赛马活动已演变成了一种体育竞技比赛，发展成为端节最主要的娱乐活动。有的地方甚至由村委会出面组织端节娱乐活动，开展球类、棋类、拔河、登山等比赛项目。最后，端节和卯节已发展成为一种社交节会。不论是过节还是平常日子，水族人民都把有亲友或外人到家做客视为一种荣耀。设宴款待亲朋好友被认为是联络感情、加深亲情的重要方式。改革开放之后，端节和卯节又为水族人民对外宣传自己、增进友好往来提供契机。每年端节和卯节到来的时候，当地政府都出面邀请有关单位和部门到水乡做客，与水族人民一同共度佳节，共商民族经济发展的大计，使端节和卯节的社交功能更加突出地表现出来。

3. 水族的春节

大年，即汉族的春节。据《三都水族自治县概况》介绍，三都县部分水族不过端节和卯节，与汉族共同过春节，其祭祀和娱乐与汉俗相同①。元、明时期，由于水族地区土司制度的建立，中央王朝对水族地区统治的加强，水族地区与汉族的接触交往日渐频繁，水族地区社会经济有了较大的发展。特别是在明代，中央王朝利用南征的汉族军士就地安置，屯田戍边并担任土司的做法，对发展水族地区社会经济有着积极的意义。大批汉人的迁入，水族地区政治、经济、社会、文化等各个方面都发生了变化。在节日习俗方面，汉族的春节已逐渐引入水族地区。清朝初年，由于"改土归流"，水族地区全部纳入中央王朝的直接统治之下，汉文化对水族的冲击尤其明显。清中叶以后，汉族的春节已成为除端节和卯节之外水族的另一个较大的年节，有的地方甚至把汉族的春节当成自己最大的年节来过。比如三都县塘州乡的板良村不少当地的吴姓水族和九阡镇的部分潘姓水族就只以春节为自己的年节，而不像其他地方的水族过本民族的年节。如前所说，荔波县的部分水族原来以卯节为年节，后来在汉文化的影响下，改以春节为年节而放弃了本民族的传统节日。至于既过端节又过汉族春节或者既过卯节又过春节的水族村寨则更是十分常见。在水族地区，汉族春节的范围在不断扩大，汉族的春节逐渐取代水族传统的节日已成必然趋势。

---

① 三都水族自治县志编撰委员会编：《三都水族自治县志》，成都人民出版社 1992 年版，第 169 页。

　　据我们调查，即便是过端节和卯节的水族，如今也都开始过春节。只不过对他们来说，春节的重要性远远不如端节和卯节，在形式与内容上都比汉族简单。过端节时，人们走亲访友，相互邀请，一连持续好多天。过春节只过一两天，也没有走亲戚的环节，即便走动，范围也不大。过大年不祭祖，但杀猪的猪肉还是要"让"（供）一点给祖先。

　　4. 水族清明节

　　清明节何时传入水族地区，现已无从考证，有人估计至迟到明代，水族地区就已开始过清明节了。今天的水族过清明节已极为普遍，清明已经成为水族全民性的节日。可以说水族过清明节的范围比其他任何节日都要广泛得多。与同属汉族节日的春节相比，清明节之所以更为广大水族群众所接受，既与水族对浓厚的祖先崇拜意识有关，也与水族奇特的鬼神观念有关。水族的清明节以上坟祭祖为主题。上坟的时间大都在清明的当天。清明节到来之前，各个家族都要备妥公鸡、糯米饭、酒、肉以及上坟用的纸钱、香烛和用白绵纸剪好的坟标（幡纸，也称挂笺钱。儿子给父母扫墓用白色，女儿给父母扫墓用红蓝相间的花色，中间均系一条红纸）等，经济条件好的还要买鹅、鸭、猪、羊等禽畜作祭品，再备一些果品、糖果等。清明的当天，家家户户，男女老幼都要到祖坟上去祭奠扫墓。祭仪活动由家长主持，主要程序是先将备办的供品摆放在坟墓前，点上香烛，然后当场宰杀禽畜，用纸钱蘸上禽畜的鲜血在墓边焚烧。据说这样做先祖在阴间才能更好地享受到后人供奉的祭品。等到香烛烧尽之后，燃放鞭炮，众人方可回家。回到家之后，还要将坟上宰杀的禽畜煮熟后，拿到神龛前再供奉一次，俗称"回熟"。至此，清明节的祭仪才告完全结束。水族在清明期间还有不少与农业生产有关的禁忌和祭祀活动。为了得到已去世的祖父或父亲的保佑，撒秧或栽秧时，要避开祖父或父亲的忌日，清明祭祖还要祭祀稻种，祈求谷神保佑农业生产风调雨顺，禾苗茁壮成长，获得丰收[①]。

　　水族家族成员的墓地不一定都在一个地方，由水书先生根据死者的生辰八字来选定墓地位置。水族的墓型有石墓和土墓两种。墓碑则分多种，有单碑、六合碑（由六块石头组合）、十二碑、二十四碑、八字门、楼阁碑等，依该家庭的财力而定。

---

① 潘朝霖、韦宗林主编：《中国水族文化研究》，贵州人民出版社 2004 年版，第 516 页。

水族传统节日还有"霞节"，这种以血缘为单位进行集体祈雨的习俗，在 1949 年以后逐渐销声匿迹[①]。2009 年 7 月 7 日，扬拱乡毕当山举办"千年'霞节'60 年佳会"。"霞节"又叫"敬霞节"，"霞"在水语中是"水神"的意思，"敬霞"即"敬拜水神"，"敬霞节"的时间各地不一，具体时间根据《水书》推算，2009 年扬拱乡的"霞节"与上一次相隔了 60 年。

除上述节日外，三都大多数地区的水族与汉族一样，也过端午（当地人称"粽粑节"）、七月半、九月九等节日，九阡地区例外。

第三节　信仰之外

三都水族自治县内的宗教信仰活动与全国其他地区一样，在 1949 年新政权建立以后均受到不同程度的影响。天主教、基督教、佛教、道教等制度性宗教的公开活动空间荡然无存。20 世纪 90 年代后期，天主教、基督教、佛教的信仰活动逐渐恢复，但其规模较小，教堂与寺庙至今仍未重建。相对而言，民俗宗教较少受活动空间及形式的限制，其信仰因素有的早已渗透到人们的日常生活中，甚至已经形成一种世界观，因此，占卜、祭祀等信仰活动虽在表面上遭到禁止，但人们对石神、水神、树神等的崇拜却不会因禁止而轻易地改变。水族的宗教信仰中有着诸多与自然和谐共处的元素，在环境问题日益严重的今天，水族与自然和谐共处的思想与智慧都值得我们去借鉴。

水族的民俗宗教离不开水书，水书几十年来的存在状况从侧面反映了水族民俗宗教的存在状况。目前在水族地区，政府基于挖掘民族文化以发展地方经济的目的，对水书先生及其工作给予了较大的尊重和重视，水书先生被视为水族民族文化的主要传承者。水书先生的社会地位也随着《水书》的命运而沉浮。在 1949 年以前，水书作为一套完整的知识体系在水族地区指导人们的日常生产与生活，是一种自在的地方性知识，较少受外界影响[②]。1949 年至 20 世纪 80 年代，水书被认为是封建迷信，其运用与传承遭到全面禁止。而与全国其他地区一样，水书的传承尽管受到一

---

① 三都水族自治县志编撰委员会编：《三都水族自治县志》，成都人民出版社 1992 年版，第 169 页。

② 参见张兴雄《水族传统文化及其变迁》，《三峡论坛》2012 年第 1 期，第 82 页。

些影响，但并未因政府的禁止而完全停止，少部分人转入地下，悄悄地学习水书。据一位水书先生介绍，"文化大革命"期间，大规模的祭祖仪式以及过端等节日虽然停止了，但是禳灾辟邪等法事却一直在民间持续地进行，甚至有的人家还悄悄地供奉祖先。1979 年改革开放后，水书先生开始公开做法事，水书的传承也逐渐形成规模。尤其是相关学者的大量研究，加上后来的非物质文化遗产运动，水书由水族自在的知识体系变为国家认可的非物质文化遗产，水书的传承受到政府的鼓励，水书先生的地位也随之提高。

处于同一个信仰体系中的过阴者以及类似石菩萨这样的民俗宗教，在国家话语中仍被视为一种"迷信"，"虽不至于受到强力打击，但绝不会被认为是一种需要传承的民族文化"。正如文永辉所言，作为水族民间的一种信仰体系，神、鬼、祖先、拜石信仰、巫婆、水书先生等，是一个相互依存的文化生态系统，共同构成了一幅水族民俗宗教的图像，离开其中任何一方，其他方面都是难以独立存在的①。在此我们又看到一个"非遗"保护中的悖论，《水书》所代表的不仅是一套完整的知识体系，更重要的是一套行为实践，即其背后是一套完整的宗教实践。保护《水书》，便意味着保护这一套宗教实践。而当前国家主流话语仍倾向于视鬼魂、神灵信仰为"封建迷信"，因此很容易出现只注重保护文本，而忽视实践的现象。久而久之，脱离了原生土壤的《水书》便会失去其原有的生命力。端节、卯节等水族的传统节日也面临着同样的问题。

目前，三都县大力实施"民族文化塑县和城建旅游活县"战略，以承办黔南州第三届旅游产业发展大会暨中国水族文化旅游节为契机，对外宣传水族文化特色，全面推出水族歌舞表演、水书、端节和卯节节庆仪式，以推动三都民族文化旅游产业的发展。文化作为一种资源在被开发、利用，在此过程中，选择什么与不选择什么完全取决于开发者的意愿，文化是生活中的文化，离开了生活这一土壤，文化就会变成碎片，成为博物馆中的一个展品。因此，开发者在利用这些文化资源时应当注意其整体性，尊重身在其中的人们的生活方式。

在节假日问题上，现在没有专门的民族节日假期，也就没有时间

---

① 文永辉：《水族拜石信仰的变迁——以贵州三都水族自治县塘党寨为例》，《中南民族大学学报》（人文社会科学版）2009 年第 1 期，第 19—20 页。

过，特别是各级民族公务员，无法正常过节（如端节和卯节），我们在调查过程中，有人呼吁，希望国家能够根据民族节日特点适当增加或调整民族节日的节假日，以增加节日的欢乐气氛，这样将有利于民族节日的发展。

第七章

水族传统婚姻家庭及其时代变迁

婚姻是家庭的基础和纽带，家庭是社会的细胞。家庭的稳定对社会的稳定和发展来说，起着至关重要的作用。婚姻有自然属性，也有社会属性。自然属性即男女两性以性爱为基础，共同养育子女，实现人类的繁衍和延续。社会属性即男女双方共同生活，共同承担家庭的义务和责任。婚姻是从家庭拉开序幕的，婚姻是构筑家庭的前提条件。如果要弄清楚什么是家庭，就必须先弄清楚婚姻本身以及婚姻与家庭的基本属性。婚姻以一定的物质条件为前提，与当地的生产生活方式密切相关。水族的婚姻缔结有其独特的方式，本章的内容以三都水族自治县的实际调查为基础，详细描述和探讨水族的婚姻习俗及其变迁。

第一节 水族传统婚姻与家庭结构

一 三都水族传统婚姻制度

和大多数少数民族的婚姻一样，三都水族的婚姻家庭具有生儿育女、传宗接代以及继承财产等功能，这是家庭得以延续的根本原因。水族婚姻制度有自己的特点。

（一）族内婚

三都水族的婚姻在中年以上的人群中大多实行族内婚，也就是说，结婚的男女一般都要在水族内部寻找自己的配偶。比如，在三都县南部片区的周覃镇，这里有布依族、水族和汉族等群众杂居。他们都有严格的婚姻地域限制，过去嫁到布依族村寨去的水族女性是没有地位的。布依族的经济发展要比水族向前一步，他们对嫁过去的女性往往不是很尊重。

(二) 同宗同姓不开亲

水族实行一夫一妻制已有很长时间。不可避免的是，水族也曾经历过原始群婚、血缘婚、伙婚、对偶婚以及一夫一妻制五个婚姻发展阶段。三都水族村寨有许多关于通婚的规定："同宗同姓开亲都被视为有违人伦纲常，大逆不道。"这样问题就出来了，三都廷牌、恒丰一带大多是韦姓村寨，而且都是单一姓氏，部分属于同一个宗族。过去交通不发达，水族群众在择偶时就遇到难题，同姓不开亲，那这些人去哪里找对象呢？水族民间故事《倒栽杉》有这样的传说，很久以前有个小伙子叫韦高，有个姑娘叫韦容，两人甚是相爱，感情很深，但是当地当时有"同姓不开亲"的规矩，他们不能结为夫妻，没办法只好一起逃到广西。在外住久了，难免思念父母，两人只好冒险回家。刚刚进寨子就被寨老抓住。按照族内规矩，他俩要被装入竹笼沉进深潭。当要沉潭的时候，有位辈分最老的殷公上前制止，说："老族规应该修改了。"他叫寨里人挖来一棵杉树苗，头朝下根朝上栽到地里。栽完后，对寨老说："如果栽活了，我们就修改族规；栽不活，任随你惩治他们。"寨老觉得有道理，只好点头。过了三天，倒栽的山树苗真的活下来了，寨老没有办法，只好把韦高、韦容放了。从此廷牌一带、恒丰一带的韦家就破姓开亲了。破姓开亲的情况不仅在廷牌、恒丰一带的韦姓，其他地方也有类似的情况。在水族地方，夫妻双方姓氏一样，同样姓韦、姓潘并不鲜见。

二　三都水族的传统婚俗

(一) 择偶习俗

1. 抢婚

抢婚，也叫掠夺婚，是古代男子用武力掠夺女人来作妻子的一种野蛮的婚姻形式。过去在水族地区也有这种婚姻风俗，有的是真抢，即男方邀约几个人在偏僻的地方把女方抢过来，造成既成婚姻事实，然后托熟人带礼金和礼物去女方家赔礼道歉，迫使女方父母承认；有的是女方假意反抗，半推半就跟着男方走，回去后好给父母一个交代，说自己不是自愿去的，而是被抢去的。

2. 表亲婚

表亲婚也称姑表舅亲婚，是古老的血缘婚、亚血缘婚的遗风构成的古代婚姻形式之一。这种形式是由兄弟的子女与姐妹的子女间的婚姻关系组成。在水族婚姻史上，姑表舅亲占有十分重要的位置。

在水族地区，除三都九阡等地以外，其余许多地区，诸如三都的牛场、地祥、水龙、安塘、塘州、三洞，榕江的计划等，过去都出现过姑表舅亲。

3. 买卖婚

买卖婚是指男方用财物把女方买过来作妻子的一种婚姻形式。在水族社会，明显的买卖婚姻是没有的，但是变相的买卖婚姻是存在的。男方向女方送出大量的聘礼，使婚姻带上了买卖的性质。在这种情况下，男女双方都讲求门当户对，以经济和门第权衡得失，不少人家为此而弄得倾家荡产、债台高筑。部分水族青年因为没有钱财而使本来美好的姻缘被破坏，导致爱情悲剧的发生。

4. 入赘婚

入赘婚又叫招养婚。指男女结婚后，男到女家成亲落户的情形。这种婚姻多是女家无兄无弟，为了传宗接代者招女婿上门。过去，上门女婿在家庭中的地位较低，由于血缘不亲近和财产被他人继承，岳父家本族常常进行排挤。

5. 自由婚

自由婚是以男女双方自由恋爱为基础和手段的自由婚俗形式。水族自由恋爱有三种情况：第一种，利用节日（如端节、卯节）交往，相互认识，慢慢了解，日后结婚；第二种，利用探亲访友的机会相互认识；第三种，利用赶集等机会相互认识。

（二）结婚礼仪

水族传统的结婚礼仪比较复杂，主要有以下几个阶段：

1. 择偶

当儿子发育成熟，一般在十五六岁的时候，父母就开始为其物色对象。其标准为：身体好、容貌美、心地善良、对人和气、勤劳、能干。物色好之后，才告诉儿子，征求儿子的意见。做儿子的过去在这个问题上大多都听从父母的意见，服从父母的安排。

2. 放口风

如果男方父母觉得姑娘不错，就请亲戚给女方家放口风，说某某家要准备来提亲，放口风的人不带什么礼物，女方家也不专门接待。女方父母得到消息后，就要考虑这桩亲事是否合适。对不了解的，要仔细考察。考察的方面主要是男方的家业以及家人情况，男方的才能、容貌等。如果女方认为合适就告诉女儿，征求女儿的意见。如果女方父母认为不合适就加以拒绝。姑娘一般不会马上答应，通常通过走亲访友、过节赶场等方式暗地观察和了解，心中乐意后才同意。

3. 提亲

男方认为女方作为合适的对象，就请媒人去女方家提亲。媒人一般有点德望并善于辞令。媒人一般对双方都很熟悉，而且值得信赖。男方请媒人去女方家一般要带红糖、酒、肉若干斤。媒人的到来是女方家预料中的事情。女方家一般会设宴招待，若对其非常热情，表示这桩婚事成功的可能性非常大。反之，则暗示告吹。

4. 开亲

女方家收下说亲糖，男方便抓紧时间，去找水书先生择吉，选定日期，约请三家六房的叔伯或兄弟四五个人带公鸡或小猪一只，叶子烟一两斤，红糖、猪肉、糯米若干斤，银项圈一两根，去女方家开亲。女方家将男方家送去的鸡或小猪宰杀烹熟，祭于堂屋的供桌上，然后宴饮。双方这时皆以"亲家"相称呼，开亲仪式完成，婚姻关系基本确立。

5. 定亲

未婚的准女婿在吃开亲酒后，尽可能寻找机会到准岳父家去串门，并献以殷勤，一般主动去干农活，表示对未来岳父母的尊重。同时，未婚夫妻之间也在培养感情。数月或半年后，双方没有什么变化，亲戚关系固定无疑，男方家则再备礼金、首饰、肥猪、红糖、糯米饭等，再到女方家吃定亲酒。女方家若还有如父母、叔伯或已分居的兄长等，男家还须各送小鸡或小猪以及少量的红糖、米粑等，分篮赠予，表示尊重。吃定亲酒的仪式非常隆重。女方家将男方送来的肥猪宰杀烹熟后，以猪头祭于供桌上，所有礼金、银饰一并展出。供桌列为首席，其他桌列为副席。首席围坐男女双方身份最高而且能言善饮的代表。被邀请坐首席的人，也就是男女双方的证婚人。当仪式告成，就择日迎亲。

6. 迎亲

定亲仪式结束之后的数月或半年，由男家决定婚期，提前通知女家。接亲的前一天，男家杀猪办菜，准备迎客，并派两对少男少女去接亲，叫"接亲客"。翌日，新娘穿着水族婚礼盛装，在接亲和送客的簇拥下出阁。陪嫁礼物主要有箱子、柜子以及布鞋、鞋垫、床单等。新娘到夫家不拜堂，不闹新房，甚至迎亲当天，新娘新郎都不见面。

第二节　婚姻习俗的变迁

一　婚姻质量

（一）婚姻基础

过去，水族青年男女的婚姻受当时社会思想的影响，水族社会两性的结合要遵守"父母之命，媒妁之言"。女性要遵从"三从四德"、"从一而终"。青年恋爱是不自由的，尤其是女性，在和陌生男子约会的时候最忌讳让家族的父兄遇见，轻则被横加干涉，重则发生械斗。他们会在节日的端坡卯坡或水族定期赶场以及平时走亲访友的时候认识对方。经过一段时间的交往，通常在半年至一年的你来我往中慢慢了解熟悉对方。水族人民是一个善于唱歌的民族，在婚姻发展的始终，都伴随着歌声。相遇时，唱相遇歌，恋爱时唱情歌，分开了就唱思念歌。直到酒席上都要唱整天整夜的对歌。可以说水族歌谣的魅力不亚于现代社会的物质财富，有些青年女性对对方家庭仍然不是很了解的情况下，如果对方在唱情歌这一方面特别厉害，她会在其唱完一天的情歌后尾随对方，厮守终身。当然，大部分人在觉得情投意合之后还是托媒人象征性说媒，哪怕是到了谈婚论嫁的情况下也要请媒人去女方家说一下，以示尊重。

随着社会的发展，外出务工人员的增加，通信传媒的发达，以及受教育程度的加深，青年男女的婚姻自主权有了很大的提高。多数青年男女在读完初中或高中之后，选择到沿海一带去打工。他们在外面见多识广，交往的方式比以前更加丰富，尤其是移动通信设备以及聊天工具比如 QQ 等慢慢普及，交往更为便利。在调查过程中，笔者发现一个非常有趣的现象：适龄青年男女在交往过程中，他们不光用手机发短信、打电话互诉衷肠。同时，通过加入 QQ 群、微信等现代聊天软件，在群里对歌、交友。为了便于调查，笔者的 QQ 里随意加的就有"水家交流群"、"三都＋荔波水族水歌群"、"水家"、"贵阳水家人"、"贵州民族大学—水乡群"、"贵州省水家学会"、"木楼水寨"、"黔南水乡影业"、"三都水族乡"、"兄弟姐妹"等 QQ 群。可以说，现代水族青年男女的恋爱已经不再像过去那样受到这样那样条件的约束，而是与各民族同胞一起，感受现代社会发展带来的种种便利。

（二）婚后关系

进入 21 世纪已经十年有余，三都水族同胞的婚姻也按照其发展规律在不停延续下去。他们的夫妻权利并没有完全割裂了传统，而是以一种新的形式在传承着。水族青年夫妇一般会选择农闲的时候一起外出打工，或由一方（一般是女方，或是身体有残疾不能参加重活的男性）在家抚养小孩、赡养老人，另一方外出打工挣钱养家。当然，也有举家迁出家乡外出务工并在当地繁衍生息的情况，在江苏省常州市戚墅堰区常丰村有许多水族同胞聚居，水族人口占该村总人口的 40% 左右。

水族社会长期受到封建思想的影响，夫妻关系中丈夫在家里的地位仍然很高，重男轻女的思想依然存在。因此，他们的劳动所得大多由丈夫来支配。同时，作为丈夫和一家之主，也担负了很大的责任。安排家里的各项事务：包括赡养老人、为老人送终。水族是一个非常讲孝道的民族，一般在老人体弱多病或病危的时候，不会外出。只要与父母协商好了，或将父母安排好了，父母安心高兴，子女远游皆无大碍，若父母高龄且不能自理，子女尽量不远离。丈夫在生育、抚养、教育子女这一方面也负有不可推卸的责任，当然这也是人类繁衍最重要的事情，中国有句古话"不孝有三，无后为大"。这给计生部门的工作带来了很大的压力，不少夫妇还玩起了躲猫猫的游戏，有的举家外出打工，到计划生育执行不是很严的地方去。

水族青年夫妇对感情的表达比较含蓄，在众人面前，不能表现的过度亲昵，否则认为对别人不尊重，遭人耻笑。他们共同劳动、抚育子女、赡养老人。在日常的生活中配合得很默契，就算丈夫外出打工，作为妻子的也把家里的事情做得井井有条，从无怨言。

二　婚姻观念

水族是一个非常注重家族延续的民族，一对夫妇结婚之后如果三五年内不能生育子女，尤其是不能生出男孩，不但他们自己着急，父母、亲人也会替他们着急。水族至今还有的重男轻女的思想，跟这个民族根深蒂固的家族文化分不开。从社会发展层面看，现在的水族青年由于时常外出务工，见过世面，他们的结合，以恋爱为主，婚姻的自主权大多看自己的意愿，父母亲人不再横加干涉。在择偶的标准上呈现出一个复杂化的趋势，比如身体、相貌、年龄，财产、经济收入以及性格等，同时，女性对看重的男性也敢于向对方直抒胸臆。

在水族地区，夫妻对婚姻的幸福观，不同的人有不同的看法，下面的几方面是不可缺少的：有一个健康成长的儿子，有足够家庭开支的资金，有一个好的身体。在家庭生活中，作为丈夫的地位相对要高，主要是重男轻女的思想在作祟，如果谁被女方欺负了，那会被他人当作笑话。水族同胞结婚之后，夫妻都是分床睡觉，如果要过性生活，则丈夫在夜间去妻子的卧室行房，事毕又回到自己的床上睡觉。水族人对性这个话题非常忌讳，平时看见动物交配都视为不吉利。若夫妻生活放荡不羁，别人碰见了要视为倒霉，严重的还要买上酒肉登门赔礼道歉方能获得原谅。

水族青年谈恋爱相对自由，对非婚同居或婚前同居也不避讳，但是不能让人撞见。对新认识的女友，如果要发生性行为，则只能在村寨附近的山洞里或者某些隐蔽的地方，不能直接把女友带到家里来过性生活。村里的伙伴平时都有互相帮助的习惯，比如这次我把女朋友带到山洞去过夜，你帮我回家杀鸡煮饭然后送到山上去。下次我也会以同样的方式去帮你。对于未婚先孕，要不就找吉利的日子把婚结了，要不就要把胎儿打掉，决不允许未婚先孕的女子到父母家生产，否则认为对村寨不利，给整个村寨带来霉运，发生这种情况的女子也会一辈子都抬不起头。

三都水族同胞夫妻婚后的关系相对来说比较稳定，偶尔也有离婚的情况。造成离婚的原因有很多，概括起来主要有以下几个方面：

1. 女方婚后无法生育男孩而导致离婚的。在水族地区，延续香火的观念非常浓厚。有的人违反计划生育政策，连续生六七个女孩，一直无法生育男孩的女性，男方可能就要提出离婚。相反，要是谁能孕育男孩，不但别人觉得她有本事，同时自己的娘家人也更加放心，这样一来，婚姻就相对稳定。

2. 夫妻间感情破裂或有第三者插入而造成离婚的。现在，农村外出务工的男性占大多数，有些耐不住寂寞或经不住诱惑的留守女性，背叛自己的丈夫和别人发生性关系，如果丈夫发现了，就有权提出离婚。

3. 男方游手好闲，不务正业，严重影响家庭生活，女方无法忍受而提出离婚的。

4. 家庭关系不和而导致离婚的。比如新进门的媳妇对公婆不孝敬，或新媳妇进门后无法忍受公婆的百般刁难，只好提出离婚。

男方离婚或妻子亡故后再婚，要举行一些仪式，但是这种仪式相对比较简单，规模没有初婚那么隆重，只需男方找本寨子的几个妇女去女方家接亲或男方自己上女方家接亲即可。

三　通婚范围

三都是全国唯一的水族自治县。全县世居的少数民族有水族、布依族、苗族、瑶族、侗族、彝族、壮族、回族、仡佬族、土家族、满族等。

水族主要聚居在九阡、廷牌、恒丰、三洞、中和、水龙、塘州、周覃等乡（镇）。全县所有的乡（镇）都或多或少的有水族聚居的村寨。布依族主要聚居在大河、合江、丰乐、普安、周覃、九阡等乡（镇）。苗族主要聚居在普安、丰乐、都江、坝街、三合等乡（镇）。汉族主要聚居在县城以及一些乡（镇）中心村，使用典型的三都本地汉语方言。其他在三都的少数民族除了侗族、瑶族形成村落以外，其余均为婚姻、工作或特殊移民进入，没有形成村落。

在本次大调查中，我们发现三都水族同胞的通婚范围已经大大超越了过去仅限于水族内部的惯例，水族与县内外甚至省内外的其他少数民族同胞以及汉族同胞结婚的人数不在少数。随着时代的发展，外出务工人员的不断增多、水族年轻一代受教育的普及以及通信传媒的不断发展，水族青年的通婚范围在不断扩大，这是社会发展的必然规律，也是促进各民族交流的一件大好事。

四　婚俗

如前文所述，随着改革开放的不断深入，社会的不断发展。水族婚姻民俗也发生了很大的变化。

（一）择偶、订婚、结婚方式和礼仪及其变迁

第一，择偶方式多样化，结婚程序简单化。过去青年男女认识的途径主要是过节或赶集之时，男子在看重如意的女子后，便用事先折叠成三角形的五元或五十元人民币，插在女子所包的头帕上，女子若是也中意男子，便把钱收下，若不中意当场把钱退还。在收到男子的钱后，她们一般会在第二次集市上邀约同村的同伴一起去集市附近的山上或田埂边对歌，并把自己精心织好的鞋垫送给对方作定情物。可以说，过去水族同胞的恋爱方式是从集体的伙伴交往然后转向单一独对的约会，这是因为姑娘们胆

子比较小或刚刚开始交往的时候有点害羞。慢慢熟悉之后就任由他们自己去发展了。现在，交往方式已经多样化，上文已经叙述，在此不必赘述。过去从订婚吃小酒到结婚办大酒要经过大约半年至一年的时间，现如今，从迎接新娘到回门，也就需要两三天，而且往往是大小酒一起办，因为姑娘小伙在外打工的时候早已互相认识，回家办酒也就只是一个仪式而已。

第二，聘礼数目逐渐增多，结婚费用在 6000 元至 8000 元以上，上不封顶。以前，新娘的嫁妆主要是棉被、布鞋、鞋垫、衣柜、布料、银饰等等。20 世纪 80 年代开始送自行车、缝纫机、录音机和马匹等。随着生产力的发展，现在新娘的嫁妆也慢慢丰富起来，表现在档次上的不断提高和质量上的不断优化，嫁妆有传统的布料，彩色电视机、电脑、电饭锅、电磁炉等家用电器，以及摩托车、面包车等现代化的交通工具。嫁妆的多少在于结婚当事者的家庭经济能力，钱多则嫁妆多，钱少则嫁妆少。水族是一个注重礼尚往来的民族，对于礼金一般没有太多要求，新郎的礼金越多，新娘家随之也要进行一对一的匹配，也就是说，你家送的彩礼是多少，我得匹配多少。

（二）禁忌

禁忌不断淡化。传统的水族婚姻禁忌从说亲到迎亲都有一个不争的事实，那就是无论如何得首先去请水书先生选择一个吉利的时辰，否则被视为婚后不幸福不吉利。另外还有一系列的其他禁忌，比如：

1. 嫁女未出门就遇到天空雷鸣闪电时，就得在娘家避雷 18 天才能去夫家。要是途中遇到天空雷鸣闪电，到夫家后要用一只鸡或一只鸭祭解。由夫家主人先摆上三碗酒、一束香、一碗饭敬神；再杀鸡鸭敬祭。

2. 新娘出阁途中如与另一新娘相遇，要绕道而行，不能相互踩踏走过的脚印。

3. 迎亲队伍在迎亲路上忌见孕妇，他们认为，见到了孕妇新娘将来可能招致不孕不育。

4. 离婚的妇女，不满一个月忌回娘家村寨。

5. 丈夫亡故后再嫁的妇女，忌回前夫家。

如今，这种禁忌已经慢慢淡化，只有老年人对这些禁忌有些计较，年轻人则不屑一顾，这让我们看到了新一代的水族人较之前辈，更加辩证地看待传统的文化，对好的继承，对不好的就毫不犹豫地把它抛弃。

第三节　家庭结构和功能

一　家庭结构和规模

家庭结构主要是指家庭成员的组合方式和内部构造，它包括家庭的人口数、夫妻对数和具体的家庭类型。参照家庭成员的血缘关系可以将家庭分为核心家庭，即由父母和未婚子女组成的家庭；主干家庭，即由父母与一对已婚子女组成的家庭；联合家庭，即由父母和两对及以上已婚子女组成的家庭或兄弟姐妹结婚后不分家的家庭；其他家庭，即以上类型以外的家庭，如隔代家庭，即祖孙两代组成的家庭；单亲家庭，即由于丧偶或离异等原因，核心家庭中失去父亲或母亲一方的家庭。[①] 这几种家庭类型在水族的家庭中慢慢呈现不同程度的变化。

水族家庭结构以核心家庭为主，主干家庭为辅，联合家庭作为补充。一般情况下，一个家庭内部的人口发展到一定的规模后，就会分家。通俗说就是"树大分丫，人大分家"。这时候，联合家庭就要分为若干个核心家庭或主干家庭，极少数联合家庭能保持联合大家庭。现在的水族家庭大多是两代人住在一块，三代同堂的数量次之，四代同堂则属罕见。要维持一个四世同堂的家庭首先要有一定的财力，还要家庭成员之间能够和谐相处，否则会是小吵天天有，大吵三六九。水族家庭一般以3人至6人的核心家庭为主。水族大部分村寨都是单一姓氏组成，大家都是家族内部人士，有什么事情一般都会齐心协力，小家庭、大家族是水族人理想的生活模式。

二　家庭生产和生活方式的变迁

随着社会的不断发展，水族同胞与外界的联系也逐渐加深，他们世代相传的家庭生产和生活方式正在发生着巨大的变化。例如水族旅游产品的开发，很多水族妇女不再以传统的农牧业为主业，而转向经营民族特色商品水族马尾绣，有马尾绣背带、马尾绣布鞋、马尾绣领带、马尾绣外套等。有较浓商品经济意识的水族妇女在三都县城或乡镇开了许多家马尾绣

---

① 邓伟志、徐榕：《家庭社会学》，中国社会科学出版社2001年版，第39页。

商品专卖店，形成产销一条龙链条，甚至有的注册了马尾绣公司，产品远销海内外。2013 年，三都水族马尾绣销售额达 1000 万元，三都通过行业协会、微型企业、个体工商户等渠道，不断开拓产品市场，大力发展马尾绣产业。在市场经济的驱动下，传统的自给自足的生活方式正在被打破。

水族地区大多青壮年选择了外出打工，寻求更好的发展机遇。目前，全国多数城市有水族居民居住，主要分散在长江三角洲地区以及珠江三角洲地区等沿海发达城市群。他们从事的行业有建筑施工业、电子电器业、制衣制鞋业、住宿餐饮业、商务服务业等。由于文化层次较低，他们所从事的大多是繁重的体力劳动，在维权方面，吃了不少亏。外出务工人员常年在外，妇女、老人和小孩留在家里，造成了农村劳动力的匮乏，有些村寨出现了荒地、荒田。村里举行的一些大事诸如红白喜事等，没有足够的人员帮忙。过去抬棺材一个村寨内的青壮年一起抬就足够，如今要邻居几个村寨的人员拼凑才行，而且以中老年人为主。

以血缘为纽带的家庭生产生活方式发生了很大的变化。不再过着日出而作、日落而息的传统农业生活。最明显的是家庭人口逐渐减少，青壮年都选择外出打工，留下了的只有老人、妇女、小孩。另外，残缺家庭逐渐增多，留守妇女的性问题、留守老人的关爱、留守小孩的教育等都是残缺家庭的重要特征。这应该引起政府部门高度重视，采取必要对策，否则会对社会和谐稳定造成一定威胁。

三　家庭功能

（一）生育功能

从古至今，家庭都是人类再生产的单位。养育后代，也是为社会再生产提供连续不断的劳动力。家庭的这一功能使人类社会得以延续。水族社会特别看重香火的传承，以是否生男孩为标志。如果没有男孩，他们会想方设法逃避计划生育。因此，当国家的计划生育政策和水族传统思想相冲突的时候，可能会发生血案。某镇一名计生工作人员，积极执行国家政策，尽职尽责，把一名妇女拉去进行人流，导致自己在集市上被当事人的丈夫用刀子捅，当场牺牲。我们深切悼念那位逝去的工作人员，深刻体会基层工作实属不易。

（二）交际功能

家庭是交际的最基层单位，也是举行人生各种礼仪的重要场所。在水族地区，一个人从出生到死亡，要有很多礼仪。比如红白喜事、各种节庆、金榜题名、祭祀祖先、喜得贵子以及其他民俗活动，都有一系列的程式。在这些程式中，送礼是最主要的交际行为。礼物包括现金、各种物品。要看举行什么礼仪，若是婚礼，要送摘糯、衣柜、被子、床单、家用电器等；若是葬礼，就要送大米、米酒等；若是平时亲戚朋友的来往，人们会买些水果或糖果之类。水族人民喜甜食，一般送老人白糖，送小孩水果糖。在请客送礼中加强了家与家、人与人之间的来往，在来来往往的走动中实现了人们密切的交际。

（三）教育功能

家庭教育对人的一生极其重要，父母是子女的第一位老师，也是终身的老师。人生中的许多本领都是在父母手把手地教育中学会的。水族孩子们小时候会在吃饭的时候争着给长辈盛饭，父母对小孩很少管束，他们在村里玩耍，累了才回家吃饭。长大一些了，会在父母的吩咐下，去干一些力所能及的事情，比如放牛、砍柴、割草等。直到现在，孩子们仍然过着无拘无束的生活。随着九年义务教育的实施，水族地区的入学率比过去有了许多提高。但我们也清楚地看到，由于父母长期外出打工，家里的劳力缺乏，导致部分孩子辍学回家帮忙。或因为大学生毕业后由于没有丰富的人际关系无法顺利就业，读书无用论在一些地方蔓延，他们认为读那么多书不如早一些出来打工赚钱，希望这个问题能引起有关部门的重视。

第四节　婚姻家庭在社会变迁中出现的问题

一　婚姻

婚姻是社会发展到一定阶段的产物，是社会认可的男女结合形式，它与一定社会的生产方式相适应，受这种生产方式的影响和制约。水族婚姻同其他民族一样，经历过原始婚、血缘婚、伙婚、对偶婚以及一夫一妻制专偶婚。

水族现在实行的是一夫一妻制，在科学技术已经高度发达并已深入人心的今天，近亲结婚这种违反伦理和优生优育观念的婚姻已经绝迹，但在部分边远地方还存在一些婚姻陋习：比如抢婚等现象偶有发生，这是被很多人谴责的行为；没有外出打工的青少年有早婚现象，他们在心理生理发育尚不完全成熟的情况下，懵懵懂懂就结了婚，有的婚后非常后悔，一方面没有足够的财力维持家庭的开销，另一方面谋生的技巧尚未掌握。

随着改革开放深入水族地区，人们的观念发生了很大的变化。择偶对年轻人来说已变得非常自由，水族青年在找对象的时候更多的是在乎双方是否有感情，是否相处得好，而不在乎对方是哪个民族、哪个地区、哪个省，地域、民族的界限已经不复存在，他们更多在乎自己的感受，这是一个很大的进步。

二　家庭

（一）赡养

在我国养老保障制度还没有完善的今天，水族地区的养老方式一直秉承着自己的传统。可分为两种方式，一是有儿子的家庭的赡养方式，小孩分家后，通常老人会跟最小的儿子住，负责照顾吃穿住行。小儿子会得到父母的倍加疼爱，他们知道自己老了之后要依靠小儿子。二是没有儿子的家庭的赡养方式，这个问题比较复杂，一般由侄子们负责养老送终，或者在三家六房之内找一个后生，过继给这个老人，由他来赡养老人。所以，在计划生育政策的压力下，人们还是想办法超生，无论如何要生育一个儿子。这就是人们长期以来形成的养儿防老的思想。

（二）代沟

所谓代沟是指由于时代和环境条件的急剧变化，基本社会化的过程发生中断或模式发生转型，而导致不同代之间在社会拥有方面，以及在价值观念、行为取向的选择方面所出现的差异、隔阂及冲突的社会现象①。前辈与晚辈之间由于时代的不同，社会环境的差异以及不同的人生阅历对某些问题形成不同的看法就是代沟。任何社会都会存在代沟，只是程度不一样而已。城市的发展较快，事物的更新换代要比农村快很多。因此，城市的代沟一定比农村的代沟要大得多。经历现代社会急剧转型的水族社会，同样存在代沟——这是不可避免的正常社会现象。

水族代沟主要表现在以下三类：一是由于子辈与父辈在治家理念上不同而导致的分家。现在的父辈们大多经历过"文化大革命"及改革开放的艰难历程，他们对社会变革以及生活方式的态度相对保守，在治家方面

---

① 周怡：《代沟现象的社会学研究》，《社会学研究》1994 年第 4 期。

提倡勤俭节约，不铺张浪费，不超前消费，属于"生存型"；子辈们则不一样，他们没有经历过饿肚子吃不饱的岁月，他们受教育的程度普遍比父辈要高，能够紧跟时代的步伐，在家庭开支以及其他方面表现为大手大脚，超前消费，属于"享受型"，在这种矛盾不可调和的时候，他们只能选择跟父母分家，分开过，相互眼不见心不烦。二是婆媳关系不和，婆媳关系一直是一个很大的问题，婆媳之间在家庭生活方面，由于成长的时代不一样，生活习惯不同，她们不得不去面对如何相处，相处得好，则婆媳关系变为母女关系；相处不好，就表现为激烈冲突——争吵甚至斗殴。三是外出打工，父辈长期以来以土地为生，他们比较安分，乐于过着日出而作日落而息的传统生活，也比较满足现状；子辈们因受教育程度普遍提高，同辈人都选择外出，自己也有出去创一番事业的理想，于是不顾家人反对，选择了外出打工。

既然代沟不可避免地产生，年轻人和老年人应该从正面去对待。有代沟，社会才有进步，社会要是停滞不前，就不会有代沟的产生。另外，代沟也造成传统文化传承的中断，年轻一代对传统文化有时候会嗤之以鼻，认为没有什么值得传承和弘扬，这对传承优秀的传统文化非常不利。代沟产生不可怕，可怕的是不去很好地沟通。我们要充分调动积极性，去阻碍和抑制代沟对社会发展的消极功能，只有这样社会才更加和谐，才有更大的进步。

（三）家庭成员间的关系

家庭成员之间的关系是由具有血缘、姻缘和收养关系所形成的，广义上指的是夫妻关系、亲子关系、兄弟姐妹关系、婆媳关系、姑嫂关系、妯娌关系、祖孙关系、叔侄（伯侄、姑侄）关系、舅甥（姨甥）关系，还有堂兄弟姐妹、表兄弟姐妹关系等。狭义上指的家庭关系是指亲子关系、夫妻关系、祖孙关系兄弟姊妹等血缘关系最近或有姻缘的关系。水族的家庭关系长期以来以男性家长主导，对内统管家里事情，对外全权处理各种事务，在家庭内部有至高无上的权力，是俗话说的"当家的"。家长有抚养子女的义务，也有赡养老人的责任。子女不能拥有自己的私有财产，对父母的话要绝对服从，否则被视为大逆不道。妇女在家中的地位比较低，对外没有决定权，对内受丈夫的约束。儿子成家立业、分家之后，才重新做新家的家长。

2000年之后尤其是最近几年，发生了一些变化，即由原来的亲子主导关系向夫妻一体关系转变。儿子分家后，家长仍然有一定的权威，但在许多家庭事务上已经不做绝对的干预，而是让儿子及儿媳做主。这主要得益于十多年来水族地区青年夫妇外出打工，经济逐渐独立，见的世面比父亲母亲一辈要多很多。他们在外务工的同时刻苦钻研，有了一技之长。土地已不再是他们谋生的唯一资本，他们的生活走向更广更深的外部世界。在外面挣钱了也不忘记给父母汇些钱，作为家里油盐以及孩子们读书费用的开支。但这样，也出现了新的问题，那就是出现了许多空巢老人和留守儿童。

三　家族

（一）家族制度的历史沿革

家族是个历史概念，跟婚姻关系和生产力发展紧密相关。家族是在母系社会以后才形成的，到了父系氏族公社时期又形成了父系家族。随着原始社会的解体，父系大家庭逐步瓦解为一夫一妻制的个体家庭。个体家庭由于血缘关系又构成了家族。水族的家族成员用"系谱推定法"排辈取名，一个家族的同辈人，在名字中加一相同的字来标明血缘关系的辈分。随着社会的发展，家族血缘关系不断扩大，于是在一个家族内部就有长辈、同辈和晚辈之分，并有直系和旁系之分。

在家族结构中，仅次于血缘关系的是姻缘关系。一夫一妻制家庭中有一个重要的血缘关系是姻缘关系。在一夫一妻制家庭中，作为妻子一方，通过联姻加入丈夫家族时，就将妻子一方的家族关系带进丈夫一方的家族关系中来。这样一夫一妻制的家庭就有一个庞大的血亲集团和姻亲集团构成的亲族关系。但姻亲亲族的亲疏程度与血亲比起来要淡化得多。

家族中的家族各成员的称呼如下：

1. 夫妻相互称谓

丈夫：汉语俗称"老公"，水语叫"eic mbaanc"，或"eic mbaanl yuz"即"我的丈夫"。

妻子：汉语俗称"老婆"，水语叫"nix yax"，或"nix yax yuz"即"我的老婆"。

上述的夫妻称谓，只用于引称。日常的相互称谓只直呼名字或呼"你"、"我"。生育子女后，夫妻互称多用代称。汉语夫叫妻为"孩子他妈"，水语叫"nix saol"；汉语妻叫夫为"孩子他爸"，水语叫"bux saol"，或连这子女的名字代称，如"bux qihh"（启爸）、"nix qihh"（启妈）。

2. 对血亲（父系）直系长辈的称谓

父亲：水语"bux"。

母亲：水语"nix"。

父亲的父亲：本人的祖父，水语叫"ggongs"。

父亲的母亲：本人的祖母，水语叫"yax"。

父亲的祖父：本人的曾祖父，俗称"太公"，水语叫"ggongs baag"。

父亲的祖母：本人的曾祖母，俗称"老太"，水语叫"yax baag"。

父亲的曾祖父：本人的高祖父，俗称"祖太公"，水语叫"ggongs waangz syeenl"。

父亲的曾祖母：本人的高祖母，俗称"老祖太"，水语叫"yax waangz syeenl"。

父亲的高祖父和高祖母以上，一般只笼统地俗称为"祖先"或"起祖"，水语叫"ggongs bux"。

3. 对血亲旁系长辈的称谓

父亲的兄：本人的伯父，水语叫"bux laox"。

父亲的弟弟：本人的叔叔，水语叫"bux dic"。

父亲的姐姐：本人的姑妈，水语叫"bac"。

父亲的妹妹：本人的姑妈，水语叫"nix dic"。

父亲的嫂子：本人的伯母，水语叫"nix laox"。

父亲的弟媳：本人的叔母，水语叫"nix dic"。

在这里，父亲的姐姐和父亲的妹妹，汉语都称"姑妈"，不分大小。而水语却称"bac"和"nix dic"，标明其大小；可是父亲的妹妹和父亲的弟媳，水语都称"nix dic"，不区分姑与婶，这些称谓习惯与汉语略有区别。

4. 对姻亲（母系）直系长辈的称谓

母亲的父亲：本人的外公，水语叫"ggongs"。

母亲的母亲，本人的外婆，水语叫"yax"。

在这里，水语对祖父、祖母以及外祖父、外祖母都只称"ggongs"、"yax"，而没有本家与外家之别。

5. 对姻亲旁系长辈的称谓

母亲的哥哥：本人的舅舅，水语叫"lungz"。

母亲的弟弟：本人的舅舅，水语叫"zuz"。

母亲的嫂子：本人的舅妈，水语叫"bac"。

母亲的弟媳：本人的舅妈，水语叫"faix"。

母亲的姐姐：本人的姨妈，水语叫"bac"。

母亲的妹妹：本人的姨妈，水语叫"feih"。

在这里，母亲的兄长称"lungz"，母亲的弟弟称"zuz"。如母亲以上有几个哥哥，则分称"lungz laox"、"lungz gnih"、"lungz haaml"，如母亲以下有几个弟弟，也同样分称为"zuz laox"、"zuz gnih"、"zuz haaml"。母亲的姐姐和嫂子都叫"bac"，母亲的妹妹和弟媳都称"feih"，没有标明"舅妈"与"姨妈"之别。

6. 对血亲旁系同辈的称谓

兄：本人的哥哥，水语叫"faix"。

弟弟：本人的弟弟，水语叫"nux"。

兄的妻子：本人的嫂子，水语叫"feez xac"，对称为"feez"。

弟弟的妻子：本人的弟媳，水语叫"nux xac"，对称为"nux"。

姐姐：本人的姐姐，水语叫"feez"。

在这里，弟弟与妹妹，水语一般只称"nux"。引称，则用辅助词，弟弟称"nux mbaanl"，妹妹称"nux qbyaags"。

7. 对血亲直系晚辈的称谓

儿子：本人的儿子，水语叫"laag"。

女儿：本人的女儿，水语叫"laag"。

在这里，水族对儿子、女儿的日常称呼都叫"laag"，对未成年的儿女，昵称为"nux"，没有"儿子"和"姑娘"之别。如果引称则加辅助词，儿子称"laag mbaanl"，姑娘则称"laag qbyaag"。这只是对一般青少年男女的代称，作为父母对自己的儿女没有这样的称呼。

在水族社会，人们对传统称谓做了分类处理。比如对祖父辈、曾祖父辈、高祖父辈之兄弟的尊称往往一律称祖父（ggongs）、曾祖父（ggongs baag）、高祖父（ggongs waangz syeenl）等，与直系同称；同从兄弟及再从兄弟等，一律按直系兄（faix）、弟（nux）相称；妻子对丈夫的父亲、母亲、伯父、伯母、叔父、叔母、哥、嫂、弟、弟媳一律与丈夫同称；同样，丈夫对妻子的亲属也一律与妻子同称。

水族家族由各个家庭构成，在家庭中，家长则由夫妇中的男子担任，他代表整个家庭对外进行各种活动对内主持家里一切事务。如今，许多能干的家庭主妇也充当了家长的角色。大多数家庭是男子在外打工，妇女在家看守小孩和照顾老人。他们分工明确，地位平等。兄弟长大后平分家产，分家后父母一般跟最小的儿子生活。

（二）家族内的继承关系

水族家庭在子女长大结婚后就开始分家，有的是儿子结婚后儿媳跟母亲关系不和导致分家，有的是儿子强烈要求独过而分家。分家主要是分房屋、田产、山林以及家中的其他财产。家产一般都是兄弟平均分配。分家后父母常常跟未婚的幼子生活，为幼子完婚。分家的时候父母也得一份，父母跟哪个儿子住就把父母那一份分给哪一个。为了分家后父母生活比较方便，分给父母的那些田地是离家最近的。姐妹在分家的时候没有财产继承权，但是在未成年未出嫁的时候还是占有同等的生活和生产资料。出嫁之后，除了一些财产作陪嫁之外，余下的由兄弟协商平分。

分家的时候一般要买点酒肉杀只鸡，邀请族内德高望重的寨老主持，叔叔伯父以及家中的女人都在场，边吃边讨论怎么分才公平。在讨论之后就要作签，兄弟几人抽签，抽得哪一份就是哪一份，不得反悔。在抽签之后，寨老会立下《分家文书》，大致内容就是确定哪些家产分给哪一位。家中的债务一起偿还，财产共同分配。另外，没有儿子的老人，考虑到他们老了之后要有人来赡养，一般把族内的叔伯的儿子过继给他们，由过继过来的侄子负责给他们养老送终以及接待回娘家的姑娘。

（三）家族内的信仰、家神崇拜

水族的信仰非常复杂，可分为三类：一是自然崇拜，二是图腾崇拜，三是鬼魂崇拜与祖先崇拜。家族信仰主要是祖先崇拜，这里主要介绍祖先崇拜以及祭祀祖先的仪式。

水族的祖先崇拜意识不仅非常浓厚，而且往往与鬼神崇拜交叉重叠在一起，共同构成了水族神秘莫测、扑朔迷离的灵魂崇拜世界。水族的祖先崇拜最突出的表现是祭祖活动十分频繁。逢年过节要祭祖，婚嫁造房要祭祖，甚至遇上不吉利的事情也要祭祖，请求祖先护佑禳解。水族人相信只要经常祭祀自己的祖灵，祖先一定会保佑全家平平安安，诸事顺利。在传统的水族社会里，家家户户都有一个祖宗之位（水语叫 xic ggongs bux），祭祀祖宗（水语叫 heex haoc ggongs bux tsjeel）。凡遇到灾难、发生怪异的事情、进新房、婚丧嫁娶、造屋、发财、金榜题名、家中添丁等，都要进行隆重的祭祖仪式。在仪式之前要请水书先生打开水书，选择吉利的日子、时辰。并通知各位亲朋好友、全族寨老前来参加。

祭祖时，主人需准备豆腐、煮好的猪肉、一头乳猪、盐辣一碗、香十根（杀猪前点五根，杀猪后上熟点五根），纸钱若干，杯子五个，筷子五对，占卜用的两片竹片（水语称：mbings），一个火盆（盆里放烧好的火炭供祖宗烤火），一根大烟斗，一张长桌，二张长凳，人民币三元六角，一碗大米，两碗煮好的糯米饭以及生产生活所需的农具。

待各种物品准备好后，在主人家堂屋祖宗之位的正前方，把长桌摆好，两张长凳围在长桌的两边。把祭品一一放在长桌上，五个杯子需倒放，等请祖宗到家的时候才把杯子翻起来。一切准备就绪，主祭师坐在祖宗之位的正对面，四位寨老分别坐在主祭师两旁。祭祖仪式正式开始，主祭师左手拿一对筷子，右手抓一把大米放到嘴边，哈一口气，撒向祖宗之位，开始念诵《祭祖经》。

通过上面的介绍，我们发现，水族祭祖有一套严格的程式，它要求祭师在规定的时间、地点、对祖宗进行虔诚的祭祀。祭师在庄严的氛围下快速地念诵《祭祖经》。"因此，原始宗教的祭祀活动是一个从内容到形式的程式化过程。程式模式是原始宗教表达特定意旨的技巧手段，更是原始宗教传承流布的核心载体。通过'程式'结构的破解，可以观察到，原始宗教祭祀仪式能以稳定的形式和内经久传承、广发流布的奥秘所在。"[1]

第五节　妇女地位的变迁

过去水族妇女的地位较低，表现在：一是妇女不能继承父母的财产。在传统的水族社会，女子出嫁之后就没有权利再分割父母的财产。父母财产一般由自己的兄弟继承，没有兄弟的妇女她们家的财产由自己堂兄弟所继承，有些没有兄弟的妇女在父母过世之后便不再回娘家。这种继承制度反映了水族社会长期以来父系社会中男性对财产的绝对控制权，剥夺了女性支配财产的权利。二是女子不能很好地接受学校教育。以前人们总认为

---

① 罗钘：《石林彝族撒尼人"祭祀词"语词程式分析》，《昆明师范高等专科学校学报》2004 年第 2 期。

女孩子长大后终究要出嫁，培养她们是为别人培养。有些要送女孩子去读书的比较开明的老人往往被别人取笑。这里有一个比喻很形象，就是说好钢是用来放在斧头口的，不是用在斧头背的。水语这么说"heel hox ggaangl hox bags gwaanl, gnaz hox ggangl hox haos gwaanl lyeuz"。落后的观念导致了女性不能跟男性一样享受公平的学校教育。从而使她们的文化水平普遍比男性低。三是婚后是男人的附属。女人结婚后，家里的一切要听从男性的安排。吃饭的时候不能与男性围在同一张桌子上吃。在丈夫和长辈面前不能哈哈大笑，否则认为非常不得体。怀孕了还不能乱串门，会认为给别人带来霉运。一些长期受丈夫虐待的女性选择逃婚，逃婚用水语表达就是"bail wyens"，意思是往美好的梦境奔过去。

近年来，水族妇女的地位得到了明显提高。一是婚姻相对自由。过去姑娘在节庆、赶场天谈恋爱要避开自己的兄长、父母。一方面是父母兄长对姑娘的保护，另一方面也有对婚姻横加干涉的意思。如今，姑娘们谈恋爱已不再那么蹑手蹑脚，她们感情到一定程度甚至把男朋友带至家里，并得到家人的盛情款待。婚后若感情出现破裂，被丈夫虐待，她们已经学会拿起法律的武器来维护自己的权益，如果对方屡教不改，她们会去法庭起诉离婚，并要求分割财产。二是接受了公平的教育。国家现在实行九年义务教育，子女到入学年龄必须送入学校接受教育，否则视为违法。义务教育对小学至初中入学的学生实行学费减免，这大大减轻了广大家长的负担。基于以上原因，水族女孩入学率普遍提升。三是政治经济地位提高。水乡大地上出现了许多水族女干部，比如三都水族自治县副县长、党的十八大代表韦族琼，塘州乡党委书记潘中西，全国人大代表、三都县信访局副局长韦月彩等，在各行各业都活跃着一批水族女干部，她们真正实现了男女半边天，有些行业比如法院、医院、计生部门这些单位没有女干部工作会很难开展。另外，外出打工的妇女人数逐年增加，她们在经济上更加独立，在家庭地位上有了明显提高。四是妇女儿童权益得到极大的维护。三都水族自治县法院根据农村的特点，结合妇女的实际需要，组织现场开庭、法律知识讲座，组织农村妇女学法、懂法、守法，学会用法律维护自己的合法权益，提高农村妇女素质，引导农村妇女参与基层民主政治建设，为新农村建设稳定大局服务；开展"送温暖、三下乡"活动，为农村妇女群众解难事、办好事、办实事。通过这些措施，使妇女权益得到很好维护。

　　水族妇女地位的提高，得益于党和国家改革开放的不断深入。得益于国家对西部地区尤其是边远民族地区民族政策的照顾。得益于妇女经济地位的独立，使她们跟男性一样成为家庭财产的创造者，受到社会更多的尊重，也得到了更多的对家庭事务的发言权和决定权。我们完全相信水族妇女未来的地位会更高，她们也会为中国梦的实现贡献自己应有的力量。

第八章

医疗卫生和科学技术的发展与进步

第一节 医疗卫生的发展与民族民间医药

三都水族自治县卫生局编的《三都水族自治县卫生志》于 2008 年 12 月已经编印完成，该书对三都水族自治县的传统医药、卫生防疫、妇幼保健、卫生监督、爱国卫生运动、红十字会救援救助、农村卫生以及卫生战线其他各项事业的兴衰演变及其发展规律、特点进行了详细的总结。特别是对党的十一届三中全会以来到 2007 年之间的三都卫生事业的巨大变化进行了阐述，是一部详细了解三都水族自治县医疗卫生事业发展的著述。此外，《三都水族自治县志》、《三都水族自治县概况》以及新编的未完成的《三都水族自治县志》对三都水族自治县至 21 世纪初的医疗卫生事业也做了阐述，这里我们在以上资料的基础上，着重阐述 21 世纪初到近年来医疗卫生事业以及水族民族民间医药的发展和面临的问题。

据《三都水族自治县卫生志》记载，水族地区的各县于唐宋元明时期，在向王室朝贡的方物都已有"丹砂"（朱砂）、"犀角"和其他草本药物，但长期在领主经济和土司制度的桎梏下，鉴于历史因素的影响，生产力水平十分低下，水族医药的发展也极为缓慢。据传自"改土归流"之后，水族地区开始出现了"场期药市"，促进了水族地区与外界的经济交往。清朝末年，随着在矿业和森林资源的开发，水族地区的药材也随之商品化。如五倍子、杜仲、黑木耳、白木耳、香菇、桂皮、黄柏皮等植物药材和熊胆、麝香、虎骨、猴竭等动物药材以及朱砂等矿物药材为外运的大宗商品。这时水族地区开始出现了汉人开设的"药馆"，专管医药购销业务；一些水族草医也采取在赶集摆摊设点，或在家等人上门求医，或病人家属请求出诊等三种医疗方式行医。用民族医药治疗本地区常见病和多发病，如瘆病、风湿、中风、跌打损伤、带下病等特殊疗效。医疗范围涉及现代医药内科、外科、骨科、儿科、妇产科及神经科等许多领域（不过水族民间草医不这么划分罢了）。并掌握夏天少用发汗药、冬天少用苦寒药，毒性药则需严慎处理方能使用，并说明一般不能内服等用药经验。用药方法：煨水内服型，多用于治疗感冒、咳嗽、腹泻、吐血等疾病；炮制内服型，多用于跌打损伤等；外用药型，主要将鲜药捣烂敷于患处；也有外涂的，多用于治疗蛇伤，骨折刀伤，冻疮等；鲜药共用型，鲜药与蛋或肉与米等同煮，多用于补虚弱或治疗虫积等病症。在水族民间，对于一些常见病、多发病除使用药物外，还有一套土法治疗方法，如刮痧、拔火罐、推拿按摩、针灸、口吸治疗法等。

新中国成立后，三都水族自治县的医疗卫生工作坚持"预防为主，面向人民，团结中西医"的方针，除了抓好医疗工作之外，还通过各种渠道向人民群众宣传卫生防病知识，动员群众，破除迷信，讲究卫生，减少疾病，提高健康水平。同时政府还培养了大批的医疗技术人员，拨出专款建立各级医疗机构和购置医疗器械。经过努力，消灭了天花、霍乱、斑疹伤寒和回归热，基本消灭了丝虫病、脊髓灰质炎和麻风病，有效地控制了疟疾发病率，使常见病、多发病大都得到了有效的治疗。

1956年，建立了县妇幼保健站和防疫队，同时建立了大河、普安、水龙三个区级卫生所。全县医疗单位增加到7个，医务人员40人。农业合作化期间各医疗单位先后为每个农业合作社培训了保健员。同时在大河、交梨、马场、三合、普安等地建立了联合接生站。1957年建立自治县，由荔波县拨来了周覃、九阡2个区卫生所。1964年又恢复建立城关区卫生所。县的医疗机构发展到10个，医务人员104人，正规病床40张，简易病床92张。1991年，建镇撤区并乡后，乡（镇）卫生院增设为21所，村卫生室增设为149个。其中，成为全县医疗中心的县医院已具相当规模。从此，县、乡、村三级医疗卫生网初步形成。

1978年，设有国家医疗卫生机构11个，分别是县人民医院、卫生防疫站、妇幼保健站、卫生职业学校以及城关区、大河区、普安区、中和区、都江区、周覃区、九阡区卫生院，开设38个集体所有制卫生院（即公社所在地卫生院）。1980年5月，计划生育工作从卫生部门分出，重新组建县计生委。1986年，成立三都水族自治县药品检验所，为股级事业单位。1991年，全县设有医疗卫生机构26个，分别是21个乡镇卫生院、县人民医院、妇幼保健所、防疫站、卫校和药品检验所。1997 年，成立县公费医疗管理办公室（设在县卫生局），属二级局，隶属于县卫生局管理，医疗费用按工龄按比例进行报销。2001 年，县药品检验所从卫生部门分离提升为正科级单位，上划隶属于贵州省食品药品监督管理局，更名为三都水族自治县食品药品监督管理局。

2005 年，全县有医疗单位 45 个，医务人员 415 人（其中有高级职称的 3 人，有中级职称的 97 人；医生 256 人，护理人员 66 人，放射人员 5 人，药剂人员 19 人，检验人员 13 人，助产人员 3 人）。

2010 年年底，全县卫生系统设有国家医疗卫生机构 44 个，分别是 20 个乡（镇）卫生院、20 个乡（镇）疾控基妇站、三合镇社区卫生服务中心和县人民医院、县疾病预防控制中心、县妇幼保健所。直属管理机构有县卫生监督所、爱国卫生运动委员会办公室、红十字会和新型农村合作医疗管理办公室。全县卫生系统有在册职工 495 人，其中卫生专业技术人员 431 人，平均每千人拥有卫生专业技术人员 1268 人。在卫生技术人员队伍中，有执业医师 120 人、执业助理医师 55 人，注册护士 96 人。卫生系统在职人员学历结构为大学本科 70 人、大学专科 260 人、中专 139 人、高中以下（含职高）26 人。卫生技术人员职称结构为副高级职称 3 人、中级职称 95 人、初级师 166 人、初级士 178 人。全县有村卫生员 249 人，其中享受国家补助每月 200 元的村卫生员有 168 人，81 人未享受国家补助。全县有村级接生员 270 人，96 个村卫生室被列为新型农村合作医疗定点机构。

2011 年年底，全县有医疗机构 139 个，其中综合医院（人民医院）1 个，社区卫生服务站 1 个，乡镇卫生院 20 个，诊所 5 个，妇幼保健站 1 个，疾病预防控制中（防疫站）1 个，卫生监督所（中心）1 个，村卫生室 109 个，床位数 488 张，卫生技术人员 615 人，其中职业（助理）医师 70 人，职业医师 115 人，注册护士 75 人，药师（士）24 人，技师（士）6 人，检验师 7 人，其他技术人员 300 人，管理人员 3 人，工勤人员 9 人。

几年来，县、乡（镇）、村三级医疗卫生服务网络得到发展，基本解决了群众缺医少药和看病难看病贵的问题，特别是 2008 年全面实行新型农村合作医疗制度以后，全县各族人民的看病条件有了较大的改善。

一　卫生医疗机构的建立和发展

新中国成立以来，三都水族自治县人民先后建立了三都水族自治县人民医院、县疾病预防控制中心、县妇幼保健所、县卫生监督所、县红十字会、县爱国卫生运动委员会办公室、县新型农村合作医疗管理办公室、县新型农村合作医疗管理办公室以及乡镇卫生院和村卫生室、乡镇疾控基妇站和三合镇社区卫生服务中心等相关医疗机构，并逐年得到应有的发展。下面简要介绍这些医疗机构的基本情况。

（一）县人民医院的建立和发展

三都水族自治县人民医院，始建于1951年。1989年5月19日，县编委三编字〔1989〕2号文件通知，明确县医院为区级单位。1996年通过卫生部"二级乙等医院"的验收。1997年，深圳市投资控股有限公司无偿援助资金对该院进行基础设施建设，1999年9月，新医院正式投入使用，为感谢投资者的关心和厚爱，将"三都水族自治县人民医院"更名为"三都水放自治县鹏城民族医院"。院内设置的主要科室有院办公室、医务科、住院部、门诊部、护理部、总务科、防保科及内科、外科、儿科、妇产科、五官科、中医科、化验科、放射科、病理解剖室、控感办等临床科室。是全县医疗技术指导中心，是集医疗、科研、教学培训为一体的综合性医院。2006年10月16日，县中医院和中草药研究所，正式挂牌，与鹏城民族医院合署办公。为便于与上级业务主管部门对接和联系，2009年3月，恢复"县人民医院"，保留"县鹏城民族医院"牌子。开展新型农村合作医疗后，医院原有100张床位不能满足群众就诊需求。经县编制委员会批复同意，医院床位编制扩至200张，加上传染病区编制20张，医院共设床位220张，人员扩至230人。2010年医院实际开放床位250张。2010年门诊诊治病人94568人次，住院病人8560人次。病床使用率114.12%。2010年得到宁波市第一人民医院帮扶后，县人民医院与宁波市第一人民医院等开通了远程会诊。2012年新建重症监护室、中心供应室、腔镜清洗中心、改造急诊科布局和检验中心。建设了以电子病历和医院管理为重点的县级医院信息系统，功能涵盖电子病历、临床路径、诊疗规范、绩效考核及综合业务管理等。建立了警务室，安装监控系统，提升医院安全防范能力。2012年开始医院开展单病种管理，实施临床路径。以加强重点专科建设为契机，按卫生部要求，开展单病种、实施临床路径管理，降低患者就诊费用，真正体现公立医院的公益性，将政府的惠民政策落到实处。建立了以病人为中心的服务模式，开展优质护理服务和"先诊疗、后结算"服务模式，实行基本医疗保障费用即时结算，积极推行付费"一卡通"。

2010 年县人民医院全院在册职工 177 人，其中调入 1 人，调出 1 人、退休 2 人、辞职 1 人。全院共有卫技人员 160 人，卫技人员中级职称 62 人，初级职称 98 人。政府批准，逐年通过招聘应届大学毕业生、鼓励职工通过自学考试和参加函授，医院人才学历结构得到较大程度改善，人才梯次结构日趋形成。2010 年完成医院人事制度改革，实现人员聘用制。

（二）县疾病预防控制中心的建立和发展

1978 年，县卫生防疫站内设有站办公室、防保科、卫生科、慢性病科、检验科。2002 年，根据《中共中央关于进一步加强农村卫生工作的决定》，为了与国际接轨，便于开展公共实发卫生事件的应急处理和组织跨地区的医疗救助及防治，将"三都水族自治县防疫站"更名为"三都水族自治县疾病预防控制中心"（简称 CDC），为正科级事业单位，内设机构有办公室、流行病股、慢性病股、监测检验股和财务股。其主要职责是开展寄生虫病、地方病防治、流行病监测、计划免疫、卫生监测和防疫宣传教育等工作。2005 年 12 月，中心实验室 72 项监测、检验项目，通过省质量技术监督局专家的计量认证评审验收，成为全县第一家具有资质认证资格单位。2010 年，县编委会同意县疾病预防控制中心增设了艾滋病和性病防治股。

（三）县妇幼保健所的建立和发展

1979 年，恢复建立县妇幼保健站，配备医务人员 6 人，1988 年更名为"三都水族自治县妇幼保健所"，1989 年 5 月 19 日，县编委三编 [1989] 2 号文件通知，明确为区级事业单位，内设有儿保科和妇保科。其主要职责是：负责妇女儿童保健、妇女疾病查治、妇科常见病诊断、婚前医学检查及施行计划生育手术和业务指导工作。

（四）县卫生监督所

1983 年 7 月，州政府批复，同意自治县设食品卫生监督员 5 名，专门从事食品卫生监督工作（机构设在县卫生防疫站内的食品卫生科）。2001 年，新的《中华人民共和国食品卫生法》实施后，执法主体为卫生行政部门，基于此，当年，自治县成立县卫生监督所，为正科级参照国家公务员管理事业单位，隶属于县卫生局管理，所内设有所办公室、综合执法股、政策法规股等职能股室。其主要职能是开展五大卫生监督工作，即食品卫生监督、学校卫生监督、劳动卫生监督、公共场所卫生监督和化妆品卫生监督；依据有关法律法规，对卫生监督执法工作进行指导和稽查；面向社会实施公共卫生、健康相关产品、卫生机构和卫生人员的卫生监督执法任务等。

（五）县红十字会

1988年8月，县红十字会成立，属社会团体组织，挂靠于县卫生局。2003年，县编委三编〔2003〕2号文件批复，同意县红十字会单列，明确为副科级事业单位，列入参公管理。由于上级业务主管部门机构尚未理顺，单列工作只停留在文件上，一直挂靠于县卫生局。其主要职责是组织开展备灾救灾工作，在自然灾害和突发事件中，对伤员和其他受伤者实施救助；开展人道主义领域内的服务和公益活动，发动、参与开展输血和无偿献血工作；普及卫生救护和防病知识，进行初级卫生救护培训，进行爱国主义、人道主义和国际主义教育；负责同国内外红十字会的联系，开展人道主义方面的往来交流与合作；加强同我国台湾地区红十字组织和两岸同胞的联系，负责寻人转信和协助对台部门处理探亲衍生等工作。

（六）县爱国卫生运动委员会办公室

1979年年初，县除害灭病领导小组经过调整后，改称为县爱国卫生运动委员会，并下设办公室。1984年3月，并入县卫生局，1986年3月，恢复爱国卫生运动委员会办公室建制，属副科级事业单位。2002年机构改革，县爱卫办又并入县卫生局，但仍保留牌子。2006年10月，县编委三编〔2006〕11号文件通知，恢复县爱卫办，升为正科级事业单位，办公室设在卫生局内，加挂农村改水改厕办牌子，实行两块牌子一套人马的管理方式，核定事业编制6名，其中参照公务员管理事业编制2名。其主要职责是开展群众性爱国卫生运动和全县卫生评比活动及疾病预防的宣传教育；协调、组织开展创建文明卫生县城、卫生乡镇和卫生村寨；组织开展全民性的灭鼠运动和实施农村改水改厕工作等。

（七）县新型农村合作医疗管理办公室

2007年，自治县开始实施新型农村合作医疗试点工作，机构正式成立于2008年12月。隶属于县卫生局管理的股级事业单位，同时是县新型农村合作医疗管理委员会的办事机构，其主要职责是负责拟定推行三都新型农村合作医疗制度的具体规定和措施并组织实施，综合协调、业务指导及定点医疗机构的监督管理和工作人员培训，并为参合群众提供咨询服务。2010 年 12 月，经县委批准，同意县合医办升格为副科级单位，升格后，其隶属关系、业务范围、领导职数和人员编制按原规定不变。

（八）乡镇卫生院和村卫生室

乡镇卫生院主要是肩负农村常见病和多发病的初步诊断和治疗以及承担本乡镇的预防接种和妇幼保健工作。1978 年，全县开设有 7 个乡镇卫生院，为股级事业单位，分别是城关区、大河区、普安区、中和区、都江区、周覃区、九阡区卫生院，以及 38 个集体所有制卫生院（即公社所在地医疗机构）。1991 年，全县设 21 个乡镇卫生院，属股级事业单位，隶属于县卫生局统一管理。2000 年，根据上级有关文件精神要求，把乡镇卫生院财权下放划归当地政府管理，由县卫生局进行业务技术指导。于 2004 年，乡镇卫生院和疾控基妇站重新上划县卫生局归口管理。2010 年根据县委《关于激活乡镇活力推进加快发展的意见》，乡镇卫生院和疾控基妇站的人权和财权再次划归乡镇管理。2008 年 1 月组建三合镇社区卫生服务中心，全县设有乡镇卫生院 20 所，至今仍然有乡镇卫生院 20 所。

2006 年，国家开始对村卫生室进行大量投资建设，当年，投入国家财政扶贫资金 8 万元，完成了交梨乡高硐村卫生室和廷牌镇同新村卫生室建设；利用燃灯基金会的帮扶资金修建了三洞乡桥村、大河镇民主村卫生室，共投入资金 6 万元。2007 年利用燃灯基金 6 万元修建了交梨乡王家寨村和塘州乡阳乐村卫生室，建筑面积达 100 平方米。2008 年省级拨出财政专项资金 175 万元修建三合镇行偿村等 35 个村卫生室，其中土建部分 150.5 万元，医疗器械设备投入 24.5 万元，建设面积达 2100 平方米；2009 年省拨专项资金 175 万元，完成了 34 个村卫生室建设，其中土建146.2 万元，设备 23.8 万元；2010 年，利用中央及省专项资金 400 万元，完成了三合镇姑挂村等 80 个村卫生室建设项目，2011 年建立的村卫生室达到 109 个。

（九）乡镇疾控基妇站

2002 年根据国家医防分开的要求，乡镇卫生院防保组从卫生院分离，全县组建 21 个乡镇疾控基妇站，属股级事业单位，隶属于县疾病预防控制中心统一管理。2008 年 1 月组建三合镇社区卫生服务中心，全县设有乡镇疾控基妇站 20 所。

（十）三合镇社区卫生服务中心

2008 年 1 月，三合镇卫生院和疾控基妇站合并转轨，成立三合镇社区卫生服务中心，为股级事业单位，核定编制 25 人，为财政全额拨款。主要职责是从事社区及农村的疾病预防控制和基本公共卫生服务及社区康复等农村卫生工作。

二　医疗设施的配置和装备

1996 年，深圳市投资控股有限公司积极响应党中央"先富带后富，最终达到共同富裕"的号召，无偿援助县医院基础设施建设资金 538 万元，使县医院 1999 年 9 月顺利地从上街搬迁到城东开发区，医院占地面积 8911.8 平方米，建筑面积达 7361.55 平方米。为感谢援助者的关心和厚爱，并将"三都水族自治县人民医院"更名为"三都水族自治县鹏城民族医院"。2003 年深圳市投资控股有限公司又无偿援助 140 万元修建了医技大楼，2005 年无偿援助 80 万元，补助购置彩超。从而使县鹏城民族医院成为了集医疗、预防保健、培训、科研教育为一体的综合性医院。

2010 年，县人民医院装有 X 线电子计算机断层扫描装置（CT）（深圳援助）、计算机数字化摄影系统（CR），500mAX 光机二台、进口阿洛卡彩超、心电监护、呼吸机、麻醉机、多功能手术床、胎心音监护仪、电脑牵引床、自动煎药机、电脑熏蒸床、口腔综合治疗机、洗板机、酶标仪、电解质分析仪等先进设备。配置了碎石机、全自动生化分析仪，更新手术室无影灯，增添妇产科电子阴道镜、红外线乳腺诊断镜等先进设备。将 HIS（医院信息管理系统）服务器扩容，确保运行数据安全。2010 年实现医保、合作医疗软件系统的无缝连接，实现医保、合医病人网上结算。

2010 年，争取到扩大内需新增中央投资项目，新建住院综合楼，建筑规模 9200 平方米，其中地下 590 平方米，地上九层 8610 平方米。总投资 2050 万元，2010 年完成主体施工。新建医技综合大楼，建筑面积 2700 平方米，也在 2010 年完成主体施工，现均进入室内外装饰施工。随着医技综合楼、住院综合楼的相继投入使用，将极大地改善医院环境条件，为创建"二甲"医院奠定良好的硬件环境。2012 年，县人民医院增添全自动生化分析仪、进口彩色 B 超、腹腔镜等大型设备，改善了就诊环境及诊疗条件。

三　医疗队伍的培养与服务水平的提高

为了尽快改变民族地区缺医少药的状况，自治县坚持就地培养医务人员的办法，创办了三都水族自治县卫生职业技术学校，到 1982 年共培训了 470 名卫生员，1998 年县委、县人民政府加强对教育教学资源的整合，县里成立了职业教育培训中心，三都水族自治县卫生职业技术学校并入县职业教育中心。

卫生事业的发展，医疗队伍不断壮大，技术水平也相应提高，支援自治县建设的外地的医务人员也不断增多，当地的医务人员也不断增长。由西医、中医和中西医结合的民族医疗队伍初步形成。1956 年有医务人员 40 名，比新中国成立初增长了 12.3 倍，其中少数民族占 22.5%。1955 年做了第一例阑尾切除术。1956 年成功施行了第一例疝气修补术以及第一例肋骨切除术。1960 年做了第一例子宫切除术。1965 年做了第一例胆囊切除手术。1971 年配置了第一辆救护车。1979 年 7 月，自治县选派一名外科医技人员到贵阳参加贵州省第一届脑外科训练班学习回来后，成功地进行了第一例开放性脑挫裂伤头颅清创手术。从新中国成立初期的阑尾炎切除、疝气修补和普通外科手术提高到剖腹产、子宫切除、胆囊切除和胃大部分切除等上腹部手术和下腹部手术。1979 年以来，又成功地进行了颅脑手术。另外，4 个区医院能开展计划生育 4 种手术和下腹部手术（即男扎、女扎、上环、人工流产）。1982 年医务人员为 380 名，比 1956 年增长 8.5 倍，其中少数民族占 62.8%。1983 年 4 月试行脑血管造影，3 例基本获得成功。

随着社会的发展，医疗师资力量不能满足社会发展的需要，经县委、县人民政府批准卫生系统向外引进了各方面技术力量。于 1992 年 7 月前往高校湖南九嶷山学院招聘到了医生 7 名、护士 6 名。2003 年首次在县内公开竞争上岗录用了 38 名大、中专医学院校毕业生。2004 年首次到贵州高校进行人才招聘，引进毕业生 2 名，其中临床本科 1 人、中医本科 1 人，2005 年再次招聘录用 3 人，其中临床本科 1 人、高护专科 2 人。此后，根据发展的需要招聘录用相关专业的人才。

为了提高卫生技术人员的服务水平，县卫生系统对卫生技术人才进行了不定期的继续职业教育培训工作。2010 年先后选派到省、州等各级医疗卫生和培训机构培训 158 人（次），其中选送业务骨干和学科带头人到浙江省宁波市第一人民医院进修 11 人、贵医 17 人、贵医附院 5 人、贵阳中医学院 8 人、省医 7 人、遵义医学院 5 人、遵医附院进修 2 人，州人民医院 10 人，其余为省卫生厅和州卫生局专项短训。县疾病预防控制中心全年开展免疫规划相关业务培训 5 期，共培训卫技术人员 257 人（次），分别是乡村医生免疫规划管理培训班 1 期，培训乡村医生 83 人；县、乡免疫规划管理人员培训班 1 期 45 人；扩大免疫规划管理业务培训班 3 期，共培训卫技人员 129 人（次）。2010 全年开展妇幼保健业务培训 1 期，培训卫生专业技术人员 53 人。县合医办举办县、乡、村三级新农合定点医疗机构人员业务培训 2 期。分别是县、乡定点医疗机构相关人员培训 1 期，参训 71 人；村级定点医疗机构 1 期 38 人。

四　防疫防治与妇幼保健工作的发展

（一）地方病、传染病的防治工作的历史成就与近年的发展

为了提高各族人民的健康水平，自治县的防疫防治工作坚持"以预防为主、防治结合"的方针，广泛地动员群众讲究卫生，减少疾病。人民政府对危及人民生命安全的流行病引起高度重视，每年组织防疫灭病专业队伍深入农村进行调查，对疟疾、丝虫、地方性甲状腺肿大、痢疾、麻疹等疾病重点进行防治。

疟疾是自治县重点防治的疾病，新中国成立以后共组织了 3894 人的灭疟队伍投入这项工作，防治服药对象 1458210 人次，药物喷洒 10116536 平方米，大大地控制了疟疾的流行，发病率由 1953 年的 727/万下降到 1965 年的 43.8/万。"文化大革命"期间防疫工作受到冲击，疟疾发病率又回升到 396.8/万。中和区姑引大队 4 小队 65 人病倒了 62 人。1980 年，发病率下降到 37.93/10 万。另外，1958 年开始对丝虫病作普查血检。随即以三洞、水东两公社为重点进行检查，发现马来微丝蚴虫的存在，并且流行严重。组织了 98 人的灭虫专业队下去为群众治疗。血检普查 104893 人，发现微丝蚴阳性者 6594 人，阳性率达 60.29%。经过治疗，阳转阴为 91.6%。1971 年至 1973 年，又组织 325 人下队进行防治，阳性率尚为 1.89%，高于全国农业发展纲要规定指标。为了消灭丝虫病，多方出谋划策，最后与供销部门配合，使用海群生粉剂掺盐内服以全面防治，结果阳性率降到 0.04%，低于全国农业发展纲要规定的 1% 的指标。1982 年省丝防考核验收队实地验收之后，宣布三都水族自治县基本消灭了丝虫病。

地方性甲状腺肿也是常见病之一，1956 年开始组织防治。1979 年，县防疫站和 7 个区卫生院联合选点调查，甲状腺肿大率为 10%，三都属于重度病区。经过服加碘食盐防治，取得较好的疗效。对于痢疾、乙型脑炎、流行性脑膜炎、流行性感冒、麻疹、百日咳、炭疽等各种季节性传染病，都采取了有效措施，控制其发生和流行。此外，防疫部门每年对中小学生、幼儿园和饮食行业人员，都进行健康普查，为提高各族人民体质，切实做好防治工作。

为了抓好防病治病工作，1979 年以来，贵州省人民医院、省防疫站、贵阳医学院先后深入水族地区，对水族血红蛋白病、眼病和营养状况进行专题调查，并提出了防治措施。1978 年开始，在全县范围内普遍加工碘盐供应全民食用防治地方性甲状腺肿病，1979 年 2 月，全县开展地方性甲状腺肿大的调查，抽样调查 5752 人，查出患者 1637 人，患病率达 28.45%，属高发区。

2002 年，自治县启动了《突发公共卫生事件应急预案》，采取外堵内查，严防死守的工作机制，有效地防控了"非典"。为进一步加强防疫、防治工作，根据上级文件精神，2002 年把"县防疫站"更名为"县疾病中心"。全县各乡（镇）防保组从卫生院分离出来，成立了各乡（镇）疾控基妇站，为正股级事业单位，属县疫病预防控制中心派出机构，全面加强了疾病的预防和控制工作。

2012 年，规划免疫建证建卡率达 100%，适龄儿童疫苗全程接种率 99.34%。乙肝疫苗首针 24 小时及时接种率 89.29%。入学入托接种证查验补种率均为 100%。新出生儿童，乙肝首针应种 5534 人，及时接种 5227 人，及时率 94.45%。全县发生 1 例 AFP 病例，6 例疑似麻疹病例，5 例流行性乙型脑炎病例，已经开展个案调查并采集标本送省检测，未发生新生儿破伤风和流行性脑脊髓膜炎病例。全县 21 乡（镇）及县医院上报乙、丙类传染病共计 743 例，死亡 3 例，总发病率 206.17/10 万，病死率 0.40%，死亡率 0.83/10 万；与上一年同期比，发病率下降 0.40%；其他传染病 32 例。

（二）预防接种工作

从 1980 年开始，自治县实行计划免疫，并全面开展冷链运转，以白喉、百日咳、破伤风联合制剂（白百破）、卡介苗、脊髓灰质炎疫苗、麻疹疫苗（四苗）为儿童基础免疫制品，实行儿童计划免疫。到 2004 年，计划免疫针对的传染病持续大幅度下降。2005 年上级卫生行政主管部门又将乙肝疫苗列为儿童计划免疫接种范畴，至此计划免疫接种由"四苗"增加到了"五苗"。从 2008 年起，国家扩大免疫规划疫苗范围，即从过去的 7 苗防 9 病增加到 14 苗防 15 病，将甲肝疫苗、流脑疫苗、乙脑疫苗、麻疹和腮腺炎风疹联合疫苗、无细胞百白破疫苗纳入国家免疫规划，对适龄儿童进行预防接种，并根据传染病流行趋势，在流行地区对重点人群进行流行性出血热疫苗、炭疽疫苗和钩端螺旋体疫苗接种。

（三）妇幼保健工作

抓好妇幼保健工作，保障妇女和儿童的健康，是党和人民政府十分关切的问题。过去由于缺乏卫生知识和医药用品，加上沿用旧法接生，幼婴常见病得不到及时的医治，死婴率很高。人们常常悲叹："只见怀胎大肚，不见娃儿走路。"破伤风、产褥热、尿瘘、子宫脱垂等疾病，严重威胁妇女生命，真是"生儿好比爬刀山，满月才算过鬼关"。随着医疗卫生事业的发展，成立了妇幼保健站，为妇幼治病提供了更为有利的条件。为了推广新法接生，减轻产妇痛苦，保障母子健康，50 年代培训了大批农村接生员，成立了联合接生站，不仅方便了产妇，而且防治了初生婴儿破伤风和妇产产褥热，使母子的健康水平不断提高，2004 年至 2005 年，婴儿死亡率从 51‰下降到 22.75‰，孕产妇死亡率从 193/10 万下降到 143.5/10 万。

在妇幼保健工作中，还普查了育龄妇女，重点医治残疾。1980 年，对全县已婚生育的 21086 名妇女进行了体质调查，对尿瘘和Ⅱ度以上子宫脱垂患者，分别安排治疗。1981 年，又免费将 12 名严重尿瘘患者送省人民医院治疗，使 11 名患者得到根治。接着，又集中 184 名子宫脱垂患者到县城进行免费治疗。1982 年，又有计划地将 155 名子宫脱垂、尿瘘患者集中统一治疗，并且从省人民医院和黔南州一医请来主任医师和妇产科主治医师主持治疗。治疗妇女疾病，得到了县民委、县民政局的资助，不仅给患者治疗，而且还发给生活费和营养费。妇女们流着激动的热泪说："党和人民政府免费请我们来医治，医了我们的疾病，救了我们的生命。"

抓好妇幼保健工作，不仅促进了母子身心健康，而且也推动了计划生育工作的开展。因此，保健站每年对幼儿园定期进行体格检查，做到勤查病，早治病。在 1963 年、1979 年和 1981 年，还为 12 岁以下的少年儿童开展了免费驱除蛔虫和健康检查。1982 年，又在烂土幼儿班和县幼儿园进行了常见病、多发病、佝偻病的普查，并对龋齿作了认真调查，提出预防措施。

2012 年全县总产妇数 4247 人，活产数 4259 人，新法接生率达100%，孕产妇系统管理率达 81.62%，住院分娩率达 96.38%；孕产妇死亡 1 例，死亡率为 23.47/10 万；五岁以下儿童死亡 56 人，死亡率为13.15‰；婴儿死亡 36 人，婴儿死亡率为 8.45‰；新生儿死亡 11 人，死亡率为 2.58‰，新生儿破伤风病例 1 例，发病率为 0.23‰；对 3252 名农村孕产妇实施免费住院分娩补助 130.08 万元。

（四）爱国卫生运动

爱国卫生运动主管机构为县爱卫。1979 年年初，县除害灭病领导小组经过调整后，改称为县爱国卫生运动委员会，并下设办公室。2002 年机构改革，县爱卫办又并入县卫生局，但仍保留牌子。2006 年 10 月，县编委三编（2006）11 号文件通知，恢复县爱卫办，升为正科级事业单位，办公室设在卫生局内，加挂农村改水改厕办牌子，实行两块牌子一套人马的管理方式，核定事业编制 6 名，其中参照公务员管理事业编制 2 员。其主要职责是开展群众性爱国卫生运动和全县卫生评比活动及疾病预防的宣传教育；协调、组织开展创建文明卫生县城、卫生乡镇和卫生村寨；组织开展全民性的灭鼠运动和实施农村改水改厕工作等。

经常开展群众性的爱国卫生运动，是减少疾病，提高人民健康水平、建设精神文明的重要措施。新中国成立初期的爱国卫生工作，主要深入宣传喝开水、勤洗澡、灭蚊蝇、灭虱、清扫垃圾和人畜隔离的重大意义，发动群众注意个人卫生和讲究环境卫生。在农村，发动群众管好水源，管好粪便；抓好水井、厕所、畜圈、锅灶和环境卫生面貌五个方面的改良。

随着社会的全面发展，爱国卫生工作逐渐细化，向深度和广度方向发展，工作重心转移向农村改水、改厕和创建文明卫生城（镇）、卫生村（寨）作为爱国卫生工作的突破口，以达到彻底改变农村脏、乱、差的现象，确保农村广大群众的身体健康。到 2005 年完成了交梨王家寨、杨勇关，周覃拉近、板料、三院等村寨的标准式农村改厕。

为抓好城镇创卫工作，县委、县人民政府于 1997 年决定成立了县创卫办，并从公安、运管、工商、卫生、广电、防疫、城建、环保及三合镇等部门抽派人员到办公室具体抓工作，对全县的脏、乱、差进行彻底的整治。通过 3 年的努力，2000 年顺利通过了省、州专家对自治县创卫工作的评审验收，于 2001 年 8 月贵州省人民政府授予三都水族自治县"省级卫生县城"称号。

（五）卫生监督工作

为加强对医疗卫生单位的监督和管理，2001 年自治县成立了三都水族自治县卫生监督所，为正科级事业单位，隶属于县卫生局。其主要职责是对全县的食品卫生、学校卫生、公共场所卫生、医疗卫生、劳动卫生进行全程监督，同时负责卫生许可证的发放及日常监督管理工作。

五　医疗保险与新型农村合作医疗的发展

（一）医疗保险制度的建立和发展

推行医疗保险制度，保障职工基本医疗需求，是县党委和人民政府历来高度重视并狠抓落实的一项工作。20 世纪 70 年代末改进和整顿了公费医疗制度和医疗保险制度。1986 年以后，企业实行医药费包干，国家机关和事业单位也采用这种办法。1997 年 12 月 28 日，根据县人民政府出台的《关于建立医疗保险制度暂行规定》，施行了保险制度的形式。1998 年 1 月 15 日，为加强对医疗制度改革工作的领导，县人民政府研究决定成立"三都水族自治县医疗制度改革工作领导小组"，同年成立"三都水族自治县医疗管理办公室"（简称医管办），明确为副科级事业单位，编制暂定 4 人。1998 年 2 月 12 日，县人民政府出台《三都水族自治县干部职工医疗保险制度实施细则（暂行)》，进一步明确了县医管办的具体职责、享受医疗保险待遇的范围、医疗保险费用支出范围、定点医疗单位的职责等，确保医疗保险制度在全县得到顺利推行。1998 年 7 月 10 日，县政府转发县医管办《关于干部职工医疗保险费用报销范围意见》，明确规定 8 种报销范围。1999 年 1 月 11 日，三府〔1999〕1 号文件《关于完善我县医疗保险制度的规定》中，明确规定了住院医疗费在 5000 元以内的划支标准。为做好自治县城镇职工基本医疗保险制度改革工作，1999 年 4 月 24 日，县人民政府决定成立"三都县城镇职工基本医疗保险制度改革领导小组"，领导小组下设办公室。1999 年 11 月 18 日，县编委文件《关于成立县社会保险事业局的通知》，明确社保局为县人事劳动局管理的副科级事业单位。内设秘书股、养老保险股、医疗保险股、失业保险股等四个股，领导职数一正二副，各股配备股长或副股长一人，暂定事业编制 15 名。2000 年 5 月 9 日，县人民政府下发《关于调整干部职工癌症患者医疗待遇的补充通知》，为减轻癌症病人医疗经费开支大的实际困难，决定对癌症患者住院医疗费报销比例进行适当调整。2002 年 6 月 6 日，县政府出台了《三都水族自治县城镇职工基本医疗保险实施方案（试行）》，同年 7 月 1 日起试行。2003 年 5 月 5 日，县委、县政府出台《关于进一步建立和完善离休干部"两费"保障机制和财政支持机制的实施方案》，明确规定了企业离休干部的医药费，重申按三府〔2001〕27 号文件，全部纳入医疗保险统筹，与行政事业单位离休干部同等待遇，无工作离休干部遗孀医药费由离休干部生前所在单位按实报销 50%，特困企业报销确实有困难的，由主管单位解决，主管单位确实无法解决的报政府研究协调解决，确保离休干部有病能及时就医，及时报销。2004 年 5 月 25 日，三府发〔2004〕14 号文件《三都水族自治县城镇职工基本医疗保险制度实施方案（试行）》颁发。2004 年 4 月 27 日，县人民政府常委《会议纪要》认为，三都医疗保险制度改革是成功的。为政府减轻了压力，干部职工看病就医难问题基本得到了解决（截至 2005 年年底，全县医疗保险参保单位有 106 个，参保人数 6647 人，其中离休干部纳入医疗保险人数有 57 人，医疗保险覆盖了全县 21 个乡镇，全县有定点医疗机构 23 个，定点药店 2 个）。从 1998 年至 2005 年年底共征缴在职职工个人工资总额 2% 保险费、单位缴纳保险费和大额保险费共计 674.75 万元，县财政拨给医疗保险统筹配套基金 850.21 万元，两项共计 1524.96 万元。8 年间共支出医疗经费 1503.12 万元，平均每年支出 187.89 万元。2004 年 7 月 26 日，全县医疗保险信息系统正式启动，进一步提高了医疗保险工作效率和确保了业务走向规范化、信息化。

（二）工伤保险的工作

为保障因工作遭受事故伤害或者患职业病的职工获得医疗救助的经济补偿，促进工伤预防和职业康复，分散用人单位的工伤风险，根据贵州省人民政府于 2004 年 6 月 30 日颁布的《贵州省〈实施工伤条例〉办法》和黔南布依族苗族自治州人民政府于 2005 年 1 月 1 日颁布的《黔南州工伤保险暂行办法》，自治县于 2005 年 1 月 1 日顺利启动工伤保险。通过对县境内各类企业、有雇工的个体工商户（用人单位）进行法律法规宣传，要求其按政策规定参加工伤保险，为本单位职工或者雇工（职工）缴纳工伤保险费，全县扩面工作进展顺利，首批纳入工伤保险参保单位有 17 个，职工 773 人，其中农民工 57 人，2005 年收缴工伤保险费 5.88 万元。

工伤保险制度的建立，保障了职工特别是进城务工农民的切身利益，维护了社会稳定，有力促进全县经济健康、持续发展。

（三）新型农村合作医疗的开展与进展

2007 年县委、县人民政府出台了《三都水族自治县新型农村合作医疗实施方案》和《三都水族自治县新型农村合作医疗管理暂行办法》。2008 年度合作医疗基金到位 2383.64 万元（其中：中央财政补助资金 1009 万元；省级财政补助资金 924.1 万元；州级财政补助资金 89.69 万元；县级财政补助资金 81.54 万元，群众个人缴纳 271.8 万元；利息 7.51 万元）。上年结余基金 674.48 万元。本年度基金总支出 1738.42 万元，本年度结余基金 458.11 万元，提取风险金为 100 万元。

2010 年年度，全县审批各级定点医疗机构 136 家，其中省级 4 家、州级 4 家、县级 4 家、乡镇级 28 家、村级 96 家。并于 2010 年 4 月，全面开通和使用了全省统一的新农合信息管理网络，实现了网络信息化管理。年度到位基金 4068.83 万元，中央、省、州、县四级财政补助 3484.08 万元，农民自筹 580.636 万元，利息 4.11 万元。结转上年滚存结余基金 794.18 万元，全年基金总量共计 4863.01 万元，上缴风险基金 122 万元后可使用基金为 4741.01 万元。全年基金支出总额为 4226.59 万元，当年超支 157.76 万元，年末滚存基金 514.42 万元。

2012 年度全县参合人数为 284657 人，参合率为 96.03%。2012 年人均筹资水平为 290 元/年。2012 年度基金总量为：1.075 亿元，其中 2012 年度 8255.05 万元（农民缴费 1423.29 万元，各级财政补助资金为 6831.76 万元），2011 年累计结余 2491 万元（含风险金 364 万元和利息 13.68 万元）。

补偿报销工作：2008 年全县门诊总医药费用 1063.54 万元；全县门诊总报销费用 651.18 万元；全县总补助人数 306321 人次。全县住院总医药费用 1727.41 万元；全县住院总报销费用 1066.81 万元；全县总补助人次数 11314 人次。

2012 年，全县共补偿 436362 人次，总费用 9149.89 万元，补偿金额 6489.43 万元。其中：门诊 411205 人次，门诊总费用 2359.38 万元，新农合补偿 1611.28 万元，补偿率 68.29%。住院 25157 人次，住院总费用 6790.51 万元，新农合补偿 4878.15 万元，自费费用 1844.14 万元，住院补偿比为 71.84%，政策内补偿比 75.45%。

（四）公共卫生均等化项目

全面推进基本公共卫生服务。各级医疗卫生保健机构全面实施基本公共卫生服务项目和重大公共卫生项目。2012 年，全县总人口 34.6792 万人，完成建档 30559 人，累计完成建档 270948 人。参加健康教育咨询活动 103975 人；完成 65 岁以上老年人健康体检 11569 人；完成高血压筛查 5388 人，完成对高血压患者管理 762 人；完成糖尿病筛查 2969 人，完成对糖尿病患者管理 129 人；州级精神卫生专家组还在我县开展重性精神病筛查工作，完成重性精神疾病规范管理 21 人；开展食品卫生宣传 15 场次。

六　水族民族民间医药

水族是一个笃信神灵的民族，认为神灵主宰了一切，凡遇事必先求助于鬼神。水族医药的起源，也不可避免地染上了医巫的色彩，"医巫一家，神药两解"。由于受历史因素以及地理环境的制约，水族医药长期流传在民间，而"传内不传外"，师带徒式的传授方法，也制约了水族医药的发展。水族人民在与疾病作斗争的长期医疗实践中，获取丰富医疗经验，逐步形成了适应自身特点的、具有民族特色的水族医药。专以行医为职业的人并不多见，人们往往根据病人的症状，结合个人经验，去寻找所需要的草药，问病发药是水医主要的行医方式。新中国成立后，对于民族民间医药的发展，人民政府注重扶持和鼓励，善于总结和推广民间医生长期实践积累的经验，并组织编写了《三都水族自治县中草药验方选编》、《中国水族药典》等资料。《中国水族药典》收集有 1000 种药方，详细地介绍了各种药物名称（包括水药名和异名）、药物的来源和产地、药物的性状、生长习性、性味、功用和主治等，同时还介绍了药物的用法与用量。公开出版王厚安主编的《水族医药》（贵州民族出版社，1997 年版）一书，是最早系统总结水族具有自己民族特色的医药理论和诊疗疾病的手段与方法的一部著作，该书对水族医药的医史、基础理论和治疗方法、药物（共收集常用药物 182 种）和单验方选（收集单验方 395 个）做了全面的介绍和总结，其中水族药名主要依据水语记录，对在水族地区传播水族医药起着积极的推动作用。

（一）疾病诊断

在长期的临床实践中，水族医药逐步形成一套行之有效地诊断疾病的方法，在诊病方法上相对比较齐全。以下是常用的几种诊法。

望诊：主要根据病变部位的表现来诊断疾病。如对飞疗的诊断就是根据局部皮肤的颜色来加以诊断治疗的。如患处皮肤为红色诊为红疗，患处皮肤为白色诊为白疗，患处皮肤为黑色则诊为黑疗，用药各不相同。又如长在背部的痈疖，已化脓的诊为背花，不化脓的疖肿诊为背搭、角药各异。如被毒蛇咬伤则要看伤口的痕迹，如伤痕为横的，诊断为母蛇咬伤，主药用白色；若伤痕为直行的，诊断为公蛇咬伤，该主药选用非白色的。

问诊：水族医生看病主要为问诊，问疾病的主要症状，得病时间的长短，患病的原因，病变部位及是新病还是老病复发等。诊断往往一经明确即对症下药。

触诊：主要用于外科疾病。触摸包块：以包块质地的软硬及包块的形状来判断疾病。如对肚痈与肚花的诊断，认为二病均好发于肚脐下，肚痈为质地稍硬的圆棋状，肚花是长形的。诊断明确以后，用药亦各不相同。骨折：用触诊方法判断骨折的部位及病情的轻重，并用手法进行复位、固定，然后才进行下一步的治疗。

听诊：也为诊断方法之一。如对癫痫病人，水医主要根据病人昏倒时发出的声音来诊断；对骨折病人，也结合有无骨擦音来确诊。

弹诊：常用于四肢骨折，为水医诊断骨折时所特有的诊断方法。医者用手指弹叩相对应的手指或足趾，骨折病人会产生牵扯性疼痛。

（二）疾病治疗

对疾病的治疗，主要通过内服、外用药物以及针刺、刮痧、拔火罐等方法治病。治疗方法分内治法和外治法。内治法包括水煎、酒泡、烧灰（药物用火烧存性，酒送服）、研粉、炖鸡（药物与肉类同炖）。外治法包括草药外敷（多取新鲜草药捣烂外敷）、火煨（将药捶烂包，置于火灰中煨热，包敷患处）、酒磨外搽、发泡疗法（将药捶烂外包使局部起泡）、塞鼻孔（将药捶烂塞鼻孔治疗眼科疾病及鼻出血等）、熨法、药饼外贴、针刺出血、菜油调敷、药物洗浴、小夹板固定、刮痧、拔火罐等。基本疗法主要有：

1. 内服药物：主要通过对药物的水煮、酒泡、研粉等以达到治疗的目的。

水煎法：治疗常见内科疾病，药物多鲜用。

酒泡：药物捶烂或切片加入酒中浸泡，时间长短不一，有的当即可用，有的则需数天或半月，药酒常用来治疗风湿性关节炎、跌打损伤及妇科疾病等，内服外用均有。

火煨：将药捶烂包好，置子母灰中煨热包患处，可促进人体对药物的吸收，达到提高疗效的目的，如治疗巴骨癀，采用广姜火煨包患处，三次可愈。

烧灰：将药物用火烧存性，酒送服，常用来治疗妇女崩漏、绝育等症。如妇女难产，取葵花盘烧存性吞服；妇女崩漏，取茜草根烧存性用酒送服。

研粉：将药物烘干研成粉，常用来急救。如取老杉树上长的菌子，焙干研成粉，可用来治疗刀伤止血；取爬墙蜘蛛去脚，焙干研成粉，治胎死腹中，三个月以内者，效果好。

药物与鸡、鱼、肉同煮：这种方法多用来治疗慢性疾病或病后体虚等症及催奶。

2. 外用药物疗法：主要用于外科疾病的治疗，亦有内病外治，起到提高疗效的作用。

草药外敷法：取鲜草药捣烂（常加酒）敷患处，此法常用于外科疾病的治疗，如痈疖、骨折、损伤、毒蛇及蜈蚣咬伤、刀伤、炭疽、拔子弹等。

酒磨：将药用酒磨外搽患处，治疮疡、九子疡、乳腺炎、腮腺炎、止牙痛等。

发泡疗法：将药捶烂外包使局部起泡，治疗风湿病引起的瘫痪、黄疸等。

塞鼻孔：将药捶烂塞鼻孔，治疗眼科疾病及鼻出血等。

熨法：麻疹出不齐，将药炒后用布包好，趁热熨擦全身，使疹快出。

药饼：诸药混合捶烂，做成饼状贴肚脐、手足心、头顶百会穴，治疗难产、脱肛、退热等。

药物洗浴：药物煎汤洗澡，治疗皮肤病或退热。

菜油调敷：主药研末或烧灰加入菜油调敷患处，主要治疗水火烫伤、痔疮、白癜风。

针刺疗法：过去用碎玻璃，现在用针刺局部出血，治疗眉毛风等。

小夹板固定法：治疗骨折时常根据骨折的具体情况，用杉木皮、竹片或五倍子树皮，制成2厘米宽、0.5厘米厚的小夹板，长短及数目视骨折部位而定，骨折时用上述材料之一做成的小夹板固定好，然后再在外面敷药，治疗骨折有很好的疗效。

3. 刮痧和揪痧：常用于治疗感冒头痛、急性肠胃炎、中暑、关节疼痛等疾病。头痛头昏时，刮前后颈项数条。前侧用揪法、后侧用刮法；恶心胸闷刮前胸及两肋窝；食欲不振、腹痛、腹泻刮胸部和背部；关节痛刮关节周围和疼痛部位。刮痧时常使用汤匙、硬币或瓷碗的边缘蘸取桐油或菜油在选定的部位顺一定的方向轻刮，直到皮肤出现紫红色痧痕为止。也可卷屈食指和中指蘸姜汁或水甚至口水用两指节反复揪提皮肤，直到局部出现红色的痧痕。也可直接用生姜刮痧。

4. 拔火罐：常用黄牛角尖、竹筒、陶瓷罐、玻璃瓶等，只要罐口光滑、一端密封即可。操作时把易燃纸片点燃投入罐内，待火旺未熄时迅速将罐口叩在选定的部位上约 15—20 分钟起罐。罐口局部肌肤隆起，呈紫红色。刺血拔罐是在选定部位用针轻扎，见出血点后再叩火罐。治疗的适应症和拔罐部位与中医治法也基本相同。如头痛取印堂、太阳、大椎、风池等穴位，胃痛取胃俞、中脘、内关，足三里。经痛取气海、中极、关元、三阴交等。

（三）常用药物

据调查，以三都为中心的水族聚居地区药物品种在一千种以上，约占贵州省药物资源 1/4（全省约 4024 种），约占全国的 1/5（全国约 4656 种）。水族民间医常用药物 100 余种，多为鲜用、生用，或根或茎或叶或全株，除有毒药物之外，很少加工，常直接采用入药，且用药范围广泛，除植物药、动物药、矿物药外，其他如生活中常食用的韭菜、蟹、鱼、蛋、小鸡仔也常入药，另外尿液、人发、耳屎、蚂蚁窝、燕子窝等也是一些疾病的良药。

珍稀名贵品种有：麝香、獭肝、熊胆、鳖甲、灵芝、八角莲、红八角莲、杜仲、虎骨、穿山甲、黄草、白花蛇舌草、一支箭、银杏、牛黄、灵猫、九香虫、竹节人参。

大宗药材有：何首乌、五倍子、草乌、银花、黄精、鱼腥草、夜交藤、大血藤、车前草、蒲公英、墨旱莲、益母草等数十种。

栽培品种有：南板兰、菊花、半夏、桔梗、棕榈、杜仲、银花等数十种。

2007 年中共三都水族自治县委员会、三都水族自治县人民政府和贵州省民族事务委员会编的《中国水族医药宝典》（全彩集）（见图8-1）由贵州民族出版社出版，该书通过系统的筛选和科学鉴定，收集了1068种水族药物，该书1068种药物全部使用彩色图片，并标上药物名称、水语国际音标、异名、来源、药物形态、生长习性、性味、功用、主治、用法、用量和采集地点等说明文字，展示了水族医药的宏大篇章，对推动水族医药的发展产生了积极的作用。

图8-1　《中国水族医药宝典》

　　水族民间在日常生活中，水族医药的应用相当广泛，一般病症都可以使用水族民间中草药药方加以治疗。随着医药卫生和医疗水平的逐步发展，人们也渐渐到当地医院就诊，但民间医药对人们的健康仍然起着重要的守卫作用。

七　人口和计划生育

　　在人口问题上，自治县始终坚定不移地落实国家人口安全战略，人口总量得到有效控制，人口结构趋于合理，人口素质显著提高。已婚育龄妇女生育率从4.5孩下降到2005年年末的2.1孩，人口出生率由20世纪70

年代的34‰下降至2005年的15.6‰。开展计划生育30年多来，全县少生近10万人。人口过快增长的势头得到了遏制，基本实现了人口再增长从高出生、高增长到低出生、低增长类型转变，人口和计划生育工作步入了良性循环的轨道。

自治县历届县委、县人民政府非常重视人口和计划生育工作，尽管财政十分困难，始终按照"一手抓吃饭，一手抓建设"的工作思路，加大计生投入力度。特别是"十五"以来，全县共投入计生事业经费924.24万元，建设县、乡（镇）、村计生站（室）业务用房等基础设施，全县各级计划生育服务站房面积由原来的11590平方米增加到现在的24220平方米，配齐了相关办公设备、服务设备和法定器械，开通了信息局域网络和交换平台，计生硬件设施得到进一步改善。到2005年年底，每个乡镇都有了独立的计生办公用房和办公设备。

多年来，全县采取多渠道、多形式广泛开展人口和计划生育宣传教育工作，使党和国家的法律法规深入人心、家喻户晓，使群众对计划生育政策的知晓率得到了有效提高。同时，重点抓好《人口和计划生育法》等法律法规、国家建立农村部分计划生育家庭养老保障机制、少生快富典型、模范执行计划生育先进人物等方面的宣传，提高广大群众的自觉性和主动性，积极引导他们转变传统的生育观念，人口性别比逐年趋于合理。1982年成立县计划生育技术服务站以后，就开始组建了自治县的技术服务队伍，积极开展计生"四术"服务工作，并采取"送出去，请进来"的办法对全县计生技术人员进行有计划的培训，全县计生技术人员均能开展计划生育"四种"手术、三大常规检验、"B超"、吻合术和妇科病的普查普治等工作。同时，计生技术队伍不断充实壮大，全县人口计生工作队伍由原来的80多人增加到现在的190多人，计生工作力量得到极大加强，为抓好人口和计划生育工作提供了有力的保障。

县委、县人民政府针对农村独生子女户、二女结扎户出台了一系列奖励扶助和优先优惠政策。2004年成立了农村独生子女户、二女结扎户奖励扶助基金，除上级专项补助资金外，每年从县级地方财政总收入中提取0.5%，从各乡（镇）征收的社抚费中收取10%，从中央转移支付10%计生事业经费中提取5%，共筹集基金86.4万元。已兑现农村独生子女一次性奖励和放弃政策内生育二孩奖励费及保健费共170920元。2005年6月，全县农村独生子女户、二女结扎户中有114名年满60岁的人员，在全县农村部分奖励扶助家庭首发仪式上领到了全年的养老扶助金。

2010 年，三都人口计生工作紧紧围绕与州签订的"两线"管理目标责任书，以优质服务为主线，以规范婚育行为、控制政策外多孩为核心，加大依法行政力度，切实提高符合政策生育率和手术落实率，大力实施"少生快富"工程，扎实推进村（居）民自治工作。全县人口与计划生育工作保持健康发展的良好态势，各项指标均控制在州下达计划内，顺利地完成了"十一五"人口与计划生育工作的主要目标和任务。截至 2010 年 9 月 30 日，全县户籍出生人口 4718 人，比去年同期多出生 302 人；其中：政策内出生 3633 人，政策外出生 1085 人（一孩 828 人、二孩 92 人、多孩 165 人），政策外多孩率 3.5%，比 2009 年同期低 5.01 个百分点，政策外多孩比 2009 年同期少出生 211 人。所有人口出生率为 13.3‰，比 2009 年上升 0.45 个千分点，常住人口出生率为 14.1‰，较 2009 年同期上升 1 个千分点。婴儿性别比 105.67，死亡率 5.54‰。2010 年完成结扎手术 2047 例（其中二女绝育 103 例），比 2009 年增加 254 例，增长 14.81 个百分比。完成上环手术 1648 例，比 2009 年减少 885 例，"两术"完成占任务数 116.38%。

三都水族自治县医疗卫生事业的发展，为保护当地人民的健康作出了重要的贡献，但我们也应该看到与其他地区相比，不管在医疗网点，还是在医疗设施、医疗技术水平，以及医务人员素质培养上还存有一定的差距，有些重病甚至一些常见病以及相关手术必须转到上一级医院治疗。医疗卫生事业还远远不能满足人们就近就医、就近治疗的需要。

第二节　科学技术的逐步发展

科学技术是第一生产力。2002 年 1 月根据《中共三都水族自治县委、三都水族自治县人民政府关于三都水族自治县党政机构改革实施意见报告》的文件精神，保留三都水族自治县科学技术局（简称"科技局"）主管全县科技工作、知识产权工作、防震减灾工作的政府工作部门。2007 年 12 月，三都县科技局增加知识产权管理和防震减灾工作职能，2008 年 4 月三都县科技局加挂"三都水族自治县知识产权局"机构的牌子，实行两块牌子一套人员的管理方式，县知识产权局局长由县科技局局长兼任。"十一五"以来，三都县大力实施"科教兴县"发展战略，深入推进科技进步与发展，科技实力与水平逐步提升，有效地促进了三都经济社会持续、快速健康发展。

一 科研机构的设立和发展

1959 年元月 29 日，成立"三都水族自治县科学技术委员会"，当时科委的主要任务，是引进和推广农业新技术，协助各级党政领导办"丰产样板田"，推广使用良种等，并兼管科学技术协会的工作。1962 年，因专职领导工作变动，科委机构自行消失。1970 年 9 月 4 日，县"革命委员会"设置科技组。1973 年 3 月 2 日，科技组改称科技局。1987 年，撤销科技局，恢复建立科学技术委员会。1987 年 2 月下设办公室、业务计划室、情报室。科委的主要任务是从县情出发，调查研究科技政策的实施，安排科研项目，宣传普及科技知识，为促进商品经济发展提供科技情报，评比、鉴定、验收科研成果等。1994 年县科协并入县科委，改称科学技术局。1998 年县科协与县科技局自然分设。到 2005 年县科学技术局内设办公室、科技情报所，其主要任务是对全县科技工作的管理、科学技术的宣传普及、科技项目的申报实施和检查验收、科技成果的鉴定以及申报奖励、引进先进的科学技术和优良品种试验示范推广、贯彻执行上级科学技术方针和政策等。2008 年 4 月 15 日，同意在三都县科技局加挂"三都水族自治县知识产权局"机构牌子，实行两块牌子一套人员的管理方式，县知识产权局局长由县科技局局长兼任。2009 年三都水族自治县科学技术局是负责全县科技管理工作的行政职能部门，下设县科技情报研究所，隶属县科学技术局领导。

为了推广农业、畜牧业先进技术，改良品种，改进耕作技术和饲养方式，1954 年建立了县农业技术推广站。1956 年各区相应建立了农业技术推广站和畜牧兽医站，实现县、区两级农科网络。1978 年自治县农业科学技术研究所建立，隶属县农业局，始建所址于国营大河农场内，首任所长陈国兴，有技术干部 6 人，工人 6 人，由农场划拨稻田 24 亩，旱地 2 亩作科研基地。1982 年农科所迁至县城对岸李岩寨旁，有技术干部 4 人，工人 4 人，征用稻田 5 亩作科研基地，至 1984 年 6 月撤销。农科所建立以来，开展了 25 个农业科研试验项目都获成功，对县内引进、试验、示范、推广农业新技术做出了一定成绩。

1975 年 6 月 24 日建立，所址设在原拖拉机站。所长张德荣，有职工

5 人，其中技术干部 1 人、技工 2 人、普工 2 人。设备有厂房 1 栋，普通车床 1 台，钻床 1 台，砂轮机 1 台，"丰收 35"拖拉机 1 台。1987 年改称"农机技术推广站"，隶属农机局。站长张德荣，有职工 8 人，其中干部 2 人，技术员 1 人，技工 3 人，普工 2 人。农机研究所建立以来，对县内引进推广农机新技术、研制改进农业机具、培训农机人才等方面做了大量的工作，并收到良好的效果。

为了适应工业、农业和科学技术现代化的需要，县、区、社都建立了科普协会，开展群众性的技术交流和咨询活动，推动基层科学技术的发展。1980 年自治县成立了科学技术协会。县科协是党领导下的各类科学技术者群众团体的联合组织，其基本任务是搞好"两个服务"，即宣传和推动科学技术为发展县域经济建设服务；把科协办成科技工作者之家，切实为科技工作者服务。县科学技术协会成立后，接着基层的水电、农学、林学、医学、科普创作、气象、建工、摄影、教育、工交、粮食、中华医学会三都分会等 12 个学会（协会）也相继建立，会员 500 余人。三合、普安、大河等 3 个公社也分别成立了科普协会。1980 年以来，县内先后建立了 17 个县直机关企事业学会（协会）和研究会组织，9 个乡（镇）建立了科普协会和研究组。各学会每年都定期召开学术讨论会，发表学术论文，研究开发县内经济资源、振兴经济措施等。

县机关学会、协会有：水利电力学会、农学会、畜牧兽医学会、气象学会、科普创作协会、林学会、中华医学会三都分会、教育学会、工交学会、粮食学会、化学教学研究会、建筑学会、会记学会、珠算协会、农机专业户协会、青少年科技辅导员协会、花卉盆景协会。

二　科技人才的培养和使用

新中国成立前，县内科技人员极少，仅有 1 名大学生，3 名中专生。新中国成立后，1 年有大学生 2 名，中专生 17 名。1957 年建立自治县时，只增加大学生 2 名，大专生 1 名，中专生 39 名，且多为教学人员，科学技术力量薄弱。60 年代初，随着教育事业的发展，学校分配专业技术人员逐渐增多，县内科技队伍开始形成。到 1969 年年底止，仅农林水系统就有大学生 35 名，大专生 6 名，中专生 70 名。随着工农业和各项社会事业的发展，科学技术的推广及科学研究工作的加强，科学技术队伍也日益发展壮大，1982 年，全县有各种专业技术人员 413 名，少数民族科技人员为 198 名，占总数的 47.9%。其中，农、林、水、气科技人员 178 名，医疗卫生人员 235 名，其中取得中西医师、中西药师、技师、主治医师、畜牧师、兽医师、农艺师、工程师等中级技术职称有 26 名；助理级医师、工程师、畜牧师 74 名。1987 年，自然科学技术人员增加为 674 名，取得技术职称的为 231 名。

但是，县内条件差，交通闭塞，经济贫困，文化落后，人才外流较为严重。据县人大常委会调查，70 年代始，农业科技人员外流达 58 人，占农林水系统科技人员总数的 52.2%，其中有大学生 1 人，大专生 2 人，中专生 35 人。这个系统外流的大学生占 2/3，大专生占 1/3。中专生占 1/2。卫生系统医务人员外流了 95 人，占医务人员总数的 40.25%。县城的 3 所中学大学毕业教师外流了 28 人，占这 3 所中学教师总数的 40%。

随着工农业生产和教育事业的发展，科学技术队伍日益发展壮大，1982 年全县各种专业技术人员 413 名，少数民族科技人员 198 名，占技术人员总数的 47.9%。其中取得中西医师、中西药师、技师、主治医师、畜牧师、兽医师、农艺师、工程师等中级技术职称的有 26 名；助理级的医师、工程师、畜牧师 74 名。

2005 年年末，全县科技管理、农业、牧业、林业、水利、交通、供电、食品药品监督和医疗卫生等部门专业科技人员 758 名，其中少数民族科技人员 656 名，占科技人员总数 86.54%；在文化结构上，大学本科为 48 名，专科 275 名，中专 399 名，高中及其以下 89 名，获得科学技术职称的科技人员 730 名，其中高级（副高）职称 5 名，中级职称 149 名，初级 598 名。

2008 年，三都水族自治县企事业单位专业技术人员共 5031 人，其中男性 3279 人、女性 1752 人，学历中研究生 30 人、本科 982 人、大专 3412 人、中专 466 人、其他 141 人，年龄 35 岁以下 12492 人、36 岁至 40 岁的 902 人、41 岁至 50 岁的 960 人、51 岁以上的 677 人，获省政府津贴 6 人、州政府津贴 5 人。

从级别结构看，高级 101 人、中级 1550 人、初级 3380 人；从系列类别看中学教师 1576 人（高级 83 人、中级 468 人、初级 1025 人），小学教师 2027 人（中级 736 人、初级 1291 人），中专 47 人（高级 6 人、中级 19 人、初级 22 人），卫生 700 人（高级 8 人、中级 183 人、初级 509 人），工程 285 人（中级 68 人、初级 217 人），农业 309 人（高级 4 人、中级 73 人、初级 232 人），档案初级 2 人，文物博物初级 21 人，群众文化初级 46 人，经济 9 人（中级 3 人、初级 6 人），新闻初级 6 人，播音初级 3 人。

2006—2010 年，科技人才队伍不断壮大。到 2009 年年底，全县共有专业技术人才 4505 人，其中具有高级职称 84 人，中级职称 1642 人，初级职称 2779 人，企业经营管理人才 96 人，农村实用技术人才 4674 人。

2011 年，积极向省、州科技部门争取到科技特派员项目 2 项，资金 15 万元。先后在交梨、合江、九阡、都江、三洞等乡镇开展种养殖技术培训 5 次，参训人员 1000 多人次，发放技术资料 1200 多份，培育培养农民科技特派员及二传手 35 人，为促进农业科技知识应用，提高农民科技素质起了极大的作用。

科技队伍的壮大，素质不断提高，为自治县科学技术的发展提供了宝贵的智力资源。同时也存在一些问题：科技人才资源分布和用人机制不合理，缺乏吸引人才的优惠政策。特别是边远山区劳动力素质偏低，专业技术人员少，先进适应技术成果推广面不广，速度不快，农牧产品的科技含量不高。

三　科技立项工作的基本情况

三都县在 1972 年以前，没有专拨科技经费。1973 年，黔南州科委开始下拨科技三项经费，至 1987 年，15 年共拨款 17.44 万元；1979 年，县财政开始专拨科技经费，至 1987 年止，9 年共拨款 4 万元。州、县合计专拨科技经费 21.44 万元。主要用于开展经济资源，发展工农业生产的科研项目。承担科研项目单位，要先申请科研项目，写出可行性报告，经有关领导和科技人员研究论证认可后，方能安排专项经费，科研成果要组织验收。1985 年以前，科技经费多用于扶持国家事业和企业单位申报的科研项目。1986 年以后，开始转向扶持农村专业村和农科户，采取签订合同，限期完成科研项目，树立科技脱贫的先进典型。同时也改变了过去无偿扶持为有偿服务的方法。

1976 年至 1980 年，全县共安排科研项目 18 项。其中：工业 3 项、农业 2 项、林业 5 项、医药卫生 4 项、教育 1 项、宣传 1 项、畜牧兽医 2 项，这些项目在承担单位和科技人员的努力下，全部按计划完成。

1981 年至 1987 年，全县共安排科研项目 46 项。其中，州列的 6 项，县列的 40 项。工业 3 项、农业 39 项、畜牧兽医 2 项、医药卫生 1 项、其他 1 项。在课题执行过程中，由于科技人员调动等各种原因，完成 26 项、结转的 9 项、中止的 9 项、失败的 2 项、获奖 1 项。

1998 年至 2004 年自治县争取到省、州科技项目 16 个，其中省级科技项目 6 个，州级科技项目 10 个，自治县安排本级科技项目 6 个。

1998 年至 2005 年先后申报实施省级科技项目 6 个；州级科技项目 10 个；县级科技项目 6 个。

2006 至 2010 年，各级党政坚持把科技工作摆在突出位置，不断健全领导体制，完善工作机制，全社会科技意识普遍增强，形成了党政重视、部门配合、企业支持、社会参与的"四位一体"科技工作格局，尊重知识、尊重人才、学科学、用科学逐步成为风尚。出台了《关于实施"科教兴县"的决定》、《关于加强农业技术推广工作，鼓励农业技术人员搞好技术服务的意见》、《三都水族自治县在职干部职工留职离岗带薪创办农业产业项目暂行办法》、《关于印发三都县科技特派员制度的实施意见》、《三都县科技特派员先派实施办法》等一系列政策性文件，"乡镇科技进步工作"纳入县政府年度工作目标考核。应用技术研发经费逐年增加，为科技工作的健康发展营造了良好的政策环境。

2011 年，科技局以三科通〔2011〕1 号文件转发《组织申报省科技厅、州科技局 2011 年科技计划项目的通知》，下发到县各企事业单位，截至 10 月底，向省科技厅申报项目 8 项，向州科技局申报项目 7 项，已落实省科技厅项目 5 项。

四　科技普及与科技推广的逐年进展

县内农业科学技术普及始于 1965 年，县委集中 20 多名科技人员和行政干部在三合公社猴场大队搞样板田，引进种植小麦"阿夫"、"阿波'和水稻珍珠矮良种，当年试种成功。小麦平均亩产 180 公斤，高产田达 250 公斤；珍珠矮稻田平均亩产 300 公斤，高产田达 501 公斤。此后相继引进北京糯、广谷粘、粳稻、杂交稻等水稻新品种加以推广，在广大农村逐步推行自繁、自留、自用和辅之以调剂的办法，使农作物品种改良工作全面开展。同时，不断引进小麦、油菜、花生、玉米、黄豆、棉花等农作物优良品种试验示范。点上开花，面上结果，很快向全县推广普及，使全县稻、麦平均亩产量登上一个新台阶，水稻平均亩产由 175 公斤上升到

225 公斤，增加 50 公斤，"文化大革命""十年浩劫"，初开的农业"科普之花"受到摧残。1978 年党中央召开全国科学大会，带来了科学的春天，1978 年和 1979 年两年，三合区农推站科技干部，在三合公社三合大队第四生产队的 10.1 亩稻田种植双季稻，头年双季稻获得平均亩产791.5 公斤的收成。其中有 5.18 亩，平均亩产达 821 公斤。1979 年麦、稻、稻三熟平均亩产为 919 公斤，其中 2.39 亩三熟平均亩产达到 1004 公斤的高产，开始突破了亩产"吨粮"关。1980 年全公社普及甘蓝型油菜品种，种植 25000 亩，总产为 243750 公斤，平均亩产 97.5 公斤。1981 年全县大面积推广油菜良种，油菜播种 24100 亩，总产为 175 万公斤，平均亩产提高为 65 公斤。与 1957 年比，油菜面积少种 800 亩，而总产量却增长 5 倍多。1982 年至 1987 年，主要推广普及杂交水稻，早蔬菜培植和柑橘栽培，种植西瓜，生产食用菌等致富新技术。经过长期的实践，使水稻、小麦、油菜、花生等四大优良品种稳步得以推广。1998 年至 1999 年引进巴西陆稻、香稻等优良品种，分别在丰乐镇巴艾、三合镇杠寨试种。

化肥使用方面，20 世纪 60 年代初期堆积滞销，经过广泛的宣传与实践成效的结果，使广大群众逐步喜爱，用量逐年增加。现在除了广泛使用尿素、硝酸铵、碳酸氨、磷肥之外，钼、硼、锌、钾等微量化肥和高效化肥磷酸二氢钾、复合肥和专用肥等都广为群众使用。

畜禽品种改良方面，从 1958 年开始，先后从外地引进了优良品种及其冻精来和本地家畜、家禽杂交改良。尤其是内江猪、约克猪与本地猪杂交后，得到的改良品种长膘快，适应性强，深为群众欢迎；耕畜的品种改良，自引进荷兰、辛地红、海福特、摩拉、巴拉夫、夏洛来等良种牛及冻精来与本地母牛配种，改良后的杂交牛鞭力大、役使能力强，经济价值高，深受广大群众喜爱；家禽改良，自 20 世纪 60 年代至 80 年代引进芦花鸡、落岛红、白洛克、来航等优良鸡种，繁衍面逐步扩大。

为使三都县尽快脱贫致富，1980 年，由县科委李癸成辑录的《科学致富诀窍》两册，共 26 万字，由科委印发两千册，供科技人员和农民参考阅读，为进一步做好科技扶贫工作，从 1986 年起，县里建立了由一位副县长兼任团长，有县政协、农经委、民委、科委、民政局、农业局、畜牧局、林业局、乡镇企业局、农业区划办、农村工作部、科协、团县委、县妇联等单位组织成的"县科技扶贫服务团"，在县科协具体牵头下，1986 年至 1987 年，共举办了种植业、养殖业，采矿、编织、加工、农机修配。早熟蔬菜等各种类型技术培训班 490 期，培训农村乡土人才 64090 人次，对促进全县农业经济的发展起到了积极作用。

优良品种推广，1965 年引进水稻品种珍珠矮试验，首破 500 公斤大关。1980 年，城关区农推站在三合公社进行一麦两稻的三熟试验获得成功，平均亩产 919.5 公斤，最高亩产达 1004 公斤，闯过亩产吨粮大关。经济作物方面，1965 年，在普安、猴场种了 600 亩棉花高产样板田，平均亩产皮棉超过 50 公斤；西瓜种植推广后，三合公社邝吉祥种的责任田亩产达 3500 多公斤，创西瓜亩产最高纪录。1983 年以来先后推广"桂朝"等高产常规水稻品种和"汕优 63"、"Ⅱ优 63"等优良杂稻品种，使水稻产量得到高产稳产；引进"中单一号"等优良玉米品种试验示范和推广；引进优良小麦品种和双低油菜品种进行试验示范和推广；1996 年引进皇竹草在"沙井畜牧试验场"试种成功后，2002 年在大河镇的丙燕建设草种场培育皇竹草种。

水稻、玉米制种，1981 年大河农场在 90 亩稻田里进行水稻"汕优 63"新组合的制种，收获 5088.75 公斤，亩产量突破了 50 公斤；1989 年至 1995 年在烂土乡奇江村进行水稻"汕优 63"和"Ⅱ优 63"制种，单产 133.5 公斤；1996 年在三合镇猴场村进行水稻"Ⅱ优 63"制种，单产突破 175 公斤大关；1991 年在中和镇姑引村进行杂交玉米"中单Ⅱ号"制种，单产 100 公斤。

科学种田，推行水稻温室"两段育秧"、"宽窄行栽秧"、"拉绳栽秧"、"小苗直插"、"旱育稀植"等水稻生产新技术措施；推行玉米营养袋育苗定向移栽和油菜育苗移栽技术。

进入 21 世纪以来，为了推进科技进步，加大科技含量，促进科学技术的推广与应用，三都县先后开展了下列科技推广工作。

"农乐一号"推广应用：2000 年县科技局向州科技局争取得 350 亩所需的"农乐一号"和"KD-1 型高吸水树脂"项目，安排在周覃、交梨、三洞、丰乐等四个乡（镇）由农技站负责试验，试验结果水稻亩产 563.5 公斤，比对照组 530.94 公斤增加 32.56 公斤，增产 6.13%，达到显著水平。

柑橘高位嫁接换种：2004 年 2 月县科技局邀请贵州大学农学院樊卫国院长、教授等专家一行到丰乐镇沃屯村开展柑橘高位嫁接换种工作考察调研。樊院长带领县科技局技术员和沃屯村农民技术员等 5 人赴榕江县利用高位嫁接换种技术率先建设的果园基地进行考察学习，同时采集了7个优质品种穗条20公斤送到沃屯村农户手中，在樊院长一行的技术指导下开展高位嫁接换种工作。第二年9月25日随机抽查5户，嫁接成活率达86%以上，有4户的柑橘高位嫁接改造已挂果，挂果株40%至50%，最高90%以上，挂果最好的单株产最15公斤以上，果型大，表皮光滑，色泽好看。

农村沼气池综合应用与推广：2001年，利用该技术，开展科技生态示范村建设。按照"沼气池、平干圈、卫生厕所、厨房"四位一体建设要求，在三合镇麻光村、交梨乡王家寨村、周覃镇板光村和新合村等建立生态示范村四个，完成示范牌、道路硬化和改厕、改圈等建设指标。2004年，建设生态村8个，其中县级重点村示范村2个，一般村6个。8个生态示范村中建成沼气池885口，改厕改圈566户，道路硬化14.67千米，种植经果林2034亩，早菜830亩，养三元杂交仔猪1650头，退耕还林2713.8亩，坡改梯802亩，建成科技活动室8个共515平方米。

地道中药材钩藤野变家种植：2006年，按照《贵州钩藤野生变家种及规范化种植基地建设》要求，已完成种植面积100亩，成活率达85%以上。

绍兴青壳Ⅱ号蛋鸭引进及其推广：2005年，为加强对外科技合作与交流，县科技局与浙江省农科院畜牧兽医研究所进行了"高产蛋鸭新品系-青壳Ⅱ号示范与推广"科技成果的合作，实施《绍兴鸭配套技术引进与产业化开发》项目，2008年项目进展较好，取得良好的社会经济效益，达到年推广绍兴Ⅱ号青壳蛋鸭十万羽。

特色资源甜茶开发与增值加工技术转化：2006年三都水族自治县健康茶种植园与科技部签订《特色资源甜茶开发与增值加工技术转化》农业科技成果转化资金项目合同书，为该项成果的推广应用提供一定的技术和资金支撑。2008年，甜茶种植面积达到2757亩，其中1802亩为企业自筹，955亩为农民合同种植；加工基地车间增加到4个，机械设备24台（套），是目前国内最大的甜茶种植基地和最专业的生产企业；产品销售收入586.93万元，实现利润127.96万元，创汇总额（折合）16.35万美元。

水利、供电、交通工程方面，2002年至2004年先后建成石龙过江风景区水坝、三都橡胶坝；1999年至2003年实施完成全县农网改造工程，共架设 10 千伏线路 958.8 千米，400 伏线路 180.5 千米，220 伏线路 765 千米，配电变压器 825 台/32050 千伏安；1999 年至 2004 年先后修建完成 4 条出县柏油公路工程建设项目。

2006 至 2010 年，根据"一二三产业互动，城乡经济共融"的发展思路，大力引进实用科学技术，科技推广、创新体系逐步完善，科技综合实力明显增强。"十一五"以来，全县申报科技成果 6 项，其中获省科技进步二等奖 1 项，获州级科技进步二等奖 2 项。农业科技方面，以培养"种、养、加"大户，建立专业技术协会、示范村、示范基地为突破口，大力实施优质粮油工程和农业标准化建设，创建无公害农产品生产基地和优质肉牛基地，认真抓好农业科技培训和技术推广，引进火龙果、沪玉糯三号、绍兴鸭等农畜新品种 20 余个；全县新技术、新品种覆盖率达 80% 以上，实施国家、省、州的科技计划项目 32 项。工业科技方面，以技术改造和科技创新为重点，积极发展科技型中小企业，共实施"特色资源甜茶开发与增值加工技术研究"、"利用自主知识产权提取活性甜茶糖等有效成分"、"应用常温反渗透技术生产高品质甜茶浓缩液"等国家、省、州重点计划项目 10 余项，引进、开发"甜茶增值加工"、"绍兴鸭配套系列技术"等新技术、新产品 10 项。社会发展领域方面，珍稀动植物保护、生态环境建设、交通等方面技术攻关取得重大进展。

五　科普宣传与知识产权宣传的工作

2009 年，在"科技周"活动中，科技局组织技术人员，在全县 8 个乡镇和部分村组开展在举办"携手建设创新型国家"为主题的大型宣传咨询活动。活动周期间，编印宣传资料 15 种，《农民养猪技术》、《知识产权基础知识》、《专利申报常识》、《商标法》、《地理标志保护》、《中华人民共和国防震减灾法》、《知识产权基础知识问答》、《农药施用技术上存在的问题及对策》、《加强农产品地理标志保护与商标注册》、《无公害蔬菜种植技术》、《饲养畜禽"6 个"为什么?》等宣传资料，共计 1.5 万份。进村入户开展了政策教育、技术讲座、技术咨询等活动，2014 年以来，共开展大型科技宣传活动 20 次，举办实用技术培训 10 期，培训农民 19000 人（次），发放各类宣传资料 2 万余份，解答问题 70 个。

另外，县科协还配合有关部门开展对青少年的科技辅导活动，共组织小学生进行数学、科普作文、书法、美术、放风筝、微机、珠算等 7 项竞赛活动，还举办了溶洞夏令营及参加省、州科协举办的夏令营共 5 次。

2006 至 2010 年，科普网络进一步健全，21 个乡镇配备了兼职科技副乡镇长，270 个行政村建立了科技远程教育和科技图书室，基本形成了县、乡镇、村三级科技服务网络。

2011 年，我们坚持"实际、实用、实效"的原则，围绕三都主导产业区域优势，充分利用新闻媒体、采取举办培训班、开办宣传专栏等形式开展科技宣传与培训。同时、结合"文化、科技、卫生三下乡"、"科技周"等活动，广泛开展科技宣传与培训。"科技周"活动中，我们组织技术人员，在全县 7 个乡镇和部分村组围绕"节约能源资源、保护生态环境、保障安全健康、促进创新发展"主题来开展，并开展以"携手建设创新型国家"为主题的大型宣传咨询活动。活动期间，编印宣传资料 15 种，《农民养猪技术》、《知识产权基础知识》、《专利申报常识》、《商标法》、《地理标志保护》、《中华人民共和国防震减灾法》、《知识产权基础知识问答》、《农药施用技术上存在的问题及对策》、《加强农产品地理标志保护与商标注册》、《无公害蔬菜种植技术》、《饲养畜禽"6 个"为什么?》等宣传资料，共计 2 万份。进村入户开展了政策教育、技术讲座、技术咨询等活动，1 至 10 月共开展大型科技宣传活动 12 次，举办实用技术培训 7 期，培训农民 18000 人（次），发放各类宣传资料 1.9 万余份，解答问题 40 个。

六 主要科技成果与科技表彰

三都县县内科技成果获奖是从 1978 年开始的，县气象站科研项目"盛夏中短期大、暴雨预报方法"，以及县农机研究所、县机修厂参与黔南州农机研究所联合研制"配丰收 35、27 型拖拉机伸缩齿防滑轮"项目，首次在贵州省科学大会上获科技成果奖。1980 年 8 月，县科协首次代表大会颁发 1979 年 30 项科技成果奖。到 1987 年止，县内获中央级系统科技成果奖 1 项，获省级科技成果奖 5 项，省农业系统科技成果奖 3 项、州级科技成果奖 7 项，州农业系统科技成果奖 34 项，县级科技成果奖 70 项。1984 年至 1990 年自治县获黔南州科技成果奖 15 项，其中国家级 1 项、省级 7 项、州级 7 项；1991 年至 2005 年获黔南州科技进步二等奖 3 项，三等奖 8 项，四等奖 6 项，获奖面逐步扩大，如卫生系统、林业系统、国土、科技、工业等在此期间首次申报获奖；2003 年申报 3 个，获得州科技进步三等奖 1 个。1991 至 1995 年，自治县科技成果项目获黔南州科学技术进步奖 7 项，其中一等奖 1 项，二等奖 3 项，三等奖 2 项，四等奖 1 项。

随着科学技术的广泛推广和运用，各行各业科技人员联系实际，深入钻研业务，取得了不少的科研成果。农业方面，1981 年，有两项获得贵州省科技成果奖；畜牧水产养殖业方面，1981 年获得科技成果奖的有三等奖 2 项，四等奖 3 项，五等奖 8 项；林业方面，1990 年至 1996 年实施三都县世界银行贷款"国家造林"项目 10 万亩，1999 年获黔南州科技进步二等奖，在 1995 年第二次全省森林资源二类调查中获黔南州科技进步三等奖，2003 年实施高效麻竹育苗试验项目获黔南州科技进步三等奖；工业方面，碳化砖研制技术在 1994 年获得黔南州科技进步二等奖。

1995 至 2008 年组织科技成果项目申报省、州科技进步奖 14 项，其中省级二等奖 1 项；州级二等奖 3 项、三等奖 5 项、四等奖 5 项。

"十一五"以来，全县申报科技成果 6 项，其中获省科技进步二等奖 1 项，获州科技进步二等奖 2 项。农业科技方面，以培养"种、养、加"大户，建立专业技术协会、示范村、示范基地为突破口，大力实施优质粮油工程和农业标准化建设，创建无公害农产品生产基地和优质肉牛基地，认真抓好农业科技培训和技术推广，引进火龙果、沪玉糯三号、绍兴鸭等农畜新品种 20 余个；全县新技术、新品种覆盖率达 80% 以上，实施国家、省、州科技计划项目 32 项。工业科技方面，以技术改造和科技创新为重点，积极发展科技型中小企业，共实施"特色资源甜茶开发与增值加工技术研究"、"利用自主知识产权提取活性甜茶糖等有效成分"、"应用常温反渗透技术生产高品质甜茶浓缩液"等国家、省、州重点计划项目 10 余项，引进、开发"甜茶增值加工"、"绍兴鸭配套系列技术"等新技术、新产品 10 项。社会发展领域方面，珍稀动植物保护、生态环境建设、交通等方面技术攻关取得重大进展。

七　知识产权保护工作的开展

三都被列为国家传统知识知识产权保护试点县和省县域经济知识产权试点县后，县委、县政府高度重视，采取一系列举措推动试点工作。"十一五"期间，一是建立了知识产权办公会议制度，明确各成员单位工作职责。二是建立传统知识产权试点工作目标责任制与激励机制。把知识产权工作纳入县政府的重要议事日程，把知识产权主要指标纳入经济发展、科技进步与干部业绩评价考核体系，实行领导干部知识产权工作目标责任制。将试点工作任务分解到县直有关部门，定期对工作任务的开展落实情况进行检查，相关部门每月每季度书面向政府汇报工作开展情况。三是加大对试点工作资金支持力度。县财政每年安排 10 万元作为知识产权专项经费，以支持试点工作的开展。四是出台了《关于大力推进知识产权制度促进全县经济发展的意见》。五是完善了有关知识产权工作方面的制度，每年定期与县工商、公安、文体、新华书店、质量技术监督局等单位开展了以"保护知识产权"为主要内容的联合清查行动。

2008 年 4 月在三都县科技局加挂"三都水族自治县知识产权局"机构牌子，实行两块牌子一套人员的管理方式，县知识产权局局长由县科技局局长兼任。

三都县知识产权局主要职责：制定全县知识产权保护工作和专利工作的发展战略与规划，协调和指导全县知识产权保护工作；负责专利执法监督，依法处理专利纠纷；制订并实施地方专利信息网建设计划；负责全县专利技术的实施、交易工作的指导；负责专利代理、评估、信息服务等机构实施业务指导；组织推动知识产权法律、法规的宣传普及工作；开展有关知识产权工作的对外交流；承担省、州知识产权局交办的工作；制定本县知识产权保护制度；完成上级交办的知识产权保护等其他工作任务。

2009 年，县知识产权局负责县政府工作报告十件实事，以实施国家传统知识知识产权试点县为契机，重点抓好自然景观、水族马尾绣、水族端节以及水族文字、图形、符号商标注册和马尾绣、九阡酒等传统知识产品地理标志申报工作，鼓励传统知识产品企业对传统知识产品申报申请专利保护。

2010 年，县知识产权局负责县政府工作报告各项重大工作部署责任分解，以围绕"水族"旅游品牌，设计、开发以马尾绣、水书水族银饰、九阡酒竹木工艺等具有浓郁民族文化特色和地方特色的旅游商品。深入开展传统知识知识产权保护和开发利用工作，充分打造民族文化亮点产业，以民族文化点产业促进旅游经济快速发展。

2011 年，起草《三都水族自治县知识产权保护和发展规划 2011—2020 年》初稿。代县政府办起草《三都水族自治县打击侵犯知识产权和制售假冒伪劣商品专项行动实施方案的通知》，报政府审定下发。省、州知识产权局领导赴三都县开展县域知识产权试点工作调研。7 月 21 日邀请贵阳东圣专利商标事务有限公司赴三都县对企业开展知识产权培训与专利办理工作。加强知识产权宣传保护工作，认真组织专利申报。经过努力，2011 年 1—10 月三都县申请受理专利 28 件，商标注册 4 件。三都县获得全省县域经济知识产权试点工作先进单位。

2012 年，根据州人民政府知识产权办公会议制度办公室《关于做好 2012 年度知识产权目标考核工作的通知》和《关于做好迎接省人民政府对州人民政府实施知识产权战略考核的准备工作的通知》（黔南府知办发〔2012〕1 号和黔南府知办发〔2012〕2 号）精神，做好《三都水族自治县贯彻落实州政府 2012 年度实施知识产权战略考核细则任务》工作总结及其材料编制工作，于 2012 年 11 月 15 日前报政府审批上报州人民政府知识产权办公会议制度办公室。

知识产权专利工申报方面，2009 年，科技局向省、州申报科技及知识产权项目十四项。其中：省科技厅四项，省知识产权局 2 项，州科技局五项，州知识产权局三项。2009 年争取到项目资金 60.86 万元，与去年 62.5 万元相比，比去年减少 1.64 万元。2010 年，申请发明专利 2 件，即"明日叶软胶囊（已受理）"和"甜茶口服液及其制备方法"。

知识产权宣传调研工作方面，三都县被列为国家传统知识知识产权保护试点县，试点期限为三年，即 2008 年 10 月 1 日至 2011 年 9 月 31 日。2012 年，根据国家、省、州、县有关知识产权工作会议精神，对照国家知识产权局批复的要求及其试点工作方案，已经完成各项工作目标与任务，取得显著的成绩。完成了《三都水族自治县国家传统知识知识产权保护试点县工作总结》及其相关验收材料收集、整理、编写、装订成册。

知识产权申请注册证书方面，2010 年，在往年工作的基础上，已获得注册证书的有 15 件。其中，三都自来水有限责任公司注册的"尧人山清泉"1 件，三都县民研所注册的"水书"1 件，三都县绿色食品有限责任公司注册的"柳源牌"土鸡 1 件，县旅游局注册的"尧人山"4 件、"都柳江"5 件、"九阡"3 件（其中申报著名商标 1 件）。

知识产权保护项目申报方面，组织有关企事业单位做好 2010 年度省、州知识产权项目申报工作。根据省、州知识产权局的有关会议精神，结合三都实际情况，及时转发省、州知识产权局项目申报文件，2010 年，向省、州争取知识产权项目二项，其中省知识产权局1项，资金5万元，州知识产权局一项，资金2万元。2012年，申报国家、省、州各类科技计划项目共9个，其中省已经立项支持项目2个，国家和州级项目正在组织专家评审。

第九章

水族民族文学与民族艺术

第一节 水族民族文学

文学是一个民族的精神食粮，文学离不开优美的语言，更离不开这个民族赖以生存的生活场景。水族文学是水族悠久历史的真实写照。这一节我们将重点讨论三都水族自治县各民族文学中的水族文学，水族文学丰富的内涵以及悠扬的韵律将是我们走进水族文学殿堂之后首先注意到的一片景象。

三都水族自治县位于贵州省东南部，绵延的云雾山脉横亘全境，清澄涤荡的都柳江从三都县城穿城而过，日夜陪伴和守护着近 40 万三都各族人民居住的 2400 平方千米的绿色家园。贵州三都因一个古老的民族——水族的栖居而闻名于世，全国 40 多万水族人口中，20 多万水族就繁衍生息在这片美丽富饶的土地上。

这里灵山秀水，环境优美，物产丰富。千百年来，勤劳的三都水族人民依水劳作，生生不息。坝子、河谷间水家吊脚楼遍布，水家长老吟诵着古老的"防虫"即水书，世代传承着水族优秀的民间文化。水历正月，秋高气爽，丹桂飘香，粮食归仓之时，水族人民就要过 49 天的大年节"端"，祭祀祖先，庆贺丰收。节日的端坡，男女老少盛装齐聚，数百马匹蹄声嘚嘚，汗湿鬃毛，蜂拥而去，水族先民彪悍之风，尽洒烟尘之间。至水历九、十月间（农历五、六月），是水族最吉祥的绿色时节"卯"节，水族少男少女对歌传情，生命的气息在美丽富饶的都柳江畔回荡，三都水族的民间文艺在少男少女你对我答的优美歌声中传唱不衰，三都水族的民族文学和民族艺术也得到了彰显。

在漫长的历史发展过程中，水族人民创造了丰富多彩的民族文学。但是由于历史的原因，水族没有可以通用的文字，在水族浩瀚的民族文学中，除了少数借用汉字写的书面文学之外，绝大多数还是在人民群众中广泛流传的口头文学。由于口头文学是人民群众通过自身的社会实践口头创作的文学，所以历代水族人民随着社会历史的发展，通过劳动生产和生活斗争中广泛的社会实践，用它的历史形象地反映水族人民绚丽多彩的社会面貌。丰富多彩的水族文学艺术，是我国丰富文化遗产的一个重要组成部分。

统观水族文学的发展，从新中国成立前和新中国成立以后经过个人和集体搜集与整理，以及个人创作的文学文本资料来看，水族文学艺术表现形式中，新中国成立以前的水族文学基本都属于民间文学文体形式，而新中国成立后创作的文学文体大都属于新体的现当代文学形式。可以说，民间文学文体和新的现当代文学文体是组成水族文学艺术最重要的两个文学表现形式，特别是民间文学艺术，在水族文学艺术中占有重要的位置，也是最为丰富多样的文体艺术与表达形式。

一　水族民间文学

水族民间文学色彩斑斓，蕴藏十分丰富。它通过水族人民喜闻乐见的艺术形式，深刻地反映了水族人民的生活和思想感情，表现了他们的审美观念和艺术情趣。水族人民在漫长的历史发展进程中，不仅创造了民族的物质文明，而且也创造了民族的精神文明。水族丰富多彩的民间文学，就是水族精神文明的重要体现之一。

水族民间文学按照文体形式可以分为韵文体和散文体。水族民间文学中的单歌、双歌、兜歌、调歌和诘歌属于韵文体；水族民间文学中的神话、传说、故事、寓言、童话、谚语、谜语等基本属于散文体文学。

水族文学韵文体内容极为丰富，数量也颇为可观，多层次多层面的反映了水族的历史与生活。它主题鲜明，语言朴实，从反映开天造人、物种来源、民族迁徙的叙事歌谣，到反映生产劳动、礼仪风俗、爱情生活的古老歌谣，以及从作为反抗统治阶级的武器的苦歌、反歌，到歌颂红军和反映新中国成立后新生活的新民歌，不但概括地记述了水族社会历史的发展，也形象地反映了水族人民在不同历史时期的生活面貌。这些韵文体式的民间歌谣多在群众社交中演唱，有的已经成为欢庆民族节日或生丧嫁娶礼仪中不可或缺的民间文学艺术表达形式。

水族民间流传着多种形式的民歌、故事、传说、寓言等，这些民间文学内容广泛，形式多样。水族人民善于用诗歌来表达自己的思想感情，有长篇叙事诗，也有即兴的短歌，反映的内容十分广泛，有对古代人类起源和民族迁徙的叙述，有对美好生活的向往和追求，也有对纯真爱情的热情赞颂。散文形式的故事传说和神话寓言，情节生动，具有浪漫主义的色彩，既是宝贵的文学遗产，也是研究水族历史的珍贵资料。

（一）水族民歌

水族的民间文学有其独特的民族风格，尤其是民歌，它是水族民间口头文学的主要组成部分，也是水族民间文学中最能反映民族特色的一种文学形式。长期以来，水族人民以自己民族喜闻乐见的方式，经历了千百年的锤炼，创造了多种民歌形式，流传至今，已成为水族文化的象征，并融汇进了中华民族全民文化的绚丽花圃，成为其中的一朵奇葩。

水族民歌年代久远，流布广泛，形式多样，可分为单歌、双歌、蔸歌、调歌和诘歌五种。

它具有以下一些特点：曲调变化不多，起伏不大，旋律简略，歌词则因时、因事、因人而随时变化。内容上举凡创世造人、开荒播种、爱情婚恋、苦难人生等都可以用咏唱的形式，流播传承。这一文体的文学作品，形式优美，音调铿锵，富有强烈的音乐性，是水族人民用来交流思想，表达感情，传授技术，调解纠纷，进行娱乐的重要工具，是水族人民日常生活中不可缺少的精神食粮。由于水族和相邻民族文化的交流，都匀地区基场、阳和、奉合等水族地区接受汉文化的影响较早，尽管日常生活中依旧使用水语，但在民歌方面却用汉语演唱七言四句的汉语民歌，而演唱民族的历史古歌、丧葬歌等依旧用水语演唱。

水族民歌形式上没有固定的句数，短的两三句、五六句就是一首，长的几十句甚至几百句。传统的水歌句子多数是七言句，也有三言、四言、五言的。

句子的形式，七言句通常按前三后四分节，中间拖长音或稍作停顿，如是三、四、五言句，中间不分节。

水歌注重押韵，押韵方法有头韵、腹韵、脚韵三种，常常混合使用，所以有"无韵不成歌"之说。但在一首歌中经常换韵，很少有一韵到底的。一首几十句、上百句的歌，可以换十几个甚至更多的韵。

水族民歌按内容可以大致分为古歌、生产生活歌、风俗歌、情歌、叙事歌等多种。每一类歌还可分出相关的细目，如情歌可以分为见面歌、分别歌、青春歌、惜春歌、约会歌、想念歌、定婚歌、逃婚歌、离婚歌，等等。

水族古歌如《开天辟地》歌：

　　初开天，天接地面；始辟地，地连着天。天穹圆，像个锅盖；地周圆，似块磨盘。初开天，无日月星；没阳光，大地冰冷。无星月，一片黑暗。天仙知，挑来红日，共九个，齐放光明。太阳多，犹如烈火；水族人，灾难深重。天仙造，夜有星月，星与月，住在高天。造月亮，只有一个；造星星，万万千千。初辟地，遍布山坡；小山坡，座座相连；大山坡，连绵不断；山坡坡，阻隔地面。

生产生活歌，如《造五谷》歌：

　　冬腊月，天干少雨；撒小米，正该准备。七月间，天气温暖；种玉米，正合时机。七月间，远祖点豆；黄豆种，仔细挑选。六七月，春雨纷纷；咱远祖，挽袖拴衣。打秧田，三犁三耙；田耙平，泥土打细。

风俗歌，如《过端》歌：

　　十二月，新谷满仓；临过端，人人都忙。捉田鱼，酿好甜酒；喂好马，缝新衣裳。到过端，晚间素食；清晨起，杀猪宰羊……

情歌，如：

　　心想你，懒端饭碗；心爱你，晚饭难咽。想得我，日进一餐；害得我，心烦意乱。人也瘦，痴痴呆呆；天天盼，你我相见。谁知道，等到哪天；谁知道，等到哪年。
　　我等啊等，茅草破土已成蓬。我等啊等，桐树开花果实壮。我等啊等，遍野映山花凋零。我等啊等，岭上黄饭花枯萎。我等啊等，嫩笋成竹又生笋。阿哥哟，等得我肌肉干瘦皮肤皱，你再晚来，只能收到我的冤魂。转世投胎，你去哪里找我替身。

去年称你哥，今朝呼你郎。你变我也变，妹妹成新娘。

叙事歌，如《凤凰之歌》：

金凤凰，飞遍柳江，从柳城，顺流而上。她站在，尧人山上，又展翅，西南飞翔。她站在，红茶树上，整羽翅，高歌昂扬。这地方，山青水绿；这地方，鸟语花香；这地方，田地宽广；可真是，鱼米之乡。金凤凰，引俺来此，建家园，代代安康。唉细唉咳，金凤凰哟喂！

单歌一节为一首，取材广泛，可以一个人唱，也可以几个人合唱，即使对歌，每次也只需唱一首。例如《金锦鸡鸟》：

锦鸡鸟，站树梢头，好容易，飞到这里，竹林下，跟鸡寻食，眼明亮，叫声温柔，黄金毛，人人喜欢。

双歌是水族独特的一种歌谣形式。双歌可以分为两类：一是敬酒、祝贺、叙事的双歌；二是带有寓言性质、有说有唱、兼有简单表演的综合艺术型的双歌以及逐步演化为说唱结合的曲艺，简称为说唱结合双歌。双歌一唱一和，双歌以组为单位，有歌前的说白和主体的吟唱两部分。风俗歌的说白往往只一句话，如："那里有这样的风物，人们这样歌唱"，或"我唱这样的歌来给大家听听"。如果是在席间吟唱互相感激赞美的歌，双方只在起歌前说："你别这么夸，听我唱两句。"寓言性的双歌，说白了就是一则短小的故事，概括性地介绍吟唱部分主要对象间的主要活动。吟唱部分是双歌的主体，歌中每一节都从不同的角度或侧面来叙述这个故事。组成双歌的每一节，尽管内容有相对的独立性，但不能单独成篇，必须组合在一起，互相联系配搭，才能确切反映所要表述的内容。一组双歌，只有一次说白，安排在演唱之前。

水族人民唱双歌，多在热烈庄重的酒席间进行，所以又称酒歌。起歌时有伴唱，唱完每一节歌之后，周围的听众要跟着重复末句，加上"喂"或"哈喂"作为和声，烘托场面气氛。双歌演唱者要根据所讴歌的对象或需要回答的问题，随机选相同、相近或相对的歌来唱，出歌的一方不能乱出，对答的另一方不能乱对，要是答的另一方对不上或对错了，就要罚一杯酒，然后由旁人或出歌者代续。

双歌是水族民歌中最具有地方色彩和民族特色的一种说唱形式。在荔波等地，双歌是男女对唱，双方都是两人，歌的内容一定要成双成对，比如出歌的一方唱的是《锦鸡与喜鹊》，对的另一方就唱《兔子和山羊》。因为演唱者是双数，歌的内容也是双的，所以叫"双歌"。在有些地方，双歌不能男女对唱，只是男与男、女同女成双对唱。歌中吟唱的事物或人物必须成双。演唱双歌，在有的地方，老年人、青年人都可以唱，而在有的地方，只有青年才唱。演唱场合，有的多在酒席上，而有的则只是"开控"时才唱。

双歌，如《白鹤与乌鸦》。

说白：乌鸦遇见白鹤，想和它交朋友，但怕白鹤瞧不起它，乌鸦就唱了这首歌（出歌的一方唱）。

乌鸦唱：毛洁白，雪片一样。脚杆长，嘴鼻红亮。你白鹤，高贵非凡，谁见了，个个夸奖。我个儿，又矮又小，穿一身，黑色衣裳，想与你，交个朋友，只恐怕，太不般配。白鹤呀，你如不嫌，愿伴你，飞向远方。我的白鹤友喂！我的白鹤友喂！

白鹤唱：听你唱，我脸发红，你乌鸦，受人尊重。你和我，毛色不同，交朋友，最要心忠。你乐意，我没话说，有缘分，才会相逢。同飞行，遨游苍穹，结友伴，同上天宫。我的乌鸦友喂！我的乌鸦友喂！

对歌的另一方答：《麻雀与画眉鸟》。

说白：桃红柳绿，百鸟歌唱。一天画眉鸟正在尽兴吟唱，看到麻雀高高兴兴在身边欢跳，就称赞它聪明伶俐，麻雀说画眉鸟的歌声好听，想同它交个朋友，但心里又有顾虑，于是唱道：

麻雀唱：画眉鸟，歌声悠扬，你美名，传遍四方。我对你，十分敬仰，今日里，幸运碰上。见你面，感情激荡，听你叫，牵动心肠。我心想，在你身旁，想上前，心里发慌。我的画眉友喂！我的画眉友喂！

画眉唱：感谢你，说我好话，你听我，细细叙说：我画眉，常被捕获，关笼中，不得自由。你比我，聪明灵活，想问题，心计很多，你麻雀，飞遍山岭，屋檐下，还可做窝。你和我，有幸相遇，我的歌，越唱越多。我的麻雀友喂！我的麻雀友喂！

下面再举一例较为简短的双歌：《野鸡和锦鸡》。

说白：一天野鸡和锦鸡在山里相遇，野鸡夸奖锦鸡毛色美，尾巴长。锦鸡称赞野鸡聪明。好，听听它们说些什么。

野鸡：咱同类，你最高贵；骨头重，体大身肥。踩哪处，哪处成路。尾巴长，毛色美丽。初相会，我心爱慕，愿相陪，过此一生。我的锦鸡友喂！

锦鸡：听你讲，使我惭愧；讲漂亮，我怎比你。我愚蠢，叫声难听，哪比你，聪明伶俐。六月春，面红如醉，咯咯叫，令人着迷。人喂养，丢我要你。我的野鸡友喂！

水族双歌所演唱的内容，几乎涉及社会生活的方方面面，任何事情都可以编成双歌演唱。在生活中碰到任何情况，可以找到相应的双歌表达自己的感情。

蔸歌形式上跟双歌类似，开头也有说白，接着是吟唱，是主体部分。演唱蔸歌，至少两人，可以更多，属于集体演唱一类，但唱的是一件事，唱的歌可以合成一组，像一蔸丛生的庄稼，所以叫蔸歌。蔸歌的结构分为说白和咏唱两个部分。说白类似小序、小引，是简述咏唱对象间的主要活动情况。咏唱是蔸歌的主要部分，是咏唱者抒发情怀的歌唱。从蔸歌反映的内容来看，虽然也有历史、风俗、风物、庆贺方面的内容，但是，却偏重于爱情方面的题材。蔸歌演唱时，不拘环境地点，也没有起歌时的伴唱和结尾时的和声，这些都与双歌不同。

蔸歌例：《苗族姑娘》。

说白：从前有个苗族姑娘来到水族寨子吹芦笙，寨里有一个水族青年喜欢上了这个姑娘，便请她去家里作客。到了家里，这个水族后生唱道：

水族小伙唱：姑娘哟，你家住哪？是不是，住在登达？你身上，佩戴银饰，看得我，眼睛发花。看多遍，总看不够，希望你，来住我家。我们俩，尽情玩耍，想留你，多玩几天。不知你，是否愿意？姑娘你，心灵嘴巧，若不愿，也回句话。你的话，值钱千万，留句话，我也心甘。你要是，一句不说，会使我，痛苦悲伤。

姑娘唱：你不要，费劲夸赞，我的话，不值啥钱。我知你，很有名气。住塘州，名扬独山。在塘州，有个山其；在中和，有个阿斌。他两个，也很出名，但比你，还差几分。你家中，常有客人，并不差，我这样人。鸡鸭毛，各不相同；难撮合，配对成双。你我俩，悬殊太大，一起玩，惹人笑话。

水族小伙唱：不是我，胡乱夸奖，你美丽，不比一般。你身上，五彩衣衫，花蝴蝶，也比不上。你走路，轻盈灵巧，像仙子，驾雾腾云。你脸庞，白润光亮，人见了，谁不动心？可叹我，空有虚名，到如今，也无情人。如不信，看我手腕，没手圈，两臂光光。你不肯，进我家门，要回家，山遥路远。这一去，山水相隔，要见面，定在哪年？从此我，日夜思念，空想思，泪眼汪汪。天天盼，寻你脚印，痴望着，你的去向。

姑娘唱：朋友呵，你莫心伤，我不值，你这样想。在塘州，你最出色，受人敬，个个赞扬。听你说，还无手圈，可惜我，手圈不多。如想要，给你项圈，不知道，可合你戴？如合适，戴你身上，你和我，从此有情。别忘记，两家老人，要幸福，告诉他们。能得到，爹妈欢心，我们俩，永结同心。

《苗族姑娘》是一对一见钟情的苗族姑娘和水族青年的爱恋。由于取材于真人真事，加上彼此咏唱的情意绵绵，在水族地区广为流传。

又如《怨父母处事偏心》。

说白：两姐妹回娘家省亲，不期在途中相遇而议及各自的婚姻家庭，父母贪钱财，把姐姐嫁给又跛又瞎的男子而抱恨终生。妹妹读书后自由恋爱结婚，父母还逼她要重金聘礼。两人越说越气，就唱起来。

姐姐唱：气愤多，妹听我说：还在小，父母就嫁。那时我，不能做主，嫁女儿，一言议定，来定亲，要猪百几。吃大酒，要几头猪，算酒钱，合几十吊。死狠抠，让那家穷，睁眼见，故意坑人。贪钱财，不管我苦，女婿矮，又跛又瞎。别提啦，肝肠快断，我伤心，想走绝路。碰到妹，数落父母，血和泪，淌成溪沟。这辈子，啥时才完，得像妹，那才幸福。

妹妹唱：现在好，说给姐听：小时候，就去读书，二十几，与人定情。我结婚，也合政策，父母骂，说我违命；要彩礼，银钱几百，我气多，当面说清：男和女，都是骨肉，对女孩，就不公平。是男崽，分得房屋，得牛马，田土山林，嫁姑娘，不盘嫁妆；反倒抠，赚取钱银；这次来，还带糖肉，父母改，我就孝敬。我有家，还算如意，姐成家，没有爱情。咱相遇，摆谈解恨，怨父母，处事偏心。咱记好，别害后代，让子女，幸福欢欣。

《怨父母处事偏心》反映的是姐妹俩对封建婚姻礼教的抨击、控诉和对自主婚姻的热切追求，对比强烈，具有鲜明的积极意义。

调歌多在席间或调解场合念唱，形式短小精悍，句子数目不多，每首在五六句到20句左右。每个句子的长短不一，不讲究工整。调歌常常选取日常生活中逗趣的内容，编成短调来念唱，以达到戏谑、讽刺的作用。调歌有一人唱，也有两人对唱的，每首末了常有"啦—哈"，"嘹—哈"作为和声结尾。

调歌，如《戽水歌》：

劳格劳，格佬昂了，嘹啊—嘹列！

张三哥，约李弟，到田边，一道戽水。张三哥，把水戽干，捞得了，一条大鱼。李四弟，戽水不干，不得鱼，怎达目的？人家戽得鱼，早已起身走，你又为什么，还停留这里？快戽啊快戽，捞条大鲤鱼。

劳格劳，格佬昂了，嘹啊—嘹列！

题解：这是一首用生产劳动——戽水来比拟喝酒的歌。意思是大家都喝完了，你还没完没了了。

调歌又例《黑牛与花牛》：

一头黑牛，一头花牛，同进人家菜地。一个吃一块，一个吃一畦。你我不要碰角，彼此切勿动蹄。得吃就走啦—哈！饱了消气嚓—哈！

题解：这是两个卖艺人为利益发生争执，劝告者唱此调歌来解劝，往往能平息怨气。

诘歌的"诘"是水语的音译，有辩理、论理的意思。诘俄牙是一种讲古说今，既有历史哲理内容，又有摆事实、讲道理意味的说唱文学。诘歌有婚嫁诘、丧葬诘、评理断事诘三类。演唱常在酒席上进行。由德高望重的长者或是擅长此技的艺人来念唱。诘歌一般都比较长，由几十句到数百句不等，句式长短不一，通常是两人对念，也有一人念唱的。诘歌的结尾，常有几句吟唱的歌。

如是婚嫁仪式上念的诘俄牙歌中的几个小段是这样的：

嫁方念：古酒才是亲家的酒，好酒才是客人的酒。今天是吉日良辰，今天利万物生长。今天才喝酒陪客，亲朋连好友来到。

彩虹出现在天上，是因为龙出了深潭。万花开遍了山原，是因为春天来临了……

……我们的姑娘很笨，我们的女儿很傻。我们不会教，姑娘空长大，做不成家务事，绣不出五彩花。承蒙叔伯们不嫌弃，看得起才来做亲家。是不是这样呵，亲戚们呢？

娶方念：古老时，造下人烟，在发光的天边，在发亮的中天，在湛蓝的上穹，上开天堂，下开人间。

亲家啊！我们一家有姑娘，一家有后生；一家有铜鼓，一家有木鼓。铜鼓不放在口袋里藏，牛角号不放在衣兜里装。拿出来敲，取出来吹，声音响亮传四方，姑娘后生配成双。

摆好了筷子酒碗，放好了红线绿线，红线绿线作凭证，我们结亲永不变。你说是不是这样，亲家啊！

"诘俄牙"在句型结构上，大大地突破了传统民歌：二、四分节七言句的模式，根据表述内容的多少，可长可短，出现了不少的二言句、四言句、五言句、六言句，还出现八言句、九言句。这对推动水族民间文学的发展具有重大的意义。

随着整个水族现代化进程逐步加快，以及水族民歌用途的减少，特别是对歌场合的减少，年轻人对民歌的掌握越来越少，水族民歌逐步走向萎缩，这一点对民族文化的传承是一个严峻的考验。三都县政府已将水族单歌、兜歌等列入了第一批县级非物质文化遗产代表作保护名录，加大对水族民歌的宣传和推广工作力度，县文化行政主管部门派专人对民歌进行收集整理，不定期请民间老艺人到学校进行培训，但民歌生态环境已经改变，民歌的传承和发展出现严重断层，如果不及时采取补救措施，估计整个水族地区不久就像都匀等水族地方一样，以后只能听到别的民族的歌曲了，这是我们不愿意看到的一个趋势。

大概 50 年前，可以说每个人都是民间歌手，随着新老交替的发展，年长的歌手不断减少，年轻歌手越来越少，人人会唱水歌的情况已经不复存在，这是令人担忧的发展趋势。我们这次调查，特别注意收集民间歌手的相关情况，收集到不同场景的水歌视频资料 100GB，收集水歌至少 1000 首以上，通过对这些资料的研究，我们了解到水族歌手还是不少，他们是水族民歌民间歌手的优秀代表，一般唱不同的水族民间歌曲，都能连续唱 3 个小时以上，内容相当丰富。这里把最具代表性的歌手细列如下，希望当地在抢救非物质文化遗产过程中能够充分利用这些著名歌手，充分发挥他们的作用。他们是：三都县三洞乡古城村的石忠德先生、古城村的石国体先生、石国道先生，年轻的男歌手有石昌观、石国炯，还有水歌王之称的三都县三洞乡岜炮村水外组的石国仁，三都县扬拱乡杨先全，合江镇韦兴卓，等等。女歌手有中和镇的石少霞，大河镇苗草村的陆银珍，三洞乡的陆仙花，等等。

（二）故事与传说

水族民间的口头文学，除了民歌以外，还有流传久远、内容丰富的各种故事传说。其中有的是关于天地日月、风雨雷电等自然现象和世间万事万物起源发生的神奇解释；有的是关于远祖创世，民族形成和播迁繁衍，口口相传的历史渊源；有的是山川风物，民俗殊风的描述叙说；有的是扬善惩恶，讽喻规劝的道德准则；有的演说英雄，有的鞭挞坏人。忠贞的爱情故事永远讲不完，人化的飞禽走兽，鱼龙昆虫的奇谈趣事，处处广为讲述。水族故事是水族人民日常生活中不可或缺的精神食粮，水族故事是水族社会亘古常新的全民财富。

水族故事按内容分，有神话传说，风物民俗，抗暴反霸，机智人物，男女爱情，花鸟寓意，哲理名言等多种。

在水族地区，流传最广的神话传说要属《人类起源》、《人龙雷虎争天下》和《太阳和月亮》等。如《人龙雷虎争天下》传说故事是这样的：

最古最古的时候，人、龙、雷公、老虎原是亲兄弟，生活在一起，住在一间屋子里。日子久了，一个想赶走一个，独占这所房子。终于有一天，四兄弟公开提出进行比赛，谁能把其他三个赶出屋子来，谁就是这房子的主人。老虎抢先跑出门去，用爪子抓墙壁，用尾巴敲门框，啸声震天动地，三兄弟躲在屋里，一动不敢动，老虎施威完了，人、龙、雷公还是在房子里，老虎第一个输了。雷公嘲笑老虎无能，大声说："看我的！"它跳出门外，腾空而起，打起响雷，扯起火闪，震动房子，摇摇晃晃，刺得个个睁不开眼。雷公越使劲，三个越害怕，谁也不敢跑出屋门，雷公也失败了。雷公刚进屋，龙立刻冲出去，施展它的本事，霎时间，浓云密布，大雨倾盆，房子漏了，虎毛被雨水淋透，慌得老虎急忙钻进桌子下面，雷也慌了手脚，躲到墙角落里，人早就靠在墙边，一点没有淋着。龙满心欢喜，以为三个早就吓坏了，一进门，个个都在，一下子泄了气。最后轮到人了，他不慌不忙，跨出门去，抱了一捆又一捆柴火，堆在房子四周，接着拿两块火石，磨了又磨，擦了又擦，发出火花，点着了柴草，一时浓烟四起，大火烧着了房子，龙、老虎、雷熏得睁不开眼，烤得到处乱窜，最后，老虎钻进了山岭，龙一头扎进深潭，雷腾上了天空，才算保住了各自的命。人动手整修了房子，平平安安住了下来，从此天下成了人的世界。

风光秀丽的都柳江，是水族人民世代生息的摇篮。水族人民赞美自己的家乡是"凤凰羽毛一样美丽"的地方，这波光粼粼的都柳江是怎样来的？陡峭的山口为什么像钳子一样夹住奔腾的江水？原来有这样一个故事：

老祖宗们全都说不清离现在有多久了。那时，天上有一位火神妒忌人间安宁的生活，有一天，从火海子里扒出 12 团火，搓成 12 个滚圆的太阳，丢在最低一层的天上。于是草木枯焦了，石头熔成奇形怪状，人们喘不过气，睁不开眼。大家都来求英雄旺水救命，旺水找到仙王，仙王给了他12支神箭。他一脚踏在月亮山上，一脚蹬着怒尤山顶，挽弓搭箭，对准一个个太阳射去，接连击碎11个，化成无数大大小小的星星。人们又睁开了眼，森林从地里冒了出来，走兽飞鸟也一一苏醒过来，他们大声齐喊："旺水公呀，留下一个照亮吧，留下一个指路吧！"旺水点点头，抽回最后一支神箭，向岩缝里掷去，神箭嵌进石岩几丈深。不久，下了几场大雨，这条箭道就成了奔腾的都柳江，从此长流不息。

水族的年节不尽统一，呈现年节种类众多，批次繁杂，地域交错，时间不一的缤纷现象。水族的年节有端节、卯节、额节、苏宁喜、七月半、春节等，其他节日有霞节、清明、端午、六月六、中秋等。端节是在水历旧岁结束、新年开端之际过节，时值水历年终十二月至新年正二月阶段（农历八月到十月）。端节是水族辞旧迎新、庆贺丰收、祭祀祖先、聚会亲友，预祝来年丰产的最大的年节。关于端节起源有两种传说。《端节的由来》叙述水族头领拱登（祖公）率众溯江而上，随之，大家就散居各地安家立户，并约定三年之后的水历年谷熟之际再相聚。三年之后，大家都骑着马，驮着丰收的谷物、瓜果来欢聚。由于当时共过一个端节，各地走访不便，便设定各地分批过节。为解决端节先后批次问题，拱登叫各地头人伸手进鱼篓里抓鱼，按量依次排列。套头老大哥抓的鱼最重而过头批端，之后依次是拉佑、水婆、水潘、三洞，牛场，兰岭殿后关尾。所以节日歌有"同是水族，套头先吃，一样辛苦，兰岭关尾"之说。另外，还有一种传说，即有一天，民间有几弟兄去看望老祖公，老祖公高兴极了，亲自爬上草房顶上采摘大南瓜，准备招待大家共庆丰收。想不到，老祖公从房上摔下来死了，因此就以此为节，以作纪念。其实，这是葫芦再生人类的变形传说。这便是端节祭祖、吃素、供瓜供鱼的由来。

《卯节的来历》叙述水族先民来到龙江上游地区以种稻为生，有一年恶神降下灾祸，让铺天盖地的蝗虫把稻叶全部吃光。在地支寅日到卯日的夜间，水族地方头领——拱恒公心急如焚，一筹莫展。在女儿水仙花问天歌声的惊动下，南方天际忽然闪出一道亮光，法力无边的全民族保护神六夺公显灵飞到拱恒公的面前说道："姑娘的歌声已听到了，莫愁莫悲。恶神降灾，不仅危害庄稼，还会带来瘟疫，你应呼唤乡亲们赶快打扫屋宇，除尽尘埃。把这些尘埃撒在田禾里，不仅可以杀死害虫，催长庄稼，还能给人类驱灾疫。"说毕，六夺公化道青光飞走了。拱恒公依言动员各村寨的水族人如此办理，结果获得好的收成。从此，人们每逢这时节就仿此这节，祈求人寿年丰。

水族民间流传着许多赞颂起义英雄的故事。最有名的是《简大王的故事》。

清朝咸丰年间，水族农民领袖潘新简领导的起义是水族历史上规模最大、范围最广、时间最长的一次农民大起义。水族人民对潘新简极为崇敬，尊称他为"简大王"。流传的故事中有一则《智胜官兵》，叙述道：有一次，起义军在一座山头被强敌围困，粮尽援绝，简大王派人偷偷下山，摸了几条鱼和一把水草，再将山上仅有的几团糯米饭，和鱼、水草包成一团，丢给官兵，敌人以为山上水丰粮足，围困徒劳无益，只得悄悄撤兵。

水族人民是勇敢的人民，是智慧的人民，机智人物故事是广大群众智慧的结晶，民间传说中的金贵就是深受群众喜爱的一个机智人物，有关他的故事很多，举一个《帮土司办年货》的例：

> 有一年，快到春节了，土司要金贵一起去采办年货。土司买了一大挑丝绸、火炮、糖果，要金贵挑回家。走到半路，过独木桥，土司胆怯，又怕河水冰凉，要金贵背他过河。到河中间，金贵故意把土司的玉石烟袋碰掉在河里，土司喊金贵快捞烟袋，金贵趁势把土司丢在河里，把他冻得半死。土司叫金贵烧火给他烤，金贵悄悄引燃了旁边的火炮，把一挑年货炸得稀烂。金贵处处按土司的吩咐办事，土司吃了大亏，倒了大霉也无法整治金贵。聪明的金贵又一次狠狠整了土司，为老百姓出了气。

以爱情为主线的故事，内容丰富多彩。有的是妖魔鬼怪用邪法破坏人间的美好姻缘；有的是土司财主依仗权势，欺凌贫弱，强占民女；有的是嫌贫爱富的世俗观念拆散了恩爱的鸳鸯情侣；有的是穷苦青年彼此相爱，但无力婚配，只能把对爱情的憧憬寄托在神力上。《月亮山》、《望郎榕》、《樵夫与龙女》、《登诺与阿柳》等故事，表现了水族青年男女对爱情的渴望和追求。为了得到真正的爱情，他们向恶势力进行了大无畏的斗争，但是他们的力量毕竟太微弱，因此，结局的悲剧性是理所当然的，这正是旧社会生活的真实写照。但是水族人民不甘心屈从于命运，他们总是不断地追求，并通过幻想的力量，改变自己的命运。这些故事中的青年男女，多数都战胜了统治者和恶势力设下的种种陷阱和迫害，最终获得了幸福，这样的结局可能并不真实，但却体现了人民的美好愿望。善良必将永存，邪恶终归泯灭，这是水族人民具有人类共同文化心态的具体展示。

在水族民间故事中，还有为数不少的有关动植物生活习性、体态特征等方面的内容。这是一些借助丰富的想象力而创作的短小精练、生动有趣的小故事，构思奇特而又包含一定的哲理，是人民大众观察日常生活中某类事物的特性加以分析、综合、推理、渲染的结果，是群众智慧的结晶。《狗找朋友》的故事，讲了古时候，有一条狗因为孤单，出门去找朋友。先找到豺狗，豺狗要它管自己叫爹，一边大口啃着叼来的人肉，一边指使狗干这干那，不给狗一点肉吃，最后还大骂它一顿。狗生气了，离开了豺狗。它走呀走，又遇见了一只老虎，想和老虎交朋友，老虎要狗叫它"大王"，它答应了，但求老虎别吃掉它，老虎一听哈哈大笑，说："大人小孩到处都有，我再吃也吃不完，别担心会吃掉你。"狗不敢相信，偷偷逃走了。遇见了一个守庄稼地的穷小伙子，小伙子拿东西给它吃，答应跟它交朋友，狗很感激。晚上青年人不睡觉，守着庄稼，狗为了报答他，就主动守夜看庄稼。从此狗和人成了好朋友。

《仙婆婆送角》的故事，说的是从前水牛、黄牛和马都没有角。有一天，一位仙婆婆要送角给它们，但她只剩了两副角了，于是让它们赛跑。马跑得最快，得了第一，黄牛第二，水牛身体笨重，最慢。赛毕，马放声长嘶，又高兴又骄傲，它以为可以稳得一副，水牛唉声叹气，肯定没福享受了。这时，婆婆开口了，她说："安角是为了对付敌人，保护自己，马跑得快，能逃过敌方，不必安角了。黄牛比水牛快，要一对短的就行了，水牛跑得最慢，给你这对长角，跟敌人斗。"因此，直到现在，马没有角，水牛和黄牛的角，长短不一样。

水族口头文学除歌谣、故事以外，还有一些由短句子组成的格言和谚语。这些话言简意深，鲜明生动。如系对句，往往也讲究协韵合辙，朗朗上口，听起来铿锵悦耳。这是水族人民千百年来，从日常生活中总结出来的饱含哲理的至理名言。

　　格言和谚语从表现手法分析，既有巧妙的比喻、借喻，也有一针见血的直白、明说，既有婉转的旁敲侧击，也有大刀阔斧的快人快语，既有鲜明的民族特色，也不乏从其他民族特别是汉族中汲取来的雅谚俊语，堪称句句锦绣，美不胜收。例如："杀马吃肝"，意思是为了贪图眼前的小利，不惜杀鸡取卵。"上前踩盆，退后踩碗"，隐喻办事棘手，寸步难行。"水软水钻山，石硬石成灰"，告诉人们干什么只要有韧性和耐心，水可以滴穿山岩；如果只晓得硬拼，反而会粉身碎骨。"牛力在头前，马力在后腿"，牛拉犁前部使劲，马拉车后腿用力，借喻人各有所长，因人而异，不能要求一个样。

　　更多的格言和谚语如：

　　　　吃睢水，成睢人。吃睢河水，成睢家人。哪方的水，养那方青苔。大牛斗角，小牛遭殃。理倒三千，力倒一人。近墓地，遭鬼缠（近墓鬼缠）。抵崖砍虎。哪里的屋檐水，落在那里屋檐下。针走得，线去得。人心若不正，墨线弹也歪。人教人才成器，天晒大地才干爽。人没有酒不说话，纺车无油难转旋。菜无盐无滋味，斧无钢不锋利。马不骑不跑，人不练不精。吃一口，吐一盆。种芝麻得芝麻，种豆得豆。道路不走长草，亲戚不走生疏。倒出的水，收不满筒。哪种酒香甜，那种酒害人。拉一棵藤，动整个刺蓬。劈柴要墩，官司要钱。人怕蛇咬，蛇也怕人咬。女无夫像没有顶的斗笠，男没妻像无缰绳的马匹。叫的不咬、摸拐杖，知路滑。买的米，不抵吃。小刺蓬藏虎，小池塘有鱼。三四月坐石头不暖和，八九月走亲戚受冷遇。水牛气力在前头，马的气力在后头。

二　水族现当代文人文学

　　在传统意义上，水族文学以民间文学见长，前述形式多样的水族民歌和故事传说就是最具代表性的。而水族进入现当代社会以后，由于受到汉族文化的影响，涌现出一些本民族的知识分子，他们用汉字书写了少量的书面文学，其中，水族最初的书面文学尤以水族人民的优秀儿子、我党早期的著名革命活动家邓恩铭烈士以及水族文人潘一志作品最具代表性。

　　新兴的水族作家的书面文人文学作品的创作，主要还是涌现在新中国成立后，特别是粉碎"四人帮"以后，在十一届三中全会的精神鼓舞下，在各条战线上涌现出了一些水族青年作者创作的书面作品。同时，在这一时期，水族的民间文学遗产也得到了大规模的搜集整理，并汇印成册。前一时期（新中国成立初期到"文革"结束）的作品以新民歌、新故事为其主体，反映了水族人民获得解放后热爱党、热爱社会主义，投身建设新兴的共和国和崭新生活的喜悦之情；后一时期（十一届三中全会以后）的作品，有散文、短篇小说、长篇小说、诗歌等多种文体创作形式，在表现手法和创作内容上比前一阶段有较大的发展，大都立足于歌颂水族人民，为实现社会主义现代化而展现的多层次多侧面的社会生活，富有浓郁的乡土气息和民族文学色彩。在这一时期，初步出现了书面文学和口头文学双峰并进的新局面，这是水族文学发展史中一个划时代的变化，不断有新兴的水族作家作品在地州、省部级乃至全国一些重要刊物上发表，逐步走出了一些在民族作家文坛崭露头角的水族青年作家。

水族书面文学的兴起是水族社会政治、经济、文化发展的结果，是水族社会进入现代社会的必然产物。在书面文学产生前，水族文学仅仅是口头文学，即以民间口传文学为主体。书面文学的兴起，作品由单纯地从讲给别人听发展到写给别人看，从而结束了水族文学史上单一的口头创作现象，不仅有利于文学的流传于保存，而且给水族文学表达新时代、新人物、新生活，开拓了广阔的创作与表达空间。水族的书面文学包括了古体诗（格律诗）、现当代作家文学两大部分。

（一）格律诗词

水族最初的书面文学的表现形式主要是格律诗词，这是水族知识分子掌握了古诗词的写作技巧后，在水族社会生活中汲取素材而创作的。从水族现存的文学记载看，最早的水族书面文学作品是荔波县晚清秀才潘文秀的七言古诗《一两五》。在现代社会中，创作格律诗词书面文学较多的是邓恩铭和潘一志。

1. 邓恩铭的诗词

邓恩铭（1900—1931 年）是中国共产党第一次全国代表大会代表、工人运动卓越的领袖、早期的中共青岛市市委书记和中共山东省委书记，在大革命时期，一直站在斗争前列，英勇奋斗、坚贞不屈，最后壮烈牺牲在敌人的屠刀下。而出生劳动人民家庭的邓恩铭，自幼勤奋好学，酷爱文学，在短短的一生中，留下许多优秀的诗篇。如他听说农民领袖潘新简起兵反抗清朝统治的英勇事迹后，为英雄正名，在一首七绝中写道：

> 潘王新简应该称，
> 水有源头树有根，
> 只为清廷政腐败，
> 英雄起义救民生。

又如邓恩铭在 1917 年，决定北上山东求学，寻找救国真理，临行前，写下这首诗词：

> 赤日炎炎辞荔城，
> 前途茫茫事五份，
> 男儿立下钢铁志，
> 国计民生焕然新。

又如，邓恩铭在 1931 年 4 月 5 日，在济南英勇就义前，他写下掷地有声的诀别诗：

> 卅一年华转瞬间，
> 壮志未酬奈何天，
> 不惜唯我身先死，
> 后继频频慰九泉。

邓恩铭的诗词富有革命的生活气息，存留有水族民歌清新爽朗的情调，由于他的作品大多产生于艺术技巧不太娴熟的青年时代，因而存在有不重格律、不讲对仗的缺点，有些作品借鉴古人的痕迹也较明显。但他的诗词充满了无产阶级革命家的壮烈情怀和对社会发展进步的远大理想。

2. 潘一志的诗词

潘一志（1899—1977 年）是著名的现代水族文人。在水族诗词（包括新诗）作者中，潘一志是一位承前启后的重要人物。他出生于水族一个书香门第，自幼随父读书，学业根基较为深厚，他一生中，长期任教，在国民党的黑暗统治下，他拒绝接受国民党政府的封官委任，避世躬耕，安于隐居生活，他有丰富的社会生活阅历，著述很多，尤爱作诗，现存的诗作就有 200 多首，三都县民族文史研究室编录有《潘一志诗词稿》。如他的《出山行》一诗，把他重返"俗世"的心情描绘得栩栩如生：

> 五年避世乐躬耕，
> 伴鹤盟鸥断俗情，
> 攘臂下车君莫笑，
> 我今却已庆新生。

新中国成立后，潘一志受到党和人民的信任，担任了县、州级的领导职务，并创作了大量的诗歌作品，汇集为《新旧人生观》的诗集。他的诗内容充实，感情真挚，鲜明地体现了现实主义的创作文风。潘一志除了创作旧体诗外，还创作了数量不少的新体诗歌，并填了不少词。如歌颂上海的长诗《这是祖国的乐园》、歌颂民族团结新诗《过山海关、秦皇岛》以及悼念甲午战争时期被日寇杀害的中国军民的《吊万忠墓》等，都是他新体诗的代表性作品。

（二）水族现当代作家及作品

继潘一志之后，逐步有一些水族作者活跃在贵州文坛，一些年轻的作者开始在诗歌舞台上崭露头角，逐步凸显了水族书面文学蓬勃发展的良好势头。特别是十一届三中全会以来，涌现出不少水族作家、诗人及作品。

从现当代水族书面文学作家作品来看，诗歌作品数量较多，而散文、小说，特别是小说及其他文学样式的作品相对较少，这一定程度上与水族的书面文学发展的时间不长有关，而且，在新中国诞生以后，水族人民才有学习文化知识的机会，而"十年动乱"又挫伤了人们创作的积极性，因此，水族书面文学的作品数量十分有限，在数量不多的水族作家作品中，诗歌与传统民歌渊源较深，对于世代喜爱民歌的水族人们来说，诗歌文化积淀较好，创作起来基础较好，因此诗歌创作得到了很好的传承，而小说、散文体裁，创作和学习需要一定时间，进而出现了水族现当代书面文学中诗歌较多，小说、散文及其他体裁作品较少的现象。

但在这一时期，特别是近30年来，在诗歌、散文、小说等创作，还是出现了一些有代表性的水族作家和作品。其中，代表性的水族作家（包括一两个以水族文化背景创作并反映水族文化的本族外作家）、诗人包括潘毓章、石尚竹（女）、潘朝霖、石尚彬、任菊生、杨昌盛、谢朝宇、潘茂金、蒙启钊、潘国慧、梦亦非（布依族）、潘鹤、韦永（女）、吴超梅（女）等。

1. 诗人及其代表性作品

潘毓章代表性作品主要有长篇叙事诗《火凤凰》、《三滩河变成幸福河》等，其中《火凤凰》歌颂了三都县为护林救火而光荣牺牲的女英雄杨秀英的事迹，诗歌情感挚诚，热情奔放，塑造了一个永生的火凤凰形象。

石尚竹是三都水族第一个女性诗人，她父亲和哥哥都喜爱文学。自小受到家庭的影响，对文学有着深厚的感情。她的作品有丰富的水族文化生活的内涵，有影响的代表性作品主要有《竹叶声声》、《淡蓝的野葫芦花开了》、《青竹林的春天》及散文诗《掬一捧花溪的碧水》。她的诗歌感情细腻，意境深远，笔调自然流畅，字里行间充满了对水乡人民及大自然的热爱。其中《竹叶声声》代表了她诗歌创作上的高度，1985 年获得了第二届中国少数民族文学创作评选中诗歌创作二等奖。

潘朝霖从事民间文学工作，整理了大量有影响的水族民间文学和歌谣，还兼从事新体诗歌和散文创作，发表了一些作品。他的诗歌作品多取材于水族人民的日常生活，诗歌带有浓厚的水族民歌的风格。如《赛马》、《绿萍》等最具代表性。

石尚彬是水族诗人中比较有成绩的作者之一，他不少作品刊登在《花溪》、《贵阳日报》、《贵阳晚报》等，在水族诗人中，有一定影响。他的诗歌富于哲理性，结构短小精干，语言朴实简洁，发人深思，但少了一些泥土气息和民族文化特色方面的呈现与表达。如《粉笔》、《露珠》、《朝霞》、《青春》，等等。

任菊生是近 20 年来成长起来的水族诗人，他从小受到家庭的影响，对文学情有独钟。在不断汲取中外诗歌营养的同时，注重在创作中融入水族文化的，特别是水族民族歌谣的养分，他的诗歌作品构思精巧，民族特色浓郁，善借景抒情，呈现给读者的大都充满着水族民族文化特色及水乡山寨风情。如《下雪了》、《三都剪影》、《傍晚》、《水族姑娘》、《七月半的夜》等都是其代表性作品。

韦永是水族"80 后"女诗人，也是三都水族女诗人中最近两年才崛起的代表性诗人。作为土生土长的三都人，她酷爱本民族传统文化，能编唱水歌，喜爱现代文学创作，她于 2011 年开始业余创作，创作涉及散文、诗歌等文体，在她所创作的文学作品中，其诗歌成就最为突出，其文风格情真意切，感情动人心切，唯美灵动，她的诗质朴、无华，很接地气，这源于她长期的山村生活。如《写在花开之前》、《琐碎的爱》、《今夜，谁是你的梦境》、《四月的村庄》、《都江赋》、《流年碎片》、《暮色渐浓》、《情迷七孔碧水》、《走进联山湾》等都是她重要的代表作。

2. 散文及其代表性作品

如前文所述，现当代水族书面文学创作的成绩最为突出的是诗歌创作，但在诗歌创作的部分诗人也兼创作了一些散文作品，但这些散文作品都是零星性的，基本没有成为系统或气候。在这些诗人中从事散文创作的，如有石尚彬的《花》和《织》；石尚竹的《金色端节》、《唱给都柳江的歌》、《水家欢笑的端节鱼塘》；潘朝霖的《三都县的仙人桥》和《卯节欢歌》；蒙启钊的《相亲路上》；潘国会的《秋叹》、《站在民族彩柱下》、《登泰山断想》、《今秋月更明》；韦永的《风干的记忆》等。

而在水族散文题材创作中，最值得提及的是近 10 年来，在水族文坛，乃至中国少数民族文学圈崛起的"80 后"水族年轻作家潘鹤。

水族年轻作家潘鹤，本名潘光繁，贵州三都人，中国 80 后自由写作者。潘鹤中学毕业后，先后就读于西南大学民族学院、中南民族大学文学与新闻传播学院；他是中国少数民族作家学会会员、中国唐宋文学硕士研究生。后弃工从文，改读汉语言文学教育专业，硕士研究生时期专业方向为中国唐宋文学。2005 年 9 月，正式以潘鹤为笔名发表文学作品，并一直沿用至今。中学时代开始发表文章，迄今为止，已在《中国民族报》、《民族文学》、《经济信息时报》、《当代教育》、《贵州作家》、《贵州民族报》等各类传媒上发表文学作品 260 余篇；潘鹤创作涉及杂文、散文、小说、诗歌等多种文体，早期自行出版过小说、散文、诗歌合集《我遥远的眷恋》、《南方笔记》两部。

在潘鹤所创作的文学作品中，其散文成就最为突出，其文风格情真意切，感情动人心切，充满着生命的质地与爱的温暖。潘鹤的代表性的散文作品有：《我的三个母亲》、《父亲的记忆，我的河流》、《多年怀念变情愁》、《稻花香》、《千年霞节》、《民国时期的水族三杰》。并著有散文集《韶华倾负》（中国文联出版社正式出版，2012 年 12 月），其作品《我的三个母亲》获黔南州第三届政府文艺奖。

潘鹤的散文作品追求思想解放，崇尚个性自由，同时，在其散文创作中不断挖掘水族文化成分作为创作素材是他主要的风格。可以说，身为

80 后的潘鹤是水族散文创作最具代表的人物，也是水族作家中发表的文学作品最多的作家之一，目前，他主要以散文创作为主，小说、诗歌等题材都有所涉猎。

3. 小说及其代表性作品

水族现当代书面文学，与诗歌，散文相比较而言，小说无论从创作人才，还是创作作品的数量上都相对滞后。可以说，水族小说的创作不过最近十多年来的事情。由于起步比较晚，小说创作队伍比较少，目前涉及小说创作的水族作家不超过 3 人。潘国会和潘鹤是水族作家，也是涉及小说创作的水族作家。另外一个是布依族作家梦亦非，梦亦非虽不是水族作家，但他的很多作品都是以水族的文化元素为创作题材与背景，多多少少涉及了水族小说的创作领域，原则上不是水族作家，但也可以纳入水族小说创作的领域。

梦亦非，1975 年生于贵州独山县翁台乡甲乙村，布依族，创办民刊《零点》，"地域写作"发起者与理论建构者；发起每年一届的"中国 70 后诗歌论坛"，"中国 70 后诗歌博鳌论坛"；高端文化论坛"东山雅集"召集人。出版有诗歌与评论集《苍凉归途》、评论《爱丽丝漫游 70 后》、诗集《儿女英雄传》等诗歌、评论、长篇小说、随笔与学术著作近三十部。梦亦非生长于水族语境之中，虽用汉语写作，但一直关注水族，以及写作水题材的作品，其成名作为水族迁徙史诗《苍凉归途》，随后又创作了以水族地区地理环境与文化为背景的经论大诗《空：时间与神》。在小说方面，梦亦非的碧城三部曲是以水族文化、历史为题材的后现代小说，《碧城书》、《没有人是无辜的》、《他发现自己并不存在》，这碧城三部曲叙述了水族一百年的历史。

而作为水族小说，在为数不多的几个水族作家中，潘国会的创作是最具代表性的，其发表和出版的小说也是三个作家中最多的。

潘国会，笔名潘会，1963 年生，三都九阡板南人。历任水各小学、九阡民族小学教师，九阡民族小学校长，三洞乡党委副书记、书记，县人大代表、县人大常委会委员、县人大常委会办公室主任，县文联副主席等职。2004 年 5 月加入黔南州作家协会，2007 年 8 月加入中国少数民族作家协会，2008 年 1 月加入贵州省作协为会员，同年 7 月加入中国作家协会，2010 年 8 月加入中国散文家协会。

2001 年春，潘国会生了一场大病，辞去行政职务过后，开始投入文学习作。2002 至 2004 年间，相继发表了短篇小说《思过》、《谏言》、《回访》、《当选》、《银项圈》、《草结》等，从此全身心投入文学创作上。随后相继有短篇小说《滚烫的红薯》、《讴》、《牛背上的课桌》、《让座》、《夜猫》、《夜门神》、《月亮树》、《空巢老人》、《敏感》、《红豆》、《风流草》、《最后一根纱》、《妙计》、《牛班马六》、《良民阿德》、《花手绢》、《催孕》、《无望》、《长命包》、《马车上的杂货农》、《夜半身忘》、《小黑头》、《树保爷》、《修改碑文》等四十多篇分别发表在《民族文学》、《文艺报》、《辽河——精彩阅读》、《今日大港》、《都市报》、《夜郎文学》、《瓮福磷矿》等报纸杂志。还相继出版了短篇小说集《月亮树》和《小黑头》；长篇小说《乡间往事》。

2010 年发表了短篇小说《洪流中的女孩》（《贵州作家》)、《满爷》（《时代文学》)、《躲》、《耳坠》等。

2010 年发表短篇小说《三翻嘴》、《明年》、《我也想做好孩子》、《琢磨狗》、《底气》、《一封未开的信》、《幸福》、《村委来了个大学生》、《乡贼》、《传音壁》；散文有《京城之梦》等。

1987 年短篇小说《回乡》获黔南文协黔南报社"今日黔南"征文三等奖；2001 年人民日报等单位举办"申奥有我"征文活动中小诗《2001年 7 月 13 日夜》获优秀奖，并选入文献《民族复兴的里程碑》；2002 年散文《一条街两个老人》获黔南文明办、黔南日报社"公民与文明"二等奖；2003 年短篇小说《银项圈》获黔南州文联州作协中短篇小说大赛优秀奖，2004 年微型小说《稻田心》获小说月刊"黄河杯"文艺作品大赛优秀奖，2008 年短篇小说《滚烫的红薯》获第二届黔南州文艺奖三等奖，2010 年获县委县人民政府"三都水族自治县优秀人才奖"（文学艺术方面)，2011 年散文《就为那一份牵挂》获中华散文精粹一等奖，编入《中华散文精粹》（卷八)，2012 年长篇小说《乡间往事》获第三届黔南州文艺奖二等奖。

潘国会从事文学创作 10 多年来，以发扬水族文化为本，所著文篇均扎根于民族土壤，以民族感情为养分，作品尽展民族精神风貌，小说充满了浓郁的民族情调、深重的忧患意识。

潘国会的小说创作也得到了水族作家的高度认同，我国水书专家、贵州民族学院研究员潘朝霖认为，《月亮树》的作者用自己独到的体验与视角，把对民族的无限深情，用文艺的笔触从不同的侧面加以反映、升华和渲染，这部小说在水族文学发展史上具有重要意义。

水族作家石尚彬认为：水族青年作家潘国会的短篇小说集《月亮树》、《小黑头》，充满了浓郁的民族情调和地方色彩，贯穿着作家深重的民族忧患意识；其中不少作品均达到了一定的艺术水准。诚然，亦有一些作品尚存缺憾，如情节较为空泛，人物不够鲜活，叙述方式和语言表达不够生动形象等。但瑕不掩瑜，两部作品展现出水族文学创作崭新的风貌，为民族文学百花苑增添了新的鲜花。

水族作家韦昌国认为：作为在水族地区成长起来的作家，潘国会的小说对这片土地进行了乡村风俗画般的描绘。其小说集《小黑头》（中国戏剧出版社出版）全方位、多角度地展示了水族地区的景色、水族人民的生存状态以及他们内心的喜怒哀乐。这样的喜怒哀乐，是对以水乡山水为背景，与时代发展相同步的人的内心世界的真切反映，由此可见，小说具有积极的现实意义。用一个比喻来说，我们要认识三都水乡大地的山光水色，需要跟着一个导游，而要认识水乡的人民，了解他们的生存状态，感知他们的内心世界，这个导游就是水族作家潘国会和他笔下的作品。

第二节　水族民族艺术的基本现状和面临的困境

三都的民族民间艺术包括水族、布依族、苗族和汉族等主要民族的民间艺术。其中的水族民族民间异彩纷呈，形式多样，包括音乐、舞蹈、服饰、雕刻、书法、剪纸和绘画等。

对水族艺术的综合而全面的研究已经有专著进行了阐述，贵州民族出版社 2012 年 3 月出版的杨俊、蒙锡彭、王思民著的《贵州水族艺术研究》一书。该书对水族马尾绣艺术、剪纸艺术、服饰艺术、石雕艺术、建筑艺术等民间艺术进行了专题阐述，同时对水族民间舞蹈和民间音乐等进行了充分的论述，是研究水族艺术的最新成果，也是了解水族艺术的重要读物。同时四川美术出版社 2010 年 12 月出版杨俊著的《水族墓葬石雕》一书，专门对水族墓葬石雕进行了专题研究。水族墓葬石雕是水族艺术的重要载体，该书图文并茂，详细记载了水族墓葬石雕的各种艺术形式，为读者了解水族石雕艺术提供了丰富的素材。有兴趣的读者可以对这两本书做进一步阅读。

通过这次调查，这一节我们主要呈现给读者的是目前三都县境内仍然存在于民间的水族音乐、水族舞蹈、水书的书法和雕刻的基本内容以及相关思考。至于刺绣艺术，参看第十章"民族文化遗产保护与民族文化旅游"一章的相关内容。

一 县境内的民族音乐概述与水族音乐的现状

三都县的水族音乐主要由民歌、花灯三部分组成。水族民歌按民间的称谓可分为蔸歌、单歌、双歌、诘歌、调歌、儿歌六类，按其内容分为古歌、颂歌、生产歌、风物歌、风俗歌、礼仪歌、酒歌、情歌、婚嫁歌、丧葬歌等。水族民歌旋律音调较为统一、少有变化，但歌词却因人、因事、因时而异。三都水族民歌有三种典型的旋律音调，分别以三洞、都江、九阡三个地区的曲调为代表。三都水族花灯主要用于婚丧喜庆的各类仪式中，伴奏乐器有锣、堂鼓、镲、二胡等，表演形式有地灯和台灯两种。如今三都水族的花灯主要用于丧葬开控仪式当中，伴奏乐器中加入了芦笙、唢呐、部分西洋吹管、打击乐器（小号、萨克斯、大鼓、军鼓），有一套约定俗成的演出程序和组合编制，且花灯演员有时兼任一些现代歌舞和杂技的表演。主要乐器有铜鼓、木鼓、芦笙、唢呐、镲、胡琴、锣、大号、木叶等，多在节庆和丧葬仪式场合使用。民间认为水族铜鼓的演奏法来源于五行八卦的原理，铜鼓广泛使用于端节、卯节等节庆场合。水族芦笙、唢呐、木叶所演奏的乐曲均与日常生活中的事项有联系，具有一定的以乐代言的功能。可以认为，铜鼓、木鼓、芦笙、唢呐、木叶在三都水族地区有一个长时间的流传过程，而镲、胡琴、锣、大号则是后来与周边民族的交往中慢慢引进的乐器。

三都县布依族民歌有大歌、小歌、联歌三种类型，民间关于民歌的称谓有山歌、情歌、酒歌、古歌、孝歌等。各类民歌按其场合、时间、对象即兴演唱。布依族的民间乐器主要有铜鼓、木鼓、唢呐、木叶、二胡等。这些乐器主要用于节日及婚丧仪式场合中，以增添喜庆或哀悼气氛。三都周覃镇布依族流行铜鼓刷把舞，以铜鼓和刷把为伴奏乐器。铜鼓刷把舞主要使用于节日及丧事仪式中，如今，刷把由两端破裂的五尺长竹竿代替，以增加音乐音响的表现力。民间流传布依族铜鼓刷把舞的鼓点节奏比较一致的说法有36种，偶尔也听说有72种。从周覃镇布依族民间采集到的铜鼓刷把舞鼓点有："三打、马打、五打、六打、七打、八打、九打、薅花、十二打"，每种鼓点均有特定的民俗内涵。

三都的苗族民歌有生产劳动歌、苦歌、情歌、迁徙歌等，苗族民歌的曲调、唱法较为单一，但是民歌的形式和内容丰富多彩，独具魅力。苗族的民间乐器有芦笙、笠筒、唢呐、铜鼓、木鼓、古瓢琴等，多在节日、婚丧仪式活动中使用。苗族的芦笙、笠筒广泛使用于各类节庆仪式当中，是苗族人民的代表性乐器。三都县都江镇怎雷村苗族的古瓢琴音乐保存较为完整，怎雷村五组一位苗族白姓老人能演奏几十首古瓢琴的曲调。古瓢琴的演奏有特定的场合和时间规定，不同的曲调可传达特定的内容，具有以乐代言的功能。

三都县各民族的民间音乐伴随着人的一生，诞生、嫁娶、丧葬都由音乐伴随。对于少数民族而言，音乐是生活组织的十分重要的因素，它被整合在每个个人的生活中，成为促使人们理解和认同他们文化的一个重要因素。20世纪以来社会生产生活方式的转变冲淡了传统社会机制中的用乐习俗，使得个别民间音乐失去了生存环境。当地政府以民俗节日与旅游经济为导向举办的歌唱活动以及县文化局每年组织的文化下乡和对民间音乐的整理和扶植等诸多措施，以延续地方文化习俗，给予歌手较为可观的报酬，终究因为其底层文化基因的破坏而难以为继。三都县各民族音乐的存活需要民俗生活的保障，以活态形式存在的民歌中的酒歌，乐器中的铜鼓、木鼓、唢呐、芦笙等音乐事项与民俗活动息息相关，民俗的存在是三都县各民族音乐发展与传承的强有力保证。

（一）水族歌曲和水族民间音乐

水族音乐基本上是原生态的传统音乐，普遍留存于民间歌谣和日常建房、婚嫁、丧葬、祭祀求神的演唱当中。水族音乐是水族民间文化最重要的组成部分之一，是中华民族文化不可缺少的一个组成部分。是水族文化宝库中一颗璀璨的明珠。水族是一个善于歌舞的民族，民间流传的歌谣与音乐极其丰富多彩，歌手辈出，曾有"唱起歌，像江河流水"之说。

水族民间音乐内容非常丰富，有开天辟地歌（造人歌）、迁徙歌、生产歌、风物歌、风俗歌、酒歌、苦歌、情歌、丧葬歌、婚嫁歌、姨娘歌、逃难歌、庆贺歌等。每一类歌还可分出相关的细目，如情歌可以分为见面歌、分别歌、青春歌、惜春歌、约会歌、想念歌、定婚歌、逃婚歌、离婚歌，等等。

水族民间音乐，按其音乐、体裁结构，大致可以分为古歌、山歌（情歌）、酒歌、儿歌四大类。

由于水族和相邻民族世代友好相处与文化的交流，比如都匀市基场、阳和、奉合等水族地区接受汉文化的影响较多，尽管日常生活中依旧使用水语，但在民歌方面却用汉语演唱七言四句的汉语民歌，而演唱民族的历史古歌、丧葬歌等依旧用水语演唱。在一些水族散居区，水汉文化的这种融合现象更为普遍。水族音乐的曲调变化不大，旋律古朴，但歌词因时、因事、因人、因物而变化，丰富多样。

1. 水族古歌

水族古歌是水族最早的歌咏作品，题材较广，影响深远。水族古歌形成之后世代传承，其内容与格调变化不大，成为研究水族社会历史文化的重要口传资料。

古歌又包括下面三种形式：

（1）叙事古歌（hib ggaos）：演唱的是神话故事、寓言、传颂水族人民和大自然作斗争的历史，以及民族迁徙的历史等。主要篇目有：《开天地造人烟》、《造天造地歌》、《造人歌》、《恩公开辟地方》、《恩公踩地方》等。其实，水族习惯把开天地、造人烟、造万物的歌统称为"旭济 hib ziis"（水语），意为创造歌、创世歌，或称为"hib ziis zenl 旭济人"（水语），意为造人歌。水族古歌具有特殊的分节结构和押韵形式，唱起来朗朗上口，给人一种交织回环、富于节奏的和谐的音乐美感。人类起源、遭受洪荒、兄妹二人再造人烟的古歌是水族创世古歌中最为精彩的篇章，尤其是人龙雷虎争斗和战胜洪荒的古歌，形象生动、场面宏大，跌宕起伏中给人留下深刻的印象。

（2）调歌（hib dyiuz）：它是叙述婚丧古理的礼俗性歌曲，常在接亲嫁女的酒宴上或者追悼祖先、缅怀古人的场合由德高望重的寨老演唱。水族调歌是水族先民在长期的生产生活中创造并口传心授传承下来的。调歌多取材于历史或日常生活中。语言幽默，形式活跃，常起到逗趣、戏谑的作用，多在酒席间或调解场合中咏唱。故调有调侃之意，为水族群众所喜好。

调歌句型长短不一，句数多少不限，总的说来，其句数不多，短小精悍，类似汉文学的小令，故亦称为"小调"。小调独立成篇，也可以由几首内容相关联的小调构成"组合式的小调"，每首的句数大致相等。小调通常选取社会历史或日常生活中逗趣的内容来创作，因其形式活跃，结构自由，多运用借喻、隐喻的手法，使逗趣、讽刺、戏谑及寓教于乐的作用发挥得淋漓尽致。小调有一人吟唱的，也有多人唱和的，形式不拘。小调的末尾常用"啦—哈"或"咪—哈"的拖腔衬词作收尾。水族地区现在的婚姻社会划分的格局，基本上就是破例开亲时确立的。因此叙古的小调又成为传播民族历史知识的载体。小调类的作品有《开路调》、《序水调》等。小调是水族歌谣中形式较为活泼自由的体裁，可雅可俗，甚至嬉笑怒骂，皆可成章，颇受人们欢迎。

（3）古理词——诘俄牙：古理词，水语称"jaiz 诘"或"jaz ngox yax 诘俄牙"是一种讲古论今、传播民族历史文化知识，并带有娱乐性、哲理性的理歌理词形式。"诘"的主体部分分为念唱或吟唱，有的还间有一两句韵白，篇末常有作为概括或总结性的几句吟唱。"诘俄牙"可分为婚嫁诘、丧葬诘、断事诘等。其演唱往往是主宾双方专门聘请的德高望重、能言善辩的艺人来担任。婚诘、丧诘主要是主宾双方以高层次的艺术方式进行情感交流的一种活动。断事诘是古代水族民间遇到纠纷难以调解时，在双方自愿的情况下，合资宴请地方头人来主持断事，双方自请辩手，编成理词进行辩答，以辩手的胜负裁定纠纷的是非曲直。

婚嫁诘俄牙："jaiz 诘"是辩理、论理之意；"ngox yax 俄牙"是五位奶奶、婆婆之意，推究其意可能与五位老太婆当初发明创造此咏唱形式有关，现在已演变成类似曲牌名称的专用名词。

婚嫁诘俄牙描述相邻民族的形成与同源关系，并且这种破例通婚符合天意人情，因此繁衍迅速；并列举各诸多相互联姻的地名，以说明普天下都如此，我们就承前启后，继往开来。有的婚嫁诘主要内容是斟酒的吉利词及贵客临门准备不周的自谦、自责的礼节描述。水族的婚嫁诘俄牙在句型结构上，大大地突破传统民歌三、四分节七言句的模式，根据表述内容的多少，可长可短，出现了不少的三言句、四言句、五言句、六言句，还出现八言句、九言句，这对推动水族民歌的发展具有重大的意义。婚嫁诘俄牙也因地域不同，注入了一些地域色彩的内容，尤其是通婚联姻的村寨地名部分差异较大，同时由于民间文艺传承者的文化素度高低差异、审美情趣和鉴赏水平的差别，加上口头流传的增减变化，各地诘俄牙存在一些差异。正因为存在这种差异以及因此而出现的多样性，使诘俄牙文本更加丰富多彩，为水族文化研究提供了更全面的资料。

丧葬诘俄牙：丧葬诘俄牙是在丧者尚未出殡之前在孝家举办的一种以民间说辩为主题的吊丧活动。地点大多选择孝家堂屋中。堂中摆设一张大方桌，桌上摆上吊丧用的祭品。由于绝大多数水族地区吊丧时，与孝家同宗支的要忌荤吃素，忌食肉食不忌鱼类，而以鱼为主祭品，因此煮全鱼或炖制的鱼包韭菜是万万不能缺少的，同时摆上米酒、糯饭、豆腐等祭品，主宾双方各以二三人入席相对而坐，寒暄之后，就开始演唱。过去，凡遇丧事，尤其遇上女主人丧事，诘俄牙活动总免不了。从内容上看，它有明辨是非解决纷争的"辩诘"和讲述古理、传授历史的"史诘"。"诘歌"曲调接近口语，因而被人民认为它只是一种说古论今，带有哲理性的念唱音乐形式。

断事诘俄牙：断事诘是古代水族民间遇到纠纷难以调解时，在双方自愿的情况下，合资宴请地方头人来主持断事，双方自请辩手，编成理词进行辩答，以辩手的胜负裁定纠纷的是非曲直，是一种讲古论今、传播民族历史文化知识，并带有娱乐性、哲理性的理歌理词形式。

（4）陆铎公的歌：据传陆铎公（水语 qqongs lyog doz）是水族古文字水书的创制者，是水书各卷本的编著者，是水族文明史的重要奠基者，是水族文明与智慧的化身。陆铎公和他的家族成员，为水族社会文明与进步作出了杰出的贡献。因此，他逝世之后，被尊崇为全民族的保护神。人们普遍认为他所护佑的范围最广，护佑的作用最大。在陆铎公的鬼魂系列中有14个鬼，分管水书择定吉凶时日方位、婚丧嫁娶、农事和掌握百工之事。《陆铎公的歌》、《迎请陆铎公》、《哎陆铎、陆甲造水书》等在水族歌谣史上占有重要的一页。《陆铎公的歌》通过对全民族保护神陆铎公的追忆，反映了水族先民的早期生活以及水族社会的诸多信息。歌谣把水族先民生活之愿望作了描述。这应当是水族先民由中原迁到百越地区之后问世的歌。传说水族古代的略、猛、巫、鸠、蟒、掌六位猛士，杀死了龙、虎、熊，从此在岜虽山顶上，平平安安好生活。

水族人民对陆铎公十分推崇，把新石器时期的开发利用以及铁器的发明等的古代文明之功都记在陆铎公的名下。由此可见，他在水族先民的心目中非等闲之辈，是那特定历史时期中先进生产力、先进文化的典型代表。

水族古歌保留了题材的雄浑、奇特、壮阔、瑰丽的特征，是水族民间艺术重要的组成部分。根据我们这次调查，掌握古歌内容的人已经寥寥无几，有几个掌握的长者，也迈进古稀之年，如果不及时挖掘整理，古歌将面临消失的危险。

2. 水族山歌

山歌泛指的是在山坡上、田坎边唱的歌，水族山歌集中体现了水族民间歌曲的曲式风格特色，演唱的旋律、腔调等特点。山歌在水族民间运用最为普遍，流传最广、特色最浓，常是一首歌便能表达一个完整的内容而独立存在，在民间有的地区叫"大歌"。

传统的水族山歌多以情歌为主，新中国成立后产生了相当数量的新编水歌，歌唱家乡、歌颂社会主义、歌唱党的好政策，歌唱社会主义新农村的新山歌。山歌的演唱形式有三种：单歌、苋歌和情歌对唱。

（1）水族单歌

水族称为"hip zigs 旭济"。旭即歌，济即单、奇之意。这是和双歌相比较而言的称谓。单歌每首歌词能独立表达一个完整、独立的情感。单歌演唱时，既可独唱、也可合唱、重唱，另外，在用单歌对歌时，每次咏唱也只需唱一首，而不像双歌那样唱一双或一组。单歌编唱自由，长短自定，少则三四句，多则几十句上百句。单歌咏唱的歌材十分广泛，见子打子，即兴开喉，演唱多在室外山野，因此也有人将其与祝酒类的大歌（双歌）相比较而称为小歌。单歌的歌头是一个衬词"前喊"性的"序引"，曲谱上属自由节拍、长节奏的抒情，往往用全曲最高的音起腔，高亢而明亮。

单歌演唱在声腔上又分平腔与高腔两种。凡用真嗓唱的为平腔，也是主要的唱法；凡用假嗓提高八度演唱的称为高腔。这是由于个人身处山野，心旷神怡，感情激荡，非高声演唱不足以抒发像大江奔流般的情感，高腔声音高亢、明亮，应山应水，传得很远，颇具特色。

单歌反映题材相当广泛，在水族的创世古歌就有不少以单歌形式演唱。由此可见单歌在演唱重大历史题材方面具有的特定的优势。单歌的唱和也经常出现，民间叫对歌。其特点与对联很相似，既有正对、反对、工对，也有宽对等。水族单歌中的反对现象相当普遍。爱情歌中出者为正方，应对唱和者为反方，所唱的歌称为"旭哈浪"，意为阻止、煞往浪荡的歌。这是辩证的对立统一观点在水族民间文学中的体现。单歌不仅运用赋比兴的手法，而且运用拟人和夸张的手法，从而加深了单歌的艺术感染力。单歌虽然有着与双歌完全一样的曲式结构，都有歌头、歌尾镶嵌，但其音乐性格及形式特征与双歌的歌头、歌尾迥然不同。如果从音乐性格、特征的角度分析，双歌、单歌之所以能独立存在，就是因为这歌头、歌尾的截然差异的缘故。

（2）水族兜歌

水族称为"旭虹"，旭即是歌，虹即是一兜、一丛之意；唱的歌构成一组，犹如藻生的一丛植物，因此而得名。兜歌的结构分为说白和吟唱两个部分，说白类似小序、小引，是简述咏唱对象间的主要活动情况。咏唱是兜歌的主要部分，是咏吟者抒发情怀的歌唱。从兜歌反映的内容来看，虽然也有历史、风俗、风物、庆贺方面的内容，但是，却偏重于爱情方面的题材。兜歌的主要特点：一是表现手法新奇、含蓄，巧妙运用隐喻和象征手法；二是主题突出；三是层次丰富；四是朴实隽永，情真意切。兜歌演唱场合十分自由，故此歌的主要部分多为咏唱而少为吟唱。在艺术表现手法上，兜歌朴实无华，既有直抒胸臆的叙事，也使用借代和比喻的手法，把赞美、爱慕、谦让、辞谢、规劝讽喻、离愁别绪、借物托情委婉地表现出来。

兜歌与说唱结合的双歌主要差别在于音乐结构，兜歌没有歌首的起歌咏唱和歌尾的衬和帮腔，另外，兜歌演唱地点突破了酒席的限制，显得更加轻松自由。兜歌反映的内容大致可以分为：一是对旧观念的抨击，有劝喻讽诫之意；二是反映人民亲密交往、善良谦让，彼此爱慕的情感；三是表现离愁别绪的缠绵感情。

兜歌深受水族人民喜爱，是水族人民千百年来积淀而成的一种艺术形式。目前掌握水族兜歌的人主要以四五十岁以上为主，年轻人很少。

（3）水族情歌对唱

水族情歌分为见面歌、青春歌、惜春歌、约会歌、想念歌、定婚歌、逃婚歌、离婚歌、分别歌等。按水族习俗，未婚青年男女可以通过唱情歌认识，情投意合之后可以直接谈婚论嫁，喜结良缘。歌词以赞美对方为主，通常采用赋、比、兴、排比、复沓、拟人、夸张、设问、隐喻等手法，没有固定的句数，短的二三句或四五句为一首，长的可达数十句。用词含蓄优美，富于抒情，有表白式、问答式等，多是托物言情。

水族的卯节是一个情歌对唱的节日。情歌常在卯节的卯坡上对唱，一般先是大伙围坐草地上，男女歌手和各自的同伴相依而坐，各方歌者还有两三位同伴为之作歌尾的伴唱。每唱完一小段，伴唱者就唱起衬合的帮腔词。后来，随着对歌渐渐进入高潮，那些彼此中意的青年男女，便成双成对相邀到花前树下去了。他们用彩伞遮掩起来，低声对唱，彼此以歌相问，以歌传情，用歌声倾诉自己爱慕的心曲，往往以歌传情互定终身。

由于生活场景的变化，如今在卯坡唱歌认识并结婚的年轻人已经越来越少，但卯节仍然是年轻人认识对方的重要场所，每年仍然热闹非凡。

3. 水族酒歌

节日、婚庆、丧葬、建房，水族人都要设宴待客，在酒宴上各方歌手尽展歌才，以独特的艺术形式表现广泛的社会内容。"酒歌"很讲究歌词的构成形式，在酒席宴中以一领众合的形式你来我往，频频对答。出歌与答歌讲究内容题材的严格呼应，双方都在同一题目或同一题材上相对，出歌方则可以随心所欲，对歌方则不准走题。对答双方所唱的酒歌必须成双成对两支相连，出歌和答歌合在一起要构成完整的一双，因此，酒歌也称双歌。

水族双歌水语称为"hip zaoh 旭早"，是水族独特的为水族人民喜闻乐见的一种说唱结合的艺术。旭，即歌；早，意为双、对。"hip zaoh 旭早"演唱于婚丧嫁娶、立房盖屋、节日宴会等场合。"旭早"的表现形式及丰富的内容，体现了水族人民对文化艺术的创造才能，同时也反映了他们朴实、素雅的审美意识，其特殊的表演形式民俗色彩十分浓郁，使"旭早"成为我国少数民族曲艺园地中一朵独特的奇葩。

"旭早"可以分为两类：一是敬酒、祝贺、叙事的双歌；二是带有寓言性质，有说有唱，兼有简单表演的综合艺术型的双歌以及逐步演化为说唱结合的曲艺，简称为说唱结合双歌。

祝酒类双歌是一唱一和，甲唱一首，乙和一首。两人所唱的歌构成一双，一组。有时甲方唱的歌为一组，而乙方也相应唱一组以回敬。这类歌多在庄重热烈的酒席上演唱，也称为酒歌、大歌，这类双歌因地域不同，歌头、歌尾的唱和帮腔也有差异。水族祝酒类双歌，歌首有众人同唱的起歌唱和，歌尾有众人重复末句的衬和帮腔。这种调动在场人员积极投入参与的方法，既起到烘托场面气氛的作用，又具有鼓励和祝贺的美好意愿。祝酒歌往往以自谦、自责和盛赞对方为主要内容，和者亦是以自谦、自责和盛赞对方而应唱。总之多以互相赞美、互相谦让的内容为主调，以实现情感交流、增进友谊为目的。从结构上看，祝酒类双歌没有说白部分，双方对于同题材的唱和最多三四回合即告结束。说唱结合的双歌，分为说白和吟唱两部分。说白相当于序言或小引，起到介绍吟唱主体角色的情况和引出故事或直接叙述故事的作用。说唱结合的双歌的基本结构是：一是说白；二是呼唤式的歌头衬腔；三是主体吟唱；四是感叹式的歌尾衬腔。这种形式多出现在情节比较简单、故事情节较为简单的寓言式双歌中。这类双歌较多，是水族双歌最主要的部分。

说白一般有三种形式：一是以很简练的语言道出故事梗概，或说明吟唱目的；二是说白内容比较完整，有时间、地点、角色及其相互间关系等；三是通过较复杂的情节描述，以角色间的矛盾冲突构成生动感人的故事，并常常蕴含一定的哲理性与讽喻意义。

说唱结合的双歌，歌头的起声唱和，与祝酒双歌大致相同。热烈的衬腔，使场面气氛更加热烈，使演唱者及听众精神为之振奋，同时也给演唱者以舒缓、回旋与思考的短暂机会。帮腔的另一个重要作用，是突破慢板吟唱造成的单调与枯燥的格局，使得整个演唱更加充满情趣。

说唱结合类的双歌，其反映的内容可分为三类：一是歌颂互相尊重、互相谦让、团结友好的美德；二是表现纯真爱情和深厚情谊；三是对假丑恶现象的规劝与嘲讽。

双歌是水族世代相承的为群众所喜闻乐见的综合艺术，其艺术特点主要表现为：生动有趣的拟人手法；广泛运用隐喻和象征手法；赋比兴手法的运用以及说唱结合，具有浓郁的民族特色。

"旭早"具有鲜明的水族文化特色和广泛深厚的群众基础。"旭早"用通俗易懂、地方色彩浓厚的民族语言和曲调，以讲故事的形式，广阔地反映了水族社会生活的方方面面，从各个角度展现出水族古老深邃的历史文化信息，是水族人民智慧的结晶，对于研究水族的民族文化发展史有重要价值，并在民族学、民俗学、美学方面具有重要的学术研究价值。

4. 水族儿歌

水族儿歌主要反映孩子们的日常生活，例如：过年打粑粑、上山砍柴、下河捞鱼、林中摘野果之类；它具有山歌、酒歌的共同特征，并且节奏鲜明，结构严谨。水族儿歌多用的是水歌中不常见的"角"调式，明快、清新、活泼、富有生气。

水族民间音乐千百年来在与各民族的文化交流中牢固地保留着本民族特有的风格特色，这是水族人民在长期的社会生活中、生产斗争中，由其民族心理素质而形成的美学观念在音乐文化上的反映。但经过我们调查，随着社会经济的发展，特别是汉文化教育水平的提高，掌握水族音乐特别是水歌的演唱的群体越来越少，这种情况如果继续下去，水族的音乐将面临传承的困难，最后甚至有逐渐消失的危险。希望这个问题能够引起相关部门的重视。

（二）水族民间器乐

水族民间器乐，常见的有铜鼓、弦鼓、大皮鼓、芦笙、唢呐、萧、笛子、胡琴和二胡等。水族唱歌基本不使用乐器伴奏，以清唱为主。这些乐器主要在节日演出方面，伴以相关舞蹈。下面是这些民族乐器的基本情况。

1. 水族铜鼓

铜鼓是水族文化遗产的典型代表。水族人对铜鼓的敬重就像对祖先的崇拜，每逢节日或红白喜事、立房盖屋，都要举行隆重的请铜鼓仪式，然后才能按照水族民间音乐的节拍进行有节奏地敲击。三都水族民间珍藏的铜鼓总数约在 200 面左右，现基本不再铸造水族铜鼓，故其价值也与日俱增。铜鼓在水族民间乐器中流传最久，也是水族社会中最珍贵、最具代表的乐器，它在水族社会中往往被当作权贵和财富的象征。水族人民世代酷爱铜鼓，认为丢失铜鼓就是对祖先的玷污，丢掉铜鼓就意味着丢掉家业，被夺去铜鼓就意味着被夺去幸福与快乐。铜鼓演奏分节庆和丧葬两种。节日敲击铜鼓要伴以大皮鼓，主要是在端节和卯节敲击，素有"敲鼓过端好赛马，敲鼓过端好唱歌"之说。

铜鼓的敲击方法：敲击铜鼓时以绳系耳悬之，一人执缒力击，另一人以木桶合之，一击一合，故声宏而应远，在房屋正厅的穿方上，以绳子系住铜鼓的一耳，把铜鼓悬吊起来，敲击者俯身头朝鼓面，将绳子别于执棒右手的右臂腋后固定好，然后用鼓棒敲击有太阳纹的鼓面，左手竹鞭打击鼓腰作伴奏。另外一个人躬身持平木桶，按照节奏起落来回在铜鼓腹中出进，以调节共鸣声的大小，增加铜鼓音量抑扬顿挫的音响效果，第三个人是大皮鼓的演奏者，要根据铜鼓鼓点来确定自己皮鼓的打鼓节奏，有时双棒齐击鼓，有时单棒单击。高亢清脆铜鼓声、粗犷低沉的皮鼓声交织在一起，烘托出热烈雄壮的气氛。

2. 水族弦鼓

弦鼓又称角鼓，是流传于三都水族自治县水龙地祥村至都江镇五坳坡一带的古老民间乐器，是水族民间古老歌舞的伴奏乐器，也是水族祭祀活动必不可少的主要乐器。

弦鼓长 1.5 米，直径 1 米，是用梧桐或其他杂木掏空，两头蒙上牛皮制作而成，鼓面的制作方法与皮鼓大体相同，不同的是它分鼓头（牛头）和鼓尾（牛尾）。鼓尾设在另一鼓面的上方，超出鼓面约 20 厘米至 30 厘米，鼓尾不单独制作，只是形象地制成牛尾状。牛尾上开有三个小圆孔，插着三个用木头制作的弦钮，鼓身的上部靠近牛头和牛尾的地方各凿有四个牛角状的大孔，装上四只牛角，靠近牛头的地方挖了一个出音孔，有三根牛筋做的琴弦，从弦钮处通过牛角的中间和出音孔的上方，再通过鼓面直达牛头的下端。鼓的下方前后装上四根特制的木料作为四只牛脚。整个鼓身浑然一体，造型奇特，鼓上的牛角代表耕种，琴弦代表纺织。击鼓者右手握棒击打鼓头，左手拨弦，口中跟着鼓的节奏吟唱。弦鼓曾在水族地区广为流传，这种乐器很好地展现了水族的耕织文化。

制作弦鼓过程中，最繁杂的就是处理牛皮和将牛皮蒙上鼓身了。其过程如下：先选取优质的水牛皮，将血皮清洗干净（血皮即新鲜的皮）；进行划皮：将一整张水牛皮割成所需的份数进行剃毛，将皮面的毛剃干净；浸皮：将皮浸水一夜，使血皮发胀，这样容易看清楚整张皮各处之厚薄和不平整之处；留耳：在皮边留耳孔，鼓越大耳孔越多；进行蒙鼓，即将皮安装上鼓身（木壳）；拉鼓：将皮耳孔系以绳或其他物品四处向下拉紧，尽量使皮扩张；擂皮：用一根圆形木棒以手或足在皮面研擂，使皮面纤维尽量扩张和平滑，使鼓的音色更为稳定；钉皮：用特制的铜钉或大型铁钉将鼓皮固定于鼓身，若制好的皮没有立刻进行蒙鼓，装于鼓身木壳上，便需将皮钉于木架晒干，储存五至六个月后使用更佳，因该皮经晒干及储存的过程，使皮的纤维更为稳定，鼓的音色更稳定。一般鼓皮的颜色分为原色（即原本天然颜色）及白色（经漂白的颜色）两种。牛皮蒙好后，将鼓身进行外形处理，使其更加美观，这一古朴粗犷的"弦鼓乐"民间乐器制作工序就此完成。

3. 芦笙与莽筒

水族芦笙和莽筒是早期水族人们从苗族同胞那里学习来的，其构造与苗族的芦笙和莽筒基本一样，主要用当地山坡上生长的竹子（楠竹筒）制作而成。但水族的吹奏方法、吹奏乐曲与苗族的不同，特别是吹奏的曲式格调与苗族有很大区别。水族用芦笙吹奏时，音量高昂宏大，音乐刚烈奔放，自成一格，多在丧葬开控时演奏。芦笙和莽筒的演奏是专业芦笙队的主要乐器，由于水族葬礼的需要，在水族地方这些芦笙队相对其他形式的表演队要多一些。目前没有传承的问题。

二 水族舞蹈及其现状

舞蹈是人体动作的艺术表现，是人类最激情的表现形式。水族人民运用肢体语言艺术创造了以《铜鼓舞》为代表的多种水族舞蹈。

1. 水族铜鼓舞

水族铜鼓舞以击打铜鼓而舞为特征。水族铜鼓舞分男子铜鼓舞和女子铜鼓舞，源于古老的巫师舞，是水族先民古代祭典活动中必不可少的祭祀舞蹈。随着社会的发展它从祭祀活动中走了出来，日渐成为水族人民自娱性的民间舞。舞蹈古朴拙实、动作雄健粗犷，场面既壮观热烈，又不乏典雅古朴。铜鼓舞主要流传于三都都江镇摆鸟村一带。

水族铜鼓舞源于巫师舞，在岑家梧先生遗著《水书与水族来源》里有所考证："鬼师，左手执磬，右手执槌，正在作法，或像鬼师持树枝作法状，鬼师戴纱帽及假面，其旁之纸伞为水族新坟记号，足下有妖鬼，盖象鬼师在新坟前舞蹈法，驱逐妖魔，而慰新魂者也。"传说中的水族铜鼓舞，它能降服妖魔，驱除邪恶，逢凶化吉，也能为执戈保卫民族部落的民族英雄、武士坚定信心，鼓舞斗志。

19 世纪 70 年代末 80 年代初，三都水族自治县文化局、文化馆、文工队的艺术工作者下乡对水族铜鼓舞进行了搜集整理，取得相当有价值的第一手资料，此后他们始终把水族铜鼓舞定为重点特色文化来抓，使之传承下去。现在，水族在过端节、卯节，庆丰收，以及婚娶、丧葬期间，都要跳铜鼓舞。这种舞蹈表演时老者敲铜鼓，一人用嗡桶配合嗡音，再一人打木鼓伴奏，舞者随着鼓声的节奏，踏着雄壮的步伐，圈鼓起舞。舞蹈内容广泛，有执戈而舞，表示保卫村落家乡安全的舞姿，有栽秧种植及收割的劳动场面，也有庆丰收和庆贺胜利等舞姿，舞蹈者随着鼓点节奏从慢到快，从低沉到高昂，直到急密如雨，舞步也跟着由缓而急，由快而密，而后戛然而止，充分体现出水族人民昂扬劲朗的民族精神。水族铜鼓舞在三都已经走进校园，并且在专业老师的指导下，目前逐步得到相应的发展。

2. 水族斗角舞

水族斗角舞又叫"斗牛舞"，属于芦笙舞范畴，所用芦笙、莽筒及演奏形式与芦笙舞大体相同，唯有音乐旋律有所变化，演奏的风格大同小异。小芦笙绕场一周后其他芦笙和莽筒齐奏，伴舞人数不限，舞者中有两人或四人头顶道具牛头，跟着音乐节奏边舞边斗，其动作模仿水牛打架。

脚步较之芦笙舞更为灵活，一进一退，反身邀斗，时而走圆圈，时而跳进场中，其舞蹈动作刚劲雄健，粗犷英武，生动地表现出水族人民勤劳、勇敢、朴实、剽悍的民族性格。该舞蹈主要流传于三都水族自治县的都江、扬拱、地祥、拉揽等地，尤其是都江地区几乎每个村广为流行。

关于斗角舞的起源，有书籍记载：水族祖先看到毗邻的苗族同胞在过节、祭祀的时候，既有欢快的芦笙舞，又有热闹的斗牛场面，很是羡慕。但当时，水族祖先从外地迁来，没有牛，或者舍不得用牛来打斗，于是用竹子、木条做成了牛头，戴上头顶俨然就是"牛"的形象。斗角舞在过节、丧葬、祭祀等活动中都可以跳。尤其是秧苗拔节抽穗后，由舞队中有威望的头人摘一稻穗在芦笙上，表示"芦笙吹涨了谷穗"，用舞蹈迎接丰收年。斗角舞对耕牛嬉戏、打闹的形象化表达，正是表现了水族人对牛的感情，实际也是一种耕作文明的体现。

斗角舞水语"daoc qquiz 斗贵"，意是斗牛或斗角，取材于水牛斗角场面。斗角舞蹈一般由5支芦笙和5支莽筒作伴奏，吹奏者边吹边舞；舞蹈者一般由头插鸡尾毛，腰栓白鸡毛花裙子的男扮女装者，手拿用竹笼编制而成的，表面糊纸彩绘，牛角饰以银色的"牛头"道具，道具前部搭着鸡毛裙，后部披着彩带作装饰。舞蹈时，音响最高的小芦笙在前面领舞，后面跟着大芦笙、中芦笙，再由头戴道具的男子，作半蹲式舞蹈动作边斗边舞，整个舞蹈队形围成圆圈，首尾衔接，舞蹈内容有"小开门"、"打开门"、"庆丰收"、"打猎"、"滚磨洛滚"、"斗角"等。舞蹈应着芦笙的节奏，展现各种舞姿，动作幅度大，有浪度，自如的甩腰、顶胯、旋转、抖肩等犹如浪涛起伏翻腾，表现出水族人民热情奔放、粗狂豪爽的性格。

目前水族斗角舞已经出现断代的危机，年轻的水族人几乎不会跳这个舞蹈了。

3. 水族角鼓舞

水族角鼓舞也叫弦鼓舞，水语称为"daoc baol 凶报"，是水族舞蹈中颇具特色的一种民间舞蹈艺术形式，是水族人民极为喜爱的民族民间古曲音乐和舞蹈相结合的一种艺术形式。角鼓舞起源于水族早期，历史悠久。跳角鼓舞，多出现在水族传统端节和接亲嫁女、立房造屋之中，人们从方圆百十里的各个不同村寨赶到聚会地，在寨老洒酒敬祖祭鼓之后，不分本寨或外寨亲友，男女老少、人人都可以击鼓表演。表演多属即兴发挥，所以动作很丰富，多以顺手顺脚起舞，因此构成它独具的特点，该舞的基本动作为蹦、跳、跃、滚、跑、蹲，在复杂的组合动作中打出有节奏的鼓点，人们根据鼓手的节奏，转换动作，舞蹈粗犷大方，给人以威严豪迈的感觉。

弦鼓是角鼓舞的主要乐器，表演时，鼓点和动作灵活而不乱。角鼓舞艺术风格和特色可归结为：舞蹈风格以古朴、粗犷、雄浑、刚健为主。舞者心随意舞、情绪激昂，动作变化多端，有明显的即兴发挥和自娱性，舞蹈场面热闹，形式灵活，气势雄壮，鼓声擂动阵势威武，男女老少均可参加，具有普遍性和群众性。角鼓舞是众多水族民间舞蹈中较有代表性的舞蹈之一，每年的农历八月到十月的"端节"，是水族最为隆重的传统节日，这时水族乡民们就会跳起欢快的角鼓舞，庆祝金秋的丰收。

4. 水族芦笙舞

水族芦笙舞有别于苗族芦笙舞，吹奏方法、吹奏乐曲与苗族的不同，特别是吹奏的曲式格调与苗族的是有区别的。芦笙舞蹈在水族地区非常流行，表演者一般为三男六女，女的身着彩色古装水族衣服，腰系白鸡毛彩裙，头缠红色包头，上插银花和鸡尾羽毛。表演时，男的吹芦笙在前面跳跃，女的随着芦笙节奏，手拿白色毛巾为道具在后面翩翩起舞。基本舞姿男的一般是开胯、蹲裆、挺胸亮背等骑射动作，女的舞步交织有行船、划桨、波涛起伏、播种、收割等姿态。芦笙上系有红绸，插有野鸡翎，既是伴奏的乐器，又是舞蹈者手上的道具。领舞者以小芦笙为前导并用变换调门来指挥，后面的大中型芦笙齐鸣。水族芦笙舞具有粗犷、健美的特色，这也是与其他民族芦笙舞的区别。水族芦笙舞目前发展情况比较良好，暂时没有传承的问题。

5. 水族祭祀舞蹈

水族是一个崇尚大自然的民族，他们将日月星辰、天地山川、风雨雷电、巨石古树都作为顶礼膜拜的神灵，这一信仰使之产生了诸多的祭祀性舞蹈。

水族人民信仰诸多：对牛的崇拜、鱼的崇拜，对神山、神树、神石、开秧门的崇拜，祭雷公、祭闪电、祭土地、祭祖宗等各种活动，都集中体现了水族先民对自然、对祖先、对神灵的崇拜。水族祭祀舞蹈现在很少有人问及，只有巫师（水书先生）才会用上，而巫师们的手舞足蹈同时也是水族古文字的再现，是水族人民祭祀用的舞蹈，是在水族人民生活中保存得比较完整的非物质文化遗产。

（1）祭祖祭祀性舞蹈：水族没有上帝，但崇奉祖先。滥觞于神灵崇拜、祖先崇拜的水族祭祖，经历数千年的积淀弘扬，形成了比较定型的、程式化的传统祭祀活动。随着历史的发展，祭祖的内涵逐步得到充实与丰富，形式也由家庭祭祖发展到村寨联合祭祖，成为水族充满人文精神的传统活动。在漫长的社会进化过程中，祭天与祭祖是中国的传统，"天地者，生之本也；先祖者，类之本也"。祭祀大地，报天地覆载之德；祭祀祖先，报父母养育之恩。民间遵循古训"神不歆非类，民不祀非族"，"鬼神非其族类，不歆其祀"。

水族祭祖沿袭这样的信念，其组织形式，大多以同一血缘氏族村寨联合举办，抑或以相聚的异血缘村寨联合举办。

水族祭祖所产生的社会功能：强化生命意识，提高生活信心，提升内部凝聚力，促进氏族村落稳定，维系水族社会的正常发展。社会功能与热爱祖国、热爱家乡，与"以德治国"、"百事孝为先"的道德教育紧密关联。这对于促进水族地区深入落实科学发展观，建设平安和谐、稳定发展的社会主义新农村，都具有现实的、深远的、不可估量的意义。"万物本乎天，人本乎祖"。水族祭祖，是民族发展史、氏族村寨发展史的传承与教育的浓缩，是水族先民进入父系社会的农耕生活之后的产物。人们希望通过祭祀祖先神灵，既缅怀祖德，慎终追远，又祈求解决现实生活中的难题，以期望达到消灾免祸、迎祥纳福、氏族兴旺、村寨平安、五谷丰登的目的。

水族祭祖形式分为家庭祭祖与村寨联合祭祖。

家庭祭祖是日常中晚餐便饭祭祖、节日祭祖、婚丧嫁娶起造祭祖，通过占卜举行特殊犒赏的"敬祖公酒"祭祖等。这是氏族村寨联合祭祖的基础。

村寨联合祭祖，分定期定点及机动两种。机动祭祖主要为应急处理社会发生重大变故，联合抵御外辱，或影响氏族村寨的重大议案，等等。

水族祭祖伴随水族走过数千年历史，并将影响到漫长的未来。

（2）鬼神祭祀性舞蹈：水族的鬼神种类不仅庞大，且显得复杂，结构松散，独立性强，无密切的组织，几乎无统属关系。这表明水族社会尚未出现过高度统一的封建集权，等级观念不明显。水族社会长期以来主要靠氏族家庭的宗法制度来维系，因此，有很多鬼是以氏族部落形式出现的，如"公六夺"、"牙花散"、"尼仙"等鬼神都是以十几个至二十多个鬼组成的鬼族。水族鬼神的分类是个棘手的问题。从水族原始宗教的主要表现形式来看，同样地有自然崇拜、人类灵魂崇拜。自然崇拜可分为天鬼、地鬼两类，而地鬼中又可分为植物、动物、室内，室外四小类，人类灵魂崇拜可分为曲兜、活人鬼、死人鬼三类，而死人鬼中还可分为祖灵崇拜、寨鬼、地方鬼三小类。除了自然崇拜与人类灵魂崇拜之外，还有鬼名繁多的超自然崇拜。

水族的鬼与神没有明确的界限，多以鬼来概括神，并且常以善恶的尺度来区分鬼类，圣贤崇拜的人物"公六夺"虽衍化为全水族的保护神，但其灵魂也纳入鬼类，女神牙花散的灵魂也纳入鬼类，而平时人们习惯称为仙婆的"牙巫"或"尼仙"属神话中的生育鬼神，神仙观念相混的现象说明水族的宗教信仰尚处于低级阶段。

以上的众多祭祀活动中，都是水族社会生活中不可缺少的巫祭活动，为了这一切巫祭活动，扮演鬼神，沟通神人，制造神秘气氛等，无一不是通过巫师的肢体语言——舞蹈来表现、来传达。水族祭祀性舞蹈也是巫师们的手舞足蹈，水书先生们则是水族社会中祭祀舞蹈的表演者、舞蹈家。

三　水族雕刻绘画艺术及其现状

水族雕刻艺术分为石雕、木刻和牛角雕刻等内容。

水族石雕工艺主要反映在墓碑、石桥的装饰上，从现存的"引朗"、"拉佑"、"荣咬"等多处水族古墓群石雕图案看出，清朝乾隆时期水族石雕就已有较高的雕刻技艺水平，雕刻的花、草、鱼、蛇、龙及人物形象精湛逼真。特别是民国时期的墓碑，雕有亭台楼阁、龙凤狮子、鸣锣开道、八仙过海等图案，工艺精细，栩栩如生，墓碑字迹铁笔金钩，刚劲有力。水族石雕艺术以其独特的风格深深地为水族人民所喜爱。水族石雕用材考究，多选用当地石材，把石材切割凿平，然后打磨平滑光亮，再根据用途绘制图案，接着再精雕细刻。资深艺人则不用绘制图案，全凭经验和感觉进行操作，雕刻出来的图案也会栩栩如生。

水族石雕文化，首先体现在墓葬石雕方面。其次为民间生活用品的石桌、石凳、石桥以及碾布石、捣布石、镭钵和工艺品等方面，常见的而且表现较多的有人物、狮、虎、豹、麒麟、龙、蛇、鱼、马、牛、羊、凤、鸟、花、虫、草以及云、雾、水和波浪等。图案文样朴素、简洁美观大方，题材内容多为民间故事、神话传说、日月山川以及劳动人民尊老爱幼的日常生活等现象。在雕刻上多用阴刻及平雕，也有浅浮雕、深浮雕。古墓又分为单面碑、三面碑、五面碑、六合、八字门及楼格碑等。在这些石雕中，以各种动植物图案和人物故事为主。他们互相映衬、互相依托、相辅相成，使其产生远近互变等奇妙的效果。

传统水族石雕专业艺人主要在廷排镇阳安村，由于水族丧葬文化的简化，市场需求大不如前，相关的雕刻技艺也逐步失传，目前还有少数艺人在现代化机械的帮助下从事这项活动，石刻技艺的传承已经受到极大的威胁。

水族木刻工艺主要应用在屋宇檐口、窗户、桌椅、卧床等木制家具上，窗蕊的木刻多为花鸟浅浮雕，床榻床头上的木刻多为镂空雕花，桌椅的拼角及靠背也多为镂空的木雕。如今水族木刻工艺由于现代砖石结构房屋的兴起，传承问题已经相当突出。

水族绘画按照艺术的手法来分，可分为工笔、写意和兼工带写三种形式。从分科来看，可分为人物、山水、花鸟三大画科，它主要是以描绘对象的不同来划分的。从构图上来看，它的构图一般不遵循西洋画的黄金规律，图像中的长宽比例经常是"失调"的，历来重视表现图画的意境画者的主观情趣，而对构图的把握往往不够重视。水族绘画艺术历史悠久，源远流长，经过千百年的不断丰富、革新和发展，创造了具有鲜明民族风格和丰富多彩的形式手法，形成了独具中国意味的民族绘画语言体系，在东方以至世界艺术中都具有重要的地位与影响。

四　水族古文字和水书书法艺术

水书，水族语言称其为"泐睢 leel suic"，"泐 leel"即文字或书，"睢 suic"即水族，"泐睢"意为水族的文字或水族的书。水书创制年代久远，水族先民根据天体运行、星缩盈缩等变化规律，按照自己对自然界朴素的认识来记载天文历法、宗教、哲学、伦理等文化信息，现今还保存相当数量的水文文献。水文字主要用来书写水族的典籍——水书。水书在水族的社会生活中占有极为重要的地位。诸如嫁娶、丧葬、祭祀、营造、出行、农事等活动都要依据水书推定而行，人的安康祸福，也由水书推算。水书历来是支撑水族社会的重要精神支柱之一。关于水族古文字的来源，水族人有自己的说法。传说之一：水族古文字是水族的一位名叫陆铎公的先祖创造的。相传，他花了6年时间创制文字。起初，水族古文字"多得成箱成垛，堆满一屋子"，后来天皇派天将烧了装着水族古文字的房子。陆铎公生怕再遭天皇算计，此后全凭记忆把文字装在肚子里。传说之二：水族古文字是陆铎公等六位老人在仙人那里学来的，仙人根据水族地方的各种牲畜、飞禽和各种用具，造成了泐睢。六位老人经过6年的学习，终于把泐睢学到手，并记在竹片、布片上带回。在回家路上，泐睢被人抢走。为了避免再遭人谋害，凭着记忆，陆铎公故意用左手写泐睢，改变字迹，还将一些字写反、写倒或增减笔画，形成了流传至今的特殊的水族古文字。这次调查我们发现水书不仅有用纸张写的书，有石刻的水书，有牛角上的水书，还首次发现了铜鼓上的水书，足见水书的历史相当长远。铜鼓上的水书参见图9-1。

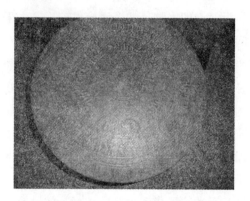

图9-1　铜鼓上的水书（铜鼓的鼓面外圈是水书）

　　水书的书写形式从右到左直行竖写，无标点符号。从形体上看，水书普遍被认为具有三种类型：一是图画文字；二是象形文字；三是借用汉文字，即汉字的反写、倒写或改变汉字形体的写法。图画文字和象形文字的形体，主要以花、鸟、虫、鱼等自然界中的事物以及一些图腾物如"龙"等所撰写和描绘。从内容与功能角度出发，水书普遍被分为两类：一类叫"普通水书"，水语谓其"白书"，用于丧葬、嫁娶、出行占卜之类；另一类叫"秘籍水书"，水语称其"黑书"，是水族攻守兼备的秘籍，传世者极少，能破晓之人更是凤毛麟角。

　　水书中有许多表示水族原始宗教的各种密码符号，暗示水族的宗教意识。其所记，大多是原始宗教信仰方面的日期、方位、吉凶兆象及驱鬼避邪的方法，大体是以年宜、忌月日，以月日宜、忌时方，并用歌诀或事物兆象标明它的吉凶所属，因此多是作为巫师或水书先生施行法事的工具，目前仍在水族民间普遍使用。可以说，千百年来，水书以其神秘的文字结构和特殊的用途，依靠手抄、口传而成活并沿袭流传至今，保留着水族古老的文明信息，至今在水族民间仍具有神圣而崇高的地位，令世人瞩目。

　　水族古文字历史悠久，字形独特，属于表意方块字类型，笔画简多繁少，2—4 画的字约占总字数的 60%；字形间架方正、匀称，具有东方文字特色；音节是造字的最小单位；水文在造字上吸收并继承了中国古代文字发展中的某些特点，但它以基本笔形、独体字、辅助符号相互搭配融合造字。水文的基本笔形不表固定的形和义，辅助符号不表固定的音，它和汉字的造字法大不相同。水文中用指事、会意造的字很少，或者说我们目前还没有发现。

　　水书可谓水族传统文化的精华，也是水族奇特的文化现象之一。水书蕴含水族宗教哲学、民俗世象、天文历法、美学伦理、书法艺术等深刻的文化内涵，被誉为水族传统文化的"百科全书"。今天，人们都习惯把水族这种的古老文字及书籍统称为水书。汉字书法是中国的国粹，是东方独特的传统艺术的精华。研究水族古文字，不仅使大家了解了水文字的历史、文字的性质、特征等，从而也更多地了解了水族社会生活的方方面面。研究水文书法艺术，对于让人们充分地认识水族的历史文化，丰富整个中华民族的书法艺术，有积极的意义。

　　水书文化研究的兴起，给水书书法艺术注入新的活力，水书书法艺术已经从民间走进城市，我们相信水书书法将永葆青春，并在人们的共同关注下得到充分的发展。

第十章

民族文化遗产保护与民族文化旅游

　　水族是一个具有悠久历史和灿烂文化的民族。水族传统文化是水族生产生活的历史遗存，也是水族现实生活中不可缺少的主要内容，在水族发展的历史长河中发挥着重要的作用。在经济全球化的大背景下，我们更要强调文化的独特性和差异性，绝不能丧失本民族的文化传统。水族在漫长的历史发展进程中，产生了丰富的物质文化和非物质文化遗产，而这些文化遗产大部分在今天正逐渐走向濒危状态。

　　为进一步加强民族文化的保护与传承，有关方面建议，国家应该把三都水族自治县及周边水族聚居区列为国家级文化生态保护区，加大政策、资金和智力扶持力度，以加强历史遗留下的水族文化珍贵文物以及濒临灭绝的水书、水族歌舞、民间工艺、水族语言、水书先生的口头文化、水族经师的神秘文化、水族服饰、医药技艺、水族婚嫁、丧葬习俗、"干栏式"木结构建筑习俗等水族民族文化的保护、挖掘、抢救和传承。建议以贵州省三都水族自治县21个乡镇为圆心，辐射带动相邻的都匀市3个水族自治乡、荔波县6个水族自治乡（镇）、独山县4个水族自治乡以及黔东南苗族侗族自治州的榕江县3个水族自治乡、丹寨县1个水族自治乡、雷山县1个水族自治乡、从江县1个水族自治乡，涵盖水族总人口40余万人，占全国水族人口92%以上的水族聚居区的相关地域列为国家级文化生态保护区，对该区进行整体规划布局，并需要中央给予政策、资金和智力扶持，从而科学、完整、系统地保护该区域奇特的自然风光、丰富的历史遗迹和神秘的民族文化。使其在保持其原生态文化面貌的基础上，焕发出新的生机与活力，推动水族物质文化遗产和非物质文化遗产的整体性保护和传承发展，维护文化生态系统的平衡和完整，同时提倡发展水族文化生态旅游区，促进当地的经济社会的全面发展。

物质文化遗产包含的内容很广泛，包括人们赖以生存的各种生活环境，包括传统建筑、村落、服饰、民间工艺品、文物、传统生产生活用具等各个方面。对物质文化遗产的保护与非物质文化遗产的保护同样重要，但通过我们这次调查发现，相对非物质文化遗产的保护而言，物质文化遗产的保护还没有引起人们足够的重视。

第一节　物质文化遗产保护

本节主要对县内各主要民族的物质文化遗产情况进行介绍，同时也讨论这些物质文化遗产的保护问题。

一　传统民族村落和民族建筑的保护

水族民居多坐落在低丘谷地或平坝的边缘，依山傍水，周围竹树环绕，房屋纵横交错，道路迂回曲折，鱼塘触目皆是，多聚族而居，一个村寨十几户、几十户，多的有百余户，而且同血缘村寨毗连，数姓杂居极少。水族民居建筑因地制宜，顺山而建的吊脚楼房。屋基大致分前后两级，前低后高，房屋靠山的一面是平屋，前半部柱长，伸至一级屋基，是为前半部的楼下一层，上铺楼板，成为半边楼，同后半部的地基一样高。楼上及后半部平房住人。后半部多作炊室（厨房和餐厅）、磨坊、舂碓之用。前半部正间作客厅，两头为卧室。前面底楼作圈养牲畜和储藏农具之用。有的在正房前两侧，修建吊脚厢房，走廊相通。高低参差，纵横相应，结构牢固，造型美观。

水族房屋多为三间或五间木质结构楼房，两头重檐倒水，为"干栏式"建筑样式。"干栏式"建筑形式，全木质结构，房屋的正面围有栏杆，屋顶作歇山式，二檐滴水，盖小青瓦，也有少数房屋盖有杉树皮。一般为4排3间或6排5间。楼房多为一楼一底或分有上中下3层，楼下为牲畜圈或农具间，楼上为日常生活场所。二楼堂屋中设有神龛、火塘，两头为卧室，顶楼设置粮仓及未婚儿女的卧室。楼梯设于房屋一端或正中，房子向阳一面搭晒台作晒谷物或休息用。

木屋间架结构与屋基，根据屋基地势而建造木屋间架结构，一般地基可以有一级或二级或三级因地势而异。柱子下层圆柱直径一般在30厘米以上，柱身榫眼用穿枋纵横联结，每排砥柱上端扣架粗大的原木作为横梁，梁与梁之间铺着垫木，俗称"楼枕"，枕上铺着宽厚的楼板（多为松树或枫树锯成的板子），形成平整的楼面。上层屋架，一般每排为五柱四瓜（或称十一檩水步），也有五柱六瓜（或称十五檩水步）。木楼为穿斗式结构，在柱与柱之间用穿枋组成网络。特别是上层屋架柱脚扣枋为鱼尾式的斗角衔接，是水族木工在干栏建筑中最出色的创造。柱脚扣枋的这种鱼尾式"斗角"结构，牢牢固定每根柱子的方位。顶上再用檩子卡住各排柱头和瓜头，各部衔接处都用齿榫卯紧，使建筑物整体性强，十分稳固。下层的砥柱和横梁与上层排架必须对应，俗称"柱顶柱"，这使木材抗压的性能得到了充分的发挥。

近十多年来，人们纷纷出去打工，在打工过程中，人们逐渐学会了其他地方的民居建筑的建造方法，反过来应用于自己的居住建设。在水族农村，出现不少新建的民居建筑。这些民居大部分由房主和当地工匠自己动手，按照传统的做法进行布局施工，继承和发展了水族民居的优秀传统，具有浓郁的民族风格和气息。随着人民经济生活的改善，群众居住要求的提高，民居建筑的使用要求、卫生条件和用料标准、装饰水平也随着提高，水族民居有了较大的发展和创新。在结构、用料和平面布局上，具有较大的变化，许多新民居采用砖木结构，四周为砖墙或石墙，中间为木结构屋架。屋顶用瓦代草或杉树皮，有的屋顶直接用钢筋水泥建成平顶建筑。有的窗户装上钢筋加玻璃，有利于采光和冬季保暖。有的晒台改为混凝土面层，或用钢筋混凝土建造。有的厨房已接通自来水管。有的改居住楼上为居住楼下，楼上改为存放粮食及其他物品，厨房另建于楼下相连的平房内。大部分水族村寨已通电、通公路，屋内摆放电视机、影碟机、沙发等现代用品。

如今的水族村寨有逐步被新修建的钢筋混凝土结构楼房所取代的趋势，目前人们不再建造传统的纯木质结构建筑，同时传统的房屋建造工艺也逐步失传。目前除了个别存在之外，传统建筑的保护工作没有引起人们的注意，也没有得到应有的重视。

苗族的村寨多数坐落在高山峡谷或半山腰，也有部分在山顶或河谷沿岸居住。每寨少则二三十户到五六十户，多则二三百户以上。村寨周围一般种植枫树、竹和桃、李、橙、栗等果树，风光旖旎，独具特色。

三都的苗族主要住楼房，也有少数平房，多为瓦木质结构。普安、三合一带房顶多盖瓦，都江一带普遍盖杉木皮，现在因为交通方便多改为盖瓦。一般为三开间，二楼一底，也有四开或五开间，正中一间为堂屋，设有神龛祭供祖先，神龛背后拖宽屋檐作厨房，两端开间作卧室和客房。多以后门或侧间门进入堂屋。都江部分苗族堂屋一般不设神龛。楼房中层住人，上层储藏粮食，底层关牲畜和堆放杂物。屋前搭晒台，晾晒粮食、棉花、花生等，也可以供妇女纺纱、刺绣或夏日晚上乘凉之用。屋后屋侧另搭小棚作厕所。都江地区把粮仓与住房分开建筑，以防火灾。坐落在半山腰的村寨，多依势而建，形成苗族独特的建筑风格"吊脚楼"。

县城和城镇附近的苗族楼房也逐渐被现代的水泥和砖瓦建筑所取代，同样没有引起人们的关注和重视。

布依族的村寨大多坐落在依山傍水的坝子上，竹树环绕，聚族而居，也有数姓杂居一寨的。

布依族喜住楼房，《北·南僚传》记载：僚人"依树积木，以居其上，名曰干栏"。干栏就是现在所称的楼房。《旧唐书·南蛮传》载"人楼居，梯而上"。明《赤雅》载"人栖其上，牛羊畜其下"。清乾隆《独山州志》载"仲家好楼居"。至今，周覃、九阡一带布依族的旧房仍保留"干栏"式建筑，下层周围用麻条料石或规整片石浆砌作基础，高约2米，正面砌石梯登大门；上部为三间两层木结构，也有五间三层的，顶部盖瓦或盖草，石围墙底层多作猪、牛圈和堆放农具杂物之用，兼防盗贼；中层住人，正中为堂屋，上供神龙龛，左右房间为寝室和客房；上层储藏粮食和其他农作物，在房侧另搭小棚作厕所。近年新盖房屋，已改变底层砌石围墙的习惯，多为木结构或砖木结构楼房。大河、普安及城郊一带布依族开化较早，住宅与汉族基本相同。多为木结构瓦房或草房，也有砖木结构的，一般为一楼一底三开间，少数为五间、七间或三间加厢房的。底层住人，大门正中为堂屋，供神龛，左右房间为寝室和客房；楼上储存粮食和堆放杂物，厢房多作厨房和猪、牛圈之用，也有作为接待亲朋的"客房"。此外，有的在三间正房左侧或右侧搭偏厦作厨房和猪、牛圈；还有在正房后面拖"马屁股"作厨房的。如今纯木结构的楼房有逐渐被砖木结构所取代的趋势。

二　民族传统服饰

水族的传统服饰主要有服饰、银饰两种。

水族的服饰，男子式样与布依、苗、侗、汉等民族无大差异，女子服饰则独具水族特色。

女子服饰，清代以前，年长妇女多绾发结于顶，用青方巾包头，上穿对襟无领阔袖银扣短上衣，下套百折围裙，并在前后系上两块长条腰巾。脚穿尖钩穴花鞋，有的还扎裹腿。中年妇女大多数把长发梳成一把盘绕于顶，外包青、白布长条头巾，盛装时常绕结于顶并插上各种银饰品，脚穿翘尖鞋、穴花鞋、元宝盖鞋或绣花鞋。清乾隆《独山州志》曾记载："水家苗，衣尚黑，长过膝。好渔猎。妇女勤纺织。短衣长裙。"这说明水族妇女在清代是穿裙的，民国以后才易裙为裤。

现在，水族妇女的传统服饰，以地域为特征，大致有以下几种类型：

一是分布在中和区、周覃区及与独山县接壤地区的未婚姑娘，喜用浅蓝色绿色或灰布做便服有领长衫，常以蓝绿色的绸缎作为上衣的面料，衣身衣袖比过去收缩，较为贴身，下装靛青色长裤，衣裤的边缘不做任何装饰。胸佩乡花长围腰。围腰上端至颈部挂着银链，围腰中部两侧系着提花飘带拖于身后，脚穿尖钩穴花鞋或元宝盖乡花鞋，头包白色长帕，并在左额头上斜插一把长梳作头饰，显得淡雅素洁，开朗明快。已婚女子的头饰与未婚姑娘无异，但衣裤有明显区别，她们的衣服袖口、坎户至衽口及裤脚，都要镶上斜面青布大绲边，外缘又镶上两条绲条，绲条外缘装饰一道底色暗雅的丝兰牙口和水浪形栏干花边。中年妇女不再佩戴围腰而改系长方形青色腰巾，仪态端庄典雅。这类服饰分布面广，一般被公认为现代水族妇女的服饰代表。

二是九阡区及与荔波县接壤地区的妇女，多以纱质细匀、染工深透的青布制作清一色的上下便装，衣裤边脚不做任何花边装饰。头包青紫色毛巾，头巾由前后交叉至两侧收扎，显得大方利索。未婚姑娘胸佩不绣花的青围腰，思虑腰上首的银链和中部拴系的提花飘带比较讲究。已婚妇女，不再佩戴围腰，改系长方形青紫色腰巾。这类服饰显得深沉稳重。

三是都江区及与榕江、雷山接壤地区的妇女，衣脚幅面窄小，岔高摆圆，坎户绲布由肩部向背部椭圆。花边多喜用色差显著的大万字和月季花边。头饰包白色头巾，头巾收扎于颈后，形象古朴。靠近榕江、雷山边界的水族妇女发式仍保留绾结于顶的传统，外包方格黑白花巾。

四是丰乐、河坪与都匀接壤地区的妇女服饰，喜穿右衽短上衣，拴绣花围腰不饰银链，衣裤都饰绲边，绲条和栏干花边，头包长巾外横扎一匹白毛巾。年长妇女衣身衣袖和裤脚较肥大，服饰别具一格。

　　五是普安、交梨、尧麓等水、苗杂居区的水族妇女服饰，除用长帕包头保留水族传统特点外，大襟衣服已缩短至臀部，衣襟、袖口、裤脚不镶绲布与花边，衣裤款式与当地苗族妇女便装无异。

　　水族妇女的银饰品有银梳、银篦、银钗、银花、银耳环、银手镯、银项圈、银压领以及银蝴蝶、银针线筒等，造型华美、工艺精巧，颇具民族特色。这些银饰品主要在结婚大典或喜庆节日才盛装佩戴。

　　水族的银饰有耳环、耳坠、手镯、项圈、项链、压领、吊牌、银叉、银角、银花、银簪、银梳、银扣、银钗、围腰链、戒指、针线筒、银片、银泡、银玲银花、银佛帽等。妇女的一套完整的银饰品，以银累计可达七八斤重。

　　随着经济全球化和现代化进程的日益加快，市场经济在水族社会的蓬勃发展，城乡人口的相互交流，民族传统文化受到前所未有的冲击。人们的世界观、审美观、价值观亦在悄然转变。水族服饰文化有逐渐被汉服文化所取代的趋势。主要表现在：现在的水族青年纷纷离开祖辈居住的家园外出务工，人们买市场上的成品衣服穿，在穿戴上与汉族青年无异；水族服装做工相对繁杂，费工费料，年轻人为方便直接购买汉式成品衣服穿；小孩子从读书到走入社会，基本上都是穿戴汉族服装；思想观念转变了，人们冲破传统礼教的束缚改穿汉装，并以此为美。现在的水族地区，30岁以上的妇女，还保持穿戴水族传统服饰，20岁左右的年轻女子，除了在节日、走亲访友时部分人还穿戴水族服装外，平时很少穿了。在校学生则全部穿汉装。水族服饰文化正在经历着前所未有的冲击。

　　苗族服饰，男性式样简单，穿对襟衣大口长裤，头包青帕或白帕，脚裹绑脚，不穿袜子。老年人穿大襟短衣或长衫。现在，青壮年一般都不包帕子，露发或戴帽，改穿中山装、西装、衬衣、汗衫，亦改绑脚帕为袜子，布料也逐渐由家织土布转换为机制布或集市购买的合成纤维。青壮年的穿着现在多为集市购买的现代成品服装。仅都江一带变化较小。

　　苗族妇女服饰讲究，式样烦冗，地区差异较大。大致可分为两类：

　　第一类是三合、普安、高硐、交梨、拉揽等乡镇及牛场一带的姑挂、姑鲁，打鱼乡的丁调、柳排、万响、排鸟、地瓮、介赖、李家寨、党柳、同泥、龙田等村寨的苗族妇女，喜穿蜡染花衣。其服饰又分便装和盛装两种。幼女头蓄小辫，戴兔儿帽，上身自蓝色土布无领右开襟衣服，均无花纹。少女头梳小辫，衣裤与幼女相似。青年姑娘头包花头巾，上装内穿插白便服衬里，外穿插青、蓝布右开襟便服，下着长裤，胸前拴花围腰，用银链系挂颈项，花带拴系后腰。妇女头饰稍异，头发挽髻盘于顶端，覆盖宽尺许、长2尺的青布巾，两端缀有彩色花带丝绦，交叉挽于头部。但出嫁和节日盛装极为讲究，充分反映民族特色。头饰有8个组成部分，即由15种图案组成的银尖假角；由9种图案组成的大银梭；由7种图案组成的小银梭；由6种图案组成的银插花；由6种图案组成的银瓣梳；由12种图案组成的围发带；由13种图案组成的包头帕；由4种图案组成的银耳环。衣服图案花纹也十分别致，在无领青色花椒布料的服装上，拼镶着各种蜡染和刺绣花卉图案。背肩用蜡染成螺旋的白色花纹，边上则绣上套方格式花纹，衣服正中则绣有蝴蝶、福禄寿喜和字花纹，均用红、绿、黄、蓝等五彩线精心刺绣。衣袖也由5种花卉图案蜡染组成；衣脚由12层（一般也有7层或5层）不同颜色布叠制而成，衣服向右开襟，用4根布带拴系代替扣子。领边镶绣宽约3指的5种图案花纹。裙子有面前花、包腿花、护臂花等。布鞋也绣有鞋前花、鞋后花。妇女穿着盛装时，头戴各种银饰，上着洁白衬衣衬底，外罩蜡染花衣；下着青布长裤，外套绸缎裙子或蜡染裙子；足穿绣花鞋，颈挂三五只银项圈，手戴数只银手镯。从头到足，装饰有不下百余种的传统图案花纹，真可谓银光闪烁、五彩缤纷、琳琅满目。现在，她们的便装布料由土布逐渐被集市布料取代，少女或少妇平时多以集市成品衣服装饰。

第二类是上江镇、坝街、甲雄、羊福等乡及巫不乡的高尧，打鱼乡的排报、排吊的排怪，平甲等村寨的苗族，喜穿青衣青裙。所穿布料均系土纺土织自染的青蓝布，以闪亮发红为佳品。妇女服饰无论长幼，头饰均挽髻于前额上方，覆盖青蓝色土布头帕，缀有花边飘带拴系。妇女服饰，一般分为两种：节日盛装和平时便装。民族节日、婚喜、走亲访友、以穿花衣、花裙为主。平日着青布对襟短衣青布半桶式百褶裙。花衣比便衣要长，由四色拼凑而成，无领，两袖有2寸宽，刺绣一束花卉于袖口，袖口处有一圈小花，从两肩到袖口中间，镶有4指宽刺绣花纹图案；两臂中间环圈一道3指宽刺绣花纹图案；两对襟有两条1.5寸宽的花边从领至衣脚；衣脚约有1.5寸或2寸宽，镶有花边；衣服后背正中及衣服，饰有手掌宽的刺绣花纹，图案有正方形或菱形万字。整件衣服皆由多花边、花条，刺绣好后，镶嵌而成。

花裙又叫外裙或鸡毛裙，内裙是百褶裙。一般长二尺二寸。花裙套在百褶裙之外的，一般由十二块花条镶在裙腰上而成的。每块花条上绣有花鸟鱼蝶花卉图案。裙脚用布折叠成三角形，然后，将锦鸡或家鸡的白色羽毛装订在三角布上。再把它镶在裙脚上，每条裙脚系上三块钉有鸡毛的三角布。故此而得名"百鸟衣"。平时生产劳动不着鸡毛裙。50岁以上的年老妇女不穿鸡毛裙。这一带苗族妇女，下装穿齐膝短裙，内穿上一条半桶青、蓝布裤，裤长至膝盖上，前拴三角形围腰，小腿肚至脚颈套青蓝色绣花裹腿，用黑白相间素色花边织带拴系，赤足或穿草鞋，现在多穿解放鞋。妇女头饰十分讲究，发型挽髻如螺蛳形于顶端，顶部尖端处用一根小银花簪子斜插起来。发髻与头顶部间，用一小木梳或银梳从后插发髻上，将头发锁起来。妇女的头发经常用茶油打亮、润色，使头发更加清亮。节日或出嫁以佩戴银饰品和新衣裙为盛装。头饰插有银梳、银簪、银角叉；颈戴扭丝银项圈，一般三五根，多至六七根，项圈一般用一至二斤银子加工制成；耳垂大银环，手戴银镯，一般二三对，多至四五对。佩戴上它，表示富有、吉祥、如意，如饰牛角花、盘龙银花、锦鸡银花等，真是银光闪闪，琳琅满目。这种服饰古朴典雅，端庄大方，别具一格，并一直延续至今。

布依族的服饰，男性式样简单。其服装与汉族大致相同。过去，老年人穿大襟短衣或长袍，"发以青帕缠头及腰"，青壮年一般穿对襟衣大口长裤，头包青帕或白帕。现在，一般都不包帕子，露发或戴帽，改穿制服、衬衣、汗衫。布料也由家织土布转换为机制布或合成纤维。

布依族妇女服饰变化较大。清乾隆以前穿裙。《旧唐书·南蛮传》记载："横布两幅，穿中而贯其首，名为通裙。"明弘治《贵州图经新志》记载："以青布一方包头，着细褶青裙，多至二十余幅，腹下系五彩排绣方幅如绶，仍以青及袭人。"清乾隆《独山州志》记载："年少妇女，艳饰浓装，山花满髻，项挂银圈，腰系白铜烟盒，彩线丝条，环身炫目"，"妇女渐改汉装"，已不提穿裙，开始易裙为裤，这是一个大的变化。民国以后，已与汉族妇女服饰基本相同。现在仅周覃一带布依族妇女尚保留上穿斜襟窄袖衣服，拴绣花围腰，齐项短发不包头，下穿不镶花边的小口长裤。

三　民族民间工艺品

水族民间工艺，主要有剪纸、刺绣、印染、编织、木刻、石刻和银器品加工等。而剪纸、刺绣、印染等手工艺已普及民间，多数水族妇女几乎都能掌握这些工艺。其他则是专业手工艺人所掌握的专门技术。

水族剪纸：主要是为刺纸而制作的各种图案，花样繁多，有吉祥神州动物，如龙、凤、麒麟及梅花鹿，也有花草虫鱼等图案。制作方法，先用较厚的白皮纸描绘所需图案，然后按图案剪下而成。

水族刺绣制品：水族妇女的刺绣工艺有绣花、挑花、梭花。针法有平绣、打子、乱针绣。其工艺品主要是背小孩用的褙带。褙带可分为"歹结"、"歹腊巴"、"歹格"和"歹腊亚"四种"歹结"褙带。工艺繁杂精细，首先用白色马尾缠绕白丝线，再用缠好的马尾配以彩色丝线，在各种预制的几何图形部件绣上龙、凤、花草、虫、鸟先等各种精致图案，最后将各部件拼镶在褙带的布样上缝成一个整体，一件刺绣工艺珍品就完成了。用工约一个妇女有余时间。其次，"歹腊巴"褙带，是用红、黄、绿彩钯丝线，按各种剪纸图案刺绣而成，其价值略次于"歹结"褙带。"歹格"即"万字格"褙带，是用彩色丝线绣成各种各格花，用工较少，朴实美观，使用普遍。"歹腊亚"褙带较为简便，仅用青、蓝布剪成各种动植物图案，然后拼镶在褙带布面上用纱线密钉而成，这种褙带花工少，物美价廉，颇受欢迎。类似"歹结"褙带工艺的还有妇女的翘头鞋、童帽等。围腰胸牌多采用"歹腊巴"褙带工艺。

水族印染土布：印染是水族民间一项传统手工工艺。它的种类主要有蓝靛染、豆浆染和蜡染。常见的印染织品有床单、被面、背包、围腰、手巾等。

水族印染工艺历史悠久，世代相传，妇女人人必学，个个必会。传统染料是自制土蓝靛。将家种蓼蓝割洗干净，放进水池，掺石灰浸泡半个月左右，蓼蓝腐料沉淀即成。然后取出存放在木桶或瓦缸备用。染布时，将野蒴叶烧火过滤倒进染缸。再放进蓝靛，加上适量烧酒，用木棒搅拌调匀成染料水，如需染纯蓝、纯青布，将成匹土白布放进染缸反复浸泡数次，用清水洗净晾干，然后把布折叠好放在碾布石上，来回碾压光滑，即可得所需的蓝布或青布。如需染蓝白相间的花布作被面或卧单则将硬纸或薄木板刻成花、草、鸟、鱼、龙、凤等图案模型，压在白布上，刷以黄豆浆，再放进染缸浸泡，晒干后刮去黄豆浆，就可以出现蓝底白花图案。另外，将白布用针密缝成所需花草、蝴蝶、飞鸟图案，放入染缸浸泡，洗净晒干也获蓝底白花的效果。还有用棉线染成蓝、青色与白纱线相织，可成蓝白或青白间的花格布。现在，染料除沿用土兰靛外，多数使用煮青、煮蓝等化工颜料，有的也用烧碱取代蕨叶灰水作添加剂。

水族豆浆染布：所谓豆浆染，就是用豆浆来将布染成各种花形图案。制作工序一般先用泡好的黄豆打制成豆浆。然后用剪成的所需的各种图案贴在白布上。用制好的豆浆把剪出的花样图案中的空白处填满，五天至七天后至豆浆干透，紧固在白布上。然后用蓝靛放到大缸里，用水浸泡米酒搅匀，将豆浆染好的布料放入紫色染料水中，一般在半小时左右，将布掏出滤干水，再将布又放入缸中，一天反复四五次，连续浸泡五天。再将染好的布放到小河或小溪里清洗。用竹篾边洗边刮，待豆浆刮干净后，晾干即成。

豆浆染一般由妇女制作，染好一匹布所需时间约为一个月。布料色彩古旧，蓝底白花，色调自然和谐，具有朴素的美感。一般用于被面、床单、背包等生活用品中。由于豆浆染艺烦琐，工期长，现在很少有人制作，加上受现代市场商品的冲击，面临濒危。

水族编织土布和编制品：以前土纺土织是水族妇女必备的手艺。她们织出的土布纱质细匀，牢实耐用，尤以花椒布、斜纹布为上品。据《水族简史》记载："清嘉庆时烂土出产的斜纹布，称为'水家布'、'顺水班'，行销远近各县。"九阡青布，纱质细致，染工深透，耐洗不褪色，过去常为士绅馈赠亲友的礼物。编织工艺，粗加工如竹编提篮、划箩、粪筐、鱼篓、鸡笼、撮箕等，产竹村寨几乎人人都会。精加工如晒席、睡席、躺椅、座椅、筛子、簸箕、米箩、斗笠等则由专业传统艺人编制，尤以阳安乡著名，小件编织工艺品如马尾帽堪称珍品，由专业艺术人用马尾编织成六角形细小网眼的夏帽，工艺精致，美观轻便，通风凉爽，深受中、老年人喜爱。而围腰花带，水族姑娘几乎人人都会编纪念品。

水族木刻制品：水族木刻工艺，主要应用在屋宇檐口、窗户和桌椅、卧床等木制家具上。窗芯的木刻多为花鸟浅浮雕；檐口饰以木刻图案；卧床床沿饰以浮雕，应架多为镂空雕花，桌椅的拼角及靠多为镂空的木雕。熟悉木刻工艺的灵巧木匠为数甚多。

水族石刻艺术品：水族石刻工艺，主要反映在墓碑、石桥的装饰上。从现存的"引朗"、"拉佑"、"荣咬"等"干栏"式石棺墓群的石刻浮雕造型看出，清乾隆时期就已有较高的技艺水平，雕刻的花草、鱼、蛇、龙及人物，形象逼真。特别是民国时期的墓碑，仿亭台楼阁、龙凤狮子、鸣锣开道、八仙过海等图案雕刻，工艺精细，栩栩如生；墓碑字迹、笔画金钩、刚劲有力。现在石刻艺人分布在阳安、三洞乡及塘州乡的阳乐村，而人数众多、工艺熟练全面的数阳安地区引虽村的莫姓石匠为首位。

水族银器：水族传统银饰加工工艺在水族地区占有显著地位，水族妇女节日和婚礼盛装佩戴的项圈、手镯、别簪、银扣、压领、银梳、围腰链，以及儿童帽子装饰的银佛、银狮、银铃、银片等，都是当地水族银匠的艺术作品。各种形状的银铃、银片、银花，最后配上悬挂于颈项的银链而成，一般重三四百克，这是最具水族特色的银饰艺术珍品，也是水族的吉祥物。

布依土布：布依族妇女自古以来"勤于纺织"。从植棉到纺纱、织布、染色、剪裁都是布依族姑娘必须掌握的技能。她们不仅会织白土布，而且能织黑、蓝、白三色相间的土花布。这些花布朴素大方，精致耐用，不易褪色，并且具有显著的民族特色。除本民族喜爱以外，也深受邻近的水、汉、苗族人民的欢迎，直到现在多数人还穿这种土花布。

布依蜡染制品：蜡染是布依族妇女世代相传的手工艺术。很多布依族妇女从懂事开始就学习蜡染，作蜡刀蘸黄蜡液在白布上绘画各种图案，放进自备的蓝靛染缸里浸泡染色，取出晒干，又用热水溶洗黄蜡，即显现出各种白色花纹，蓝白相映，素净大方，多作床单、被面或妇女衣服、头巾之用。此外，有的用黄豆浆涂画花纹，晾干后放进染缸浸泡印染，取出晒干洗净也可获同样效果。还有一种叫"扎染"。先在白布上用手捏出各种花、鸟、虫、鱼图案，再用针线扎牢，放进染缸印染，取出晒干，拆去扎线，也能显现白色花纹图案。

苗族绣品：苗族姑娘从小开始学绣花，她们穿的花衣、拴的围腰、背小孩的花背带等，都是她们巧手刺绣的工艺品。刺绣，苗语叫"送蒙"，是母女相传的工匠艺术技巧。它在妇女生活中极有影响力，占有重要的位置。刺绣的材料来源是自织的土布、自纺的线以及集市购买的丝线。刺绣的工艺有绣花、挑花、补花等。针法有平绣、打子、扎针刺绣等。

在漫长的历史长河中，三都苗族妇女在刺绣工艺中积累了丰富的经验。她们对千奇百样的自然物有很强的观察力和审美力。通过娴熟的剪纸、刺绣等技巧，就能把当地的各种花卉、山水田园，飞禽走兽图案栩栩如生地绣于布上。如花鸡毛裙、百褶裙、花帽、花背带、四方花围腰。绣有兰花、百合、牵牛花、映山红等图案，鸟类刺绣有孔雀、锦鸡等动物图案。

苗族印染制品：苗族印染是苗族妇女世代相传的民族工艺，以前几乎家家都有兰靛染缸，将白土布放进染缸浸泡，捞出晒干，反复几次后再用碾布石碾压就成了青布或蓝布。都江苗族染的青布还加牛胶和薯粮浸泡晒干，再用猪血或牛血浸染晒干，经锤石锤打，最后成为青红发亮的布料。如需染出花样作为垫单、被面、头巾等，则先将白布捏成蝴蝶、花草，用棉线扎紧，放进染缸反复浸泡晒干洗净，就可染成土花布料了。

苗族蜡染制品：苗族蜡染工艺流传历史悠久。普安、三合、交梨、拉揽、打鱼等乡镇一带，苗族妇女的花衣服饰，蜡染占重要组成部分，使用的垫单、被面也多是蜡染布料。蜡染制作方法，是将白布平铺于案上，置蜡于土碗或小锅中，加温溶解为汁，用蜡刀蘸蜡汁将所需图案绘于布上，有的用剪好的花卉图案纸板压在白布上，用蜡汁涂抹，然后把有蜡的布料放进染缸浸泡晒干，再用温水泡软刮去蜡汁，洗净晒干即成蜡染花布。

苗族银饰品：苗族妇女的银饰品，均为本民族工匠所制。有银尖假角、银花、银围腰链、银耳环、银手镯、银蝴蝶、银梳、银簪、银项圈等，工艺十分精致。

以上民族民间工艺品的传承发展问题，在一般情况下都是家庭遗产，由子女继承，其生产工艺有专门的师徒传授，本课题组还没有作专门的调查和研究，其传承和发展状况需要进一步研究。

四　文物调查与文物保护

文物是人类历史文化遗产，是研究人类社会发展史不可替代的实物见证。它作为人类文明的物质载体，真实地记录了一个国家、一个民族的发展过程。文物是国家不可再生的文化资源，文物普查是国情国力调查的重要组成部分，是确保国家历史文化遗产安全的重要措施，是文化遗产保护的重要基础工作。

三都县的文物管理工作起步于 20 世纪 80 年代初。通过文物普查，依法报批公布了一批县级文物保护单位名单，向上级文物部门推荐报批公布二批省级文物单位保护名单。

到 2005 年年底，自治县已有省级文物保护单位四处（水龙引朗石板墓、羊福崖墓、九阡石板寨水族抗日旧址、水族起义遗址），省级民族保护村寨一处（怎雷水族寨），县级文物保护单位五处（都江古城垣、小溪摩崖、布仰摩崖、万人坟、甲找石板墓）。文物点 45 处，征集文物藏品 35 件，古钱币 206 枚，《水书》近 6000 册，铜鼓及碑碣拓片 210 张。

根据国务院《关于开展第三次全国文物普查的通知》（国发〔2007〕9 号）文件精神和省、州人民政府的安排，为切实做好开展第三次文物普查工作，2007 年 10 月三都县成立了第三次全国文物普查工作领导小组。2008 年 8 月发布《三都水族自治县第三次文物普查实施方案》，10 月召开了全县第三次文物普查动员暨培训工作会议，同时成立了三都水族自治县文物普查队。遵照《第三次全国文物普查实施方案》统一部署，普查分三阶段进行，第一阶段从 2007 年 4 月至 2007 年 9 月，主要任务是制定普查实施方案，发布规范和标准，组织培训和试点；第二阶段从 2007 年 10 月至 2009 年 12 月，主要任务是以县域为基本单元，实地展开文物调查和信息数据登录工作；第三阶段从 2010 年 1 月至 2011 年 12 月，主要任务是进行调查资料的整理、汇总，数据库建设和公布普查成果。

第三次文物普查工作自启动以来，在省、州上级文物部门的指导下，在县委、县政府的高度重视及有关部门的配合和全社会的关心帮助下，通过全体普查队员的共同努力，按时完成全县 21 个乡、镇的文物调查任务，各项文物普查数据均已通过省验收，取得了可喜的成绩。截至 2011 年 5 月 12 日，全县共调查文物点 124 处，新发现文物点 90 处，复查文物点 21 处，消失文物点 13 处。其中古遗址 37 处（含 12 处消失文物点），古墓葬 24 处，古建筑 30 处（含 1 处消失文物点），石窟寺及石刻 11 处，近现代重要史迹及代表性建筑 19 处，其他类 3 处。全县实地文物调查覆盖率为 100%。此次文物普查全县的乡土建筑、水族石板墓等新增文化遗产调查有所收获。

为充分展示第三次文物普查成果，三都水族自治县第三次文物普查工作领导小组将已登录的 111 处不可移动文物（不含消失文物）汇编成《三都文物——第三次文物普查成果》。该书按照古遗址、古墓葬、古建筑、石窟寺及石刻、近现代重要史迹及代表性建筑和其他类六大文物类别体例进行编排，每处文物均有简介和照片。编入该书的文物如下：

古遗址：九阡水族起义遗址、懂坪水碾遗址、都江古城垣遗址、拉近营盘遗址、都江古道遗址、玉堂界营盘遗址、柳叠讯营盘遗址、陈蒙坡古道遗址、甲队古道遗址、拉揽码头遗址、郭家坪营盘遗址、直腊古道遗址、枫柳古道遗址、怎东古道遗址、石龙桥遗址、长岭坡碉堡遗址、高坡营盘遗址、白岩湾营盘遗址、老王山营盘遗址、罗王营营盘遗址、水昂古道遗址、岜干洞营盘遗址、枚毅坡营盘遗址、平此洞营盘遗址和坝干洞营盘遗址。

古墓葬：各倒石板墓、大寨墓群、某刁水族文字墓、水达石板墓、张灿极墓、张大纪墓、大寨石板墓、引朗石板墓、张宏谟墓、都江万人坟、水蒙墓群、甲找石板墓、定岜石板墓、羊福崖墓、怎东古墓葬、水根墓群、王芝蘭墓、韦阿早墓、观音山和尚坟、冗鸟古墓、引荡坡水族石板墓、甲队石板墓群、丁寨石板墓和阿刘公墓。

古建筑：引凤桥、万寿桥、继志桥、韦刚恒宅、好桥、羊甲水井、都江上井、都江下井、柳叠新桥、平甲桥、拉连桥、打撒桥、余庆桥、张家冲桥、板岭桥、承善桥、但倒桥、板孟桥、良桥、场坝桥、张玉和宅、的查桥、韦锦前宅、都江通判署、两美桥、细桥、陆家桥、的远桥和姑满桥。

石窟寺及石刻：小溪摩崖、拉揽摩崖、平寨六姓合约碑、布仰摩崖、江西义渡碑、排劳石刻、羊福永远碑、合江功德碑、观音庙修建碑、於万斯年碑和里搞除贼安置碑。

近现代重要史迹及代表性建筑：覃明山宅、恒丰民族小学旧址、张绍猷宅院、石板寨抗日旧址、莫松云宅院、白文恒宅、电塘莫氏墓、得胜桥、湾寨水井、年宜寨水井、杨伟芝宅、猴场桥、巴佑革命烈士陵园、大河烈士陵园、韦朝英墓、石雨成宅、水昂保寨塔、三合烈士陵园和大伶碉堡。

其他文物：水各卯坡场、的空赛马场和怎雷铜鼓坪。

位于水龙乡水龙村引朗寨、九阡镇石板村、上水达寨、九阡镇大寨村水懂坡的水族古墓群是黔南水族古墓群一部分，2013 年入选国家颁布的第七批全国重点文物保护单位。

第二节 非物质文化遗产保护

多年来，水族地区有关单位积极将"水书习俗"等水族文化遗产申报国家"非物质文化遗产"等项目。2002 年 2 月经中国档案文献遗产工程国家咨询委员会评审，水书首批入选《中国档案文献遗产名录》；2006 年 6 月，水书习俗和水族端节、水族马尾绣正式列为第一批国家非物质文化遗产名录，由中华人民共和国国务院公布、中华人民共和国文化部颁布，并颁发证书。

此外，2005 年 12 月，"水族卯节"被贵州省人民政府公布为首批省级非物质文化遗产代表作名录。2007 年 5 月，"水族祭祖"、"水族婚礼"、"水族服饰"、"水族医药"、"水族双歌"、"水族敬霞节"、"水族（九阡酒）酿酒技艺"、"水族铜鼓舞"、"水族弦鼓舞"被贵州省人民政府公布为第三批省级非物质文化遗产代表作名录。2009 年 8 月，"水族豆浆染"被黔南州人民政府公布为第三批州级非物质文化遗产代表作名录。2006 年，三都县政府将"水族杆栏式建筑营造技艺"、"水族银饰锻造技艺"、"水族剪纸"、"水族石刻"、"水族古歌"、"水族调歌"、"水族苑歌"、"水族单歌"、"水族情歌"、"水族斗角舞"、"水族葬礼"、"水族苏宁喜节"、"水经"、"水族金边绣"、"苗族古瓢琴制作技艺"、"苗族古瓢舞"、"格鞋"、"水族祭稻田"、"布依族小年"、"水族百鸟衣制作技艺"、"水族银佛帽制作技艺"、"诘俄牙"、"水语"、"水族端坡"、"水族卯坡"、"水族图腾"、"水族棋艺"、"水族手健"、"水族历法"、"水族皮鼓制作技艺"公布为第一批县级非物质文化遗产代表作名录。2010 年 12 月，三都县政府将"水族辣椒制作技艺"、"水族牛角雕制作技艺"公布为第二批县级非物质文化遗产代表作名录。

下面对正式列为第一批国家非物质文化遗产名录的水书习俗、水族端节和水族马尾绣进行必要的介绍。

一　水书习俗

水书的结构大致有以下三种类型：一是象形字，有的字类似甲骨文、金文；二是仿汉字，即汉字的反写、倒写或改变汉字形体的写法；三是宗教文字，即表示水族原始宗教的各种密码符号。书写形式从右到左直行竖写，无标点符号。

水书就其性质而言，分为吉、凶两类。其目录可分为阅览本、朗读本、遁掌本、时象本、方位本、星宿本等。朗读本是学习水书的基础读本。阅览本是水书的主体部分，是择定各种吉日的主要依据。吉祥类有代旺、鸠高、鸠笨等 40 多个条目，凶祸类有棱项、鸠火、花消、都居等近 600 个条目。水书被誉为水族的百科全书。水族人民丧葬、祭祀、嫁娶、营建、出行、占卜、生产，均由水书先生从水书中查找出依据，然后严格按照其制约行事，并由此形成水书习俗。

水书的文字符号体系独特，既有类似甲骨文、金文的一种汉字，也有众多的象形文字符号，还有段落表义的图画文字。水书文字符号体系独特，文本不能独立表达日常语言的意义，而要依靠有师承关系的水书先生，既能看懂读通也会使用水书的书世，他们全部为男性。水书文本，由水书先生据水书所载相关条目、结合口传内容做出解释才能具有意义。水书是靠一代又一代的水书先生通过口传、手抄的形式流传下来的，它是水族古文字抄本和口传心授文化传承的结合。水书先生与水书的结合是传承水族传统文化的重要前提。

水书习俗是水书形成、发展和传承并以此构成与水族生活相关的习俗。水书习俗的传承方式形成了水书的两大组成部分：一部分是用水族雏形古文字编著的手抄本，另一部分是通过水书先生口传心授，用以弥补因文字发展不完善而无法记录的大量要义、仪式、祝词等。

随着社会进程的加快，交通、资讯的进一步发展，水族人传统的生活发生了改变，很多习俗流失或是被简化，水书生存的习俗环境进一步萎缩，面临失传，如不加以保护和传承，一旦其赖以生存的习俗消失，水书这种神秘的文字、文化典也将湮没在滚滚的历史烟尘中。

二　水族端节

端节大多集中流传在都柳江上游地区，即以三都水族自治县水族聚居区为中心辐射到四周的都匀市、独山县，以及荔波、丹寨、榕江等县（市）乡镇的水族村寨。

水族"端节"，水语称"解端"，是水族最盛大的传统节日，相当于汉族的春节。过节的时间从水历年末的十二月到岁初的正月或二月（相当于农历八、九、十月间）逢亥日分批分期过，古代分9批过，现在分7批过，首尾间隔历时49天以上，保留着水族古代氏族部落庆谷熟、过新年的遗风，是水族众多传统节日中规模最大、覆盖范围最广的节日，号称世界上最长的节日。

端节之前，家家洒扫庭院，居室内外收拾得干干净净。节日的前一天，过节村寨敲响铜鼓，辞旧迎新。节日里杀鸡宰鸭吃新谷，并要以鲜鱼炖汤，准备好新米鲜汤招待亲朋。除夕（戌日晚）和初一（亥日）晨祭祖，忌食荤，供品中不能有鱼以外的其他肉类，忌荤但不忌鱼。祭祖的主品是鱼包韭菜，原因是传说先人们曾以九种菜和鱼虾做的药驱除过百病。

端节时，青年男女在"端坡"周围奏乐歌舞，铜鼓声此起彼伏，悠扬的歌声和芦笙调从早到晚回荡在翠竹掩映的竹楼里，水乡山寨沉浸在节日的气氛中。端节期间还举行赛马登高、斗牛、文艺演出、亲友欢聚会餐等活动。赛马大会是端节活动的最高潮，赛马的地点叫"端坡"，人们吃过年酒后便成群结队地从各村寨赶来这里，端坡顿时人山人海。青年人赶端坡不但为了看赛马，还把这盛大的聚会看成物色情侣的好机会。跑马之前也要举行一个简单的祭典。人们在跑道中央设一供席，上摆各种各样的祭品，由寨中德高望重的长者主祭，长老伫立桌前神情肃穆，端着斟满酒的酒杯，口中念念有词，大多是对祖先的怀念和吉祥如意的话语。祭典完毕，寨老跃身上马在跑道上遛上一圈，方宣告赛马开始。

水族端节体现了水族古老的历史文化信息和水族本土文化，根植于水族群众的生产生活中，与水族人民生活息息相关。登高、赛马活动是南方民族年节中独有的现象。同时，端节是水族斗牛舞、铜鼓舞、芦笙舞、对歌等诸多民间艺术起源、传承、发展的重要文化空间。水族端节源远流长，其古老、庄严的祭祖仪式和赛马等端节活动以其古朴神秘引起了人们的关注，水族端节是水族民族传统文化中的重要组成部分，具有巨大的发展潜力。

三　水族马尾绣

马尾绣工艺，是水族妇女世代传承的、以马尾作重要原材料的一种特殊刺绣技艺与方法。这是水族独有的、贵州特有的水族民间传统工艺。水族马尾绣工艺，主要体现在制作技艺与方法：一是取马尾3—4根作芯，用手工将白色丝线紧密地缠绕在马尾上，使之成为类似低音琴弦那样的马尾白色预制绣花线；二是按照传统刺绣纹样或剪纸纹样，将这种马尾白色绣线盘绣于花纹的轮廓上；三是用7根彩色丝线编制成的扁形彩线，填绣在盘绣花纹的轮廓中间部位；四是其余部分按通常的平绣、挑花、乱针、跳针等刺绣工艺进行。

水族妇女酷爱刺绣，最复杂、最典型的代表作是马尾绣工艺。用马尾绣工艺制作的绣品具有浅浮雕感。它的造型是对客观物象进行一种带有强烈主观色彩的抽象概括、夸张变化、错位组合，创造出来的艺术形象与客观物象已有明显的差异。

水族马尾绣工艺的杰出制品是马尾绣背带（水语称为"带吉"），它集中体现了马尾绣工艺的精湛水平。马尾绣背带由三部分组成：上半部主体图案，是马尾绣的背带手，下半部是马尾绣的背带尾。上半部为主体部位，由20多块大小不同的马尾绣片组成。周围边框用大红或墨绿色丝线在彩色缎料底子上平绣出有严格规律的几何图案。上部两侧为马尾绣背带手。下半部背带尾，也绣有精美的马尾绣图案，与主体部位相呼应，使"带吉"成为通体绣花的完整艺术品。制作这样一件"带吉"，要花一年左右的时间。水族中老年妇女制作"带吉"尾花，一般不用剪纸底样，可直接在红色或蓝色缎料上用预制好的马尾绣线盘绣，运用灵活自如，图案美妙耐看。

马尾绣工艺是我国织绣中十分特殊的刺绣工艺类别，全国仅有水族马尾绣背带等产品具有典型的、代表性的意义。同时，马尾绣工艺品往往综合运用结绣、平针、乱针等多种刺绣工艺，陪衬和凸显马尾绣工艺的特色。其图案不追求形象的逼真，而求其形象意态特征的整体把握，其造型规律是整体的写意和象征性的变形，其图案艺术的表现形式也具有水族的明显特色。马尾绣被誉为人类刺绣的活化石，其艺术价值和独特性被世人所推崇，并且也得到一定范围和一定程度的保护和开发利用。

第三节　民族文化旅游

三都是全国唯一的水族自治县，具有美丽神奇的自然景观和古朴浓郁的民俗风情，旅游资源特色鲜明、品位较高，具有极大的开发价值。进入21世纪，无论是从国际、国内的宏观环境来看，还是从市场需求和旅游发展趋势来看，三都开发旅游资源、加快旅游业的发展都赶上了千载难逢的机遇。近年三都水族自治县县委、县人民政府实施"工业强县、城镇化带动和民族文化旅游带动"三大发展战略，民族文化旅游业的发展带动了经济的快速发展。2012年全年接待游客373.3万人次，旅游综合总收入达12.92亿元，增长34.12%。2013年1—11月，全县共接待游客326.64万人次，实现旅游综合收入30.93亿元，较去年同期分别增长90.23%、157.32%。旅游经济各项主要指标都全面提升，取得了较大的突破，预计到2013年年底接待总人数为336.5万人次，比去年增长151.5万人次，占全年任务164.15%，同比增长64.15%；综合收入为31.9亿元，占全年任务187.1%，同比增长146.9%，同省州下达的任务数相比超额完成14.85亿元。

一　丰富的民族文化旅游自然资源

自治县的自然和生态旅游资源是得天独厚的，主要包括山峰、森林、珍稀动植物、河流、水库、瀑布、溶洞、气候、气象等。以喀斯特岩溶地貌为代表的自然景观种类繁多，特色鲜明，山、水、洞、瀑、岩、石、泉、溪，林、树、花、鸟，无不神奇，令人叹为观止。三都境内山多、水多、林多，素有"九山半水半分田"之称。境内90%是山地，千米以上的高山有326座。以都柳江和樟江为主的大小河流有42条，错落分布在崇山峻岭之中。县境内森林资源得到较好保护，森林覆盖率50.08%，而且多有名树和稀有之树。由于山多树茂，气候温和，野生动植物繁多。

名泉主要有：沥各塘泉、印江泉、三江犀牛潭、下寨犀牛潭等。各泉、潭均有奇妙之处，如沥各塘泉，泉水上涌如水桶般粗细，泉水清冽，冒水周围自然形成清塘一口，广三亩大小，塘内有各色游鱼戏水，塘埂边植有桂花、芭蕉，每年八月桂花飘香十里；再如三江犀牛潭，是一口奇特的间歇泉，潭口广约半亩许，一年四季每天都有三涨三落，极有规律，涨水时清水翻腾，分外壮观。

名瀑主要有中和瀑布、雪花洞瀑布、登交瀑布、老桥瀑布、龙塘瀑布、巫不飞水岩瀑布等十多处瀑布。在诸多瀑布中，龙塘瀑布最为壮观，瀑布分四级，每级高分别在40米至90米之间，宽在25米至40米之间，其中最高一级高约90米、宽约40米，瀑布如白练垂直飞坠而下，将瀑底岩石冲击成一个天然大石桶，声如闷雷，瀑布左近一带为常绿乔木，景致优美。

著名奇石主要有：仙人桥、帽合山、凉风坳、产蛋崖、晴雨石、猫石、冷热洞等，其中产蛋崖被称作世界奥秘，当地俗称"天龙下蛋"，石蛋圆滑坚硬，比重大、不风化，多呈扁圆形，少数呈椭圆形，色泽多为青赤色，直径30—50厘米，30年左右脱落一枚，现当地农民保存的已有40多枚，成因至今尚是一谜。产蛋崖目前虽未开发，但不少中外游客得知这一奇观，不辞劳苦，慕名前往观赏。再如板甲晴雨石，亦是稀罕奇石，当地称"影石"，可预报阴晴，石高约5米，宽约4米，垂直平面，酷似电视屏幕，石色会黑白二色互变，黑变白必晴，白变黑必雨，呈暗色主阴主风雨，当地民众爱看"影石"知阴晴，十分珍爱。千百年来，这独一无二的"天气预报台"，为水族人民的生产、生活提供了极大的方便。

三都的奇树异草中，最为神奇的莫过于月亮树和风流草。月亮树十分稀奇，是一种阔叶乔木，每当漆黑夜晚，树叶边缘会闪闪发光，其光莹碧闪动，千万树叶聚团亮闪，犹如珠伞，分外好看。风流草是一种奇特的草本植物，植株高60—80厘米，枝丫繁多，偶数羽状复叶，单叶宽1厘米，长3厘米，呈嫩绿色，每当男女青年在旁互唱情歌，草叶灵性会被催动，先是互相摇摆，翩翩起舞，歌声至激情时，每对叶片会相抱扭成一团，情形亲密，状若情人拥抱，歌声停止时，叶片也慢慢恢复常态。

二　独特的民族文化资源

三都民族文化非常独特，传承至今，仍未改变原貌，原汁原味。在三都，从民族语言文字、民族节庆、民族习俗，到民族歌舞、民族绘画雕刻、民族工艺；从民族村寨、民居建筑、民族服饰、民族饮食，到民族思想、民族观念，都风格独特，极具观赏和审美价值。充满神秘色彩的水族文化底蕴深厚，在中国56个民族中，既有自己的民族语言又有自己的民族文字的仅有17个，水族名列其中。"水书"是我国水族的独特文字，水语称"泐睢（leel suic）"，是类似甲骨文和金文的一种古老文字符号。其内容博大精深，记载着水族古代天文、地理、宗教、民俗等文化信息，被誉为象形文字的"活化石"。水族的文字——水书不逊色于纳西族的东巴文，具有极高的文物价值和文献价值，现已引起了国内外专家学者的极大关注。世界上历时最长的年节——水族端节、被称为"东方情人节"的水族卯节、有水族娘娘节之称的"苏宁喜"、十二地支子年轮过一次的敬霞节，以及其他民族民间节日，使得三都的民族节庆丰富多彩、色彩斑斓。闻名遐迩的水族双歌、单歌、苑歌，既原始古朴、粗犷豪放又明亮甜美、悦耳动听；水族斗角舞、铜鼓舞多次获全国性大奖。工艺精湛的水族马尾绣、水族银饰、牛角雕，深受四海宾朋欢迎。数以千计的原生态民族村寨都是一个个民族建筑博物馆。精美绝伦的民族服饰及服饰上由巧手长年累月描绘、制作的图案、绣片、银饰，更是令人赞不绝口、爱不释手。鱼包韭菜、酸汤鱼、香猪、铁板烧、九阡酒、九阡李、甜茶等美味佳肴均可让人大饱口福，更兼有民族敬酒、舞乐佐餐，独具特色。还有青年男女的"草标传情"，依草标赴约对歌求偶、新婚不坐花轿不骑马、新婚少住夫家、祭祖时忌食荤但可食鱼，以及万物有灵的多鬼神原始宗教信仰，崇尚自然、珍惜生命、注重人与自然和谐的思想观念，让来自世界各国的游客无不惊诧。

三　丰富的名胜古迹与旅游景点

三都县有近 1400 年的文明史，境内分布有水、布依、苗、侗、瑶、汉等民族。在长期的历史进程中，各族人民共同创造了丰富多彩的古代文化。据 20 世纪 80 年代全县文物普查登记，三都有文物点 45 处，其中县级文物保护单位 5 处，省级文物保护单位 4 处。其中，作为清代"改土归流"时期的"新疆六厅"之一，都江古城垣在贵州有突出的地位。三都作为水族文化中心，水族文化在这里形成了极为深厚的积淀，历代遗留下来的名胜古迹数量众多、内涵丰富，给三都的人文景观增添了无穷魅力。

1. 姑鲁产蛋崖：距三都县城 10 千米处的姑鲁产蛋崖旅游景区，让人称奇的是，在姑鲁寨的后山，有一陡峭的山崖，崖壁上不规则的露出一颗颗青褐色的石头蛋。"石蛋"质地坚硬光滑，表面布满如树木断面年轮般的纹路。当地人称石头下蛋。据当地老人讲，这些石蛋每 30 年才脱落一枚。至今村中仍保存着历代产下的"石蛋"68 枚。目前有一枚"石蛋"已进入了预产区。巍巍陡崖里藏着怎样的千年之谜，三都县悬赏 50 万元，但至今无人破谜获奖。

2. 都江古城垣：位于县城东南 35 千米的都江镇镇政府驻地上江村，始建于清代雍正九年（1731 年），初系土筑。次年，呈准改建石城。雍正十二年（1734 年）竣工。该城垣周长约 2000 米，设 4 门城楼，周围设 8 炮台，另设小东门和小南门供挑水入城。时城内诸般富廛齐备，居民约 1800 户。建有文昌阁、关帝庙、城隍庙、龙王庙、万寿宫、炎帝宫、孔子庙、观音庙、湖南会馆、江西会馆、接招馆、接宗馆等，"商旅出于途，汉苗杂于市"，一派繁荣景象。

今存的都江古城垣即为贵州"新疆六厅"故城遗迹之一。二百七十多年来，它经历了同治到光绪年间（1855—1871 年）都江罗光明、罗天明等领导的各族农民反清起义战火，抗日战争时期（1944 年）日寇焚烧及美军飞机轰炸等战争洗礼，虽然壮貌已毁，但雄姿尚存。至今保留有"东、南、西、北"城门，部分城墙、衙署、老街、石板路、水井及与之相关的上江协武略骑尉王芝兰墓、城乡义冢之坟墓、布仰摩崖、江西义渡碑等文物古迹，是研究我国西南地区社会发展史，尤其是贵州社会发展史的珍贵实物见证。

3. 城乡义冢之坟墓：位于都江古城垣南门外约半千米处的驿道边，为一土包墓，坐东向西。清咸丰五年（1855 年），都江农民罗天明、罗光明等率众举行反清起义，攻陷都江厅城。此后十余年间，战争烽烟不断，农民军和城内官军及居民等死难者难以计数。同治十二年（1837 年），新任的都江通判文芳藩与士绅等将城中难者白骨收葬于"南门"外，立碑一块，高 195 厘米、宽 104 厘米、厚 12 厘米，碑眉横刻"万古流芳"4字，正中竖刻"城乡义冢之坟墓"7 个大字，右边刻都江通判文芳藩和上江协副将张梁写的小字碑文，左边刻上江街士坤李莲、刘廷选等写的小字碑记，均为楷书，字迹清晰完好。

城乡义冢之坟墓碑文，记述了清咸丰五年都江农民罗天明、罗光明领导起义的史实。

4. 羊福崖墓：位于羊福乡政府附近，分布在河岸峭壁间，为元、明时期的清江苗（炕骨苗）墓穴。系单室墓穴，约 200 座。墓穴为人工开凿，正面看大多呈不规则的长方形。一般长 2.5 米、宽 1.2 米至 1.8 米、高约 2.0 米。距离河面 30—40 米的崖壁上，墓穴最为密集的是达洛寨西侧 700 米的崖壁上，开凿 5 层墓穴，共 40 座，间距约 0.5 米左右，最上层距地面 17 米左右，排列相当整齐。棺木为长方体形，横置穴中，棺箱的六面均用厚约 0.1 米的整块柏枋做成，以燕尾凹榫与两端挡板的凸榫斗合固定，不施一钉一铆。

羊福崖墓，是研究贵州少数民族史的珍贵实物。

5. 布仰摩崖：位于都江镇上江村，处都柳江边古道旁。距地高约 3米，距江面高 20 余米。摩崖石质为水沉岩，崖面较光滑。楷书竖行阴刻，文为"向来王化外，今入版图中"。款为"清雍正八年（1730 年）独山知州孙绍武题"。摩崖宽 1 米、长 1.2 米，大字为 18 厘米见方，小字为 8厘米见方。雍正七年（1729 年），孙绍武受命沿都柳江进兵三脚屯（今三都县城）、打略、柳叠、来牛、上江等地助行"改土归流"。至雍正八年（1730 年），本地改土归流结束，战事平息，于来牛、上江苗族聚居地置都江厅，为贵州"新疆六厅"之一。

布仰摩崖是贵州"改土归流"、开辟新疆域的历史佐证之一，具有较高的历史价值。

6. 小溪摩崖：位于自治县拉揽乡境内，距县城6千米的都柳江南岸石壁上，岩高约30米，宽约20米。摩崖共两方，其一长2.34米，宽0.7米，距地高6余米，横向阴刻"无罣碍"三字，上款"嘉庆庚辰上日"，末署"中湘张径田□"；其长3.4米，宽1.08米，距地高4.6米，自右至左阴刻楷书"山高水清"四字，上款"乾隆丙辰桂月中浣"、末署"郡守襄平孙绍武题"。摩崖大字约0.50米见方。前者为清乾隆进士张径田刻于1736年，后者为清独州知州孙绍武刻于1820年。

此处摩崖书法平平，但因其为清初主持疏浚都柳江航道的孙绍武亲笔所题，为研究黔桂水路交通发展史的见证，具有一定的历史价值。

7. 石板寨抗日旧址：位于自治县南部的九阡镇石板寨，距县城约69千米。民国时期，石板寨的水族群众出于保村护寨的需要，在寨子周围筑起了高2米、厚1米多的石墙。并利用寨子周围几十株高大挺拔的树木，以木枋和圆木相互横扎联结，加上茂密的竹林和杂乱的刺蓬，组成了人工和天然相结合的堡垒。开前、后、左、右四个寨门供人出入。

民国三十三年（1944年）秋，日本侵略军数千人，由广西宜北入贵州荔波至九阡水族地区，企图攻陷三都后攻独山。11月28日黄昏，一股日军抵达石板寨，受到了水族村民潘秀辉、潘神、潘老发、潘晓等50余人自发组织的抗击。他们以寨墙作屏障抗敌入寨，战斗一直坚持至夜幕降临，日军被迫退到距寨外100多米的田埂上对峙。入夜，又组织了偷袭行动，再次打击日寇。第二天拂晓，日军使用火炮攻击，村民终因寡不敌众，退到后山，石板寨被攻陷。日寇进村后，烧毁房屋60栋、粮仓80余个。

石板寨战斗，水族村民打死日寇8名，缴获防毒面具、钢帽、弹药等军需物资，牺牲4人。至今保存的防御墙和被日军炮击的房屋、宅基等遗迹，是水族和人民不畏强暴抗击侵略的见证。

8. 九阡水族起义遗址：九阡水族起义遗址位于自治县九阡镇梅采寨的岜丢山上，距县城约68千米。东西北三面为陡坡与悬崖，唯南面山梁与其他山岭相连，易守难攻。

清咸丰五年（1855年）7月，梅采寨水族农民潘新简在九阡地区领导举行了水族历史上最大的一次农民起义。他们以九阡为根据地，垒石为营，与都江、都匀、榕江等地各路义军及太平军余城义部互相声援、配合，转战于荔波、独山、都匀、南丹等地，攻克荔波县城五次，围攻十余次，潘新简被太平天国封为"辅德王"。义军所到之处，深得各族民众的拥护，纷纷加入，起义烽火长达十余年之久。其间为加强和巩固九阡根据地，在各重要路口、关隘修筑了关卡、营盘等。今存的邑丢山遗址即是其中之一，为水族人民反封建、反压迫的历史见证。

9. 引朗石板墓：位于自治县城南面的水龙乡政府驻地水龙村引朗寨旁，共8座。该墓坐南朝北，以整块石板、石柱砌成，长2米，宽0.90米、高1.90米左右，呈古代"干栏"房屋形式。墓室分上、中、下三层。底层入土，用作安葬亡人；上、中层露出地表，用作存放殉葬品，外壁雕刻着各式图案，有狮、麒麟、象、牛、羊、凤凰、仙鹤、花草、人物等，形象生动，想象丰富，展示了水族人民对美好生活的向往和精湛的雕刻技艺。

石板墓是水族古墓的一种形式，有着浓厚的民族色彩和地方特点，是研究水族古代葬俗和社会发展史的重要实物。

10. 怎雷水族寨：位于自治县城东南的都江镇怎雷村（上寨），距县城41千米，地处黔南的都柳江与龙江上游分岭的山脉中。周围有大坝、枫柳、里小、里送、棉花地、崩坡、甲雄等水族村寨，计4000余人，形成以怎雷上寨为中心的水族文化社区。怎雷水族寨建于山坳缓坡地段，背负青山，前临深涧，层层梯田由山脚累级而上，气势恢宏。民居随着山势的起伏，巧妙地组合于青松翠柏之间，使建筑物与山、水、泉、林、田园有机地结合起来，组成了一幅"入村不见山、进山不见寨"的山野村居图，形成了"天人合一"优美、宜人、质朴的人居环境。现有居民68户、253人，均为水族。在这里繁衍生息300余年的水族同胞，至今仍保留和传承着水族图腾崇拜、宗教信仰、民族习俗、生活习惯和文化艺术。

怎雷水族寨由于地处绵延的大山之中，交通闭塞，较为完整地保存了水族文化特征，尤其是民居建筑群更为突出。现仍保存着8栋上百年的"干栏"民居，与贵州省出土的汉代陶屋形式十分相近，为研究我国南方少数民族木结构建筑史不可多得的实物见证。

11. 尧人山太平天国遗址：位于尧人山顶峰南侧，系95平方米的平台，相传太平天国的一支义军残部为躲避朝廷的追剿，上尧人山藏匿于此，现保存有射箭场、演武场、赛马场等工事遗址。

12. 尧人山国家森林公园：尧人山国家森林公园位于县城东南约12千米，方圆4000多公顷。公园内峰岭连绵、幽谷叠翠、山高谷深、瀑布众多，原始森林浩瀚无垠。这里是天然的植物基因库，仅木本植物就多达430余种，其中银杏、鹅掌楸、南方红豆杉、香榧、紫檀、桫椤等是国家一、二类保护植物；这里还是野生动物乐园，有金钱豹、猕猴等12种以上兽类，有小鲵、角怪等两栖动物，有红腹颈鸡、白鹇等17种以上鸟类。公园高质量、高品位的生态环境，将大自然的神、野、古、幽在有限的时空里向游客充分展示自己独具一格的特色。产蛋崖、风流草、月亮树、斗鱼等奇观，增添了尧人山的神奇色彩。

13. 省级风景名胜区都柳江：都柳江属珠江流域西江水系，流贯县境长达82千米。县城以上的都柳江沿岸多优美的田园风光，县城以下为壮丽的峡谷景观。境内都柳江古航道是沟通黔桂粤三省的重要通道，三都月亮码头是贵州首辆汽车的起岸点。2001年10月，委托黔南州规划设计室完成了《贵州三都都柳江风景名胜资源评价报告》。同年向省人民政府申报为省级风景名胜区，已获审批并命名。

景区内有小溪摩崖、都江古城垣、城乡义冢之墓、羊福崖墓等文物古迹，尤其是背山临水的水苗融合风情更为浓郁醉人。每逢节日，青年男女盛装云集江边、赛龙舟、泼水嬉戏、草标传情、对歌求偶，仿佛一片世外桃源。

水各卯文化风景区：水各卯文化风景名胜区位于自治县东南部水各大寨，距九阡镇5千米，距荔波机场15千米。卯节有"东方情人节"之称，卯坡有"水族情爱第一坡"之誉，卯坡由情歌对唱场、石神台、树神台、如意瀑、如意潭、仙人桥、定情谷、鱼塘、水碾、水各大寨、龙凤井等组成。

四　旅游服务与设施

三都有两家旅行社，能够接待的大小酒店（宾馆）30多家（其中四星级宾馆一家，二星级宾馆两家），旅游商品专卖店两家。根据三都旅游发展思路，全县景区（点）、旅行社、旅游宾馆正在不断完善旅游服务配套设施，扩大接待能力，增强综合服务功能，建立标准化、规范化的服务体系。与此同时，牢固树立"以人为本"的服务理念，将系列开发旅游商品，确定一批旅游产品和旅游产品生产经销企业，为旅游购物市场提供大批具有特色的旅游产品，增强综合服务功能，确保游客游得舒心、玩得开心、购得放心。

五　旅游推动经济的不断发展

进入 21 世纪以来，随着"中国水族端节"、"中国水族卯节"等特色民族节庆的成功举办，三都的旅游经济总量跨上了新的台阶。旅游产品结构也从单一的观光旅游发展成为集观光旅游、度假旅游、民俗旅游等多元化、多层次、各具特色的新格局。2005 年全年旅游接待人数为 5.7466 万人次，同比增长 51%；国内游客人数 5.3006 万人次，同比增长 53%；国内旅游收入为 1543.48 万元，同比增长 56%；旅游总收入为 1600.4388 万元，同比增长 53%；旅游外汇收入为 56.9588 万元，同比增长 49%；客房出租率为 59%。成为三都经济实现跨越式发展的一个新亮点。经过不断的开发和建设，三都的旅游业已取得了长足的发展。当前，旅游部门正抓紧修编切实可行的旅游发展规划，明确目标，强化旅游资源和旅游环境的保护，保证旅游业的可持续发展；积极吸引外资，加大旅游投入，重点开发尧人山国家森林公园、都柳江省级风景名胜区、水族文化精品工程等旅游项目；大力开拓客源市场，国内旅游市场以及省内市场为基础，以长江三角洲和珠江三角洲市场为重点；发挥三都是全国唯一水族自治县的民族优势，发展民族特色旅游；鼓励旅游企业以资本为纽带，以市场为导向，争取组建跨地区、跨行业、跨部门、跨所有制的旅游企业。加强旅游立法和行业管理，争取出台《三都水族自治县旅游管理条例》，依法治旅，建立公平、有序、健康的市场竞争机制。建立完善旅游培训机制，加强旅游从业人员培训，加快培养高素质的旅游人才，全面提高三都旅游业的管理水平和服务质量，努力构建有三都特色的民族与生态结合的旅游体系。

在新形势下，三都的旅游业正在逐渐成为三都经济发展的重要增长点。面向 21 世纪，根据"旅游兴县"、"民族文化塑县"的发展战略，三都水族自治县正突出民族优势，大力发展特色旅游，重点发展生态旅游和民族旅游，倾力打造"中国水族文化之都"、"珠江源头绿色生态之都"、"风情旅游休闲度假之都"，培育旅游经济新的增长点，实现旅游经济总量和综合效益的同步增长，使旅游真正成为三都水族自治县社会和经济发展的支柱产业。

2012 年贵州省旅游局启动《贵州省民族文化生态旅游规划》的同时，三都县积极开展工作与省、州同步开展规划工作。2012 年三都县邀请北京翼翔江海创意咨询中心、秦皇岛市旅游研究中心等旅游规划编制单位为三都县编制完成了《贵州省三都水族自治县中国水族文化风情谷控制性详细规划》、《三都县旅游发展重点项目项目建议书汇编（即八大重点旅游项目）》、《三都水族自治县旅游发展总体规划修编》等8个重点旅游项目编制。2013年1月23日在行政中心召开了《三都水族自治县中国水族文化风情谷控制性详细规划》终期评审并顺利通过专家评审。三都县抓的此项旅游规划工作走在全省前列，走在全州第一。三都县中国水族文化风情谷——尧人山生态旅游度假区被列入全省100个旅游景区，也是全省重点招商引资项目。

旅游基础设施不断完善。2012年完成姑鲁产蛋崖景区旅游步道、广场和休闲廊亭等基础设施建设，开工建设尧人山至姑鲁景区旅游公路。开工建设腾龙世纪四星级酒店，福丰酒店成功挂牌"四星级酒店"，旅游接待水平不断提高。旅游招商步伐加快。成功签约投资4.18亿元的大塘综合旅游休闲度假区和水族文化休闲广场等项目，并完成项目征地，旅游招商引资完成9.18亿元。对外推介成效显著。2012年8月9日—11日，中央电视台科教频道《走遍中国》栏目连续播出《远古走来的贵族》、《水族水书》和《神奇产蛋崖》3部专题片。电影《姑鲁之恋》成功开拍。还通过多种节会形式发放《神秘水族·魅力三都》宣传资料近万册，三都旅游知名度显著提升。

2012年三都建成了民族风情一条街、五星级标准的凤麟大酒店、三都至三洞二级油路、三都至坝街油路改造等；完成了姑鲁产蛋崖二期工程建设；开工建设了尧人山旅游公路；姑鲁产蛋崖景区灾后恢复重建。2013年启动了2个亿元项目建设三都县大塘旅游度假区项目和三都县福丰文化旅游城市综合体开发项目，其中三都县福丰文化旅游城市综合体开发项目列入全省重点项目。向国家、省、州积极申报项目、争取项目资金。向上申报了《三都县中国水族文化风情谷》、《都柳江风景名胜区观光漂流开发》、《姑鲁产蛋崖景区基础设施建设》、《水族马尾绣开发》、《姑鲁景区标识牌建设》、《三都县中国水族文化体验休闲旅游综合开发》、《三都县姑鲁产蛋崖国家3A级旅游景区基础设施建设》等项目。2013年向省旅游局申报2013年旅游发展基金项目、"100个旅游景区"2013年建设项目《三都县中国水族文化风情谷——尧人山生态旅游度假区》补助项目资金；向省发改委申报《三都县姑鲁产蛋崖旅游景区返程旅游步道建设》

和《三都县中国水族文化风情谷——尧人山生态旅游度假区旅客服务咨询中心》；向国家开发银行申报《尧人山国家森林公园旅游开发》、《中国西部赛马城改建扩建》、《中国水族文化风情谷》等贷款项目；完成《三都水族自治县中国水族文化风情谷——尧人山生态度假区建设规划》第一期贷款的 58 项资料收集，并按时报送国行贷，争取于年底得到批复贷款批文；省 100 个旅游景区的《三都水族自治县中国水族文化风情谷——尧人山生态度假区建设规划》于 2013 年 11 月 13 日通过州级审查，11 月 22 日通过省级审核；做好姑鲁水族文化风情水寨项目建设前期调研工作，成立工作领导小组，落实了项目施工场地，及时请测绘单位进入项目施工场地实地测量了 1：500 地形图，邀请西部规划设计院编制了三都水族自治县姑鲁水族风情水寨修建性规划，征地小组于 11 月 13 日入户开展征地工作，已完成征地 41 亩，项目监理施工单位及甲方的审计和建设工程技术人员都已入驻现场。11 月 20 日已进行开工仪式，并已备好 30 栋风情楼木料，正在进行基础平整施工之中。

六 旅游工作中存在的主要问题

景点建设层次较低。现有的景点规模小，内容单一，游客滞留时间短，参与性项目少，还没有打造出在规模和效益上具有龙头地位的精品名牌，影响了景区景点作为带动行业发展增长点和扩散点的作用，影响了旅游资源优势向经济优势的转化。但我们相信，随着以上项目的逐步实施，这些问题将逐步得到解决。

旅游开发资金短缺。三都县是典型的老、少、边、穷地区，财政自给率较低，旅游开发的投资少，产品的升级换代慢，因而造成旅游产品结构单一，旅游基础设施薄弱，综合接待能力较差。

水族文化与旅游资源尚未有效融合。在文化旅游产业的发展进程中，虽然已认识到文化内涵在旅游中的重要作用，但却没有有效契合文化与旅游的结合，自然资源与文化资源开发相对脱节，给发展文化旅游带来了很大的局限性。

第十一章

生态建设和环境保护

国务院《关于进一步促进贵州经济社会又好又快发展的若干意见》指出：贫困和落后是贵州的主要矛盾，加快发展是贵州的主要任务；贵州尽快实现富裕，是西部和欠发达地区与全国缩小差距的一个重要象征，是国家兴旺发达的一个重要标志。同时生态文明建设关系全国的人民生活，关乎民族未来，如今雾霾天气范围扩大、环境污染矛盾突出，是大自然向粗放发展方式亮起的红灯。必须加强生态环境保护，在当今世界显得那么迫切和重要。环境保护和经济发展的问题，是三都目前面临的首要问题。三都水族自治县处在珠江源头，在全县各族人民的不断努力下，森林覆盖率65.86%，是珠江上游重要的生态安全屏障，为了确保下游环境不受到影响，有关方面建议，充分挖掘三都县丰富的民族文化和旅游资源优势，国家应该在目前周边相关县市都已列入国家重点生态功能区的情况下，把三都水族自治县列入国家重点生态功能区，同时享受生态转移支付政策，不能走"先污染，后治理"的老路，确保经济发展和环境保护的双赢局面。

第一节　自然地理特征

一　地貌与地理

三都水族自治县是贵州省黔南布依族苗族自治州东南部的一个山地县，地处月亮山、雷公山腹地，云贵高原东南端的破碎地段。地跨东经107°40′至108°14′，北纬25°30′至26°10′之间。地势自北向南倾斜，最高海拔为1665.5米的更顶山主峰，最低海拔是303米的都柳江出境处，最

大高差 1362 米。大部分地区海拔在 400 米至 900 米之间，平均海拔 675
米。东邻榕江县、雷山，南接荔波，西接独山、都匀，北连丹寨。东西宽
56 千米，南北长 78 千米，全县总面积约 2400 平方千米。

三都地区曾经历过剧烈的新构造运动，加上气候湿润，降水丰沛，因
而地表侵蚀明显，地形相当破碎。全县在尧吕大坡和水龙大坡横亘期间使
全县分成南北两部分：北部是以都柳江为中心的河谷盆地；南部是以龙江
水系为中心的高原低丘缓坡地形。而北部可沿都柳江分为东西两部分：东
北部缺乏发育良好的阶地坝子，由都柳江河系纵横交错切入形成窄谷地
貌；而西北部形成发育良好的阶地与河谷盆地。如猴场、大河、丰乐、合
江等土壤肥沃、土层深厚、地质低平，形成极好的灌溉条件，成为重要的
农业产业基地。县境南部以正谷坡南北走向分为东西两部分：东南部三洞
大坝、周覃盆地等相互毗连，地形为低丘宽谷。西南部是塘州、阳安、廷
牌、恒丰一代，形成发育典型的岩溶地貌。整个县境地势是北、西、东北
至东南地势高峻、西南地势渐缓、渐而开阔的地势特点。

县域内 1000 米至 1500 米以上的山峰共有 190 多座，大部分集中在西
北部和北部。断裂上升的丹寨山地屏障派生出支脉阶梯构成茶子山、金鳞
山、沙井坡等，西北一线为更顶山和老王山雄踞。海拔 1500 米以上的高
坡有 1510 个，东北和东南为同马山、小脑坡、尧人山、月亮山的山群
绵亘。

二　土壤与气候

三都水族自治县在地形、垂直生物气候条件的影响下，形成垂直分布
的地带性土壤：海拔 1400 米以上为山地黄棕壤或灌丛草甸土；海拔 700
米至 1400 米为黄壤带；海拔 450 米以下为红壤。从受控于区域地层岩性
的水平分布来看，自治县北、西和东半部为土被相连的黄壤、红黄壤及小
面积山地黄棕壤和红壤，由此土壤开垦的农田多呈梯式分布，呈酸性和熟
化程度很低的农田；旱地和零星分散的坡地均呈酸性。中部及西南部主要
为黄壤和石灰土相间的土壤类型，熟化度较高，其农田多连片集中在区域
内的岩溶坝子，多呈中性至石灰性；旱地坡度较缓，有的分布在坝子或凹
地，土层较深厚，呈酸性和石灰性，大部分仍保留起源母土的质性，熟化
度低。总体上呈酸性土壤和中性土壤交错分布，以酸性土壤为主。以酸性
土壤为主的地带，原生林和次生林茂密；以中性土壤为主的地带，耕作业

发达。

三都水族自治县属于中亚热带湿润季风气候类型。具有特殊的山地立体农业气候特点。夏长冬短，春秋分明，夏无酷暑，冬无严寒。且冬季干旱，夏季旱涝交替。

三都春季 88 天；夏季 141 天；秋季 75 天；冬季 61 天。由于地形、地势、地貌、海拔高度的复杂影响，境内相对高差大，气温的垂直变化十分明显，大体是海拔高度每增高 100 米，气温下降 0.54℃，故高山地区的气温比平坝的气温低得多。其南部以缓坡宽谷为主，地面开阔，耕地平均海拔较高，温度较低。而北部以中低山峡谷为主，耕地平均海拔较低，温度比南部高。县内各区，特别是山峰林立且没有百亩平坝的都江区，气候垂直差异明显。年平均气温为 18℃，1 月平均气温为 7.8℃，7 月平均气温为 26.7℃，极端最高气温为 39.8℃，极端最低气温为 -7.5℃，年总积温为 6603.1℃。全年无霜期 326 天，最短 275 天。作物一年两熟有余，三熟不足。县境阴雨多，日阴少，湿度大。阴雨日 238.2 天，占全年日数的 65.3%；日照 1193.6 小时，占全年可照时数的 27%，全年日照时数在 1077 小时至 1255 小时之间。其中 4 月至 10 月，日照时数为 865 小时，占全年日照时数的 72.54%。7 月至 8 月最多，每月均在 165 小时以上，有利于大季作物生长。8 月至 2 月最少，日照率为 16% 至 17%。山区阴雨雾多，日照比平坝少 15% 左右。全年太阳总辐射能为 84.35 千卡/平方厘米，最大月为 8 月，10.69 千卡/平方厘米，最小月为 1 月，4.07 千卡/平方厘米，4 月至 10 月的辐射量为 60.72 千卡/平方厘米，占全年总辐射量的 71.56%；相对湿度为 80%。

三　雨量与水文

三都县雨量较丰富，但分布不均匀，月际变化大，同季旱涝交加。历年平均降水量为 1384.3 毫米。最多的 1968 年为 1750.5 毫米，最少的 1962 年为 894.5 毫米，相差 48.91%。年降水日数 172 天，日最大降水量为 197 毫米（2000 年 6 月 20 日 8 时至 21 日 8 时）。但季节分布不均匀，降雨大都集中在盛夏至秋初，占全年总雨量的 63%，以 6、7、8 月为多，同热量资源成正比，水热同季。冬季和春季雨水稀少，只有全年总雨量的三分之一，尤其是 1 月至 3 月仅占总雨量的 8%。降雨月际变化大，降雨强度的变化更为剧烈，每年都出现不同程度的旱涝灾害。如历年 5 月平均雨量为231.2毫米，最多的1968年达396.1毫米，为平均值的170%；最少的1965年只有106.7毫米，仅为历年同期平均值的46%。三都雨季开始期是4月14日，最早为3月11日，最晚为5月3日；雨季终止期为11月13日，最早为9月17日，最晚为12月26日。

自治县河流均属于珠江流域柳江水系。柳江水系发源于贵州省黔南布依族苗族自治州的独山县的拉林附近，自西向东由独山县江寨乡流入三都县境。其流经该县的合江、大河、三合镇、拉揽、打鱼、上江、坝街八个乡，后进入黔东南苗族侗族自治州的榕江县境内。全长100千米左右，干流在县境内长83.5千米，流域控制面积为1690平方千米，占全县总面积的71%，是县内最大的河流。其中以马场河、甲晒河、打鱼河、排长河五条支流较大。

都柳江在明代称合江，取三条河流汇合而成之意。后因与四川省合江县同名，清代改名都柳江，亦称都江。都柳江在独山段称独山江，流入三都县境后称合江河，流至大河所在地称大河，流至大河乡红星村巴外自然村同自都匀、丹寨县流入的交然、打便、普安河三条支流汇成马场河汇合后称都柳江。都柳江在三都县城以西大河乡河段水流较平稳，河床宽达百米左右；县城以下河段，河床突然收缩，滩多流急，从县城至坝街乡50千米河段，落差高达80米，蕴藏丰富的水力资源。都柳江两岸，山川秀丽，气候宜人，适合水稻、麦子等粮食作物及油菜、花生等经济作物的生长。每当夏日到来，沿江的各村寨的老老小小都会到都柳江游泳冲凉，江面宽阔，山清水秀，三都儿女经过都柳江的陶冶滋润，形成了灵秀豪放的个性。

由于降雨充沛，地形复杂，县境内各河蕴藏丰富的水力资源，且大部分河流流域是变质岩区，河流深切，河面狭窄，多优良坝址。县域西南部蓄水条件较好，人工水库大部分集中于此，全县最大的芒勇水库就在这里。自治县河流密度大，地表水丰富，但由于大部分属排泄性河流，下切深，向两岸渗漏，补给地下水困难，用于灌溉需要一定的水利工程设施。

从气候条件看，县境内河流均属夏季雨水补给性河流，大部分河流流经区域森林覆盖率低，吸水保水差，导致三都水族自治县的河流每年都发生暴涨，山麓与沿河两岸的农田、公路、桥梁、学校、民房等常遭洪水袭击。

第二节 人文居住环境

一 居住地周围环境

三都的水族村寨坐落于南岭山脉以南珠江水系的都柳江和龙江分水岭的狭长地带，气候湿热多雨，以山地、丘陵为主，地形起伏急剧，垂直变化明显。

三都县各村寨距离相对较远，山路崎岖，交通十分不畅，每次从县城出发前往各村寨，交通工具依托于巴士与面包出租。水族村寨中道路依山势曲折多变，顺而不穿，通而不畅，房屋依村道两侧簇拥。

水族大多聚族而居，传统观念不准外姓（或外地）男子入住。一个村寨即为一个部落，是一个以血缘宗亲为纽带的宗族支系。但现在的水族村寨有一部分与外族通婚，对婚姻观念有了很大的改变。小寨子一般十几户、几十户，大寨子一般一两百户。村寨的营建活动都是自发性，没有指导性的规划可参。但兴建时，自觉注重邻里关系的亲和，重视人居与自然融合。村寨多依山傍水，四周多有古木和竹林，村口多有柏树或枫树护寨，人们视为全寨安居乐业、人丁兴旺的保护神。寨中设坝场，方言称"晒坝"，呈方形或圆形状平面，是村寨最重要的公共空间，具有集会议事、文化娱乐、宗教祭祀的多元化功能。

不同于过去的水族人民完全以种植水稻、麦子等粮食作物为主，养殖水牛、鸡等牲畜；现在的三都人民一方面依托于国家的扶持，另一方面因地制宜，开始种植适合的农作物和果蔬。我们参加了一年一度的交梨葡萄节，漫山遍野的葡萄种植产业，拉动了三都县的经济；还有各个村寨都有种植苗圃，沿途路过尽是村民所植。

如今大部分青壮年都已外出务工，在家务农的多为老人，留守儿童的比重也急剧上升。我们此行走访的三都水族村寨，无一不是冷清寂静，寨中的老人带着孩童稚子，另外还有放假在家的学生，青壮年极少。笔者走访丰乐乡，当地多是韦姓村民，访问到一户村民，只有女主人和两个孩子，男人去广州打工，已经2年，只有逢年过节才回来，平日女主人和孩子靠自己种的作物和男人的一部分生活费度日，生活相对较清苦。在周覃镇，只有板光村的一个木材加工厂有5名工人，其余村寨均是老人、妇女和儿童。

村寨房屋内家电比较齐全，电饭锅、电磁炉、电视、消毒碗柜等一应俱全。热情款待我们调研队的村民家里，都用现代化的电器来做饭，每家每户都有电磁炉来做酸汤鱼；都用电饭锅来煮猪肉青菜粥。村寨房屋也由远离公路逐渐迁往公路旁边、从山上迁往山下，这也体现了水族人民融入现代社会，对方便快捷生活方式的追求。

二　房屋结构及平面布局

三都的水族各个村寨还完整地保留了传统的干栏式建筑，和侗、苗、布依等南方少数民族民居相仿。但我们走访的各村寨在传统干栏式建筑的基础上做了很大的改良，第一层由纯木演变为半砖半木材质。

房屋均采用穿斗式结构，立柱承重，直接将屋面重量传给基础，并以穿枋联系檐柱和中柱，保持立柱的稳定，水族干栏在结构上分上下两层，上层屋架柱脚扣枋用鱼尾式的斗角衔接，牢牢固定每根立柱的方位，整体性较好，同时也解决了木料长度不足的难题，这是水族先民一次实践性的创造，使木穿斗结构更能适应复杂环境。

典型的干栏式建筑底层用来圈养牲畜、堆放劳动工具，也有灶房功用，中间层有主卧室、堂屋，堂屋中心就是火塘。火塘是用青石条围筑形成的方形小坑。供家人取暖炊煮，是家人沟通交流、议事待客的场所。另外，火塘也代表"承继香火"，是水族家族传统文化的表现。在水族人心中，神灵祖先是宗族的保护神，时刻庇佑左右，所以水族人民将中堂设为祖先居住的空间，将祖先神位安置于中堂神龛之上，而靠近神龛的卧室视为长辈卧室，右边为子女的卧室，也体现了水族尊敬长辈孝敬父母的家族文化。而阁楼有储藏间、次卧室和客卧。

我们在调查期间走访了怎雷等村寨，发现现在的村寨干栏式建筑保存尚算完好，但许多新近修建的建筑已经由纯原木建材演变为半砖半木结构，往往房屋底层由砖瓦建筑，而房屋上层又为木质建筑。新材料新建筑形制的出现和发展，是社会的进步。但不可否认的是，建筑作为一种文化载体，其必定体现彰显着一种深刻的文化印迹和浓厚的人文精神内涵。

第三节　三都的自然资源

一　森林资源

我们此次调查正值 7 月盛夏，三都县最美最热的季节，满眼都是茂盛葱郁的绿色，森林资源非常丰富。树木葱郁，山间草木繁茂，山间道路两侧，随处可见杉树、柏树和马尾松。由于人为破坏和滥砍滥伐，自治县的林木资源有所减少，但仍是全省十大林业县之一，目前全县尚有 11 片林区。东片区的都江、坝街、羊福、巫不、打鱼、拉揽 6 个乡（镇）和南片区的扬拱、九阡等乡镇，有大面积的原始森林和次生林。

据三都县林业局评估报告显示，全县 2011 年森林面积为 229 万亩，活立木蓄积 923 万立方米，森林覆盖率为 64.55%；2012 年年底森林面积为 230.95 万亩，活立木蓄积 1025 万立方米，森林覆盖率为 64.58%；2013 年上半年森林面积为 235.5 万亩，活立木蓄积 1130 万立方米，森林覆盖率为 65.86%，森林覆盖率平均每年增加 0.7 个百分点。而 2011 年以来森林病虫害发生面积、成灾面积都低于上级下达的控制指标，森林病虫害无公害防治率均达 95% 以上，林产品及苗木产地检疫率均达 100%。且无重、特大森林火灾发生，历年森林火灾受害面积控制在 0.68‰ 的指标内。同时，三都县还推进森林分类经营，通过开展森林分类区划界定，区划界定公益林面积 101.07 万亩，占全县林业用地面积 264 万亩的 38.28%，其中：国家级公益林面积 54.67 万亩，地方公益林 46.4 万亩。

林业产业由传统单一的木材加工业逐步转变为林下种植业、木材综合加工利用、经济林产品生产加工、林木种苗花卉、森林旅游等第一、第二、第三产业齐头并进和协调发展，林业产业经济显著增强。

其中素有"百里林海"之称的拉揽林场是贵州省营业销售收入率先突破千万元大关的国营林场，也是全国国营林场 500 强之一。其位于县城以东 12 千米处，跨都柳江两岸，三都至都江公路和都柳江从林区纵向穿过，极具交通优势。全场造林区，属于低山峡谷地貌，最高海拔为 1365.5 米的尧人山，最低海拔为 400 米，绝大部分造林区的海拔在 400 米至 800 米之间，土壤为黄红壤和黄壤。土层深厚肥沃，一般厚约 100—150 厘米。拉揽林场一带气候温和，雨量充沛，年均温度 18.7℃。植被属亚热带常绿阔叶林类型，是宜林的良好地带。如此优越的自然条件，非常适宜杉木生长，因此在 1981 年林业部将拉揽林场划为全国杉木中心产区之一。现有经营面积 25 万亩，林木蓄积量 140 万立方米。该场具备年产 1.5 万余立方米商品材的能力。

二　水力资源

来到三都最大的感受是空气清新，气候湿润。这和三都境内水资源丰富有直接关系。这里山峦重叠，丘陵起伏，溪流交错。

全县有干支河流 42 条，均属珠江流域西江水系，县北部是都柳江上游，南部为漳江发源地。自治县境内全属珠江流域西江水系。北部都柳江由西至东横贯县境，流域控制面积为 1680 平方千米，占全县总面积的 70.6%，有集雨面积在 20 平方千米以上的一、二级支流 31 条汇入。南部樟江支流水便河、芒勇河流域控制面积为 700 平方千米，占全县总面积的 29.4%，有集雨面积 20 平方千米以上的一、二级支流 10 条汇入，其中水便河 9 条、芒勇河 1 条。

全县年平均降雨量 1349.5 毫米，总降雨量 33.1 亿立方米，降水分布不均，丰水期（4—9 月）降水量占全年 80% 以上，径流量 16.5 亿立方米，外县流入年平均来水量为 11.98 亿立方米，地下水为 4.7 亿立方米，全县年拥水量共计 33.18 亿立方米。两个流域 41 条中小河流理论储能 22 万千瓦，可开发量 16.6 万千瓦，水能资源拥有量列全州第七位，开发潜力较大。

都柳江干流自西向东流入，经三都县大河、三合、都江从坝街流入榕江县，是三都最大的河流。都柳江干流在三都县境内总长 82 千米。县境内控制面积共有 1690 平方千米，占全县总面积的 71%，较大支流有马场河、甲晒河、坝街河、打鱼河、排长河等。其中马场河发源于都匀县，集雨面积共 375 平方千米，主河道长 39 千米，平均流量为 8.45 立方米/秒，年均产水量 2.6 亿立方米，总理论储能 8897.9 千瓦。甲晒河主河道长 23 千米，集雨面积为 144.66 平方千米，年均产水量为 1 亿立方米，理论储能为 4290.6 千瓦。打鱼河主河道长 61 千米，集雨面积 780 平方千米，年均流量为 17.6 立方米/秒，年均产水量为 5.4 亿立方米，理论储能 6958 千瓦。拍场合全场 57 千米，总流域为 265 平方千米，年均流量为 5.96 立方米/秒，年均产水量为 1.8 亿立方米，总储能 6176.6 千瓦。坝街河主河道长 19 千米，流域面积共有 359.8 平方千米，年均流量为 8.1 立方米/秒，年均产水量为 2.5 亿立方米，理论储能 14662 千瓦。

综上，都柳江流域总流域面积为 3230 平方千米，其中在三都县境内有 1690 平方千米，总产水量 11.7 亿立方米，总理论储能为 122781.5 千瓦，在三都县境内理论储能为 6.2 万千瓦。

三都水族自治县南部为漳江发源地，主要以芒勇河、水便河自北向南汇入漳江，漳江流域在三都县境内为 693 平方千米，占全县总面积的 29%，总产水量 4.8 亿立方米，总理论储能为 23004.4 千瓦。其中芒勇河在三都县境内河段长为 32 千米，集雨面积为 116.32 平方千米，年均产水量在 0.8 亿立方米，总理论储能为 411.2 千瓦。现开发了芒勇水库，其库区处于恒丰乡、延牌乡及独山县本寨乡之间。工程以农田灌溉为主、改善人畜饮水困难为辅，兼发电、水产养殖、旅游等项目开发，是一项综合效益较高的水利工程。工程历时 21 年，有效建设期 11 年，总投资 3520 万元，资金到位 3564.78 万元，实际完成投资 3509.12 万元，为计划的 99.69%。总库容 2049 万方，其中有效库容 1080 万立方米；渠系总长 131.207 千米；渠系建筑物 48 座，长 11308 米。实现灌溉面积 4.33 万亩，改善人畜饮水困难 2.55 万人、2.77 万头畜。芒勇水库灌溉工程以其恢宏浩荡之势辐射三都南部山区，其库容之大，渠系之长，灌面之广，不仅是三都历史上最大的工程而且是全州、全省为数不多的大水利工程之一，彻底改变了三都南部山区"十年九旱"的状况，被该地区水族、布依族群众称为"幸福工程"、"命脉工程"和"最大的扶贫工程"，为该地区工农业生产乃至整个社会经济创造了良好的条件。

随着经济社会的发展，对水利需求的日益增长，农田水利基础设施薄弱、山洪灾害频繁、农村饮水不安全等问题愈加凸显，这些问题严重制约着三都县社会经济的发展。

三　矿藏资源

三都水族自治县境内矿产资源非常丰富，目前境内已发现的有用矿产有铜、铁、煤、汞、金、锑、硫、铅锌、磷、重晶石、稀土、钼、钒、雄黄、砖用页岩、铀、金刚石、砷等 20 余种。已开采的有铜、铁、煤、汞、金、锑、硫、铅锌、磷等。全县有矿产地、矿区、矿点共 100 多处。汞锑铅锌矿开采历史悠久，硫铁矿以省内含硫量最高的硫铁矿床而闻名，金矿储量 3.83 吨，集中在三合镇苗龙一带。以锑矿为代表的采矿业和冶炼业在三都现代工业中占据主导地位。

我们从当地国土资源局了解到目前三都县的锑矿厂和汞矿厂已全面停产，只有砂石厂、砖厂依然在生产运营中。这虽然对三都工业产业及社会经济造成一些影响，但从另外一个角度看，对三都的生态环境建设却有着正面作用。而在沿途所经的各个村寨附近，看到水泥厂、矿厂均已停产。工厂的机器声音不再出现，平日因加工生产制造的煤烟也都不复出现。但我们知道此次的矿厂停业是因经济因素导致，而并非生态意义上的停产，所以，我们难以保证以后这些矿厂不会继续对三都的生态环境造成不良影响。在这些方面，土地、矿产资源等相关部门应采取积极措施，把好生态关。

四　动植物资源

三都水族自治县自然环境优美，动植物资源丰富。三都县是全国有名的林业县和全省十个重点林业县之一。

受地形特点的影响，县境内具有一定的垂直生物气候带和一坡一谷各不相同的小气候特点。海拔 1400 米以上为中亚热带常绿落叶、阔叶混交林带，常见树种为皮桦、麻栎、丝栗、小米柴、高山百合花、杜鹃、箭竹等，郁闭度 0.9；海拔 1400 米至 700 米为中亚热带常绿阔叶林带，植被常见以壳斗科栲属、柯属为优势的林被，如刺栲、丝栗栲、楂子、青枫、杜鹃及八月竹；在海拔 700 米以下地带，具有较明显的南亚热带常绿阔叶林，常见植被有樟、楠、桫椤、野荔枝、黑黄檀、黄果、厚皮桂、榕树、黑芭蕉、山姜等，颇具热带雨林景观。其中尧人山是三都县一个具有丰富生物种源和较完整的典型的生态系统自然保护区。保护区内涵盖了几乎所有三都的动植物门类。

（一）动物资源

尧人山优越的自然环境为野生动物提供了一个天然良好的栖息繁衍场所。山里有狗熊、猕猴、香獐、野猪、山羊、狼、灵猫、花脸狐、狐狸、野兔、鼯鼠、竹鼠、刺猬、穿山甲、乌龟、娃娃鱼、石鲜、锦鸡、白山鸡、野鸡、斑鸠、画眉、啄木鸟、岩猫鹞、头鹰、乌梢蛇、眼镜蛇、银环蛇、野鸡项、青竹标、菜花蛇、水蛇等。

（二）植物资源

尧人山的植物资源也十分丰富，在海拔 500—1300 米的地段，具有典型中亚热带常绿落叶、阔叶林带，如刺栲、丝栗栲、绿叶栲、水青岗、贵州石栎、粤桂石栎、麻栎、鹅耳栎、检皮栎、光皮桦、枫香、糙皮桦、山柳、化香、山桐等；木质藤本生长也很旺盛；同时，由于森林的湿度大，在乔木上还附生着松罗、瓦围、蕨类。在龙潭沟、打劫沟一带，水热条件较优越，较多南亚热带树种如：巨粤柏拉木、基脉润楠、小果海木、围延树、野荔枝、梭罗树、网脉山龙眼、黑黄植、刺栲、伊桐、黄果厚壳桂、越南山矾、印支山矾、广东羊蹄甲、番荔枝、粗叶榕、掌叶榕、毛榕、观音坐莲蕨、海芋、山姜等南亚热带植物。

另外还有贵州本地特有树种，如贵州栲、独山瓜馥木、独山石楠、午草、马尾树、大叶锥核桃、苦桃木等。除此之外尧人山还保存着距今2500 万年的古老树种，如山枫子、穗花杉、银杏、鹅掌楸等稀有珍奇树种。还有色彩纷呈、争奇斗艳的观赏植物，如多种杜鹃、一树千花灯台树、少叶黄杞、绣花球、金枝玉叶、风流草、兰花等。

尧人山的药用植物资源也盈千累万，如厚朴、黄皮、川桂、十大功劳、四块瓦、金钱豹、乌龟、大、小血藤、九死还魂草、黄脚基、趴岩姜、文王一支笔、七叶一枝花、一支箭、一朵云、三七、岩白菜、党参、黄连、独活、柴胡、九龙盘、八爪金龙草等。但鉴于历史的原因、社会的发展、交通的便利、人为的破坏等，致使水族地区许多名贵药材已走向灭绝，如本草植物药九胜、盘莲、地马蜂、蛇头一支箭、七叶一枝花、独脚莲、鸡血藤、何首乌、天麻、玉枇杷等；动物药如麝香、穿山甲、土别虫、刺猬等在本地区内已经灭绝。目前三都水族自治县已出台相关保护物种多样性的文件。

第四节　生态环境现状和保护措施

一　生态环境质量

（一）水环境质量

我们走访的部分村寨，村寨里的河流水质清澈，可以直接作为饮用水，尤其是保存完好的村落怎雷古寨，寨里的清泉水流较小，但清澈见底，调研团队在此休憩时或饮水或洗脸提神。

三都水族自治县境内共有大小 42 条河流及支流，分布错综复杂，都柳江控制积雨面积为 2230 平方千米，注入樟江的支流总控制积雨面积为 690 平方千米。目前都柳江重点河流水质已达到Ⅱ类，优于Ⅱ级标准。周覃镇饮用芒勇水库水源、廷牌镇饮用板奇水库水源、九阡镇饮用小水叶水库水源，经乡（镇）供水站监测，达到卫生饮用水质Ⅱ类标准。

三都县境内东、西、南部地下水水源丰富，水质优良，宜作饮用水水源，北部交梨乡至黔东南苗族侗族自治州丹寨县一带蕴藏量较低。自治县的基岩裂隙水水质基本保持天然状态，城镇浅层地下水污染现象尚不明显，工矿区内地下水水质有轻度污染，主要特征是：部分水点地下水感观性状质量下降，总硬度、溶解性总固体、三氮、氯化物、铅、锌、锰汞氰、酚以及细菌含量低，达到国家标准。

（二）大气环境质量

县境内城乡大气环境质量良好，无较大污染现象发生。2012 年空气污染综合指数 $P = 0.841$，较 2005 年的 0.792 有所上升，空气质量为优（$P < 1$）。

（三）酸雨状况

自治县植被保护较好，2012 年年底森林面积为 230.95 万亩，活立木蓄积 1025 万立方米，森林覆盖率为 64.58%，环境容量空间较大，目前尚无酸雨现象发生。

（四）声环境质量

自治县境内道路交通噪声达到国家标准；区域环境噪声以县城三合镇最高，周覃镇次之，但均未超标；功能区中居民文教区、一类混合区、二类混合区、工业区白昼夜间均未超标。城区环境噪声达标区覆盖率为 71%。

（五）辐射环境质量（天然放射性水平概况）

天然陆地 γ 贯穿辐射剂量率平均为 9.47×10^{-8} 戈瑞/小时。城镇室外空气中氡浓度为 22.65 贝可/立方米。土壤中天然放射性核素含量为铀 - 238：45.60 贝可/千克、钍 - 232：41.30 贝可/千克、镭 - 226：71.40 贝可/千克、钾 - 40：350.00 贝可/千克。水体中天然放射性核素浓度为铀 - 238：6.20×10^{-3} 贝可/升、钍 - 232：1.30×10^{-3} 贝可/升、镭 - 226：

5.80×10^{-3} 贝可/升、钾 -40：34.80×10^{-3} 贝可/升。

（六）土地环境质量

自治县地势由北向南倾斜，主要山峰、河谷的走向与背斜、向斜轴一致，大体上呈南北展布，最高海拔 1665.5 米（西部边界的更顶山主峰），最低海拔 303 米（坝街乡都柳江出境处）。地貌总格局属于中山、低山地貌类型。山地约占全县总面积 90% 以上，15°以上陡坡占山地面积 70% 以上。境内地貌形状大致有三种类型：西北部为山地貌河谷类型，东、东北和东南部为深山切割中山地貌类型，南部和西部属地势平缓的低山丘陵盆地类型。境内山脉主要属苗岭山脉，千米以上高山 326 座，70% 集中在东部和东北部，其中著名的风景山有更顶山、老王山、铜马山、尧人山等。

自治县地形复杂，地貌类型多样，以高山、丘陵为主，喀斯特地貌类型一般在海拔 400—1107 米，由于纬度较低，落差较大，形成了显著的立体农业特点。

（七）森林和草地环境质量

自治县森林以天然林为主。十多年以来，森林面积呈上升趋势，林地结构较为合理。草地资源以天然草原为主，具有连接成片和随海拔升高分布越多的特点。

（八）生物环境质量

自治县生物呈多样性，高等植物分布广，珍稀野生动植物主要集中于月亮山和东部林场。

（九）气候环境质量

在三都县内日间调研，空气湿润，即使 2013 年夏季雨水少，但因为其地理特征，湿度较大。自治县的气候属于中亚热带湿润季风气候类型。年平均气温为 18℃，1 月平均气温为 7.8℃，7 月平均气温为 26.7℃，极端最高气温为 39.8℃，极端最低气温为 -7.5℃，年总积温为 6603.1℃。全年无霜期 326 天，最短 275 天。

二　生态环境存在的问题

（一）三都生态环境现状

三都县自然资源极为丰富，物种多样。而处于珠江流域上游生态保护区域，是维护珠江流域生态安全的绿色屏障，县境内河道长度大于 10 千米的河流有 36 条之多，穿境而过的都柳江是珠江流域的源头，都柳江自西向东横穿县境内流经榕江、从江、广西等地汇聚珠江流域，三都县南部地处珠江流域上游和樟江水系的源头，拥有尧人山国家级森林公园、都柳江省级风景名胜区，全县森林覆盖率为 64.58%，是贵州省十个重点林区区县之一。生物多样性十分丰富，是动植物天然的基因保存库。

由于三都县地理位置的特殊性，滑坡、泥石流自然灾害突出，生态环境高度敏感，生态系统对酸沉降呈中度敏感性，生态环境脆弱，三都县的生态环境保护任务艰巨繁重，不仅要保障珠江流域生态屏障的安全，还要保护好环境资源原真性、生态完整性和生物多样性。根据《全国生态功能区划》指出，三都县属土壤侵蚀敏感区、石漠化极敏感区、水源涵养区、水源涵养生态功能区、水资源丰富区、典型的生敏性高度敏感区、生物多样性保护重要区域、土壤保持极其重要区。

三都县生态环境保护的好坏，直接影响到全县经济社会的可持续发展，同时，也影响珠江流域沿岸下游人民群众生活的安全。基于三都县生态区位的重要性和特殊性，生态发展之路是三都县着眼区域发展全局的最优最佳选择。多年来，县委、县人民政府立足三都资源优势和环境区位实际以及从维护区域生态安全大局出发，确立了文化旅游生态创新区的县域发展战略，大力发展葡萄、蔬菜、核桃等绿色特色产业，积极开展生态文明示范工程试点县和国家级生态县建设，通过调整、优化产业结构，重点开展生态建设和生态环境保护工作，切实保护好青山绿水，有效维护了区域内生态平衡，为珠江流域和樟江水系上游构建一道天然的生态绿色屏障。

(二) 三都环境存在问题

1. 水污染

三都水族自治县水污染源主要以生活废水、工业废水、农药污染为主。

三都县城及部分乡 (镇) 由于历史原因和地理特征依河而建，在都柳江两岸相继形成了一定规模的聚居点，上游有合江镇、丰乐镇、大河镇，中游有三合镇，下游有拉揽乡、打鱼乡、都江镇、坝街乡。随着三都城镇人口逐年递增以及工业产业化不断发展，沿江城镇的生活废水和工业废水已成为都柳江的主要污染源。城镇污水均未经处理而沿江排放，枯水季节时江水减少，流速缓慢，水体的稀释扩散能力有限，致使沿江两岸常形成污染带。2008年以来，都柳江遭受了砷、锑、汞污染，严重威胁着三都县城集中式饮用水源安全，也在一定程度对周边村镇造成恶劣影响。

在农业生产方面，由于生产种植所制造出的残余化肥、农药流入都柳江及其他河流与水库，会造成水质轻微污染。在调研中询问很多村民关于化肥和农药剂量的使用情况，当地村民很多都不了解剂量大小，往往会使用过量，这样难免会加重水质污染。

我们在水龙乡调研对当地居民做了采访，据了解水龙的砖厂并不景气，当地居民盖房均从丰乐一带购进砖瓦，故砖厂对环境造成的污染是很小的，但在2010年开始营业的西南水泥厂投产后，选址于都柳江上游地段，这无疑会给今后都柳江水系造成很大的污染压力，县委县政府要求水泥厂采用的措施达标排放，而这又给企业带来不少的成本支出，使产品市场竞争力下降。

2. 大气污染

三都水族自治县的大气污染物主要有二氧化硫和烟尘。

造成大气污染主要来自能源的燃烧，按其来源主要分为：一是工业污染源，即企业所排出的烟尘、粉尘、二氧化硫以及无机物或有机物所造成的大气污染。暑期在从三都县城去往交梨葡萄节的路上有一段烟尘、粉尘极多，可见度不超过10米，经过时才发现有一个工业厂房在运营，这给周边大气环境造成恶劣的影响。二是生活污染源，即居民、机关和服务行业由于生活需要燃烧原煤等排放烟气造成的低空大气污染。三是交通污染源，即交通工具尾气排放的含一氧化碳、氮氧化物、碳氢化物、铅等所造成的大气污染。

3. 噪声污染

三都水族自治县噪声污染主要来自交通、工厂作业、建筑施工、木材、钢材加工等。交通噪声影响稍大，工厂作业、建筑施工、木材、钢材加工等噪声影响面较小。

4. 固体废弃物与危险废物污染

三都自治县固体废弃物污染主要来源于生活垃圾和工业固体废弃物。由于生产的发展和人民生活水平的提高，固体废弃物排放量骤增。

据水龙当地村民描述，水龙乡以及周边乡镇的生活垃圾主要处理方式为填埋、焚烧以及排放。这种不科学不合理的垃圾处理方式无疑会造成低空大气污染以及给土壤、地下水、地表水带来污染。而这些垃圾长期堆放，未得到及时有效的处置，必会给生态带来负面影响，废弃物的堆存和处置尚未规范化的情况亟待解决。

三　生态环境治理措施

（一）　生态环境保护工作机构及工作动态

随着环境问题日益受到人们的重视，环境保护成为人们关注的重大问题。三都水族自治县于1999年3月成立环境保护局，并列入县政府工作部门，统一监管全县的环境保护工作。

2002年的"三定方案"将机动车污染防治监督管理和农业、农村生态环境保护两项管理职能划入环境保护工作，在2012年新一轮机构改革中，新的"三定方案"增加环境总量控制、污染减排、环境统一监管、核安全、辐射安全、放射性废物管理等多项职能，内设机构在原来的办公室、环境监察大队基础上增加环境总量控制股、自然生态保护股，2008年8月设立了县环境监测站，2012年设立了县核与辐射安全监督站，2013年设立县环境工程技术评估中心。现内设机构数为7个，人员编制由1999年成立时的6人增加到47人，领导职数从一正一副增加到现在的一正二副、纪检组长1人，现有在职在编28人，其中环境监察大队13人，环境监测专业技术5人，环保队伍不断壮大，环境监察执法力量显著增强，环境保护能力建设得到加强。为进一步改善三都县环境监测监察执法环境和工作条件，提高执法手段和执法水平，2008年，县委、县政府又专题研究，在县城麻光开发区划拨了0.2公顷土地作为县环境监测监察执法综合业务房建设用地。在国家和省级专项资金未到位的情况下，为加快县级执法业务房建设，三都县在黔南州环保局安排部分资金支持下，于2010年开始启动了县环境监测监察执法业务用房建设，现主体工程已建成，2013年底已经投入使用，尽快形成县级环境监测监察执法能力。同时县城空气自动监测站招投标工作已结束，并已建成使用。

三都水族自治县的环境执法监察力度不断加大，生态环境相对以往有了很大的改善。

三都水族自治县政府在2008年3月出台了《三都水族自治县人民政府关于落实科学发展观进一步加强矿山环境保护的通告》，这不仅促使矿产资源开发和生态环境保护的良性循环，同时也增加了环保联合执法长效机制。通告明确了建立部门联管机制，各部门各司其职，进一步加大了矿山环境综合管理和执法力度，为矿山环境保护和生态修复工作奠定良好的基础。

2008 年 5 月，三都县提出了开展国家级生态监察试点工作，同年 9 月，国家环境保护部批准三都县列为全国生态监察试点县后，重点围绕厦蓉高速公路、贵广快速铁路生态环境保护建设、饮用水源保护、矿山采选等开展专项生态监察，并在工作中突出了环境保护部门生态保护这一个重要职能。同时培养了一支生态监察、监测执法队伍，并建立和完善相应的执法长效机制，为三都生态监察、监测体系建设打下坚实基础。由于国家级生态监察试点工作开展以来成效显著，因此获国家环境保护部通报表扬。

三都县在 2009 年提出创建国家级生态县，根据生态县建设指标要求，2010 年委托贵州省环境科学研究设计院编制了《三都水族自治县国家级生态县建设规划》（以下简称《规划》），该《规划》经贵州省环境保护厅组织专家审查通过，同年 11 月，经县十四届人大常委会第二十八次会议审议通过，并决定批准由县人民政府按《规划》要求切实开展创建工作。现国家级生态县创建工作正有序开展。

2012 年 4 月，三都县环境保护局正式与国家环境保护部南京环境科学研究所签订了《贵州省生物多样性保护与减贫示范项目合同书》，贵州省生物多样性保护与减贫示范项目正式落户三都。该项目已实施完毕并顺利通过了贵州省环境保护厅验收。为延续和扩大试点成果，三都县又编制了《贵州省三都水族自治县 2013—2015 年生物多样性保护与减贫示范项目实施方案》，与录制的拉揽乡来楼村项目实施成果专题片及相关资料一并上报国家环境保护部审查，积极争取国家"十二五"期间继续加大对三都县生物多样性保护与减贫项目更多的支持和投入，积极探索生物多样性保护与减贫协同增效机制，积累生态保护与扶贫致富实践经验。

为逐步治理我三都县都柳江河段重金属污染，2012 年国家和省、州环保部门安排 1300 万元专项资金对三都县坝街乡五㘭坡姑脑沟废弃矿渣进行治理。该工程现已实施完毕，项目实施效果比对监测已结束，现正在组织审计验收等工作。

为改善区域生态环境，筑牢珠江流域生态安全屏障，三都县又编制了交梨乡高戎村汞污染、坝街乡五㘭坡姑罗沟和定旺沟锑矿废渣污染综合整治项目上报州、省和国家环保部门。旨在通过重金属项目连续实施，通过治理和生态修复，有效保护珠江流域生态环境安全和维系生态平衡，为珠江流域上游构筑一道生态安全屏障。

（二）生态环境防治

1. 水污染防治

我们从环保局了解到目前三都对于水污染防治主要有以下措施：一是加强对建设项目的环境管理，严格按照《建设项目环境保护管理条例》的规定，对开发建设项目进行依法严格审批，确保建设项目做到"三同时"（同时设计、同时施工、同时投产使用），从源头上治理污染；二是实施水污染物排放总量控制。为了进一步贯彻落实《国务院关于环境保护若干问题的决定》，根据黔南州人民政府《关于下达黔南州2000年12种重要污染物计划排放量的通知》（黔南府〔1998〕17号）文件的要求，三都水族自治县人民政府下发了《关于下达污染源单位2000年12种主要污染物计划排放量的通知》（三府〔1999〕81号）文件，将污染源控制指标分解到县属36家工业企业，采用环境保护目标责任书方式对污染物排放总量进行控制，防止超标超量排放；三是实施排污许可证制度。从1999年起开始推行了排污许可证制度，涉及水污染的工业企业基本做到了持证排污，确保了水环境优质、安全；四是对超标超量排污行为进行处罚。依照法律规定建立了超标超量排放污染物违法行为的处罚机制，有效地保护水体环境的安全；五是积极推行县长环境保护目标责任制。运用目标化、定量化、制度化方式与方法，把贯彻执行环保法律法规作为各级领导、企事业单位领导和各类型企业法人的环保行为准则，以此推动环境保护工作全面、健康、持续、稳定、深入发展。为认真落实好环境保护目标任务，三都水族自治县按照县长与州长签订的环境保护目标责任书的要求分别于1998年和2003年与21个乡（镇）、21个县直相关机关单位、21个县辖区工业企业的主要领导签订了三级环境保护目标责任书，并加强对责任书落实情况进行督查；六是加强日常环境保护执法监督检查。县环境保护局会同县直有关部门定期或不定期深入企业进行环境现场监察，对违法案件及环境纠纷案件依法进行认真及时处理，收到明显效果。

2. 大气污染防治

三都水族自治县根据全县大气污染实际情况，采取大气污染防治措施：一是工业布局合理化，严格控制污染；二是改变燃料构成，推广使用天然气、型煤、石油液化气、电能等，逐步开发和利用太阳能，选用低硫燃料，对重硫燃料进行脱硫处理；三是改革工业生产工艺，对废气进行治理；四是实行高烟囱排烟，有利于烟气的扩散和稀释；五是加大绿化造林力度，过滤各种有毒有害的大气污染物，净化空气；六是加强大气质量监管。

3. 噪声污染防治

对噪声污染主要采取的防治措施是：一是各营业娱乐场所、建筑施工单位和一切排放噪声的单位夜间生产必须符合场界环境噪声排放标准；二是严禁建筑单位在每日夜间 10 时至第二天早上 9 时期间进行有噪声污染的施工作业；三是白天生产的企业噪声应当符合国家规定的工业企业厂界环境噪声排放标准；四是规定娱乐营业场所夜间营业时间控制音响噪声，以免影响居民的夜间休息；五是县城内各营业娱乐场所、建筑施工单位和一切排放噪声的单位，在中高考期间停止一切排放噪声的施工及经营性活动。经治理，三都水族自治县的声环境质量取得较好效果。

4. 固体废弃物与危险废物污染治理

对固体废物污染的防治，一是逐步加强城镇垃圾分类收集管理，采取防扬散、防流失、防渗漏等措施防止污染环境，逐步实现垃圾卫生填埋；二是提高工业固体废弃物中可利用物质的综合利用率，加强矿山环境保护和生态恢复治理；三是狠抓危险废物的安全管理，严格按照规定进行处置。

四　自然灾害对人民生活和环境的破坏与影响

除人为活动对环境造成影响外，旱灾、洪涝等自然灾害对环境质量也造成一定的影响。一旦山洪暴发，存在废弃物和其他垃圾处理的困难，隐藏一定的健康风险。河沟两岸的良田被洪水冲毁或被泥石堆压，局部难以得到恢复。

三都县地处珠江上游西江水系，生态位置十分重要，全县河流总长906.6 千米，河网密度 380 米/平方千米，年径流量 16.5 亿立方米，由于特殊的自然地理社会发展等诸多因素，导致生态环境十分脆弱，局部地区水土流失较严重，尤其是部分地区石漠化面积还在扩大。据统计，全县有78 万亩石漠化需恢复植被，尚有 13 万亩宜林荒山需要造林绿化，6 万亩25°以上坡耕地需要治理。这些荒山和石漠化山地大多地处偏远交通不便、零星破碎、土壤瘠薄，造林难度大、成本高，管护困难加之地方财力有限，群众贫困面大，生态建设任务十分繁重。

（一）自然灾害频发

60多年来，三都就遭受了两次百年一遇的特大洪水灾害。第一次是1945年的山洪暴发，都柳江洪峰高达6米，各支流沿岸的农田、公路、桥梁、民房等受洪水袭击，死亡千余人，房屋、牲畜等财产损失难以计数，仅三合镇死亡人数就达209人（含国民党军队百余人），冲毁房屋210间。第二次则是2000年的"6·21"特大洪水，县城都柳江洪峰最大流量达3860立方米/秒，超警戒水位3.59米，超危急水位2.39米，全县24万人受灾，死亡5人，受伤310人，360人无家可归。公路塌方12处8000立方米。农作物受灾面积12667公顷，绝收面积2467公顷，毁坏耕地面积6000公顷，倒塌房屋906间，损坏房屋36016间，因灾害造成直接经济损失30453万元。这是三都历史记载最大的一次洪水。但由于新中国成立以来防洪抗灾能力已大大提高，洪灾损失不及1945年惨重。特大洪涝灾害发生后，县委、县政府立即成立救灾抢险指挥中心，安排部署救灾抢险工作，时任黔南州长蒙启良深入第一线指挥。投入抗洪经费16万元，发放救济粮487吨，建房款11.23万元，衣、被6469件（套）。发动社会各界为灾区献爱心捐款77.53万元，捐物8833件（套）。

1985年度农作物遭受旱灾和虫灾的严重袭击，导致粮食减产2100多吨，是年，发放救灾粮229705公斤，救济款61050元，解决11397户计45992人的生活困难。1987年全县受旱面积28534亩，又遭特大暴雨袭击，灾情发生后，各级党委、政府先后组织全县13800多人参加救灾抗灾活动的斗争，为灾民发放救济粮293303公斤，下拨救济款38000多元。

1995年全县先后两次遭受大风冰雹袭击和洪水袭击，农作物成灾合计6874.48公顷，其中旱灾1041.8公顷，水灾为1284.37公顷，风雹灾为1381.33公顷，病虫害为2771.62公顷，霜冻及其他受灾395.36公顷，粮食作物灾面积4723.91公顷，经济作物灾面积2150.57公顷，全年直接经济损失总价值3716.58万元，该年发放救灾粮28.9万公斤，救济5030户计2.2635万人。1996年全县连续发生旱灾、洪涝灾、低温冷冻灾和病虫灾等，全县21个乡镇270个村的2105个村民小组不同程度受灾，受灾人口达26.8万人，农作物受灾面积17050公顷，捐毁房层308间，直接经济损失达5823万元。县政府发放救济粮23万公斤，发放深圳、东莞捐赠的衣被11.5万件（套），县内捐赠衣物1332件（套），人民币15537

元。1998 年全县遭受罕见的冰雹和病虫灾及旱灾的侵袭，全县 21 个乡镇 270 个村 2144 个村民小组不同程度受灾。全县受灾人口 22.28 万人，成灾人口 13.8 万人，农作物受灾面积 22160 公顷，农作物成灾面积 12564 公顷，绝收面积 2474 公顷，倒塌房屋 3 间，损坏房屋 7390 间，造成粮食减产 20902 吨，油料减产 2090 吨，烤烟减产 38 吨，直接经济损失 8774 万元。1999 年相继遭到旱、涝、病虫等多灾夹击，致使水稻受灾 6907 公顷，成灾 3276 公顷，绝收 1829 公顷，损失粮食 17000 多吨，直接经济损失 3687 万元。全县受灾 21 个乡镇 270 个村计 2106 个村民组 42424 户计 195150 人，其中重灾村 94 个，重灾组 519 个，成灾 28000 户计 122945 人，其中绝收户 11340 户计 49840 人。县委、县政府及民政部门先后投入车辆 200 多辆（次），组织抗灾自救队伍达 17 万人（次），投入自救款 300 多万元。全年共发放 39 万公斤救济粮，冬被 1000 床、冬衣裤 3600 件（套），以及深圳捐赠的衣被 81323 件（套）。

（二）21 世纪自然灾害及防灾救灾工作

2006 年，全县各乡镇先后遭受不同程度的干旱、洪涝、冰雹、病虫害等自然灾害的袭击，特别是“6·26”洪涝灾害造成全县 19 个乡镇，230 个村 1620 个村民小组均受到不同程度的损失，受灾 5.2 万户，18.75 万人，成灾人口 11.6 万人，因灾死亡 4 人，失踪 3 人，受伤 137 人，紧急转移人口 2.5 万人；农作物受灾面积 9133 公顷，成灾面积 5667 公顷，绝收面积 464 公顷；因灾毁坏倒塌房屋 813 间。全县其他灾害受灾人口 21.4 万人，成灾人口 8.58 万人；农作物受灾面积 10891 公顷，成灾面积 4356 公顷，绝收面积 225 公顷，造成直接经济损失 5567 万元。县委、县政府下拨救济粮指标 533 吨，解决 10153 户 35536 人的灾民特困户吃饭问题；下拨灾民特困户建房补助款 168.7 万元，解决 602 户 2108 人修建住房；发放临时救济款 7600 元，解决 22 户 67 人临时性的生活困难；发放救济棉被 1371 床，衣服 1628 件（套），捐赠物资 1819 袋（约 90950 件）。

2007 年，全县遭受百年罕见的“7·26”洪涝灾害，造成全县 21 个乡镇不同程度受灾，尤其东面片区的打鱼乡、都江镇、坝街乡受灾严重。洪涝灾害造成受灾人口 14.2 万人，被困人口 5 万人，紧急转移人口 5 万人，因灾死亡 5 人，失踪 1 人，农作物受灾面积 6375 公顷，绝收面积 643 公顷，毁坏耕地面积 300 公顷，倒塌房屋 13243 间，损坏房屋 8627 间，直接经济损失 3.86 亿元。发生民房火灾 26 起，受灾 197 户 867 人，烧毁民房 157 栋 649 间，损坏 26 栋 82 间，6 人死亡，造成 197 户 867 人返贫。灾情发生后，全县积极开展抗洪抢险和灾后救助工作，并在县委、政府的统一指挥下，组织开展"7·26"救灾专项捐赠活动，共募集资金达 285.5071 万元。全县全年下拨救灾救济粮 410983 公斤，救灾棉被 3764 床、大小棉衣 1644 件（套）、大小单衣 1355 套，鞋 392 双、垫单 54 床、捐赠衣物 5666 袋，灾民建房和维修建房资金 673.0751 万元，发放临时生活困难补助费 24.8904 万元。

2008 年，全县先后遭受历史罕见的雪凝冰冻灾害和"5·24"、"5·30"特大暴雨袭击，全县 21 个乡镇 274 个村居委会 2144 个村民小组 33.29 万人受灾，因灾倒塌居民住房 500 户 721 间，损坏房屋 1285 户 3342 间，农作物受灾面积 1395.4 公顷，农作物绝收面积 91.4 公顷，供水、供电等基础设施严重毁坏，造成直接经济损失达 66528.71 万元，其中农业经济损失 372.41 万元。各级党委、政府深入灾区察看灾情，安抚灾民，指导灾区人民抢险救灾和恢复重建工作。安排救灾救济粮 514495 公斤（其中捐赠救灾粮 14500 公斤），发放慰问金 11.36 万元，发放临时生活困难救助款 21773 元，发放救灾救济棉被 3698 床、棉衣 1077 件、各类衣服 3485 件、深圳捐赠衣物 8800 余袋，发放捐赠猪肉 7 吨、蔬菜 2 吨，方便面 191 箱、饼干 41 箱、棉帽 348 顶、棉鞋 346 双、各类药品 745 盒（箱）、蜡烛 157 箱、电池 1 箱、柴油 20 吨。

2009 年，先后遭受不同程度的洪涝、泥石流等自然灾害的袭击。全县受灾人口 11.43 万人，紧急转移人口 0.38 万人，倒塌房屋 16 间，农作物受灾面积 5.63 千公顷，直接经济损失 2859.8 万元。当年全县投入救灾救济资金 437 万元，发放大米 330 吨，棉被 1093 床，衣服 2959 套（件），救助灾民和困难群众 2.76 万人；完成 26 户洪涝灾害倒房恢复重建工作，修复损坏房屋 411 间，同时资助 120 户 456 人（包含独生子女户 3 户）的住房维修。

2010 年，遭受严重少雨干旱天气，导致历史罕见的旱情。全年下拨救济粮 221300 公斤，发放救济棉被 2000 床，棉衣 2500 件，单衣 5000（件）套，解放鞋 2000 双，下拨建房和维修建房补助款 22.8 万元，解决 108 户 648 人的住房困难，下拨抗旱专项资金 147 万元，解决了人民群众生产的实际困难。

2011 年年初，县内连续遭受小雨夹雪天气，全县 21 个乡（镇）气温

骤降，出现冻雨并遭受严重凝冻灾害，灾害涉及 21 个乡镇 196 个村 1346
个村民小组 34784 户 125344 人不同程度受灾，造成直接经济损失 401 万
元。4 月，先后两次遭受冰雹灾害袭击，造成水龙、中和、三洞、塘州、
廷牌、九阡、合江、周覃等 8 个乡镇 63 个村 511 个村民小组 8196 户
39574 人受灾，造成直接经济损失 4060 万元。5 月，部分乡镇又降大雨，
导致发生洪涝灾害。有坝街、三洞、塘州、廷牌、周覃、恒丰、九阡、扬
拱 8 个乡镇 60 个村 370 个村民小组 10585 户 40209 人受灾。直接经济损
失 179.4 万元。7—9 月，受持续高温天气影响，全县 21 个乡（镇）246
个村 2091 个村民小组 249717 人不同程度受灾，因灾造成 75500 人和
48600 头大牲畜饮水困难，粮食大面积减产或绝收。因灾造成直接经济损
失 16661.5 万元。灾情发生后，各级党委、政府发放春节走访慰问金
22.42 万元，全年安排救灾救济粮 200 吨，棉被 1184 床，军大衣 187 件，
大小棉衣 280 件，大小单衣 754 套，解放鞋 493 双。全年下拨灾民建房维
修补助款 50 万元，灾民连片建房基础建设补助资金 4 万元，饮水工程修
建补助资金 7 万元。当年，收到香港乐施会 47 万多元的赈济物资援助。

第五节　生态环境存在的困难及思考

一　三都生态环境建设存在的困难

一是资金缺口是首要困难。三都水族自治县是国家新阶段扶贫开发工
作重点县，县财政极为困难，对生态建设的资金投入力不从心。仅三都县
国家级生态县建设总投资就需要 197.07 亿元（从 2011 年至 2016 年的规
划投入数），这对年财政总收入才 1 亿元的贫困县来说，工作难度是相当
大的。

二是三都生态保护工作责任重大。三都县是维护珠江流域生态安全的
绿色屏障，生态环境保护工作稍有不慎，将直接影响到下游地区生态安全
与经济社会的发展。

三是环保日常监管工作任务繁重而艰巨。由于三都都柳江出境断面属
州级出境断面，都柳江出三都境后进入黔东南州榕江、从江县后直接进入
广西，跨界污染隐患较大，为确保都柳江三都县境内环境质量，对县内企
业的监管工作十分繁重。

　　四是生态资源采伐的源头控制必须要加强。目前，三都县森林覆盖率为64.58%，丰富的生态资源优势是创建国家级生态县的命脉，只有控制生态资源采伐的源头，加大植树造林力度，才能确保生态县创建工作的有效推进。

　　五是生态文明建设宣传教育有待加强。目前，三都水族自治县群众的生态保护意识亟待提高，三都作为国家级贫困县，贫困程度深，贫困面大，尤其是各村寨的民众思想意识较为落后，祖辈靠山吃山、靠水吃水，没有形成生物多样性保护的意识。所以形成生态文明执政理念和生态文化氛围是目前三都政府需要完成的一项重要任务。

二　三都生态建设的几点思考及建议

　　三都县是珠江流域生态安全的绿色安全屏障，生态环境保护工作稍有不慎，将直接影响到下游地区生态安全与经济社会的发展。如果县内开发采取"先发展，再治理"的粗放开发模式，不仅影响本地区的环境，下游地区将同时受到影响，这一点应该引起足够的重视。国家可以通过把三都水族自治县列入国家重点生态功能区，享受生态转移支付政策，建立相关政策法规，从法律层面上确保做到经济发展和环境保护的双赢局面。

　　坚持以人为本，树立全面、协调、可持续的发展观，促进经济社会和人的全面发展。在三都生态环境保护中，要通过项目建设、配套政策和保障措施，加快转变三都经济发展方式，调整产业结构，搞好生态环境保护，不断满足三都人民群众日益增长的经济、政治、文化和环境需求，让接下来的生态环境保护成果惠及三都人民和下游人民。

　　建议三都科学利用和合理开发资源，在有效转变经济发展方式基础上，加强人力资源开发，有序开展城乡转移人口工作，合理解决环境资源承载力不足和人多地少突出矛盾，保护好生态环境，推进三都经济与环境协调发展。

　　建议有关部门要更大程度落实生物多样性保护和减贫示范项目等相关项目的立项和落实。例如通过国家环境保护部在三都县拉揽乡来楼村实施的"生物多样性保护与减贫示范项目"已经充分得到体现，项目实施后省内各高校教授、专家组成的生物多样性资源调查组到当地开展资源调查，县环境保护局邀请县水药专家、畜牧局高级牧医师到该村开办养殖和种植技术培训班，并发放鸡苗和香猪仔猪让群众养殖，不仅拓宽了群众的致富门路，更让他们从心里体会到多样的生物资源和区域生态环境安全的重要性，这样的宣传和扶持方式比发更多的传单、贴更多的标语、投入更多的输血式扶贫资金来得更具体、成效更显著，同时更能打动处于观望态度的群众，更能吸收返乡创业的群众参与到生态文明的建设中来。

我们从政府举办的"中国山地水晶葡萄节"了解到，通过葡萄项目的实施不仅可以保护生态环境，而且可以使人民的生活水平有很大的提高：交梨乡是三都县葡萄种植的发源地和核心区，也是三都县在培育"一乡一品"和"几乡一品"产业格局中重点打造的葡萄之乡。2005 年，县、乡党委政府确定了"向荒山要钱、种植葡萄、做大产业、致富群众"的山地农业发展思路。2010 年交梨乡通过"集团帮扶、整乡推进"项目扶持带动，葡萄产业迅速发展壮大，葡萄种植规模达 3 万余亩，全乡人均1.5 亩，成为名副其实的葡萄之乡。2012 年，交梨乡农民人均总收入6160 元，其中，5238 元来自葡萄种植，占农民人均总收入的 85%。如今走进交梨，真是"遍野葡萄染山绿"，空气中飘着丝丝葡萄的气息，沿着前进村大坪山的山路蜿蜒而上，一坡接一坡的葡萄藤爬满山头，顺着山势连绵起伏，蔚为壮观。不仅交梨人民明白了特色生态项目给自己带来的收益，而且这种生态农业的理念还辐射带动周边的普安、丰乐、拉揽等地葡萄产业的发展。

三都的生态环境保护工作应该立足整体，统筹全局，合理协调政策引导、资金投入、项目建设、科学技术、管理机制等要素，推进工作生态环境保护有序、协调发展，顺利实现生态环境保护效益最优化和确定的环保目标任务。

三都县应因地制宜，制定当地生态环境保护实施规划，提出适合当地实际的工作思路、目标任务、重点工作、项目建设及配套措施，妥善处理环保工作产生的新情况、新问题，加快建设生态三都。同时还应采取强有力的政策措施引导和推动工作生态环境保护发展。

三都县还应采取国家支持、地方财政配套补贴、利用对口支援、引导社会资本参与等多种措施，争取多方投入。同时，加强规划实施、项目建设、资金使用等监督管理和保障工作，确保三都生态环境保护工作顺利开展。

附录 1

三都水族自治县县委、人大、政府、
政协历任领导名录一览表

(一) 中国共产党三都水族自治县委员会历任县委书记名录

职务	姓名	性别	民族	任职时间
中共三都县县委书记	左清溪	男		1951.10—1952.9
中共三都县县委书记	朱永义	男		1952.1—1954.10
中共三都县县委书记	李杰武	男		1955.7—1956.6
中共三都县县委书记	李杰武	男		1956.5—1959.1
中共三都水族自治县第一届委员会书记	朱永义	男		1959.1—1959.7
中共三都水族自治县第二届委员会书记	高智广	男		1959.5—1962.12
中共三都水族自治县第二届委员会书记	高智广	男		1962.1—1967.3
中共三都水族自治县革命委员会核心领导小组组长（军代表）	赵德同	男		1970.9—1971.3
中共三都水族自治县第三届委员会书记	赵德同	男		1971.3—1977.1
中共三都水族自治县第三届委员会第一书记	邱玉郎	男		1977.1—1980.7
中共三都水族自治县第三届委员会书记	陆道邦	男	水族	1977.1—1981.3
中共三都水族自治县第四届委员会书记	陆道邦	男	水族	1981.3—1984.12
中共三都水族自治县第五届委员会书记	王 元	男		1985.1—1988.12
中共三都水族自治县第六届委员会书记	潘茂修	男	水族	1988.12—1992.1
中共三都水族自治县第七届委员会书记	潘茂修	男	水族	1992.1—1993.6
中共三都水族自治县第七届委员会书记	李国庆	男		1993.6—1996.9
中共三都水族自治县第七届委员会书记	李文智	男		1996.9—1996.10
中共三都水族自治县第八届委员会书记	李文智	男		1996.10—2001.6
中共三都水族自治县第九届委员会书记	李文智	男		2001.6—2004.5

续表

职务	姓名	性别	民族	任职时间
中共三都水族自治县第九届委员会书记	刘长江	男		2004.7—2006.11
中共三都水族自治县第十届委员会书记	刘长江	男		2006.10—2007.11
中共三都水族自治县第十一届委员会书记	唐官莹	女		2007.11—2011.10
中共三都水族自治县第十二届委员会书记	王小红	女		2012.10—

（二）三都水族自治县人民代表大会常务委员会历任主任名录

职务	姓名	民族	性别	任职时间
三都水族自治县第七届人大常委会主任	陆道邦	男	水族	1980.2—1982.8
三都水族自治县第七届人大常委会主任	石明卿	男	水族	1982.8—1984.11
三都水族自治县第八届人大常委会主任	石明卿	男	水族	1984.11—1987.8
三都水族自治县第九届人大常委会主任	马仕慈	男	布依族	1987.8—1990.5
三都水族自治县第十届人大常委会主任	韦有康	男	水族	1990.5—1993.4
三都水族自治县第十一届人大常委会主任	韦耀军	男	水族	1993.4—1998.3
三都水族自治县第十二届人大常委会主任	韦耀军	男	水族	1998.3—2001.11
三都水族自治县第十二届人大常委会主任	潘廷旺	男	水族	2002.3—2003.3
三都水族自治县第十三届人大常委会主任	潘廷旺	男	水族	2003.3—2006.12
三都水族自治县第十四届人大常委会主任	潘廷旺	男	水族	2006.12—2011.1
三都水族自治县第十四届人大常委会代主任	韦其贤	男	水族	2011.1—2012.1
三都水族自治县第十四届人大常委会主任	韦其贤	男	水族	2012.1—

（三）三都水族自治县人民政府历任县长名录

职务	姓名	性别	民族	任职时间
三都县人民政府县长	高洪杰	男	汉族	1950.1—1951.7
三都县人民委员会县长	齐同学	男	汉族	1954.6—1954.11
三都县人民委员会县长	吴锡良	男	苗族	1955.4—1956.8
三都水族自治县人民委员会（第一届）县长	蒙开江	男	水族	1957.1—1958.5

续表

职务	姓名	性别	民族	任职时间
三都水族自治县人民委员会（第二届）县长	蒙开江	男	水族	1958.5—1960.12
三都水族自治县人民委员会（第三届）县长	蒙开江	男	水族	1960.12—1963.8
三都水族自治县人民委员会（第四届）县长	蒙开江	男	水族	1963.8—1965.12
三都水族自治县人民委员会（第五届）县长	蒙开江	男	水族	1965.12—1966.5
三都水族自治县人民委员会县长	蒙开江	男	水族	1966.5—1967.3
三都水族自治县"三·一八"革命委员会主任委员	柳祥林	男		1967.3—1967.4
三都水族自治县"八·八"革命委员会主任委员	柳祥林	男		1967.8—1968.7
三都水族自治县"七·二"革命委员会主任委员	韦荣久	男	水族	1968.7—1969.9
三都水族自治县"九·三0"革命委员会主任委员	赵德同	男		1969.9—1970.1
"补台"后的三都水族自治县革命委员会主任	赵德同	男		1970.1—1976.10
三都水族自治县革命委员会主任	赵德同	男		1976.10—1977.2
三都水族自治县人民政府（第七届）县长	蒙开江	男	水族	1980.2—1983.12
三都水族自治县人民政府（第七届）代县长	胡品荣	男	水族	1983.12—1984.11
三都水族自治县人民政府（第八届）县长	潘世仁	男	水族	1984.11—1987.8
三都水族自治县人民政府（第九届）县长	韦国鼎	男	水族	1987.8—1990.5
三都水族自治县人民政府（第十届）县长	韦国鼎	男	水族	1990.5—1993.2
三都水族自治县人民政府（第十一届）县长	蒙秉武	男	水族	1993.4—1997.8
三都水族自治县人民政府（第十一届）代县长	韦绍凯	男	水族	1997.8—1998.3
三都水族自治县人民政府（第十二届）县长	韦绍凯	男	水族	1998.3—2003.3
三都水族自治县人民政府（第十三届）县长	韦绍凯	男	水族	2003.3—2006.12
三都水族自治县人民政府（第十四届）县长	韦绍凯	男	水族	2006.12—2007.6
三都水族自治县人民政府（第十四届）县长	张加春	男	水族	2007.6—2012.1
三都水族自治县人民政府（第十五届）县长	张加春	男	水族	2012.1—

（四）中国人民政治协商会议三都水族自治县委员会历任主席名录

职务	姓名	性别	民族	任职时间
政协三都水族自治县第一届常务委员会主席	高智广	男		1961.9—1963.8
政协三都水族自治县第二届常务委员会主席	高智广	男		1963.8—1965.12
政协三都水族自治县第三届常务委员会主席	高智广	男		1965.12—1966.8
政协三都水族自治县第四届常务委员会主席	蒙开江	男	水族	1980.2—1984.11
政协三都水族自治县第五届常务委员会主席	蒙开江	男	水族	1984.11—1987.8
政协三都水族自治县第六届常务委员会主席	潘世仁	男	水族	1987.8—1990.5
政协三都水族自治县第七届常务委员会主席	潘世仁	男	水族	1990.5—1993.4
政协三都水族自治县第八届常务委员会主席	潘世仁	男	水族	1993.4—1996.4
政协三都水族自治县第九届常务委员会主席	莫善余	男	水族	1996.4—2003.3
政协三都水族自治县第十届常务委员会主席	莫善余	男	水族	2003.3—2006.12
政协三都水族自治县第十一届常务委员会主席	韦成念	男	水族	2006.12—2011.1
政协三都水族自治县第十二届常务委员会主席	韦成念	男	水族	2011.1—

附录 2

2011—2012 年综合主要指标情况

指标名称	单位	2011 年	2012 年	增长%
一、土地面积				
土地面积	平方千米	2400	2400	
二、人口				
年底总人口（公安口径）	万人	36.0378	36.0101	−0.08
#少数民族人口	万人	34.9261	34.8954	−0.09
#农业	万人	33.4835	33.4172	−0.20
非农业	万人	2.5543	2.5929	1.51
出生人口	人	5470	5089	−6.97
死亡人口	人	2556	3757	46.99
人口密度	人/平方千米	149.28	150.10	0.55
三、劳动、就业与保障				
1. 从业人员	万人	20.81	21.00	0.91
按产业分				
第一产业	万人	11.12	11.42	2.70
第二产业	万人	1.45	1.41	−2.76
第三产业	万人	8.24	8.17	−0.85
按城乡分				
城镇从业人员	万人	1.64	1.40	−14.63
农村从业人员	万人	19.17	19.60	2.24
2. 在岗职工人数	万人	0.90	0.98	9.50
#国有经济单位	万人	0.82	0.87	5.79
集体经济	万人	0.03	0.03	0.00
其他各种经济	万人	0.04	0.08	100.00

续表

指标名称	单位	2011 年	2012 年	增长%
3. 在岗职工工资总额	万元	29304.3	35300.6	20.46
#国有经济单位	万元	27196.7	32359.9	18.98
集体经济	万元	1425.5	1555.2	9.10
其他各种经济	万元	682.1	1385.5	103.12
4. 在岗职工平均工资	元	32934	36596	11.12
#国有经济	元	33244	37826	13.78
集体经济	元	51277	55742	8.71
其他各种经济	元	15538	17063	9.81
在岗职工平均工资指数	上年＝100	113.41	111.12	下降2.29 个百分点
5. 城镇新增就业人数	万人	0.1107	0.1605	44.99
城镇登记失业人数	万人	0.0782	0.0509	−34.91
城镇登记失业率	%	3.60	3.38	下降0.22 个百分点
6. 社会保障				
参加基本养老人数	万人	0.3734	0.3902	4.50
参加失业保险人数	万人	0.4930	0.5080	3.04
参加医疗保险人数	万人	2.0001	2.0782	3.90
参加工伤保险人数	万人	0.4900	0.7480	52.65
参加生育保险人数	万人	0.4531	0.5121	13.02
参加农村合作医疗人数	万人	30.0810	28.4700	−5.36
农村合作医疗参合率	%	97.13	96.03	下降1.1 个百分点
城乡居民最低生活保障人数	人	90538	81004	−10.53
城镇	人	6551	6225	−4.98
农村	人	83987	74779	−10.96
四、生产总值				
生产总值	万元	190007	279098	
第一产业	万元	57162	66866	
第二产业	万元	34182	45860	
#工业	万元	19164	22326	
第三产业	万元	98663	166372	
生产总值指数	上年＝100	114.10	116.80	上升2.7 个百分点
第一产业	上年＝100	101.80	109.10	上升7.3 个百分点

续表

指标名称	单位	2011 年	2012 年	增长%
第二产业	上年＝100	124.80	104.10	下降 20.7 个百分点
#工业	上年＝100	127.40	116.00	下降 11.4 个百分点
第三产业	上年＝100	118.10	125.20	上升 7.1 个百分点
人均生产总值	元	6726	9795	
人均生产总值指数	上年＝100	112.15	115.80	上升 3.65 个百分点
五、固定资产投资				
全社会固定资产投资	万元	280311	420469	50.00
其中：固定资产投资	万元	188808	276188	46.28
跨地区投资	万元	60503	117150	93.63
农村私人固定资产投资	万元	28000	18166	−35.12
50 万元以下项目投资	万元	3000	8965	198.83
六、建筑业				
建筑企业单位数	个	1	1	0.00
建筑业企业从业人员	人	405	406	0.25
建筑业总产值	万元	2497.6	3162.8	26.63
七、财政				
财政总收入	万元	17126	22370	30.62
公共财政预算收入	万元	12772	17250	35.06
财政支出	万元	115819	143422	23.83
八、人民生活				
农村居民家庭人均纯收入	元	4236	4962	17.14
九、农业				
1. 乡村劳动力	万人	19.17	19.60	2.24
#农林牧渔业	万人	11.12	11.37	2.25
2. 耕地面积	千公顷	13.63	13.51	−0.85
3. 农业机械总动力	万千瓦	13.68	14.05	2.70
4. 农村主要能源及物资消耗				
化肥施用折纯量	吨	3638	3680	1.15
农村用电量	万千瓦时	4814	8663	79.95
5. 农林牧渔业总产值	万元	87152	102039	9.18

续表

指标名称	单位	2011 年	2012 年	增长%
农业产值	万元	49366	56752	9.33
#种植业产值	万元	22124	25227	8.58
林业产值	万元	7362	8678	8.03
牧业产值	万元	25430	30788	9.09
渔业产值	万元	2838	3471	10.36
农林牧渔服务业	万元	2156	2350	9.00
农林牧渔业总产值指数	上年 = 100	101.84	109.18	上升7.34 个百分点
6. 农作物播种面积	千公顷	43.533	44.193	1.52
粮食播种面积	千公顷	25.809	24.292	− 5.88
#夏粮	千公顷	5.747	6.178	7.50
#稻谷	千公顷	10.769	10.268	− 4.65
大豆	千公顷	0.800	0.804	0.50
小麦	千公顷	2.929	3.333	13.79
薯类	千公顷	3.944	3.980	0.91
玉米	千公顷	6.828	5.368	− 21.38
油料播种面积	千公顷	6.033	6.118	1.41
#油菜籽	千公顷	5.518	5.600	1.49
蔬菜播种面积	千公顷	8.316	10.369	24.69
7. 主要农产品产量				
粮食产量	万吨	7.6447	8.9742	17.39
#夏粮	万吨	1.2032	1.2415	3.18
#稻谷	万吨	4.4881	5.4304	21.00
大豆	万吨	0.0376	0.0391	3.99
小麦	万吨	0.3644	0.3146	− 13.67
薯类	万吨	0.9718	1.0627	9.35
玉米	万吨	1.7526	2.0960	19.59
棉花产量	吨	21	23	9.52
油料产量	吨	9325	9646	3.44
#油菜籽	吨	7935	8232	3.74
茶叶产量	吨	540	560	3.70
水果产量	吨	33408	40423	21.00
蔬菜产量	吨	154398	192998	25.00

续表

指标名称	单位	2011 年	2012 年	增长%
8. 畜牧业				
肉类总产量	吨	14231	15210	6.88
猪牛羊肉产量	吨	12770	13701	7.29
#猪肉	吨	11204	12063	7.67
牛肉	吨	1488	1559	4.77
羊肉	吨	78	79	1.28
禽蛋产量	吨	505	530	4.95
水产品产量	吨	1912	2190	14.54
大牲畜存栏头数	头	92746	95606	3.08
#牛	头	60877	60448	−0.70
猪年末存栏数	头	123975	131677	6.21
羊年末存栏数	头	3950	4247	7.52
大牲畜出栏头数	头	14520	15368	5.84
#牛	头	13560	13609	0.36
猪年末出栏数	头	149350	153681	2.90
羊年末出栏数	头	4502	4675	3.84
十、工业				
1. 全部工业总产值	万元	64793.0	78765.0	25.18
#规模以上	万元	25706.0	41103.0	59.90
规模以下	万元	39087.0	37662.0	−3.65
2. 规模以上工业企业增加值	万元	6819.0	7714.0	22.90
3. 规模工业总产值按经济类型分				
#国有及国有控股	万元	9372.0	25422.0	171.25
#内资企业	万元	25706.0	41103.0	59.90
国有工业	万元	9372.0	25422.0	171.25
集体工业	万元		2372.0	
股份合作企业	万元			
联营企业	万元			
有限责任公司	万元	1302.0	4341.0	233.41
股份有限公司	万元			
私营企业	万元	15031.0	8968.0	−40.34

续表

指标名称	单位	2011 年	2012 年	增长%
4. 规模以上工业企业效益指标				
主营业务收入	万元	19684.0	35636.0	81.04
利润总额	万元	−2706.0	−849.0	−68.63
利税总额	万元	−1685.0	308.0	−118.28
亏损面	%	66.7	53.8	−19.34
5. 主要工业产品产量				
水泥	万吨	28.63	57.88	102.17
甜茶	吨	116.0	203.0	75.00
供电量	万千瓦小时	19649.0	22553.0	14.78
十一、邮政电信				
1. 邮电业务收入	万元	2785	3305	18.67
邮政业务收入	万元	1065	1279	20.09
电信业务收入	万元	1720	2026	17.79
2. 本地电话用户	户	18030	12769	−29.18
移动电话用户数	户	11097	15786	42.25
互联网用户	户	5100	6150	20.59
十二、国内贸易				
社会消费品零售总额	万元	67166.2	77946.4	16.05
按销售单位所在地分组				
城镇	万元	64566.2	75000.0	16.16
乡村	万元	2600.0	2946.4	13.32
按行业分组				
批发业	万元	14860.0	17426.1	17.27
零售业	万元	46406.3	53135.7	14.50
住宿业	万元	1465.4	1844.7	25.88
餐饮业	万元	4434.5	5539.9	24.93
十三、金融				
金融机构存款余额	万元	247965	296658	19.64
居民储蓄存款	万元	150917	185564	22.96
金融机构贷款余额	万元	144655	192030	32.75
十四、教育				

指标名称	单位	2011 年	2012 年	增长%
普通中等专业学校学校数	所	2	2	0.00
普通中等专业学校在校学生数	人	1394	1103	-20.88
普通中等专业学校教职工数	人	74	59	-20.27
#教师数	人	66	59	-10.61
普通中学学校数	所	21	21	0.00
普通中学校在校学生数	人	20587	21673	5.28
普通中学专任教师数	人	1213	1293	6.60
小学学校数	所	111	111	0.00
小学在校学生数	人	38097	35358	-7.19
小学专任教师数	人	1770	1781	0.62
幼儿园数	个	16	17	6.25
学前教育入园幼儿数	万人	0.5606	0.6462	15.27
学龄儿童入学率	%	99.20	99.35	0.15
十五、卫生、交通运输				
1. 卫生机构数	个	30	32	6.67
#医院	个	1	1	0.00
卫生院	个	21	20	-4.76
疾病预防控制中心（防疫站）	个	1	1	0.00
妇幼保健站	个	1	1	0.00
卫生机构床位数	张	379	574	51.45
#医院	张	200	300	50.00
卫生院	张	159	220	38.36
卫生机构人员数	人	506	553	9.29
其中：卫生技术人员	人	488	494	1.23
#执业（助理）医师	人	182	206	13.19
注册护士	人	75	106	41.33
2. 公路里程	千米	1192.34	1298.5	8.90
#等级路里程	千米	357.5	357.5	0.00
高速公路	千米	48	48	0.00
货物运输量	万吨	77	131	70.13

续表

指标名称	单位	2011 年	2012 年	增长%
公路	万吨	77	131	70.13
水运	万吨			
货物周转量	万吨千米	6300	10710	70.00
公路	万吨千米	6300	10710	70.00
水运	万吨千米			
旅客客运量	万人	280	476	70.00
公路	万人	280	476	70.00
水运	万人			
旅客周转量	万人千米	19900	33830	70.00
公路	万人千米	19900	33830	70.00
水运	万人千米			

（注：表中#表示该行在上一行或两行总数据的基础上进一步数据说明）

参考文献

《三都年鉴》编纂委员会：《三都年鉴》（2008），中国文化出版社 2009
    年版。

《三都水族自治县概况》编写组：《三都水族自治县概况》，贵州人民出版
    社 1986 年版。

《三都水族自治县概况》编写组：《三都水族自治县概况资料汇编》，1984
    年版。

《水族简史》编写组：《水族简史》，贵州民族出版社 1985 年版。

陈稠彪主编：《走进神秘三都》，贵州人民出版社 2005 年版。

陈国安：《水族》，民族出版社 1993 年版。

陈思：《水书揭秘》，光明日报出版社 2010 年版。

程瑜主编：《三都水族：贵州三都水族自治县塘党水乡调查与研究》，知
    识产权出版社 2008 年版。

党秀云、周晓丽：《水族水各村调查》，中国经济出版社 2010 年版。

范禹等主编：《水族文学史》，贵州人民出版社 1987 年版。

冯举高：《弯路直走潘一志传奇人生实录》，贵州人民出版社 2006 年版。

冯英：《水语复音词研究》，中华书局 2008 年版。

富源县民宗局：《富源水族民歌》，云南民族出版社 2004 年版。

高发元主编，杨庭硕：《三都水族人家》，云南人民出版社、云南大学出
    版社 2003 年版。

广西壮族自治区编辑组和《中国少数民族社会历史调查资料丛刊》修订
    编辑委员会：《广西彝族仡佬族水族社会历史调查》，民族出版社
    2009 年版。

贵州民族学院、贵州水书文化研究院：《水族学者潘一志文集》，巴蜀书

社 2009 年版。

贵州省档案馆、贵州省史学会：《揭秘水书：水书先生访谈录》（上、下册），贵州民族出版社 2010 年版。

贵州省档案局（馆）和荔波县人民政府：《泐金—纪日卷》，贵州人民出版社 2007 年版。

贵州省民族古籍整理办公室、贵州省黔南南布依族苗族自治州民族宗教事务局、贵州省三都水族自治县人民政府编，王品魁、潘朝霖译注：《水书　丧葬卷》，贵州民族出版社 2005 年版。

贵州省民族事务委员会、中国民间文艺研究会贵州分会：《水族双歌单歌集》（内部资料），1981 年版。

贵州省民族事务委员会和贵州省民族研究所编，李平凡、颜勇主编：《贵州“六山六水”民族调查资料选编　水族卷》，贵州民族出版社 2008 年版。

贵州省民族事务委员会少数民族古籍整理办公室等编，王品魁译注：《水书　正七卷　壬辰卷》，贵州民族出版社 1994 年版。

贵州省水家学会：《中华水族儿女名录》（内部资料），1999 年版。

何积全主编：《水族民俗探幽》，四川民族出版社 1992 年版。

黄桂秋：《水族故事研究》，广西人民出版社 1991 年版。

李方桂：《莫话记略　水话研究》，清华大学出版社 2005 年版。

李方桂：《水话词汇》，清华大学出版社 2008 年版。

李平凡、颜勇主编：《贵州世居民族迁徙史》，贵州人民出版社 2011 年版。

荔波县政协文史委员会编，何羡坤主编：《荔波水族》，中国文史出版社 2009 年版。

梁庭望主编：《中国民族百科全书　布依族、侗族、水族、仡佬族卷》，北方妇女儿童出版社 2004 年版。

刘世彬：《中国水族文化散论》，贵州人民出版社 2005 年版。

刘之侠、潘朝霖：《水族双歌》，贵州人民出版社 1997 年版。

刘之侠、石国义：《水族文化研究》，贵州人民出版社 1999 年版。

蒙爱军：《水族经济行为的文化解释》，人民出版社 2010 年版。

蒙光仁：《中国双语水族村寨资料集》（内部资料），2010 年版。

莫善余等主编：《中国水书》，巴蜀书社 2007 年版。

潘朝霖、唐建荣主编：《水书文化研究》，贵州民族出版社 2009 年版。

潘朝霖、韦宗林主编：《中国水族文化研究》，贵州人民出版社 2004 年版。

潘玉熙主编，贵州省水家学会：《水家学研究》（1），贵州民族出版社 1993 年版。

黔南布依族苗族自治州人民政府编，梁光华、蒙景村、蒙耀远、蒙君昌译注：《水书婚嫁卷》，贵州民族出版社 2010 年版。

黔南布依族苗族自治州人民政府编，陆春译注：《水书秘籍卷》，贵州民族出版社 2011 年 4 月版。

黔南布依族苗族自治州人民政府编，蒙邦敏、蒙君昌、韦佩君、蒙耀远译注：《水书正五卷》，贵州民族出版社 2011 年 5 月版。

黔南布依族苗族自治州人民政府编，杨介钦、韦光荣译注：《水书金用卷》，贵州民族出版社 2011 年版。

黔南布依族苗族自治州人民政府编，杨介钦、韦光荣译注：《水书麒麟正七卷》（上、下），贵州民族出版社 2011 年版。

黔南文学艺术研究室、三都水族自治县文史研究组编：《石马宝》（水族民间故事选，内部资料），1981 年版。

黔南文学艺术研究室：《水族情歌选》，贵州人民出版社 1986 年版。

三都水族自治县民族文史研究组：《水族源流考》（内部资料），1985 年版。

三都水族自治县民族文史研究组编，潘一志：《水族社会历史资料稿》，三都水族自治县民族文史研究组 1981 年版（内部资料）。

三都水族自治县年鉴编纂委员会：《三都年鉴》（2006），中国文化出版社 2007 年版。

三都水族自治县史志编纂委员会：《三都年鉴》（2007），中国文史出版社 2009 年版。

三都水族自治县志编纂委员会：《三都水族自治县志》，贵州人民出版社 1992 年版。

三都县人民政府：《贵州省三都水族自治县地名录》（内部资料），1987 年版。

三都县史志编纂委员会：《三都年鉴》（2009），中国文化出版社 2011 年 1 月版。

三都县史志编纂委员会：《三都年鉴》（2010），中国文化出版社2012年4月版。

深圳市投资控股有限公司、中共三都水族自治县委员会、三都水族自治县人民政府：《情满水乡——深圳市属国有企业对口帮扶贵州省三都水族自治县十周年会眸（1995—2005）》（内部资料），2006年版。

石国义：《水族村落家族文化》，贵州民族出版社2007年版。

司有奇、陆龙辉主编：《中国水族医药宝典》（全彩集），贵州民族出版社2007年版。

苏忠庭：《荔波县志》，清光绪元年。

王厚安主编，贵州省民委文教处等：《水族医药》，贵州民族出版社1997年版。

王学文：《规束与共享：一个水族村寨的生活文化考察》，民族出版社2010年版。

韦绍凯主编，《贵州三都水族自治县概况》编写组及修订本编写组：《贵州三都水族自治县概况》（修订本），民族出版社2007年版。

韦世方：《水书常用字典》，贵州民族出版社2007年版。

韦学纯、艾杰瑞等：《水—汉—泰—英词典》，泰国玛希隆大学出版社2003年版。

韦学纯：《水语描写研究》，上海师范大学博士学位论文，2011年。

韦学纯：《中国水族》，黄河出版传媒集团宁夏人民出版社2012年版。

韦章炳：《水书与水族历史研究》，中国戏剧出版社2009年版。

韦章炳：《中国水书探析》，中国文史出版社2007年版。

徐非：《水族》，吉林文史出版社2010年版。

杨德勇主编，中共三都水族自治县委党史研究室：《中共三都水族自治县历史》第1卷（1949—1978），中共党史出版社2006年版。

玉时阶等：《现代化进程中的岭南水族：广西南丹县六寨龙马水族调查研究》，民族出版社2008年版。

曾晓渝、姚福祥：《汉水词典》，四川民族出版社1996年版。

曾晓渝：《汉语水语关系词研究》，重庆出版社1994年版。

曾晓渝：《汉语水语关系论　水语里汉语借词及同源词分层研究》，商务印书馆2004年版。

张巨成主编，水族调查组：《云南民族村寨调查　水族　富源古敢乡都章村》，云南大学出版社 2001 年版。

张均如：《水语简志》，民族出版社 1980 年版。

张振江、姚福祥：《水书与水族社会——以〈陆道根原〉为中心的研究》，中山大学出版社 2009 年版。

张振江主编：《荔波水尧水族：贵州荔波水尧乡调查与研究》，知识产权出版社 2008 年版。

张振江主编：《三都三洞水族：贵州三都三洞乡调查与研究》（上下），知识产权出版社 2012 年版。

张振江主编：《双星水族：贵州独山双星水族调查与研究》，知识产权出版社 2012 年版。

张中笑主编：《贵州少数民族音乐文化集粹 仡佬族篇、水族篇 山奇水秀》，贵州人民出版社 2010 年版。

政协三都水族自治县委员会、三都水族自治县《水族百年实录》编委会：《水族百年》三都篇，2008 年内部印刷。

中国曲艺志贵州卷编辑部、中国曲艺音乐集成贵州卷编辑部、黔南布依族苗族自治州文艺集成办公室等：《水族曲艺旭早研究》，贵州人民出版社 1989 年版。

中国水书编委会：《水书 全真彩色影印本》（5 卷本），贵州民族出版社 2006 年版。

周崇启、韦族安、石国义：《水族教育史》，贵州教育出版社 2009 年版。

周隆渊：《明珠撒遍月亮山 水族的故事》，贵州人民出版社 1988 年版。

祖岱年、周隆渊：《水族民间故事选》，上海文艺出版社 1988 年版。

岱年、世杰主编：《水族民间故事》，贵州人民出版社 1984 年版。

关键词索引

后　记

2013 年年初，国家社会科学基金特别委托项目、中国社会科学院"创新工程"重大专项《21 世纪初中国少数民族地区经济社会发展调查》正式立项，"贵州省三都水族自治县经济社会综合调查"是其中的一个子课题。基于水族的历史和 20 世纪的基本状况已由《水族简史》和《三都水族自治县志》、《三都水族自治县概况》等相关资料已经出版，2006 年之前的发展也在《三都水族自治县概况》修订本中得到了体现，本课题的设计以三都水族自治县经济社会发展状况为调查对象，着重阐述三都水族自治县 21 世纪以来特别是近年来在政治、经济、文化、社会、生态建设的各个方面的基本成就和需要解决的问题。调查具体内容设定为如下 9 个方面：一、生态与社会环境：（一）行政区划与民族人口分布，（二）生态建设实践与社会环境；二、经济结构与经济发展问题：（一）经济体制转型发展，（二）产业结构变迁与经济发展，（三）经济发展态势与新问题，（四）收入增长与生活水平，（五）就业与社会保障；三、社会结构与政治发展：（一）建国以来政治的结构性重组，（二）民族区域自治制度的实践与完善，（三）乡村基层组织的建立与发展；四、民族教育与语言文字：（一）民族教育，（二）语言文字；五、宗教信仰与民俗文化：（一）宗教信仰，（二）民俗文化与风俗习惯；六、婚姻家庭与伦理道德：（一）婚姻制度与婚俗的发展变化，　（二）家庭结构与亲属称谓，（三）伦理道德；七、医疗卫生与科学技术：（一）医疗卫生，（二）科学技术；八、民族文学与艺术：　（一）民间文学，　（二）文人文学，（三）音乐、舞蹈、绘画、雕刻；九、文化遗产保护与文化发展：（一）物质文化遗产保护，（二）非物质文化遗产保护，（三）旅游业与民族文化保护，（四）文化发展；等等。

　　2013 年 6 月，"贵州省三都水族自治县经济社会综合调查"正式开始实施。在中国社会科学院和贵州省相关领导的支持下，2013 年 6 月，分赴贵州调查的四个课题组在贵阳由贵州省民宗委和贵州社会科学院以及由贵州省多个相关部门参与下召开了相关专家会议。2013 年 7 月到贵阳之后，课题组首先就有关问题采访了贵州民族大学水族专家潘朝霖教授，受到贵州民族大学的热情接待，在贵阳还受到彝族同胞阿努阿布和水族同胞韦仕杰、韦振彪的热情招待。进入黔南布依族苗族自治州都匀市之后，课题组受自治州政府的委托，州社科联对课题组进行了热情接待。课题组在黔南州州府就采访了贵州省水家学会会长胡品荣先生，受到热情的接待。之后课题组深入贵州省三都水族自治县进行深入调查，在县委县政府的大力帮助下课题组走遍了三都水族自治县的大部分乡镇及相关政府部门，通过座谈、访谈、问卷和查阅等方式收集掌握了大量第一手资料，之后通过分析研究和写作，对几大部分进行适当调整和安排后最终形成了这本研究报告。

　　课题组各章节撰写分工如下：

　　第一章　概述　蒙耀远　韦学纯

　　第一节　行政区划与民族人口分布　蒙耀远

　　第二节　本次调查及资料基本情况　韦学纯

　　第二章　政治文明在三都的建设与发展　蒙耀远

　　第三章　经济发展世纪跨越（概述）　韦学纯

　　第三章　经济发展世纪跨越　韩荣培

　　第四章　城镇建设与交通的发展　韩荣培

　　第五章　发展中的民族教育与民族语言文字问题　徐李　张鹤

　　第一节　发展中的民族教育　徐李

　　第二节　民族语言文字问题　张鹤

　　第六章　宗教信仰与岁时习俗　刘正爱

　　第七章　水族传统婚姻家庭及其时代变迁　韦述启

　　第八章　医疗卫生和科学技术的发展与进步　韦学纯　李静

　　第一节　医疗卫生的发展与民族民间医药　韦学纯

　　第二节　科学技术的逐步发展　李静

　　第九章　水族民族文学与民族艺术　普忠良　欧光艳等

　　第一节　水族民族文学　普忠良

第二节　水族民族艺术的基本现状和面临的困境

音乐：赵凌、欧光艳；舞蹈：欧光艳；书法绘画雕刻：李生福

第十章　民族文化遗产保护与民族文化旅游　韦学纯

第十一章　生态建设和环境保护　孙新乐

附录 1　三都水族自治县县委、人大、政府、政协历任领导名录一览表　蒙耀远

附录 2　2011—2012 年综合主要指标情况　韦学纯（根据县统计局提供数据表制成）

本调查报告最后由韦学纯统稿而成。

本项目能够最终完成，得益于多方面的热情帮助，同时也是课题组成员通力合作的结果。为了完成中国少数民族地区经济社会发展综合调查项目，贵州四个调查组在我所党委书记张昌东、所长王延中的带队下，于 2013 年 6 月 27 日在贵州省社会科学院召开的"大调查贵州组贵阳会议"，于 2013 年 6 月 28 日—29 日在贵州省民族宗教委员会举行了由省民委、省政府发展研究中心、省农委、省财政厅、省住房建设厅、省社科院、贵州财经大学等多个省直部门参加的"少数民族地区经济社会发展综合调查项目座谈会"，会议期间我们得到贵州省社会科学院和省民委的热情接待，省直各个部门积极参与发言讨论，广开言路，给我们提供了很多良好的建议。为了更好完成本课题的调研任务，增强本课题的学术性、科学性和民族特色，本课题特聘贵州民族大学校党委副书记、校长张学立教授，贵州省民族研究所党委书记、所长李平凡教授，黔南民族师范学院党委书记梁光华教授为本课题特约顾问，在调研过程中他们给予课题组的各方面帮助和建议。课题调查组进入贵阳和都匀以后，也受到当地各方面的热情帮助。我们对上面提到的各位单位领导和个人表示十分的感谢，谢谢你们！

课题组的主要调查任务是在三都水族自治县完成的，我们得到了县委、县政府、县人大、县政协、各相关部门、各乡镇以及相关人士的热情帮助，对我们调查工作积极支持，由于给予给我们帮助的部门和人士太多，这里不能一一列出，敬请见谅。但我们还是特别要感谢的几位是：县委潘德虎主任、包晓闽部长、潘永行调研员、张加春县长、人大韦其贤主任、政协韦成念主席、杨秀龙副主席、党史研究室龚正栋主任、民宗局吴建忠局长，此外，还有潘瑶、潘中西、潘兴文、韦仕钊、韦世方、莫光

武、韦仕通、韦光明、张耀翠、石绍军、韦国宏、平立豪、韦廷昌、韦学俊、韦国祥、韦学翔、潘建盘、刘劲松、赵兴文和杨圣波等师友，谢谢你们，谢谢你们对调查组工作的大力帮助。

本调查研究是在国家社会科学基金、中国社会科学院"创新工程"重大专项项目资金的资助下，在我所领导的直接领导和支持下，由课题组各成员经过艰苦的调查后共同撰稿而成，在此课题组负责人一并表示衷心的感谢。同时十分感谢中国社会科学出版社在出版方面的大力支持和帮助。需要读者说明的是，由于专业知识所限，进行这样的经济社会综合调查研究工作，对于我们来说并不完全是轻车熟路，分析问题和阐述问题会因调查组成员的专业不同和专业水平所限，有分析不到位的情况，同时也因调查时间和撰写时间的限制，书中疏漏和不到之处在所难免，敬请读者原谅。

贵州省三都水族自治县经济社会综合调查课题组

2014 年 12 月 1 日